工程建设理论与实践丛书

市政道路与桥梁施工技术

SHIZHENG DAOLU YU QIAOLIANG SHIGONG JISHU

廖光磊 何 岳 邓凤华 主编

华中科技大学出版社
http://press.hust.edu.cn
中国·武汉

内 容 简 介

本书介绍了市政道路与桥梁施工技术的基础内容，包括路基施工、路面施工、道路附属工程施工、桥梁基础施工、桥梁墩台施工、桥梁上部结构施工等，并在此基础上，加入了市政道路与桥梁施工质量与安全管理、市政道路与桥梁工程文明施工管理等特色热点内容。本书可供市政道路与桥梁工程施工人员、质量安全管理人员以及培训教师参阅，也可供相关专业人员了解相关技术时参考。

图书在版编目(CIP)数据

市政道路与桥梁施工技术/廖光磊，何岳，邓凤华主编；叶强，陈剑华，黄识杰副主编. —武汉：华中科技大学出版社，2024.6
ISBN 978-7-5772-0788-9

Ⅰ.①市… Ⅱ.①廖… ②何… ③邓… ④叶… ⑤陈… ⑥黄… Ⅲ.①市政工程-道路施工 ②桥梁施工 Ⅳ.①U415.6 ②U445.4

中国国家版本馆 CIP 数据核字(2024)第 099252 号

市政道路与桥梁施工技术

廖光磊　何　岳　邓凤华　主编

Shizheng Daolu yu Qiaoliang Shigong Jishu

策划编辑：周永华	封面设计：杨小勤
责任编辑：周江吟	责任监印：朱　玢

出版发行：华中科技大学出版社(中国·武汉)　　电话：(027)81321913
　　　　　武汉市东湖新技术开发区华工科技园　　邮编：430223
录　　排：华中科技大学惠友文印中心
印　　刷：武汉科源印刷设计有限公司
开　　本：710mm×1000mm　1/16
印　　张：22
字　　数：395 千字
版　　次：2024 年 6 月第 1 版第 1 次印刷
定　　价：98.00 元

本书若有印装质量问题，请向出版社营销中心调换
全国免费服务热线：400-6679-118　　竭诚为您服务
版权所有　　侵权必究

编 委 会

主　编　廖光磊　中交第四航务工程局有限公司
　　　　　何　岳　广州市中心区交通项目管理中心
　　　　　邓凤华　长大市政工程(广东)有限公司

副主编　叶　强　中交第二航务工程局有限公司
　　　　　陈剑华　中交路建(昆明)城市投资发展
　　　　　　　　　有限公司
　　　　　黄识杰　中国平安财产保险股份有限公司
　　　　　　　　　四川分公司

编　委　唐　金　湖南尚上市政建设开发有限公司
　　　　　丁国龙　武汉中路宇勤勘察设计有限公司
　　　　　戴隆鹏　浙江交工集团股份有限公司路面
　　　　　　　　　工程分公司

前　　言

当前，我国正处于城镇化建设的进程当中，城镇化建设离不开城市道路的建设。城市道路作为城市的构架，支撑着城市的庞大躯体。因此，城市道路建设至关重要。而桥梁是人类所建造的最古老、最壮观、最美丽的建筑工程之一，城市桥梁的建设积聚了浓厚的民族文化内涵，蕴藏着历代人民的聪明才智和精湛技艺，成为一个城市的象征。市政道路与桥梁建设集中反映了一个城市的人文风貌与科技发展水平，是城市的名片。

随着我国城市化进程的不断提速，市政道路与桥梁的建设规模不断扩大，各地在市政道路与桥梁工程领域的投资不断增加，我国市政道路与桥梁的施工水平不断提升。先进的施工理念与技术为市政道路与桥梁建设带来了新的挑战。市政道路和桥梁施工涉及的知识及技术比较广泛，要求施工人员熟练掌握一些理论和技能，这样才有利于市政道路和桥梁施工的顺利进行。

近年来，我国城市建设的步伐加快，由于市政道路与桥梁自身所处环境的特殊性，人们在施工质量、安全、环保等多个方面均对其提出了更高的要求。在新形势下，如何让施工的各个环节都能够正规化、标准化，安全完成市政道路与桥梁的高质量建设，使城市道路与桥梁成为精品工程且有利于民，仍然需要不断探索。

本书共有9章，包括绪论、路基施工、路面施工、道路附属工程施工、桥梁基础施工、桥梁墩台施工、桥梁上部结构施工、市政道路与桥梁施工质量与安全管理、市政道路与桥梁工程文明施工管理。

本书可供市政道路与桥梁工程施工人员和质量安全管理人员参阅，也可供相关专业人员了解相关技术时参考。

本书在编写过程中参考了大量国内外学者的有关资料，以及市政道路与桥梁施工技术与管理的有关规范、标准，在此谨向参考文献的作者表示衷心的感谢。

由于时间仓促，编者水平有限，书中难免存在疏漏，敬请读者批评指正，以期改善。

目 录

第1章 绪论 (1)
  1.1 市政道路与桥梁概述 (1)
  1.2 市政道路施工概述 (13)
  1.3 市政桥梁施工概述 (18)

第2章 路基施工 (25)
  2.1 填方路基施工 (25)
  2.2 挖方路基施工 (30)
  2.3 路基压实施工 (35)
  2.4 软土路基加固施工 (41)

第3章 路面施工 (47)
  3.1 路面基层施工 (47)
  3.2 沥青面层施工 (63)
  3.3 水泥混凝土面层施工 (79)

第4章 道路附属工程施工 (99)
  4.1 路缘石施工 (99)
  4.2 检查井施工 (100)
  4.3 雨水口及雨水口支管施工 (102)
  4.4 人行道施工 (104)
  4.5 挡土墙施工 (111)
  4.6 其他附属设施施工 (116)

第5章 桥梁基础施工 (120)
  5.1 浅基础施工 (120)
  5.2 桩基础施工 (124)
  5.3 沉井基础施工 (130)

第6章 桥梁墩台施工 (132)
  6.1 混凝土墩台与石砌墩台施工 (132)
  6.2 装配式墩台施工 (139)

　6.3　高墩台施工 …………………………………………………………（143）
　6.4　市政桥梁墩台施工案例 ………………………………………………（147）
第7章　桥梁上部结构施工 ……………………………………………………（166）
　7.1　钢筋混凝土简支梁桥施工 ……………………………………………（166）
　7.2　预应力混凝土梁桥施工 ………………………………………………（190）
　7.3　其他体系桥梁施工 ……………………………………………………（205）
　7.4　市政桥梁上部结构施工案例 …………………………………………（236）
第8章　市政道路与桥梁施工质量与安全管理 ………………………………（269）
　8.1　市政道路施工质量控制 ………………………………………………（269）
　8.2　市政桥梁施工质量控制 ………………………………………………（272）
　8.3　市政道路与桥梁施工安全控制方法 …………………………………（274）
　8.4　市政道路与桥梁施工安全事故处理 …………………………………（287）
　8.5　市政道路与桥梁施工中的交通组织与交通安全 ……………………（292）
　8.6　市政道路与桥梁施工质量与安全管理案例 …………………………（301）
第9章　市政道路与桥梁工程文明施工管理 …………………………………（325）
　9.1　市政道路与桥梁工程文明施工管理概述 ……………………………（325）
　9.2　市政道路与桥梁工程文明施工管理案例 ……………………………（335）
参考文献 …………………………………………………………………………（341）
后记 ………………………………………………………………………………（344）

第1章 绪 论

1.1 市政道路与桥梁概述

1.1.1 市政道路概述

1. 城市道路的定义和工程特点

(1)城市道路的定义。

城市道路是指通达城市的各地区,供城市内交通运输及行人使用,便于居民生活、工作及开展文化娱乐活动,并与市外道路连接,承担对外交通功能的道路。

(2)城市道路的工程特点。

①准备期短,开工匆忙。

城市道路工程通常由政府出资建设,出于减少工程建设对城市日常生活的干扰这一目的,对施工周期的要求十分严格,工程只能提前,不准推后,施工单位往往根据工期,倒排进度计划,难免缺乏周密性。

②施工场地狭窄,动迁量大。

城市道路工程一般在市内的大街小巷进行施工,旧房拆迁量大,场地狭窄,常常影响施工路段的环境和交通,给居民的生活和生产带来了不便,也增加了对道路工程进行进度控制、质量控制的难度。

③地下管线复杂。

城市道路工程建设当中,经常遇到供热、给水、煤气、电力、电信等管线位置不明的情况,若盲目施工极有可能挖断管线,造成重大的经济损失和严重的社会影响,同时也对道路工程进度造成负面影响,增加额外的投资费用。

④原材料投资大。

城市道路工程材料使用量极大,在工程造价中所占比例达到50%。施工现场的分布、运距等都是材料选择的重要依据。

⑤质量控制难度大。

在城市道路的施工过程中,往往会出现不求质量,片面追求施工进度,只追求施工方效益的情况。

⑥地质条件影响大。

城市道路工程中雨水、污水排水工程,往往受施工现场地质条件的影响,如遇现场地下水位高、土质差等问题,就需要采取井点或深井降水措施,待水位降至符合施工条件的高度,才能组织沟槽的开挖,如管道埋设深、土质差,还需要对沟槽进行边坡支护,方能保证正常施工。

2. 城市道路的功能与分类

(1)城市道路的功能。

道路是供各种车辆和行人等通行的工程设施,主要承受车辆荷载的重复作用和经受各种自然因素的长期影响,按其所处位置、交通性质、使用特点分为公路、城市道路、厂矿道路、林区道路及乡村道路等。根据道路的不同组成和功能特点,道路又可分为公路与城市道路:位于城市郊区及城市以外,连接城市与乡村,主要供汽车行驶的具备一定技术条件和设施的道路,称为"公路";而在城市范围内,供车辆及行人通行的具备一定技术条件和设施的道路,称为"城市道路"。

城市作为文化、政治和经济中心,与周围地区(空间)的联系密切。一个城市的对外交通是促使其发展的重要条件,也是构成城市的主要物质要素。城市对外交通的方式是多种多样的,如航空、水运、铁路等。而道路交通具有"面"的特征,相较于"点"和"线"的交通方式,灵活性更强。

运输功能是城市道路的主要功能之一,汽车为主要运输工具,在货物品种、运输地段、运距等方面机动性强。同时,随着人们生活方式的变化,道路运输还具有快捷、直达、私密性强等优点。

从空间性来看,城市道路有四种功能:①把城市各组成部分(如商业区、工业区、居住区等)连接起来的联系功能;②使不同区域具有不同使用要求的区划功能;③敷设各种设施的容纳功能;④美化城市功能。将这些功能有机组合,道路空间便有种种作用。道路空间按作用可分为四种:交通空间、防灾空间、服务设施的容纳空间和环境空间。

城市各组成部分通过道路的连接形成城市道路网(包括快速路、主干路、次干路和支路),构成统一的有机体,展现城市建筑外立面及建筑群组合的艺术之美。随着道路上的视点变化,建筑由"凝固的诗"变为"有节奏的乐章",可以使人获得丰富而生动的环境感受。因此,城市道路还具有反映城市面貌与建筑风格的功能。

(2)城市道路的分类。

城市道路的功能是综合性的,为发挥其不同功能,保证城市中的生产、生活正常进行,交通运输经济合理,应对城市道路进行科学的分类。

城市道路有多种分类方法:根据城市道路对交通运输所起的作用分为全市性道路、区域性道路、环路、放射路、过境道路等;根据主要运输性质分为客运道路、货运道路、客货运道路等;根据城市道路所处环境分为工业区道路、行政区道路、住宅区道路、风景游览区道路等。以上分类方法主要针对城市道路的交通运输功能。《城市道路工程设计规范(2016年版)》(CJJ 37—2012)则以道路在城市道路网中的地位和交通功能为基础,同时考虑对沿线的服务功能,将城市道路分为四类,即快速路、主干路、次干路与支路。

①快速路。

快速路完全为交通功能服务,是应对城市大容量、长距离、快速交通的主要道路。快速路要有平顺的线形,与一般道路分开,使汽车交通安全、通畅和舒适。与交通量大的干路相交时应采用立体交叉,与交通量小的支路相交时可采用平面交叉,但要有控制交通的措施。两侧有非机动车时,必须设置完整的分隔带。还需要考虑行人,设置交叉路口、地道或天桥。

②主干路。

主干路连接城市各主要分区,是城市道路网的主要骨架,以交通功能为主。主干路要保证一定的行车速度,故应根据交通量设置相应宽度的车行道,以供车辆通畅地行驶。线形应平顺,交叉口宜尽可能少,以减少车辆进出的干扰。平面交叉要有控制交通的措施,交通量超过平面交叉口的通行能力时,可根据规划采用立体交叉。机动车道与非机动车道应用隔离带分开。交通量大的主干路上快速机动车(如小客车等)也应与速度较慢的卡车、公共汽车等分道行驶。主干路两侧应有适当宽度的人行道,应严格控制行人横穿主干路。主干路两侧不宜建设吸引大量人流、车流的公共建筑物,如剧院、体育馆、大商场等。

③次干路。

次干路是城市区域性的交通干路,为区域交通集散服务,配合主干路组成道路网。次干路起广泛联系城市各部分与集散交通的作用,一般情况下供快慢车混合行驶。条件许可时也可另设非机动车道。道路两侧应设人行道,并可设置吸引人流的公共建筑物。

④支路。

支路为次干路联系各居住小区的连接线路，改善局部地区交通，直接与两侧建筑物出入口相接，以服务功能为主，也起集散交通的作用，两旁可有人行道，也可有商业性建筑。

3. 城市道路路面的分类与性能要求

(1) 城市道路路面的分类。

城市道路路面按照以下方式分类。

①按结构强度分类。

a. 高级路面。

路面强度高、刚度大、稳定性好是高级路面的特点。高级路面使用年限长，适应繁重交通量，且路面平整、车速高、运输成本低、养护费用少，但建设投资高，适用于城市快速路、主干路。

b. 次高级路面。

次高级路面的路面强度、刚度、稳定性、使用寿命、车辆行驶速度、适应交通量等均低于高级路面，虽然初期建设费用略低，但是维修、养护、运输费用较高，城市次干路、支路可采用。

②按力学特性分类。

a. 柔性路面。

柔性路面在荷载作用下产生的弯沉变形较大、抗弯强度小，会在反复荷载作用下产生累积变形，其破坏取决于极限垂直变形和弯拉应变。柔性路面主要代表是各种沥青类路面。

b. 刚性路面。

刚性路面在行车荷载作用下产生板体作用，弯沉变形很小、抗弯拉强度大，呈现出较大的刚性，其破坏取决于极限弯拉强度。刚性路面的主要代表是水泥混凝土路面。

(2) 城市道路路面的性能要求。

城市道路由路基和路面构成。路基是在地表按道路的线形（位置）和断面（几何尺寸）的要求开挖或堆填而成的岩土结构物。路面是在路基顶面的行车部分用不同粒料或混合料铺筑而成的层状结构物。

① 路基的性能要求。

路基既为车辆在道路上行驶提供基本条件，也是道路的支撑结构物，对路面的使用性能有重要影响。路基的主要性能指标有以下两个。

a. 整体稳定性。

在地表上开挖或填筑路基，必然会改变原地层（土层或岩层）的受力状态。原先处于稳定状态的地层，有可能由于填筑或开挖引起不平衡而导致路基失稳。软土地层上填筑高路堤产生的填土附加荷载如超出了软土地基的承载力，就会造成路堤沉陷；在山坡上开挖深路堑使上侧坡体失去支承，有可能造成坡体坍塌破坏；在不稳定的地层上填筑或开挖路基会加剧滑坡或坍塌。必须保证路基在不利的环境（地质、水文或气候）条件下具有足够的整体稳定性，以发挥路基在道路结构中的强力承载作用。

b. 变形量。

路基及其下承的地基，在自重和车辆荷载作用下会产生变形，如地基软弱填土过分疏松或潮湿所产生的沉陷或固结、不均匀变形，会导致路面出现过量的变形和应力增大，使路面过早被破坏并影响汽车行驶舒适性。由此，必须尽量控制路基、地基的变形量，才能给路面以坚实的支承。

② 路面的使用要求。

路面直接承受行车的作用。设置路面结构可以改善汽车的行驶条件，提高道路服务水平（包括舒适性和经济性），以满足汽车运输的要求。路面的使用要求指标有以下六个。

a. 平整度。

高平整度的路面可减小车轮的冲击力，行车产生的附加振动小，不会造成车辆颠簸，能提高行车速度和舒适性，不增加运行费用。依靠优质的施工机械、精细的施工工艺、严格的施工质量控制及经常、及时的维修养护，可实现路面的高平整度。为减缓路面平整度的衰变速率，应重视路面结构及面层材料的强度和抗变形能力。

b. 承载能力。

当车辆荷载作用在路面上，使路面结构内产生应力和应变时，如果路面结构整体或某一结构层的强度或抗变形能力不足以抵抗这些应力和应变，路面便出现开裂或变形（沉陷、车辙等），降低其服务水平。路面结构暴露在空气中，受到温度和湿度的周期性影响，其承载能力也会下降。路面在长期使用中会出现疲劳损坏和塑性累积变形，需要维修养护，但频繁维修养护势必会干扰正常的交通运营。为此,路面必须满足设计年限的使用需要,具有足够抗疲劳破坏和塑性变形的能力,即具备相当高的强度和刚度。

c. 温度稳定性。

路面材料特别是表面层材料,长期受到水文、温度、大气因素的作用,材料强度会下降,材料性状会变化,如沥青面层老化、弹性-黏性-塑性逐渐丧失,最终路况恶化,导致车辆运行质量下降。为此,路面必须保持较高的稳定性,即具有较低的温度敏感性、湿度敏感度。

d. 抗滑能力。

光滑的路面使车轮缺乏足够的附着力,汽车在雨雪天行驶、紧急制动或转弯时,车轮易产生空转或溜滑危险,极有可能造成交通事故。因此,路面应平整、密实、粗糙、耐磨,具有较大的摩擦系数和较强的抗滑能力。路面抗滑能力强,可缩短汽车的制动距离,降低发生交通安全事故的频率。

e. 透水性。

路面应具有不透水性,以防止水渗入道路结构层和土基,致使路面的使用功能丧失。

f. 噪声量。

城市道路在使用过程中产生的交通噪声,使人们出行时感到不适,居民生活质量下降。城市区域应尽量使用低噪声路面,为营造静谧的社会环境创造条件。

1.1.2 市政桥梁概述

1. 桥梁基本组成和常用术语

(1)桥梁基本组成。

一般来说,桥梁由四个基本部分组成,即上部结构、下部结构、支座和附属设施。

①上部结构。

上部结构是在线路中断时跨越障碍的主要承重结构,是桥梁支座以上(无铰拱起拱线或刚架主梁底线以上)跨越桥孔的总称。跨度越大,上部结构的构造也就越复杂,施工难度也相应增加。

②下部结构。

下部结构包括桥墩、桥台和基础三部分。

a. 桥墩和桥台是支承上部结构并将其传来的恒载和车辆等活载再传至基础

的结构物。通常设置在桥两端的称为"桥台",设置在桥中间部分的称为"桥墩"。桥台除上述作用外,还与路堤相衔接,并抵御路堤土压力,防止路堤填土的坍落。单孔桥只有两端的桥台,没有中间桥墩。

b.基础是桥墩和桥台底部的奠基部分。基础承担了桥墩和桥台传来的全部荷载,这些荷载包括竖向荷载及地震力、船舶撞击墩身等引起的水平荷载。基础往往深埋于水下地基,在桥梁施工中是难度较大的一个部分,也是确保桥梁安全的关键之一。

③支座。

支座是设在墩(台)顶,用于支承上部结构的传力装置,它不仅要传递很大的荷载,而且要保证上部结构按设计要求能产生一定的变位。

④附属设施。

附属设施包括桥面系、伸缩缝、桥梁与路堤衔接处的桥头搭板和锥形护坡等。

a.桥面系是桥梁附属设施中,直接承受车辆、人群等荷载并将其传递至主要承重构件的桥面构造系统,包括桥面铺装、桥面板、纵梁、横梁、人行道等。

b.伸缩缝。为满足桥面变形的要求,通常在两梁端之间、梁端与桥台之间或桥梁的铰接位置上设置伸缩缝。要求伸缩缝在平行、垂直于桥梁轴线的两个方向,均能自由伸缩,牢固可靠,车辆行驶时应平顺、无突跳与噪声;要能防止雨水和垃圾、泥土渗入阻塞;安装、检查、养护、消除污物简易方便。在设置伸缩缝处,栏杆与桥面铺装都要断开。

c.桥头搭板是为防止桥端连接部分沉降而采取的措施,搁置在桥台或悬臂梁板端部和填土之间,随着填土的沉降而转动。桥头搭板在车辆行驶时可起到缓冲作用,即使台背填土沉降也不至于产生凹凸不平的现象。

d.锥形护坡是在路堤与桥台衔接处设置的圬工构筑物,用以保证迎水部分路堤边坡的稳定。

(2)常用术语。

①净跨径:相邻两个桥墩(或桥台)之间的净距,用 l_0 表示。对于拱桥,净跨径是每孔拱跨两个拱脚截面最低点之间的水平距离。

②总跨径:多孔桥梁中各孔净跨径的总和($\sum l_0$),也称"桥梁总孔径",反映了桥下宣泄洪水的能力。

③计算跨径:对于具有支座的桥梁,是指桥跨结构相邻两个支座中心之间的距离,用 l_b 表示;对于拱桥,是指两相邻拱脚截面形心点之间的水平距离,即拱轴

线两端点之间的水平距离,用 L_0 表示。

④标准跨径:对于梁桥和板式桥,以两桥墩之间桥中心线长度或桥墩中线与桥台台背前缘线之间桥中心线长度为准;对于拱桥,以主拱圈两拱脚(中轴线)两点间的距离为准。

⑤拱轴线:拱圈各截面形心点的连线。

⑥桥梁全长:桥梁两端两个桥台的侧墙或八字墙后端点之间的距离,简称"桥长",用 L 表示。对于无桥台的桥梁,为桥面自行车道的全长。

⑦桥下净空:通常指桥孔范围内,从设计通航水位(或设计洪水位)至桥跨结构最下缘的净空高度。桥下净空高度 H 不得小于排洪所要求的净空高度,以及对该河流通航所规定的净空高度。

⑧桥梁高度:简称"桥高",桥面与水位之间的高差,或桥面与桥下线路面之间的距离。桥高在某种程度上反映了桥梁施工的难易性。

⑨桥梁建筑高度:桥上行车路面(或轨顶)标高至桥跨结构最下缘之间的距离,不仅与桥梁结构的体系和跨径的大小有关,而且随行车部分在桥上布置的位置高度而异。公路(或铁路)定线中所确定的桥面(或轨顶)标高,与通航净空顶部标高之差,又称为"容许建筑高度"。桥梁的建筑高度不得大于其容许建筑高度,否则就不能保证桥下的通航要求。

⑩桥面净空:桥面车行道、人行道上方应保持的空间限界。

⑪净矢高:从拱顶截面下缘至相邻两拱脚截面下缘最低点之间连线的垂直距离,用 f_0 表示。

⑫计算矢高:从拱顶截面形心至相邻两拱脚截面形心之间连线的垂直距离,用 f 表示。

⑬矢跨比:计算矢高与计算跨径之比,也称"拱矢度",是反映拱桥受力特性的一个重要指标。

2. 常用城市桥梁

城市桥梁因地理位置、相对特点和要求不尽相同,与公路桥梁比较,具有较为显著的外在和内在特点。

(1)城市桥梁建设制约因素较多,除满足整体交通功能、道路规划条件外,既有构筑物、地下管线等诸多因素要求桥梁以服从线路为最低需要,弯、坡、斜、异形桥多。

(2)受城市空间布局、用地、接线高程等限制,城市桥梁以梁桥为主,结构较为轻薄,且多选用中等跨度。

(3)为满足车流量和人流量均远超公路桥梁的通行特点,城市桥梁宽度一般均大于公路桥梁,结构空间效应显著、受力复杂。

(4)考虑到地下管线制约桥梁跨径和下部结构布置,城市环境结构空间受限,浅基础、桩基承台结构高度、桩基位置受到制约。实际工程中,多见异形承台、大跨径承台、超宽门架等结构形式。

(5)城市桥梁服务于城市发展、以人为本,是城市防灾、减灾的重要组成部分,在满足城市交通运输和居民出行要求的前提下,桥型的选用更注重桥梁美学。即使常规结构也应注重城市景观、环境协调、环境保护、以人为本。结构的平面、立面布置可能成为比结构构造处理更为困难的问题。

尽管城市桥梁具有不同于公路桥梁的独特魅力和运营特点,但从受力体系上来讲,城市桥梁与公路桥梁一样,大体上可划分为五大类:梁桥、拱桥、刚构桥、斜拉桥和悬索桥。

(1)梁桥。

梁桥是将梁或桁架梁作为主要承重结构的桥梁。其上部结构在竖向荷载作用下,支点只产生竖向反力且无水平力,主梁以受弯为主。梁桥是城市桥梁的基本体系之一,其结构简单、施工方便、应用广泛,通常需要用抗弯能力强的材料(钢、木、钢筋混凝土、预应力钢筋混凝土等)来建造。

按受力方式,梁桥又可分为简支梁桥、连续梁桥和悬臂梁桥三种类型。

①简支梁桥。

简支梁桥的主梁简支在墩台上,各孔独立工作,不受墩台变位影响。主梁构造简单,设计简便,施工时可用自行式架桥机或联合架桥机将一片主梁一次架设成功。但简支梁桥各孔不连续,车辆在通过断缝时将产生跳跃,影响车速的提高。因此,目前趋向于把主梁做成简支,而把桥面做成连续的形式。简支梁桥随着跨径增大,主梁内力将急剧增大,用料便相应增加,因而大跨径桥一般不采用简支梁形式。

简支梁桥控制截面的设计内力包括跨中截面的弯矩与支点截面的剪力,对于曲线桥梁还包括支点截面的扭矩。

鉴于简支梁桥的结构不连续、接缝较多、跨越能力有限、装配式梁桥横向联系较差,长期使用后路面会出现纵向裂缝,各梁之间协同工作状态被破坏,所以目前城市多跨桥梁中简支梁已逐渐被现浇连续梁替代。

②连续梁桥。

连续梁桥的主梁连续支承在几个桥墩上。在荷载作用时,主梁内有正弯矩和负弯矩,弯矩绝对值均较同跨径的简支梁小,主梁材料用量相对较小,但构造比较复杂。连续梁桥通常是3~5孔一联,同一联内没有桥面接缝,行车较为顺畅。连续梁桥施工时,可先将主梁逐孔架设成简支然后互相连接成为连续梁;或从墩台上逐段悬伸加长最后连接成为连续梁,如在桥梁一端(或两端)路堤上逐段连续制作梁体逐段顶向桥孔,即顶推法施工。

连续梁桥主梁为超静定结构,墩台不均匀沉降会引起梁体各孔内力发生变化,一般该桥型应用于地基条件较好、跨径较大的桥梁。

连续梁桥控制截面的设计内力包括中跨跨中截面、中跨$L/4$截面、中跨$3L/4$截面、中支点截面、边跨(次边跨)跨中截面的弯矩、剪力。

③悬臂梁桥。

悬臂梁桥即将简支梁向一端或两端悬伸出短臂的桥梁,有单悬臂梁桥和双悬臂梁桥两种形式。悬臂梁桥往往在短臂上搁置简支的挂梁,相互衔接构成多跨悬臂梁桥。有短臂和挂梁的桥孔称为"悬臂孔"或"挂孔",支持短臂的桥孔称为"锚固孔"。由于支点负弯矩的卸载作用,跨中正弯矩显著减小,可降低主梁高度,减少材料用量并减轻结构自重,跨越能力较简支梁大。

悬臂梁桥的每个挂孔两端为桥面接缝,悬臂端向下挠度也较大,行车舒适性较差。悬臂梁一片主梁的长度较同跨简支梁长,施工安装上相对困难。目前预应力混凝土悬臂梁桥多采用悬臂拼装或悬臂浇筑的方法施工。

(2)拱桥。

拱桥是以承受轴向压力为主的拱圈或拱肋为主要承重构件的桥梁,拱结构由拱圈(拱肋)及其支座组成。在竖向荷载作用下,桥墩或桥台将承受水平推力,这种水平推力将显著抵消荷载所引起的在拱圈(拱肋)内的弯矩作用。拱桥可用砖、石、混凝土等抗压性能良好的材料建造;大跨度拱桥则用钢筋混凝土或钢材建造,以承受产生的力矩。按拱圈的静力体系分为无铰拱、双铰拱、三铰拱,前两者为超静定结构,后者为静定结构。按照桥面的位置,拱桥可分为上承式拱桥、中承式拱桥、下承式拱桥。

优点:跨越能力较大;与钢桥及钢筋混凝土梁桥相比,可以节省大量钢材和水泥;耐久性强,且养护、维修费用少;外形美观;构造较简单,有利于广泛采用。

缺点:由于拱桥是一种推力结构,对地基要求较高;对于多孔连续拱桥,为防止一孔破坏而影响全桥,要采取特殊措施或设置单向推力墩以承受不平衡的推力,增加了工程造价;在平原区修拱桥,由于建筑高度较大,拱桥两头的接线工程和桥面纵坡量增大,对行车极为不利。

拱桥控制截面的设计内力包括拱肋或拱圈控制截面(拱顶、$L/4$、拱脚)的轴力、弯矩,对于中承式、下承式拱桥还包括吊杆的轴力,对于上承式拱桥还包括立柱的轴力,对于系杆拱桥还应包括系杆的轴力。

拱桥建筑历史悠久,20世纪得到迅速发展并达到全盛时期。古今中外名桥(如赵州桥、卢沟桥、悉尼港湾大桥、克尔克桥等)遍布世界各地,在桥梁建筑中占有重要地位,更因其造型优美,常用于城市及风景区的桥梁建筑。

(3)刚构桥。

刚构桥是主要承重结构采用刚构的桥梁,梁和腿或墩(台)身构成刚性连接,受力状态介于梁桥与拱桥之间。结构形式可分为门式刚构桥、斜腿刚构桥、T形刚构桥、连续刚构桥及V形墩刚构桥。

①门式刚构桥。

门式刚构桥的腿和梁垂直相交呈门形构造,可分为单跨门构、双悬臂单跨门构、多跨门构和三跨两腿门构。前三种跨越能力不大,适用于跨线桥,要求地质条件良好,可用钢和钢筋混凝土结构建造;三跨两腿门构桥,在两端设有桥台,采用预应力混凝土结构建造时,跨越能力可达 200 m。

②斜腿刚构桥。

斜腿刚构桥的桥墩为斜向支撑的刚构桥,多采用钢筋混凝土及预应力混凝土结构建造,也有用钢结构建造的。其腿和梁所受弯矩比同跨径门式刚构桥显著减小,但轴向压力有所增加;同上承式拱桥相比无须设置拱上建筑,构造简化。斜腿刚构桥桥型美观,跨越能力较大,适用于峡谷桥和跨线桥。

③T形刚构桥。

T形刚构桥可分为带挂梁结构的T形刚构桥和带剪力铰结构的T形刚构桥。其上部结构可为箱梁、桁架或桁拱,与墩固结形成整体。T形刚构桥桥型美观,适用于大跨悬臂平衡施工,可无支架跨越深水急流,避免下部施工困难或中断航运,也不需要体系转换,施工简便。

T形刚构桥控制截面的设计内力包括固端根部截面的弯矩与剪力、墩身控制截面的弯矩与轴力。

④连续刚构桥。

连续刚构桥分为主跨为连续梁的多跨刚构桥和多跨连续刚构桥,两者均采用预应力混凝土结构,有两个以上主墩时采用墩梁固结,具有T形刚构桥的优点。与同类桥(如连续梁桥、T形刚构桥)相比,多跨刚构桥保持了上部构造连续梁的属性,跨越能力大、施工难度小、行车顺畅、养护简便、造价较低。多跨连续刚构桥则在主跨跨中设铰接,两侧跨径为连续体系,可利用边跨连续梁的重量将T构做成不等长悬臂,以加大主跨的跨径。

⑤V形墩刚构桥。

V形墩刚构桥作为连续刚构桥的一种,与连续梁桥和T形刚构桥相比,具有更合理的力学性能,可有效减小计算跨度,降低主梁弯矩;在悬臂施工阶段可以利用V形墩墩身来抵抗悬臂浇筑过程中可能出现的不平衡弯矩而无须另外设置辅助支撑,也不需要大量施工支架和临时设备;V形墩刚构桥线条活泼、造型美观、富于动感,有利于构建特色鲜明的城市桥梁景观。近年来,V形墩刚构桥在城市桥梁建设中已成为一道靓丽的风景线。

(4)斜拉桥。

斜拉桥是将主梁用许多拉索直接拉在桥塔上的一种桥梁,是由承压的塔、受拉的索和承弯的梁体组合起来的一种结构体系。斜拉桥比梁式桥的跨越能力更大,是大跨度桥梁的主要桥型。索塔形式有A形、倒Y形、H形、独柱等,材料有钢和混凝土。拉索布置有单索面、平行双索面、斜索面等。一般来说,斜拉桥跨径在300~1000 m是合适的,在这一跨径范围内,斜拉桥与悬索桥相比,有较明显优势。在城市桥梁中,跨越能力要求一般不高,因此斜拉桥比悬索桥更为多见。

斜拉桥控制截面的设计内力包括加劲梁控制截面的弯矩、扭矩与轴力,索塔控制截面的弯矩与轴力,控制拉索的轴力,桥面系的局部弯曲应力等。相应的观测内容为各跨支点$L/4$、跨中、$3L/4$截面的挠度,必要时还要观测上述部位的扭转角和横桥向位移、加劲梁控制面及索塔控制截面的应变、索塔塔顶的水平位移、控制拉索的索力、桥面系的工作性能等。

(5)悬索桥。

悬索桥是以通过索塔悬挂并锚固于两岸(或桥两端)的缆索(或钢链)为上部结构主要承重构件的桥梁。悬索桥从缆索垂下许多吊杆把桥面吊住,在桥面和吊杆之间常设置加劲梁,同缆索形成组合体系,以减小活载所引起的挠度变形。由于悬索桥可以充分利用材料的强度,并具有用料省、自重轻的特点,因此悬索桥在各种体系桥梁中的跨越能力最大,跨径可以超过1000 m。

1.2 市政道路施工概述

1.2.1 城市道路施工分类与特点

1. 城市道路施工分类

城市道路根据项目建设的性质分为新建和改建两类。

(1)新建道路。

城市规划或交通规划中明确的新建道路或决策机构筛选出的新建项目,新区、高新技术区、城市拓展区的道路建设均属于这一类型。这类型的道路施工相对简单,施工对周边道路交通影响也相对有限,只是在相交道路部分需要考虑交通阻隔及施工运输车辆造成的交通拥堵。

(2)改建道路。

改建道路指大规模城市改造中原有道路不能适应发展要求而需要改造升级、拓建、绿化美化的城市道路。改建道路所在路网往往是交通量较大区域,改建道路的实施不但影响自身路段的交通,还将自身的部分或全部交通负荷转移到周边的路网中,使已经饱和的路网交通压力陡然增大,往往造成整个区域交通拥挤。改建道路根据建设项目的等级、规模和影响,施工占道情况分为完全占道施工、部分占道施工和不占道施工三类。

①完全占道施工。

完全占道施工指集中施工,完全封闭施工道路上的交通。这种情况对道路交通的影响表现为:道路完全断流,车辆须绕道行驶,增加其他道路的交通压力,并可能导致相接道路成为断头路;影响周边建筑物的对外交通,包括车辆出行和行人出行;影响两侧人行道行人的正常通行;需要调整途经的公交线路,给居民的出行带来不便;改变现有的交通设施,对周边的环境产生影响,此种情况对城市的交通影响最大,道路交通组织需要慎重考虑。

②部分占道施工。

部分占道施工指施工时分段或分方向地进行。这种情况对道路的影响表现为:道路被部分占用,容易形成交通瓶颈,道路通行能力减弱;影响周围建筑物的对外交通,包括车辆和行人的出行;影响两侧人行道行人的正常通行;公交停靠设施可能需要迁移,增加居民的出行距离;同样对周边的交通环境会产生较大影响;对地区的交通非常敏感,稍有不慎也会导致地区的交通瘫痪。

③不占道施工。

不占道施工项目本身的道路红线很宽,断面形式便于改造,越线违章建筑较少,改建以断面改造为主,改造影响范围较小,基本不占用现有道路。此种情况对道路的交通影响相对较小,但出入施工场地的车辆可能会对相邻道路的交通产生一定影响,也给周边建筑物的对外交通带来不便,应根据实际情况合理处理。

2. 城市道路施工特点

城市道路的施工不同于普通公路、高速公路的施工。普通公路、高速公路的施工几乎不涉及地下管线且不考虑人流、车流对施工的影响,而城市道路的施工涉及道路、电力、通信、燃气、热力、给排水的管道线网的布设,人流、车流的交通组织,多家单位参与建设或协调,因此城市道路的施工相对于公路工程更复杂。城市道路施工有以下特点。

(1)施工工期紧,任务重。

交通是城市的命脉,这就决定了城市道路的建设必须在最短的时间内完成,以尽可能减少施工对社会的影响,并且尽快发挥其作用。因此城市道路工程对施工工期的要求十分严格,工期只能提前不能推后,施工单位往往根据总工期倒排进度计划。另外城市道路施工一般都要进行交通封闭,而交通封闭都有明确的期限,到期必须开放交通,所以一旦交通封闭完成就必须立即开工,按期通车,按期开放交通。

(2)动迁量大,施工条件差。

城市是居民生活的聚集区,各种建筑物占地面积广,导致部分建筑物处在道路红线范围内,需要进行拆迁。城市道路施工常常影响施工路段的环境和周围的交通,给居民的生活和生产带来不便。同时,居民出行的干扰导致施工场地受限,需要频繁的交通转换,增加了对道路工程进行进度控制、质量控制、安全管理的难度。

(3)地下管线复杂。

城市道路工程建设实施当中,经常遇到电力、通信、燃气、热力、给排水的管道线网位置不明,产权单位提供的管位图与实际埋设位置出入较大的情况,若盲目施工极有可能挖断管线,造成重大的经济损失和严重的社会影响,增加额外的投资费用。

(4)管线迁改程序复杂,管线类型多,施工单位多,施工协调难度大。

城市道路施工中往往涉及大量正在运营的既有线路的迁改和新建。由于这些管线分属不同的产权单位,不同专业施工门类需要不同施工资质的施工单位根据施工进展情况安排进出场,由此施工协调难度很大,需要建设单位定期组织召开协调会。

(5)质量控制难度大。

在城市道路的施工中,由于工期紧,往往出现片面追求进度忽视质量管理的情况。另外,城市道路路基施工中,施工断面短小给大型设备的使用带来困难,井周、管线回填、构造物回填等质量薄弱点多,路面施工中人、车流的干扰,客观上都对质量控制造成影响。要多方控制协调,方能保证正常施工。

(6)车辆行人的干扰大,交通组织压力大。

在城市道路施工期间,施工区域会占据部分行车线路。为了尽量减小城市道路施工对交通的影响,城市道路施工往往采取分段施工、分车道施工和分时段施工等诸多方法来尽量减小对交通的影响,但是由于上下班高峰期车流量特别大,施工路段的道路不能满足顺畅通车要求,容易造成拥堵现象。施工车辆与社会车辆、行人的交织也给交通及施工安全带来极大隐患,如何组织好交通,在城市道路建设中尤为重要。

(7)环保要求提高。

城市道路施工期间,原材料的运输和装卸、施工机械作业等环节会造成周围道路的污染,会产生扬尘、噪声、污水、垃圾等对环境有影响的不利因素。随着人们环境保护意识的提高,施工中必须尽量消除和避免这些不利因素,尽力为人们维持一个安静祥和的生活环境是城市道路施工的新任务。

(8)景观绿化生态要求提高。

城市道路是城市景观的视觉走廊,同时是城市文化、品质和风貌的展示窗口,也应该是人们了解、感受和体验城市的绝佳界面。随着打造"宜居城市""环境友好"城市理念的提出,城市道路不再是传统意义上的人车出行通道,也被赋予了美化城市、净化城市、亮化城市的职能。

1.2.2 城市道路施工内容与基本要求

1. 城市道路施工内容

城市道路的主要施工内容有管线施工、软基或特殊路段地基处理、路基施工、路面施工、路缘石施工、人行道施工、绿化。

(1)管线施工。

管线施工是将各类管线预埋至地下,以充分利用城市道路的地下空间。管线的位置一般处在车道分隔带下方、非机动车道下方和道路两侧绿化带下方,这样既方便施工,又方便管线的维修。管线的种类不同,使得各类管线的施工工艺、工序不尽相同。

(2)软基或特殊路段地基处理。

软基或特殊路段地基处理是指如果地基不够坚固,为防止地基下沉拉裂造成路面破坏、沉降等事故,需要对软地基进行处理,使其变得足够坚固,提高软地基的固结度和稳定性。目前主要的处理方法有换填、抛石填筑、盲沟、排水砂垫层、石灰浅坑法等。

(3)路基施工。

路基施工主要是通过土石方作业,修筑满足性能设计要求的路基结构物,并为路面结构层施工提供平台。路基的施工工艺较简单,但工程量较大,涉及面广,比如土方调配、管线配合施工等。

(4)路面施工。

路面施工包括底基层施工、基层施工、面层施工。路面施工要求严格:必须使路面具有足够的强度,抵抗车辆对路面的破坏或产生过大的形变;具有较高的稳定性,使路面强度在使用期内不致因水文、温度等自然因素的影响而产生幅度过大的变化;具有一定的平整度,以减小车轮对路面的冲击力,保证车辆安全舒适地行驶;具有适当的抗滑能力,避免车辆在路面上行驶、起动和制动时发生滑溜危险;行车时不致产生过大的扬尘,以减少路面和车辆机件的损坏,减少环境污染。

(5)路缘石施工。

路缘石是设置在路面与其他构造物之间的标石,起到分隔机动车、非机动车道与人行道并引导行车视线的作用。

(6)人行道施工。

人行道是城市道路中供行人行走的通道,人行道一般高于机动车道、非机动车车道,人行道中必须按要求设置盲道,并与相邻构造物接顺。

(7)绿化。

城市道路绿化是指在道路两旁及分隔带内栽植树木、花草及护路林等以达到隔绝噪声、净化空气、美化环境的目的。城市道路绿化起到改善城市生态环境和丰富城市景观的作用,但应避免绿化影响交通安全。

另外,城市道路施工还包括公交站台、交通信号指挥系统、交通工程(指示牌、交通标线)、照明及亮化工程的施工。

2. 城市道路施工基本要求

(1)路基施工要求有足够的强度,变形不超过允许值,整体稳定性好,具有足够的水稳定性。

(2)路面施工必须满足设计要求的承载力,平整度良好,具有较高的温度稳定性,抗滑指标、透水指标符合规范要求,尽量降低行车噪声。

(3)桥头施工及管线铺设完成后需要进行回填压实,压实过程需要严格按照规范要求进行,确保桥头不跳车、管线部位路基无沉降。位于行车道内的管井口,需要进行井周加固,防止井口下沉,施工中要严格控制井口高程,使得管井口与路面平顺无跳车。

(4)管线、管廊在施工完成后应清理干净,雨水管出口应明确,并与既有水系沟通。

(5)道路景观要充分利用道路沿线原有的地形地貌,因地制宜地进行绿化布局,在满足交通需要的前提下,突出自然与人文结合、景观与生态结合,形成城市独有的绿化景观文化。

(6)路缘石施工要求缘石的质量符合设计要求,安砌稳固,顶面平整,缝宽密实,线条直顺,曲线圆滑美观;槽底基础和后背填料必须夯打密实;无杂物污染,排水口整齐、通畅、无阻水现象。

(7)人行道施工要求铺砌稳固,表面平整,缝线直顺,灌浆饱满,无翘动、翘角、反坡、积水、空鼓等现象。盲道铺砌中砂浆应饱满,且表面平整、稳定,缝隙均匀。与检查井等构筑物相接时,应平整、美观,不得反坡。不得用在料石下填塞砂浆或支垫方法找平。在铺装完成并检查合格后,应及时灌缝。铺砌完成后,必须封闭交通,并应湿润养护,当水泥砂浆达到设计强度后,方可开放交通。行进盲道砌块与提示盲道砌块不得混用。盲道必须避开树池、检查井、杆线等障碍物。路口处盲道应铺设为无障碍形式。

1.3 市政桥梁施工概述

1.3.1 桥梁施工机械设备

桥梁施工机械设备的优劣往往决定桥梁施工技术的先进与否。同时,桥梁结构体系及施工技术的发展,也要求各种施工机械设备不断地更新和改造,以适应其发展的需要。

根据使用目的不同,桥梁施工机械设备大致可以分成以下几类。

(1)通用机械设备。

通用机械设备主要包括以下方面。

①测量:经纬仪、测距仪等。

②模板:滑动模板、提升模板、拼装式模板等。

③装配式支架:钢管支架、万能杆件、贝雷梁、六四式军用梁等。

④混凝土施工:拌和机、输送泵、振捣设备等。

⑤钢筋加工:切割机、调直机、焊接机等。

⑥预应力施工:千斤顶、锚夹具、穿索机等。

⑦运输:汽车、船只等。

⑧起重吊装:塔式起重机、汽车式起重机、龙门起重机、浮吊、卷扬机等。

(2)基础施工机械设备。

基础施工机械设备主要包括以下方面。

①基坑开挖:挖掘机、抓斗、风镐等。

②基坑排水:抽水机、井点等。

③基坑围护:钢板桩、双壁钢围堰、钢套箱等。

④打桩:柴油打桩机、蒸汽打桩机、液压打桩机等。

⑤钻孔:螺旋式钻孔机、冲击式钻孔机、潜水式钻孔机等。

(3)上部结构施工机械设备。

上部结构施工机械设备主要包括以下方面。

①预制安装:双导梁架桥机、缆索起重机、移动支架等。

②现浇施工:移动模架等。

③悬臂施工:梁式挂篮、斜拉式挂篮、牵索式挂篮等。

④顶推施工：千斤顶、导梁、滑动导向设备等。

⑤缆索制作：斜拉索制作设备、悬索桥主缆制作设备等。

(4) 桥面施工机械设备。

桥面施工设备主要有沥青摊铺机、压路机等。

桥梁施工设备应根据具体的施工对象、工期、劳动力及施工单位现有设备的情况，考虑对现场条件的适应性以及整个工程的经济效益，合理地选用和安排。

1.3.2 桥梁工程常用施工方法

1. 桥梁基础工程

在桥梁工程中，基础工程常用的施工方法有扩大基础、桩基础、沉井基础、管柱基础及地下连续墙等。

(1) 扩大基础。

扩大基础又称"明挖扩大基础"或"浅基础"，一般采用明挖基坑的方法进行施工，将墩台及上部结构传来的荷载直接传递给较浅的支承地基。

扩大基础施工的顺序：开挖基坑，对基底进行处理（当地基的承载力不满足设计要求时，需要对地基进行加固），然后砌筑砌体或立模、绑扎钢筋、浇筑混凝土。其中，开挖基坑是施工中的一项重要工作，在开挖过程中，必须解决挡土与止水的问题。

当土质坚硬时，对基坑的坑壁可不进行支护，仅按一定坡度进行开挖。在采用土、石围堰或土质疏松的情况下，一般应对开挖后的基坑坑壁进行支护加固，以防止坑壁坍塌。支护的方法有挡板支护加固、挡土墙支护加固及喷射混凝土加固等。扩大基础施工时，必须处理好地下水，当地下水位高于基础的设计底面标高时，必须采取止水措施，如打钢板桩或考虑采用集水坑用水泵排水、深井排水及井点法等使地下水位降低至开挖面以下，以使开挖工作能在干燥的状态下进行。

(2) 桩基础。

桩是深入土层的柱形构件，其作用是将作用于桩顶以上的荷载传递到土体深处。根据成桩方法的不同，可将桩做如下分类。

①沉入桩：将预制桩用锤击或振动法沉入地层至设计要求标高，预制桩包括木桩、混凝土桩和钢桩。预制桩多在预制场内制造，故桩身质量易于控制，质量较为可靠，易于在水上施工，但是施工时噪声和振动较大。受运输、起吊设备能

力等条件的限制,其单节预制桩的长度不能过长,沉入长桩时要在现场接桩;桩的接头施工复杂、麻烦,且易出现构造上的弱点;接桩后如果不能保证全桩长的垂直度,则将降低桩的承载能力,甚至在沉入时造成断桩。对于不易穿透的较厚的坚硬地层,当坚硬地层下仍存在较弱层,但设计要求桩必须穿过时,则需要辅以其他施工措施,如射水或预钻孔等。

②灌注桩:在现场采用钻孔机械(或人工)将地层钻挖成预定孔径和深度的孔后,将预制成一定形状的钢筋骨架放入孔内,然后在孔内灌入流动的混凝土而形成桩基。水下混凝土多采用垂直导管法灌注。采用灌注桩能修建比预制桩直径大的桩;且与地基土质无关,在各种地基上均可使用;但是施工时应特别注意孔壁坍塌形成的流砂及孔底沉淀等的处理。

③大直径桩:指直径大于或等于 2.5 m 的桩,目前最大桩径已达 6 m。近年来,大直径桩在桥梁基础中得到广泛应用,结构形式也越来越多样化,除实心桩外,还发展了空心桩;施工方法上不仅有钻孔灌注法,而且有预制桩壳钻孔埋置法等。根据桩的受力特点,大直径桩多做成变截面的形式。

(3)沉井基础。

沉井基础是一种断面和刚度均比桩大得多的筒状结构,其适宜下沉的深度为 10~40 m。沉井基础的抗水平力作用能力及竖直支承力较大,变形较小,现场施工时,应重复交替进行构筑和开挖井内土方,使之沉落到预定的地基上。在岸滩或浅水中建造沉井时,可采用"筑岛法"施工;在深水中建造时,则可采用浮式沉井,先将其浮着运至预定位置,再进行下沉施工。沉井下沉的方法可分为排水开挖下沉和不排水开挖下沉,但其基本施工方法应为不排水开挖下沉,只有在稳定的土层中且渗水量不大时,才采用排水开挖法下沉。

(4)管柱基础。

管柱基础施工方法和工艺较复杂,在桥梁工程中较少采用,只有当桥址处水文条件复杂,不宜采用其他基础施工方法时才采用此种基础形式。

管柱基础的施工一般包括管柱预制、围笼拼装浮运、下沉定位、下沉管柱、在管柱底基岩上钻孔、在管柱内安放钢筋笼并灌注水下混凝土等内容。管柱下沉必须要有导向装置,浅水时可用导向架,深水时则用整体围笼。

(5)地下连续墙。

地下连续墙是用膨润土泥浆进行护壁,在防止开挖壁面坍塌的同时,按设计位置开挖一条狭长端圆的深槽,然后将钢筋骨架放入槽内,并灌注水下混凝土,从而在地下形成连续墙体的一种基础形式。目前,地下连续墙在国内多用于临时支挡设施。

2. 桥梁上部结构

桥梁工程上部结构的施工方法大致可分为现场浇筑法和预制安装法两大类,如果情况需要也可采用一些特殊的施工方法,如转体施工法和劲性骨架法等。

(1)现场浇筑法。

桥梁上部结构现场浇筑的施工方法主要有以下几种。

①固定支架法:多适用于旱地上的钢筋混凝土和预应力混凝土中小跨径连续梁桥的施工。

施工时,应先在跨间设置支架,然后安装模板、绑扎钢筋,并现场浇筑混凝土。支架按其构造的不同可分为满布式、柱式、梁式和梁柱式等类型,所用材料有门式支架、扣件式支架、碗扣式支架、贝雷桁片、万能杆件及各种型钢组合构件。支架虽为临时结构,但施工中需要承受梁体的大部分恒重,因此必须有足够的强度和刚度,同时支架的地基要可靠,必要时需要对地基进行加固处理。

②在支架上逐孔现浇施工:与固定支架法相似,逐孔现浇施工时,仅在梁的一孔(或二孔)间设置支架,完成后将支架整体转移到下一孔连续施工。

在支架上逐孔现浇施工常用的支架有落地式、梁式和落地移动式三种,其中落地式支架多用于旱地桥梁或桥墩较低的情况;梁式支架的承重梁则可支承在位于桥墩承台的立柱上或锚固于桥墩的横梁上;落地移动式支架可在地面设置轨道,支架在轨道上(或其他滑动、滚动装置上)进行转移。

逐孔现浇施工的接头通常设在距桥墩中心约 $L/5$ 弯矩较小的部位,这种施工方法适用于中小跨径及结构构造比较简单的预应力混凝土桥梁。

③移动模架逐孔现浇施工:使用不着地移动式的支架和装配式的模板进行连续逐孔现浇施工。采用移动模架施工时,施工速度快,机械程度高,且安全可靠,又不会受桥下各种条件的影响,能周期循环施工,一般适用于跨径 20~50 m 的预应力混凝土连续梁桥施工,且桥长应在 500 m 以上。也适用于弯、坡、斜桥。

④顶推施工:在桥台的后方设置施工场地,分节段浇筑梁体,并用纵向预应力筋将浇筑节段与已完成的梁体连成整体,在梁体前端安装长度为顶推跨径 70%左右的钢导梁,然后通过千斤顶水平推力,将梁体向前方顶推出施工场地。重复这些工序即可完成全部梁体的施工。

顶推施工的方法可分为单点顶推和多点顶推两种。逐段顶推施工宜在等截面的预应力混凝土连续梁桥中使用,也可在结合梁和斜拉桥的主梁上使用。

(2)预制安装法。

桥梁上部结构预制安装法有两种:一种是预制梁安装,主要是指装配式简支梁,如T形梁、I形梁、空心板梁及小跨径箱梁的安装;另一种是预制节段式块件拼装,施工时可将梁体(一般为箱梁)沿桥轴向分段预制成节段节式块件,运到现场进行拼装。常用的方法如下。

①自行式吊车吊装:主要适用于跨径小于30 m的简支梁板安装作业,常用的吊装机械有汽车起重机、履带式起重机和轮胎式起重机等,吊装作业时,有单吊和双吊之分。施工现场吊装孔跨内或引道上,应有足够的设置吊装机械的场地,并确保运梁道路畅通。

②架桥机安装:架桥机的种类较多,有专用架桥机设备,也有施工人员自行拼装而成的架桥设备。根据形式的不同,架桥机又可分为单导梁、双导梁、斜拉式和悬吊式等。悬臂拼装和逐跨拼装的节段式桥梁也经常采用专用的架桥机设备进行施工。其特点是:不受架设孔跨的桥墩高度影响,也不受梁下条件的影响;架设速度快,作业安全度高,对于跨数较多的长大桥梁更具优越性。

③跨墩龙门安装:采用此种方法时,可在墩台两侧顺桥向设置轨道,其上安置跨墩的龙门吊机,将梁体在吊起状态下运到架设地点,安装在预定位置。采用该施工方法时,可将梁的预制场地安排在桥头引道,以缩短运梁距离。桥梁架设地点应平坦,梁体应能沿顺桥向搬运,桥墩不能太高。

④悬臂拼装法:现多用于预应力混凝土梁体的施工,其他类型的桥梁也可选用,即施工时将梁体分节段预制,墩顶附近的块件用其他架设机械安装或现浇,然后以桥墩为对称点,将预制块件沿桥跨方向对称起吊、安装就位后,张拉预应力筋,使悬臂不断接长,直至合龙的施工方法。悬臂拼装法施工速度快,桥梁上、下结构可平行作业,施工时又不影响通航或桥下交通,宜在跨深水、山谷时和海上进行施工,并适用于变截面预应力,混凝土梁桥。

⑤逐孔拼装法:一般适用于节段式预应力混凝土连续梁的施工。在施工的孔跨内搭设落地式支架或采用悬吊式支架,将节段预制块件按顺序吊放在支架上,然后在预留孔道内穿入预应力筋,对梁施加预应力,使其成为整体。

(3)转体施工法。

转体施工法可分为平转和竖转两种,多用于拱桥施工,也可用于斜拉桥和刚构桥。转体施工时,可在岸边立支架(或利用地形)预制半跨桥梁的上部结构,然后借助上、下轴偏心值产生的分力,使两岸半跨桥梁上部结构向桥跨转动,用风缆控制其转速,最后就位合龙。

该施工方法所需设备成本低、速度快,施工工艺简单,适用于峡谷、水深流急通航河道和跨线桥等特殊情况。

(4)劲性骨架法。

劲性骨架法以钢骨架为拱圈的劲性拱架,采用现浇混凝土包裹骨架,最后形成钢筋混凝土拱桥。其中,骨架可采用型钢或钢管等材料制作。

3.桥梁下部结构

(1)桥梁承台施工方法。

①对于深水中的承台,可采用的施工方法有多种,如钢板桩围堰、钢管桩围堰、双壁钢围堰及套箱围堰等,不论何种围堰,其目的都是止水,以实现承台的干燥施工。

a.钢板桩和钢管桩围堰实际上是同一类型的围堰形式,只不过所用材料不同。

b.双壁钢围堰通常将桩基和承台的施工一并考虑,在桩顶设钻孔平台,桩基施工结束后拆除平台,在堰内进行承台施工。

c.套箱现多采用钢材制作,分有底和无底两种类型,根据受力情况不同又可设计成单壁或双壁。

②位于旱地、浅水河中采用土石筑岛施工桩基的桥梁,承台的施工方法与扩大基础相似,可采取明挖基坑、简易板围堰后开挖基坑等施工方法。

(2)桥梁墩台施工方法。

根据桥梁墩台的结构形式,墩(台)身的施工方法也不相同,具体规定如下。

①结构简单、高度不大的中、小桥墩(台)身多采用传统方法,可进行现场立模浇筑施工。

②高墩及斜拉桥、悬索桥的索塔施工时,多是将墩身分成若干节段,然后自下至上逐段进行施工。其施工方法可根据模板结构的不同而采用滑升模板、爬升模板和翻升模板等。

a.采用滑升模板(简称"滑模")施工,对结构物外形尺寸的控制较准确,施工平衡、安全,机械化程度较高,多采用液压装置。

b.爬升模板施工,一般需要在模板外侧设置爬架,并使用专门用于提升的起吊设备。采用这种模板需要耗用较多的材料。

c.采用翻升模板施工,其原理是将待施工的混凝土墩沿高度方向按照一定的高度值(ΔH)划分成若干节段,根据墩塔横截面的结构形式、尺寸以及节段高度设计模板的结构形式与组配方式。一个完整的模板组配叫作一套,在翻模施工中,一个工作点需要2～3套模板,每套模板的垂直高度为ΔH或$\Delta H/2$。

高墩应根据现场的实际情况,进行综合比较后选择适宜的施工方案。

第2章 路基施工

2.1 填方路基施工

填方路基也称为"路堤",高于原地面,一般是选用当地的土、石作为填料,按照一定的施工方法在原地面填筑而成的。

2.1.1 填筑前的基底处理

基底是指填料与原地面接触的部分。在路堤填筑前,要进行基底处理,使填料和原地面土紧密结合,以免路堤沿基底滑动,或因草皮、树根腐烂而沉陷等。基底处理一般包含以下几个方面。

(1)路堤填筑范围内的树木、草丛等要进行清理,并在清理后按规定进行平整压实。

(2)对于原地面的坑洞、裂缝等,应用原地面土回填,并按规定进行压实。

(3)如果原地面土的强度不符合要求,则应进行换填,换填深度应不小于30 cm,并且要分层压实到符合规定的压实度。

(4)路堤如果经过耕地,则应清除有机土、种植土,并平整压实;如果经过水田、池塘等,则应根据具体情况采取措施,如排水疏干、挖除淤泥等,以保证基底的稳固。

(5)如果基底为坡面,则应视具体的坡度情况而采取相应的措施。当坡度较小,为1∶10~1∶5时,只需要在清除坡面上的树根、杂草等杂物后,将翻松的表层压实即可;当坡度较大,为1∶5~1∶2.5时,应将坡面做成台阶形;当坡度超过1∶2.5时,则应采取修护墙、护脚等措施进行特殊处理。

2.1.2 填料的选择

1.选择流程

填方路基填料的选择流程:确定料源→取样试验→改良填料。

(1)确定料源:根据设计文件,并结合现场调查情况,确定填料的来源地点。

(2)取样试验:确定料源后,应及时取样进行试验,以检测其含水率、液限、塑限等,必要时应检测其有机质含量、易溶盐含量等,从而判断填料的可用性。

(3)改良填料:试验后,如果填料不符合要求,则应进行改良。例如,当含水率过高或过低时,可通过晾晒或洒水的方式进行改良。

2. 注意事项

(1)填料应具有良好的级配和一定的黏结力,并易于压实,不会受水浸软化和冻害影响等。

(2)严禁选用含草皮、生活垃圾、树根、腐殖质的土作为填料。

(3)淤泥土、强膨胀土、有机质土等稳定性较差的土不宜作为路基填料,如果必须采用,则应采取技术措施进行处理,满足设计要求后方可使用。

(4)透水性良好的石块、碎(砾)石土、粗砂、中砂,湿度未超过设计规定极限值的亚砂土、轻黏土和黏土等,均可用作路堤填料。

(5)膨胀岩石、易溶性岩石不宜直接用作路堤填料;强风化石料、崩解性岩石和盐化岩石不得直接用作路堤填料。

(6)石路堤所用的石料强度一般不应小于 15 MPa,最大粒径不宜大于压实层厚的 2/3。

(7)土石路堤所用混合填料中的石料强度大于 20 MPa 时,石料的最大粒径不得大于压实层厚的 2/3,否则应予以剔除。

填料一般就地取材,如果当地的填料不符合要求,可以从远处运输。当远处运输不经济时,可以对当地不符合要求的填料进行适当处理。

2.1.3　填筑方式

路堤填筑方式一般有纵向分层填筑、横向全高填筑和联合填筑三种。

1. 纵向分层填筑

纵向分层填筑是路堤常用的填筑方式,指沿道路纵向分层填筑,分为水平分层填筑和纵坡分层填筑两种。

(1)水平分层填筑:按照横断面全宽进行水平分层,逐层向上填筑,每填一层都要进行压实,压实度符合要求后方可填筑上一层。该方式具有施工简单、安全、压实质量易保证等优点,是最常见的填筑方式。

(2)纵坡分层填筑:按纵坡方向逐层推土填筑。该方式适用于推土机或铲运机从路堑取土填筑运距较短的路堤,或当原地面纵坡大于12%时。

2. 横向全高填筑

横向全高填筑是指从路基一端或两端同时按各横断面全高,逐步推进填筑。该方式适用于无法自下而上填筑的深谷、陡坡、断岩或运土机械无法进场的泥沼地区。

横向全高填筑的缺点是不易压实、沉陷不均匀,填筑时应尽可能选用高效能的压实机具(如振动压路机),并选用沉陷量较小的砂性土作为填料。

3. 联合填筑

联合填筑是指路堤下部采用横向全高填筑,路堤上部采用水平分层填筑。当道路穿过深谷、陡坡且对路基上部的压实度要求较高时,可以采用这种填筑方式。

2.1.4 填筑施工

1. 土路堤的填筑施工

土路堤的填筑施工流程:施工准备→基底处理→分层填筑→摊铺平整→洒水晾晒→碾压夯实→检查验收→路基修整。

土路堤填筑施工具体流程如下。

(1)施工准备。

进行施工准备时,重点是进行路基放样。

(2)基底处理。

当路堤填筑高度 $H \geqslant 64\ cm$ 时,清除地面表层耕作土及杂物后,对基底进行整平压实,基底以上采用6%石灰土填筑至路面结构层,该石灰土层压实度应满足规范规定压实度要求。

(3)分层填筑。

分层填筑的步骤大致如下。

①放出路基中桩和填筑边线。

②用石灰粉画出方格,按每个方格卸一车土来控制填土松铺厚度。

(4)摊铺平整。

填筑区段完成一层卸土后,可先用推土机进行摊铺并初平。初平后,再用平地机精准找平。

(5)洒水晾晒。

填土碾压前,要将其含水率控制在最佳含水率±2%的范围内。当填土含水率过小时,应进行洒水;当填土含水率过大时,应采用松土机或圆盘耙翻摊晾晒。

(6)碾压夯实。

填土含水率控制在最佳含水率±2%范围内后,应进行碾压夯实。

碾压前,技术人员应按照试验段确定的碾压遍数、碾压速度等向机械操作人员进行技术交底。

(7)检查验收。

碾压完成后,进行压实度检测。每 1000 m² 不少于 2 个检测点。

(8)路基修整。

根据路基设计宽度及边坡设计坡度挖去超填部分边坡,然后进行边坡修整拍实,使修整后的边坡平顺、牢固。

在进行土路堤的填筑施工时,应注意以下几点。

(1)土路堤一般宜采用纵向分层填筑的方式,从最低处起分层填筑,逐层压实。为确保压实度,每层填土的松铺厚度应通过试验确定。

(2)每层填土压实后的宽度不得小于设计宽度。

(3)当土路堤填筑分几个作业段施工时,如果两段交接处不在同一时间填筑,则应对先填筑地段按 1:1 坡度分层留台阶;如果两个地段同时作业,则应分层相互交叠衔接,搭接长度不得小于 2 m。

(4)采用不同性质的土进行混合填筑时,应注意以下几点。

①同一填筑层应采取同一种性质的填土,不得混合填筑。

②对潮湿或冻融敏感性小的土应填筑在路基上层,强度较小的土应填筑在路基下层。

③透水性较差的土填筑于路堤下层时,应做成坡度为 4% 的双向横坡;填筑于路堤上层时,不应覆盖在透水性较好的土层上。

2.石路堤的填筑施工

石路堤的填筑施工流程:施工准备→边坡码砌→填料装运→石料破碎→摊铺平整→碾压成形→检查验收→路基修整。具体与土路堤的填筑施工流程相似,在此不再赘述。

在进行石路堤的填筑施工时,应注意以下几点。

(1)对于城市快速路、主干路,石路堤应采用纵向分层填筑的方式,并分层压实;对于其余道路,可采用联合填筑的方式。

(2)为了便于施工和达到设计要求的压实度,填石分层松铺厚度不宜过大,城市快速路、主干路不宜大于 0.5 m,其他道路不宜大于 1.0 m。

(3)城市快速路、主干路石路堤的路床顶面以下 50 cm 范围内,应填筑符合路床要求的土料,并分层压实,土料的最大粒径不得大于 10 cm;其余道路石路堤的路床顶面以下 30 cm 范围内,应填筑符合路床要求的土料,并分层压实,土料的最大粒径不得大于 15 cm。

(4)当石块级配较差、粒径较大、填层较厚、石块间的空隙较大时,可以在每层表面的空隙中填入石碴、石屑、中砂、粗砂,以保证密实度。

(5)当人工铺填粒径为 25 cm 以上的石块时,应先铺填粒径较大的石块,再用小石块找平、石屑塞缝,最后压实;当人工铺填粒径为 25 cm 以下的石料时,可直接分层摊铺、分层压实。

3. 土石路堤的填筑施工

土石路堤的填筑施工流程:施工准备→填料运输→填料倾倒→推土机整平→碾压成形→检查验收→路基修整。具体与土路堤的填筑施工流程类似,在此不再赘述。

在进行土石路堤的填筑施工时,应注意以下几点。

(1)土石路堤不得采用横向全高填筑的方式,而应采用纵向分层填筑的方式,并分层压实。每层铺填厚度应根据压实机械类型、规格和性能确定,一般不宜大于 40 cm。

(2)在土石混合填料中,当石料含量不小于 70% 时,应先铺填大块石料,且大面向下,放置平稳,再用小块石料、石碴或石屑找平,最后填土并压实;当石料含量小于 70% 时,土石可混合铺填,但应避免硬质石块集中。

(3)城市快速路、主干路土石路堤的路床顶面以下 30~50 cm 范围内,应填筑符合要求的土料,并分层压实,土料最大粒径不得大于 10 cm;其余道路土石路堤的路床顶面以下 30 cm 范围内,一般填筑砂类土,并分层压实,砂类土最大粒径不大于 15 cm。

4. 高填方路堤的填筑施工

高填方路堤是指在水稻田或常年积水地带,用细粒土填筑高度在 6 m 以上的路堤,以及在其他地带,填土或填石高度在 20 m 以上的路堤。

在进行高填方路堤的填筑施工时,应注意以下几点。

(1)高填方路堤的每层填筑厚度,应根据所用的填料,按照相关规定确定。如果填料来源不同、性质相差较大,则应分层填筑。

(2)高填方路堤施工时要注意地基强度的检测,若检测值与设计值不符,则应及时提出,并采取地基加固措施。

(3)高填方路堤应严格按照设计的边坡进行填筑,不得出现缺填现象。

2.2 挖方路基施工

挖方路基也称为"路堑",是指在天然地面上以开挖的方式建成的路基。在挖方路基的施工中,不同地质条件的施工方法会有所不同。

2.2.1 土方路堑的开挖施工

1. 土方路堑的开挖要求

土方路堑的开挖应遵照以下要求。

(1)土方开挖应按照自上而下的顺序进行,不能采用掏空倒挖的施工方法。

(2)开挖出的适用土方应用于路堤的填筑,不适用的材料应按照相应规定进行处理。

(3)在土方路堑开挖的过程中,若遇到土质变化需要修改施工方案,则应及时报批,经有关部门批准后方可修改。

2. 土方路堑的开挖方法

根据掘进方向不同,土方路堑的开挖方法一般可分为横向全宽挖掘法、纵向挖掘法和混合挖掘法三种。

(1)横向全宽挖掘法。

横向全宽挖掘法是指以路堑整个横断面的宽度和深度,从一端或两端逐渐向前挖掘的方法,一般可分为单层横向全宽挖掘法和双层横向全宽挖掘法两种。

①单层横向全宽挖掘法:一次挖掘深度达到路堑设计深度的方法,掘进时,逐段成形向前推进,沿相反方向将土运送出去(图 2.1)。这种方法适用于深度小、长度较短的路堑开挖。

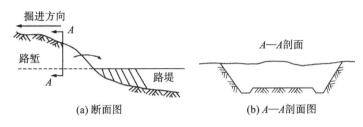

图 2.1　单层横向全宽挖掘法

②双层横向全宽挖掘法:分成两层(上层在前、下层随后),在不同标高的台阶上同时进行挖掘的方法(图 2.2)。这种方法可增加工作面,加快施工速度,适用于深度过大的路堑开挖。

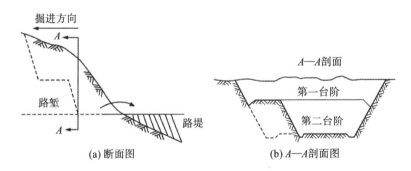

图 2.2　双层横向全宽挖掘法

当采用双层横向全宽挖掘法挖掘时,每层台阶都应设有单独的运土通道和排水沟渠,以免相互干扰。人工运土通道宽度不宜小于 2 m,机械运土通道宽度应不小于 4 m,双车通道宽度不宜小于 8 m。

(2)纵向挖掘法。

纵向挖掘法有分层纵挖法、通道纵挖法和分段纵挖法三种。

①分层纵挖法:沿路堑全宽,以深度不大的纵向分层进行挖掘。这种方法适用于较长但深度不大的路堑开挖。

②通道纵挖法:先沿路堑纵向挖出一条通道,然后将该通道向两侧拓宽,拓宽至路堑边坡后,再挖掘下层通道。该方法适用于较长、较深、两端地面纵坡较

小的路堑开挖。

③分段纵挖法：沿路堑纵向选择几个适宜处，将较薄一侧堑壁横向挖穿，使路堑分成数段，各段再纵向开挖。这种方法适用于过长、弃土运距过远、一侧堑壁较薄的傍山路堑开挖。

(3)混合挖掘法。

混合挖掘法是将通道纵挖法和横向全宽挖掘法进行混合使用的方法，即先沿路堑纵向挖出一条通道（如通道1），再沿横向挖出若干条辅助通道（如通道2、通道3等），如图2.3所示。这种方法可以集中较多的人力、机具，沿纵横向通道同时挖掘，适用于路堑深、土方量大、进度要求快的工程。

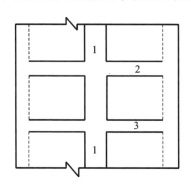

图2.3 混合挖掘法

注：1,2,3—通道序号。

2.2.2 石方路堑的开挖施工

由于岩石坚硬，石方路堑的开挖往往比土方路堑困难。常用的石方路堑开挖方法有爆破法、松土法和破碎法。开挖前，应根据岩石的类别、风化程度、施工条件及工程量等，来确定选择哪种开挖方法。

1. 爆破法

爆破法是指利用炸药爆炸的能量来破碎或抛掷岩石，爆破后用机械清方的方法。爆破法具有工效高、劳动力消耗少、施工成本低等优点，是非常有效的路堑开挖方法，适用于开挖岩石坚硬、不能用人工或机械开挖的路堑。

利用爆破法开挖石方的流程：施工准备→布设炮孔→钻制炮孔→装药→堵塞→连接起爆网络→起爆→检查和解除警戒→清运爆破的石方。

爆破法的施工流程大致如下。

(1)施工准备。

①技术准备。

a.勘察施工现场的地质情况及环境。

b.结合设计图纸和现场的实际情况,编制爆破施工组织设计,并向施工队进行书面的一级技术交底和安全交底。

c.根据设计图纸,进行路基中桩和开口线放样;放样完毕后,驻地工程师进行复核,办理签认手续。

d.在全面施工前,进行2～3次试爆,以确定爆破方法、炮孔布置、起爆方式、炸药单耗等情况。

e.在施工前,对施工班组和操作人员进行全面的二级技术交底和安全交底,以确保施工过程中的工程质量和人身安全。

②机具准备。

a.钻孔设备:潜孔钻机、空压机、凿岩机、手提钻机。

b.清运设备:挖掘机、铲车、运输机。

c.安全设备:安全帽、警戒线、汽笛、安全标志牌。

③材料准备。

a.爆破材料:2号岩石炸药、乳化炸药、特种功能炸药。

b.起爆器材:普通电雷管、火雷管、毫秒电雷管、非电毫秒雷管、导爆索、导爆管、导火索、起爆器。

④人员准备。

在爆破施工前,应对施工人员进行培训,使其掌握各种设备的使用方法及爆破的各种施工技术,具备应对突发状况的能力。

⑤现场准备。

a.将路基范围内的积水或地下水排走。

b.进行表面清除,剥离土层和砂层。

c.修建临时通道,连通高压电。

(2)布设炮孔。

根据设计好的爆破参数,在爆破体上标定好炮孔位置。炮孔宜布置在临空面较多的位置,不宜布置在裂缝处,以防爆炸时气体由裂缝泄出,降低爆破效果。

(3)钻制炮孔。

炮孔布设完毕后,应钻制炮孔。钻孔完成后,应及时清理孔口的浮渣,然后检查炮孔有无堵塞现象,以及炮孔的间距、深度、倾斜度等是否与设计相符。

(4)装药。

炮孔钻制完成后,要往孔里装炸药。装药前,要仔细检查炮孔情况,清除孔内积水、杂物等;装药过程中,应及时测量,严格把控每孔的药量。

(5)堵塞。

炸药装完后,用石屑、粉末、细砂土或黏质土进行堵塞。堵塞时,应确保堵塞密度和堵塞质量,以免爆炸气体泄漏而影响爆破效果并产生飞石。另外,在堵塞过程中,要注意保护孔内的导爆管。

(6)连接起爆网络。

根据设计的起爆网络图,连接雷管的起爆网络。

(7)起爆。

对警戒区进行全面检查,确保无安全隐患后,指挥员发出三次预警,在第三次预警哨声发出时,爆破员立即进行爆破工作。

(8)检查和解除警戒。

起爆完成15 min后,专业技术人员进入爆破现场进行检查,主要检查雷管和炸药是否全部爆炸,如果出现哑炮、拒爆、盲爆等情况,应采取相应措施进行处理。在确保无安全隐患后,指挥员发出指令,解除警戒。

(9)清运爆破的石方。

爆破完毕后,进行石方的清运工作。

石方开挖采用爆破法时,应遵守以下规定。

(1)爆破施工必须由取得爆破专业技术资质的企业承担,爆破工应经技术培训持证上岗,现场必须设专人指挥。

(2)施工前,应由具有相应爆破设计资质的单位进行爆破设计、编制爆破设计书或说明书、制定专项施工方案、规定相应的安全技术措施。

(3)起爆前,应对爆破影响区内的构筑物、设施等进行安全防护,并设置安全警戒线,将爆破区内的人、畜等都运送到安全地带。

(4)起爆前,爆破人员应确认是否装好炸药,并检查导爆、起爆系统安装是否正确有效。

(5)居民稠密区宜使用静音爆破,严禁使用扬弃爆破。

2. 松土法

松土法是指利用岩石的各种裂缝,先用推土机牵引松土器将岩石翻松,再用推土机或装载机与自卸汽车配合,将翻松的岩石搬运到指定地点的方法。

松土法避免了爆破法所具有的危险性,有利于挖方边坡的稳定和附近构筑物的安全。随着大功率施工机械的广泛使用,松土法越来越多地应用于石方路堑的开挖,而且开挖效率也越来越高。

凡是能用松土法开挖路堑的,应尽量不采用爆破法。

3. 破碎法

破碎法是指将凿子安装在推土机或挖掘机上,利用活塞的冲击作用使凿子产生冲击力以凿碎岩石,再将岩石挖运出去的方法。

破碎法主要用于岩石裂缝较多、体积较小、抗压强度低于 100 MPa 的工程,其开挖效率不高,只能用于前述两种方法不能使用的局部场合,也可辅助爆破法和松土法进行作业。

2.3 路基压实施工

路基压实是指采用合适的压实方案对路基进行有效压实,以提高路基的强度和稳定性,在路基施工过程中一个非常重要的工序。路基填料主要分为填土、填石和土石混填三大类,这些填料性质不同,压实的方法会有所区别。

2.3.1 常用的路基压实机械

常用的路基压实机械可分为静力式、夯击式和振动式三大类。

1. 静力式压实机械

静力式压实机械主要有光轮压路机、羊足碾压路机和轮胎压路机三种。

(1)光轮压路机:一种以内燃机为动力的压路机,具有操作灵活、碾压速度快等优点,可用于压实砂性土、黏性土等。

(2)羊足碾压路机:一种在车轮上装有许多凸块的压路机,依靠拖拉机牵引,具有单位压力大等优点,多用于路基的初压工作,尤其对含水量较大的黏性土有较好的压实效果。

(3)轮胎压路机:一种利用多个充气轮胎对路基进行压实的机械,具有压力均匀、压实质量好等优点,适用于压实各种土壤。

2. 夯击式压实机械

夯击式压实机械主要有夯锤和小型打夯机。

(1)夯锤:一种借助起重机悬挂一重锤进行夯实的机械,适用于夯实砂性土、湿陷性黄土、杂填土及含有石块的填土等。

(2)小型打夯机:具有体积小、质量轻、操纵灵活等优点,适用于夯实黏性较低的土,主要用于狭小的场地作业及大型机械无法到达的边角夯实。常用的小型打夯机有蛙式打夯机和内燃打夯机。

3. 振动式压实机械

振动式压实机械主要有振动压路机和手扶平板式振动压实机。

(1)振动压路机:利用机械高频率的振动对土层起到压实的作用,具有效率高、压实效果好等优点,可压实多种类型的土壤,主要用于工程量大的大型土方工程。

(2)手扶平板式振动压实机:主要用于小面积的路基夯实。

2.3.2 填土、填石、土石路基的压实

1. 填土路基的压实

(1)填土路基的压实机理。

填土路基是由土粒、水分和空气组成的三相体系,三者的特性共同构成填土的物理性质,如果三者的组成情况发生改变,那么填土的物理性质就会发生改变。填土路基受压时,其中的水分和空气会被挤出,土粒靠拢紧密,重新排列成密实的新结构,这时土粒之间的摩擦力和黏结力会增加,从而提高填土路基的强度。

(2)影响填土路基压实的因素。

影响填土路基压实的因素包括内因和外因两个方面。内因主要指土的含水量和土质;外因主要指压实功能和铺土厚度。

①土的含水量。

土的含水量是指天然状态下土中水的质量与土粒质量之比,对填土路基压实效果影响显著。当含水量较小时,土粒干燥,它们之间的摩擦力较大,外部压力很难使土粒移动,压实效果较差;当含水量适当时,水会起到一定的润滑作用,

外部的压力比较容易使土粒移动,压实效果较好;当含水量过大时,土粒间空隙被大量的自由水占据,外部压力一部分被自由水抵消,降低了有效压力,压实效果较差。

每种土都有最佳含水量,在这种情况下进行压实,所得的干密度最大,压实效果最好,如图 2.4 所示。

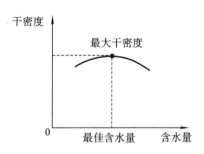

图 2.4 土的干密度与含水量关系

② 土质。

路基的土质不同,其压实效果会有所差别。一般来说,非黏性土(如砂性土等)的压实效果优于黏性土的压实效果。例如,用同一种光轮压路机分别压实砂性土和黏性土,砂性土的压实度可以达到 95%,黏性土的压实度只能达到 92%。

③ 压实功能。

压实功能主要是指压实机械的重量、碾压遍数、作用时间等,对压实效果有较大的影响。

对于同类土,当含水量一定时,压实功能越大,土的干密度越大。在施工中,如果土的含水量低于最佳含水量,加水又困难,可通过增加压实功能(如采用重型压实机械、增加碾压遍数或延长作用时间等)来提高路基的密实度,但当压实功能增加到一定程度时,填土路基的密实度便不再改变,这时继续增压不仅经济上不划算,而且会破坏填土路基的结构,效果适得其反。

经验证明,在填土路基的压实中,控制土的最佳含水量比增加压实功能更有效果。因此,填土路基压实的关键是控制土的最佳含水量,必要时可适当增加压实功能。

④ 铺土厚度。

压实机械不同,其压土时的作用深度会不同。铺土厚度应小于压实机械压土时的作用深度,并要考虑最优铺土厚度问题:铺得过厚,深部不能获得要求的压实度;铺得过薄,会增加机械的总压实遍数。最优的铺土厚度应能使路基压实而机械的功耗最小。

(3)填土路基压实的施工要点。

填土路基压实的施工要点包括选择压实机械、控制填土的含水量、确定铺土厚度和压实遍数、检查路基压实质量。

①选择压实机械。

不同的压实机械适用于不同的土质。正常条件下,对于砂性土,振动式较好、夯击式次之、静力式较差;对于黏性土,宜选择静力式和夯击式,不宜选择振动式。各种土质适宜的压实机械如表2.1所示。

表2.1　各种土质适宜的压实机械

机械名称	土的类别				备注
	细粒土	砂类土	砾类土	巨粒土	
6～8 t两轮光轮压路机	A	A	A	A	用于预压整平
12～18 t两轮光轮压路机	A	A	A	B	常用
25～50 t轮胎压路机	A	A	A	A	常用
羊足碾压路机	A	C/B	C	C	多用于碾压黏性土
振动压路机	B	A	A	A	常用
手扶平板式振动压实机	B	A	A	C	用于狭窄场地
振动平板夯	B	A	A	B/C	用于狭窄场地
夯锤	A	A	A	A	夯击影响深度最大
推土机、铲运机	A	A	A	A	用于推平土层和预压

注:表中A代表适用;B代表无适当的机械时可用;C代表不适用。

②控制填土的含水量。

在铺筑填前,应做标准击实试验,以确定填土的最佳含水量。当填土的含水量在最佳含水量±2%范围内时,即可进行压实。当含水量过大时,应翻松晾干;当含水量较低时,应洒水湿润。

如果土的含水量较低,应在铺筑的前一天,将水均匀地喷洒在土堆或取土坑表面,使其渗入土中。喷洒后,应适当拌和,以防干湿不均。

③确定铺土厚度和压实遍数。

规定密实度所需的铺土厚度、压实遍数等,可根据土质和压实机械,在施工现场通过压实试验来确定。若无试验依据,可按照表2.2选用。在表中规定的压实遍数范围内,轻型压实机械取大值,重型压实机械取小值。

表 2.2　不同压实机械的铺土厚度及压实遍数

压实机械	铺土厚度/mm	压实遍数
光轮压路机	250～300	6～8
振动压路机	250～350	3～4
内燃打夯机	200～250	3～4

④检查路基压实质量。

压实度(K)是反映路基压实质量的一个重要指标,是工地实测干密度(ρ_d)与室内标准击实试验得到的最大干密度(ρ_0)之比,以百分率表示,见式(2.1)。

$$K = \frac{\rho_d}{\rho_0} \tag{2.1}$$

显然,K 值越接近 100%,说明压实质量越好。城市道路土质路基的压实度应满足表 2.3 所示的标准。

表 2.3　城市道路土质路基压实度标准

填挖类型	路床顶面以下深度/cm	道路类型	压实度/(%)（重型击实）	检验频率		检验方法
				范围	点数	
挖方	0～30	快速路、主干路	95	1000 m²	每层1组(3点)	细粒土用环刀法,粗粒土用灌水法或灌砂法
		次干路	93			
		支路及其他小路	90			
填方	0～80	快速路、主干路	95			
		次干路	93			
		支路及其他小路	90			
	80～150	快速路、主干路	93			
		次干路	90			
		支路及其他小路	90			
	>150	快速路、主干路	90			
		次干路	90			
		支路及其他小路	87			

(4)填土路基压实应遵循的原则。

填土路基的压实应遵循以下原则。

①先轻后重:初压轻,复压重。

②先静后振:先采用静压式压实机械,后采用振动式压实机械。

③先慢后快:压实机械的速度随着压实遍数的增加而逐渐加快。

④先边后中:压实机械应从路基两侧逐渐向路基中心处进行压实。

⑤先低后高:实施弯道压实作业时,应由低的一侧向高的一侧压实;当路基设有纵坡时,也应由低处向高处压实。

⑥路基重叠:压实机械相邻两次的轮迹应重叠。

2. 填石路基的压实

填石路基是指填料中石料含量不低于70%的路基。

(1) 填石路基的压实机理。

石料的颗粒较大,大多呈块状,其排列方式是简单的邻接或咬合连接,连接强度主要为摩擦力,几乎没有黏结力,而且石料中的空隙大、渗透性强。因此,填石路基受压时,不存在土粒中空隙气体或空隙水排出的现象,主要是外力克服石料颗粒之间的摩擦力,使石料颗粒相互碰撞进而破碎成细粒材料,细粒材料再填充空隙,使填石路基密实。

(2) 填石路基压实的施工要点。

①填石路基在压实之前,应用大型推土机将路基表面摊铺平整。个别不平整之处应用细石屑找平。

②填石路基宜选用重量在12 t以上的重型振动压路机、2.5 t以上的夯锤或25 t以上的轮胎压路机来压实。

③填石路基压实时,应先压两侧(即靠路肩部分),再压中间。

④填石路基达到要求的压实度所需的铺石厚度和压实遍数应经试验确定。

⑤填石路基顶面至路床顶面以下30~50 cm(快速路、主干路为50 cm,其余道路为30 cm)范围内应填筑符合路床要求的土,并应按有关规定予以压实。

3. 土石路基的压实

土石路基是指填料中石料含量为30%~70%的路基。土石路基的压实方法应根据混合料中的石料含量来确定。当石料含量较少时,应按照填土路基的压实方法进行压实;当石料含量较多时,应按照填石路基的压实方法进行压实。

2.4 软土路基加固施工

目前,我国有不少城市道路修建在软土地基上。软土地基是指特殊地区(如江、湖、河沿岸等地区)的地基,这些地区的土通常具有含水量大、渗透性差、天然强度低和压缩性高等特点,容易导致地基产生沉降,从而引起路基不稳甚至开裂等。在软土地基上修筑路基前,一般要对软土地基进行加固处理,从而提高路基的承载力。

2.4.1 软土地基加固施工前的准备工作

(1)熟悉施工图纸、工程地质报告、土木试验报告等资料,并熟悉地下管线、构筑物的布设。

(2)编制施工组织设计或施工大纲,使软土路基的处理按一定程序和方法进行。

(3)检验准备采用的原材料、半成品、成品等。

(4)对于准备采用桩基处理的软土地基,应进行成桩试验,以便取得桩基施工中的技术数据,确保桩基顺利施工。

(5)做好排水措施,以保证施工期间排水通畅。对于常年积水的地段,应事先做好抽水、清淤和回填工作。

2.4.2 软土地基加固的常用施工方法

软土地基加固的常用施工方法有换填法、反压护道法、土工合成材料处理法、袋装砂井法、塑料排水板法、抛石挤淤法、深层搅拌桩法等。

1. 换填法

换填法是指将路基范围内的软土层挖除,然后回填强度高、压缩性低、稳定性好的材料,并分层压实至规定的密实度的方法。这种方法适用于浅层处理,即软土层厚度较小,一般不大于 5 m 的情况。

换填法的施工步骤一般如下。

(1)开挖排水沟,排除表层滞水及降低地下水位。

(2)采用机械清除软土,一般可用湿地推土机将软土推到路基界限以外。如果不宜采用推土机,则宜选择挖掘机进行挖除,并配以自卸汽车运输,卸至合适的地点。

(3)软土清除完毕后,进行回填工作。

2. 反压护道法

反压护道法指在路基的两侧(或一侧)填筑一定高度与宽度的护道,在护道荷载的作用下,形成反向力矩来平衡路基填土的滑动力矩,从而保证路基的稳定的方法,如图 2.5 所示。

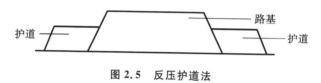

图 2.5　反压护道法

反压护道法的施工要点如下。

(1)先填筑包括护道在内的砂垫层Ⅰ及路基Ⅱ,最后填筑主路基Ⅲ,如图2.6所示。

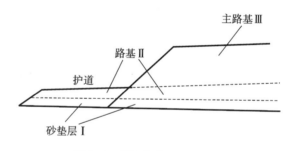

图 2.6　反压护道法施工顺序

(2)在主路基施工中,如果确定护道下面的地基强度已达到规定要求,则可以将护道设计高度以上的部分挖出,利用这些材料填筑主路基,如图 2.7 所示。

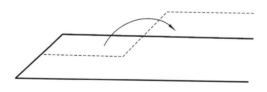

图 2.7　利用护道材料填筑主路基

(3)护道的高度宜为路基高度的 1/2,宽度应通过稳定性验算确定。

3. 土工合成材料处理法

土工合成材料是土木工程应用的合成材料的总称,具有良好的抗拉、抗剪性能。土工合成材料处理法是指将各种土工合成材料置于土体内部或表面,以均匀支撑路基荷载,减小路基沉降和侧向位移,提高路基承载力。常见的土工合成材料有土工布、土工格栅和土工格室等。

土工合成材料处理法的施工要点如下。

(1) 在铺设土工合成材料前,应先平整场地。

(2) 距土工合成材料层 8 cm 以内的路基填料,其最大粒径不得大于 6 cm。

(3) 铺设土工合成材料时,应将其沿垂直于路轴线展开,并选用合适的锚钉固定。铺设的土工合成材料应拉直、捋顺,不得出现扭曲、折皱等现象。

(4) 铺设土工合成材料后,施工机械不得在其上直接行走。

(5) 土工合成材料铺好后,应立即铺筑上层填料,其间隔时间不得超过 48 h。

4. 袋装砂井法

袋装砂井法是指用透水型土工织物长袋装上砂子,设置在软土地基中形成排水砂柱,以促进软土排水固结的方法。

袋装砂井法的施工步骤大致如下。

(1) 平整原地面。

(2) 铺设下层砂垫层。

(3) 机具定位。

(4) 沉入套管。机具将带有可开闭底盖的套管或带有预制桩尖的套管(内径略大于砂袋直径)沉到要求的深度,如图 2.8 所示。

(5) 沉入砂袋。首先扎好砂袋的下口,下端放入 20 cm 左右厚的砂子进行压重;然后将砂袋放入套管中,沉到要求的深度;最后把砂袋入口固定在装砂用的漏斗上,从漏斗口将砂子装入砂袋,直到装满。

(6) 拔出套管。

袋装砂井法,也可以预先在袋内装满砂料,扎好上口,做成预制砂袋,成孔后将砂袋放入孔内。

5. 塑料排水板法

塑料排水板是一种排水材料,其中间层是塑料芯板,承担骨架和排水通道的

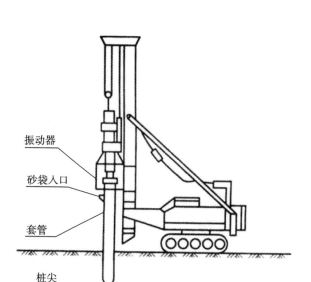

图 2.8 沉入套管

作用,两面用土工织物包裹,用作滤层。

塑料排水板法是指在软土地基中按一定的间距和布置形式插设塑料排水板,软土地基中的水通过塑料排水板的滤层渗进塑料芯板,然后排出,从而使得软土固结,提高地基承载力。

塑料排水板法的施工步骤大致如下。

(1)平整场地。

(2)铺设下层砂垫层。

(3)机具定位。塑料排水板法使用的机具与袋装砂井法使用的基本相同,只是将圆形套管改为矩形套管。

(4)插设塑料排水板。如图 2.9 所示,塑料排水板从套管上端穿入,从下端穿出,并与桩靴相连。启动机具,套管顶住桩靴,将塑料排水板插至设计深度;然后拔出套管,使塑料排水板留在土中;最后剪断塑料排水板,移动机位,进行下一塑料排水板施工。

进行塑料排水板法施工时,应注意以下几点。

(1)在插入地基的过程中,应保证塑料排水板不扭曲、无破损。

(2)塑料排水板的底部应有可靠的锚固措施,以免在抽出套管时将其带出。

(3)在塑料排水板插好后,应及时将露在垫层外的多余部分剪断,并对塑料排水板予以保护,以防机具的移动使其受损。

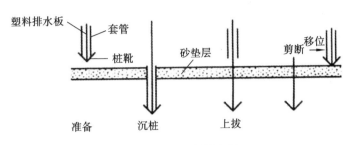

图 2.9 插设塑料排水板

(4)当碰到地下障碍物而不能继续打进时,应弃置该孔,拔管移位重新插入。

(5)插入过程中,应保证套管的垂直度。

6. 抛石挤淤法

抛石挤淤法是指在路基底从中部向两侧抛投一定数量的碎石,将淤泥挤出路基范围,以提高路基强度的方法。

抛石挤淤法的施工步骤大致如下。

(1)抛石。抛石主要采用人工投掷,装载机、推土机配合。

(2)推平。当所投掷的碎石高出原地面后,采用推土机推平。

(3)碾压。推土机推平后,采用重型压路机进行碾压,在碾压过程中,应适量加入小粒径碎石找平。

(4)清淤。对于挤出的淤泥,可采用挖掘机进行清除,并利用自卸汽车将其运至指定弃土场。

(5)铺筑反滤层。当所投掷的碎石达到设计要求的标高后,应在填筑范围内铺筑反滤层并碾压密实。

7. 深层搅拌桩法

深层搅拌桩法是指利用水泥、石灰等材料作为固化剂,通过深层搅拌机,在地基深处将软土和固化剂强制搅拌,利用固化剂和软土之间所产生的一系列物理、化学反应,使软土固结成具有整体性、水稳定性和一定强度的良好地基的方法。

根据固化剂的状态不同,深层搅拌桩法可分为干法和湿法两类:干法是采用干燥状态的粉体材料作为固化剂,如水泥等;湿法是采用浆液材料作为固化剂,如水泥浆等。

深层搅拌桩法的施工工艺主要有两种:第一种是先在地面把水泥制成水泥

浆,然后送至地下与地基土搅和,待其固化后,即可使地基土的力学性能得到加强;第二种是采用压缩空气把干燥、松散状态的水泥粉直接送入地下与地基土搅和,利用地基土中的孔隙水进行水化反应后,再进行固结,以达到改良地基的目的。目前,我国采用较多的是第一种,其施工步骤大致如下。

(1)深层搅拌机定位,如图 2.10(a)所示。

(2)预搅下沉,如图 2.10(b)所示。启动深层搅拌机,使钻杆边搅拌边下沉;同时,后台拌制水泥浆液,并在压浆前,将浆液放入集料斗。

(3)喷浆搅拌提升,如图 2.10(c)所示。下沉至设计深度后,启动注浆泵,将水泥浆输送到深层搅拌机的搅拌头出浆口;出浆后,深层搅拌机按设计确定的提升速度边喷浆搅拌,边提升钻杆,使浆液和土体充分搅和。

(4)重复搅拌下沉,如图 2.10(d)所示。钻杆头部提升至桩顶以上 500 mm 后,关闭注浆泵,重复搅拌下沉至设计深度。

(5)重复喷浆搅拌提升,如图 2.10(e)所示。下沉至设计深度后,重复喷浆搅拌提升,直到提升至地面。

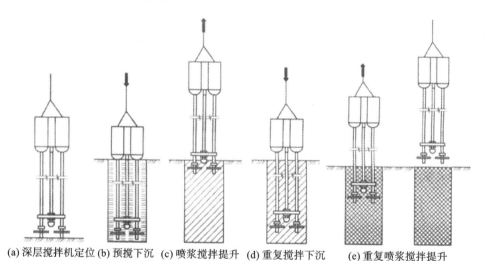

(a)深层搅拌机定位 (b)预搅下沉 (c)喷浆搅拌提升 (d)重复搅拌下沉 (e)重复喷浆搅拌提升

图 2.10　深层搅拌桩法施工步骤

第 3 章 路面施工

3.1 路面基层施工

3.1.1 粒料类基层施工

粒料类基层是由有一定级配的矿质集料经拌和、摊铺、碾压而得到的基层。按强度形成原理的不同,矿质集料分为嵌挤型和密实型两种:嵌挤型粒料包括泥结碎石、泥灰结碎石、填隙碎石等,强度靠颗粒之间的摩擦和嵌挤锁结作用形成;密实型粒料具有连续级配,故也称"级配型",包括级配碎(砾)石、符合级配要求的天然砂砾等。常用的是级配碎(砾)石基层和填隙碎(砾)石基层。

1. 级配碎(砾)石基层

粗、细碎石集料和石屑各占一定比例的混合料,当其颗粒组成符合密实级配时,称为"级配碎(砾)石"。级配碎(砾)石基层的强度主要源于碎(砾)石本身的强度及碎(砾)石颗粒间的嵌挤力。级配碎(砾)石可以用于各级道路的基层和底基层,还可以用作薄沥青面层与半刚性基层之间的中间层,减轻和消除半刚性基层开裂对沥青面层的影响,避免出现反射裂缝。

1)材料基本要求

(1)砾石为天然材料,碎石可用各种岩石(软质岩石除外)、漂石或矿渣轧制。漂石轧制碎石时,其粒径应是碎石最大粒径的 3 倍以上;矿渣应是已崩解稳定的,其干密度不小于 960 kg/m³,且干密度和质量比较均匀。碎(砾)石中针片状颗粒的总含量应不超过 20%,且不含黏土块、植物等有害物质。用作基层时,碎(砾)石的最大粒径不应超过 37.5 mm;用作底基层时,不应超过 53 mm。

(2)石屑及其他细集料可以使用一般碎石场的细筛余料或专门轧制的细碎石集料,亦可用天然砂砾或粗砂代替,但其颗粒尺寸应合适,且天然砂砾或粗砂应有较好的级配。

(3)最大粒径 D 和压碎值 Q_a 应满足表 3.1 要求。若粒径过大,则易离析,也不利于机铺、机拌和整平。

表 3.1 最大粒径 D 和压碎值 Q_a 不同路面的要求

项目	快速路、主干路	次干路及次干路以下
基层	$D \leqslant 31.5$ mm,$Q_a \leqslant 26\%$	$D \leqslant 37.5$ mm,$Q_a \leqslant 30\%$(次干路以下 35%)
底基层	$D \leqslant 37.5$ mm,$Q_a \leqslant 30\%$	$D \leqslant 53$ mm,$Q_a \leqslant 35\%$(次干路以下 40%)

2)施工

(1)一般要求。

①级配碎石做次干路以上基层时,采用厂拌法,并用摊铺机。

②使用 12 t 以上的三轮压路机,每层压实厚度不应大于 15 cm,用重型压路机不应大于 20 cm。

③在最佳含水量下碾压,基层压实度不小于 98%,底基层压实度不小于 96%。

④未洒透层或未铺封层时,禁止开放交通。

(2)路拌法施工。

级配碎(砾)石路面结构层一般采用路拌法施工,其施工工艺流程为:下承层准备→施工放样→未筛分碎石运输及摊铺→洒水润湿→运输和撒布石屑→拌和并补充洒水→整型→碾压→接缝处理。若采用预拌法施工,其施工工艺流程为:拌和场加水湿拌→运至现场摊铺→补充拌和与洒水(预拌法)。

路拌法施工中较为关键的步骤总结为:准备工作、备料、运输与辅料、拌和与整型、碾压、接缝处理、铺封层(做路面)。

①准备工作。

a.下承层检验:要求平整、密实,达到规定的路拱;不符合要求的,应及时进行处理。

b.恢复中桩:直线段每 15~20 m、平曲线段每 10~15 m 设一桩,并在两侧路面边缘外设指示桩。

c.标记位置:在指示桩上用明显标记标出结构层边缘设计标高及松铺厚度的位置。

②备料。

未筛分碎石和石屑可按预定比例在料场混合,同时洒水使含水量比最佳含水量高 1% 左右。

③运输与铺料。

石料是级配碎(砾)石结构的主要材料,为了保证混合料拌和均匀,宜先摊铺大石料,然后摊铺小石料,最后摊铺细料(砂或石屑)。松铺系数:人工为1.4~1.5,平地机为1.25~1.35。表面力求平整,并具有规定的路拱,控制松铺厚度。

④拌和与整型。

a. 次干路及次干路以上道路采用专用稳定土拌和机。拌和两遍以上,拌和深度达底。

b. 次干路以下道路可用多铧犁或平地机等进行拌和。

平地机拌和时,宜翻拌5~6遍,每段长度300~500 m,或多铧犁用于翻拌(翻犁),旋耕机拌和。

c. 缺口圆耙与多铧犁配合拌和时,多铧犁在前面翻拌,圆盘耙在后面拌和,边翻边耙,共4~6遍。第一遍从中心开犁,将混合料向中间翻,第二遍从两边开犁,将混合料向外侧翻。犁翻过程中,应注意犁翻的深度。

d. 拌和完成后,无明显粗细集料离析,且水分适合均匀。未筛分碎石最佳含水量约4%,级配碎石最佳含水量约5%。

⑤碾压。

a. 拌和好的混合料经过平地机、推土机或人工整平,并刮出路拱,然后进行压实作业。

b. 用12 t以上的压路机碾压。碾压不少于6遍。

c. 先两边后中间,先低后高,先内后外,轮迹重叠各1/2轮宽,先慢后快,速度为1.5~2.5 km/h。后轮压完全宽为一遍。

d. 碾压过程中表面保持湿润,有弹簧、松散、离析现象时,应及时处理。

e. 凡含土的级配碎石层,均进行滚浆碾压,一直压到碎石层中无多余细土泛到表面为止。

⑥接缝处理。

a. 两作业段衔接处,应搭接拌和。第一段摊铺后留5~8 m,不进行碾压;第二段施工时,前段留下的未压部分与第二段一起拌和整平后进行碾压。

b. 应避免纵向接缝,在不能避免纵向接缝的情况下,纵缝应采用搭接拌和的方法,即前一幅全宽碾压密实,在后一幅摊铺时,将相邻的前幅边部约30 cm挖松并搭接拌和,整平后一起碾压密实。

⑦铺封层(做路面)。

碾压结束后,路表常会呈现骨料外露而周围缺少细料的麻面现象,在干燥地区做面层时,路表容易出现松散现象。为了防止这种缺陷,应加铺封面,即在面层上浇洒一层黏土浆,用扫帚扫匀后,随即覆盖粗砂或石屑。用轻型压路机碾压3～4遍,即可开放交通。

(3)厂拌法施工。

厂拌法施工是在中心拌和厂用强制式拌和机、双转轴桨叶式拌和机等拌和设备将原材料拌和成混合料,然后运至施工现场进行摊铺、碾压、养护等工序作业的施工方法。拌和机产量宜大于 400 t/h。

2. 填隙碎(砾)石基层

填隙碎(砾)石基层是用尺寸均匀的碎(砾)石作为基本材料,以石屑、黏土或石灰石为填充结合料,经压实而成的结构层。碎石层的结构强度主要靠碎石颗粒间的嵌挤作用及填充结合料的黏结作用,碎石层可作为各级道路的底基层和次干路或支路的基层。

(1)填隙碎(砾)石特点。

①填隙碎(砾)石基层是用单一尺寸的粗碎石作为主骨料,用石屑作为填隙料铺筑而成的路面结构层。

②适用于次干路以下道路的基层及各级道路的底基层,具有良好的水温稳定性。在石料丰富地区常用作各级道路中湿或潮湿路段的路面底基层或基层。

③压料层厚度 10～20 cm。填隙料应填满粗碎石内部的全部孔隙,且填隙料不能覆盖粗集料而自成一层。碾压后,表面应看得见粗碎石。

(2)材料基本要求。

①填隙碎(砾)石基层由粗碎石和填隙料两部分组成,两种粒料颗粒的组成应符合要求。用作基层时,碎石最大粒径不应超过 53 mm,压碎值不大于 26%;用作底基层时,碎石最大粒径不应超过 63 mm,压碎值不大于 30%。

②材料中扁平、长条和软弱颗粒的含量不应超过 15%。

③填隙料宜用机制石灰岩碎石的石屑(粒径 5 mm 以下),若缺乏石屑可用细砂砾或粗砂等细集料。

填隙碎(砾)石基层上不能直接通车,上面必须有面层。衡量填隙碎(砾)石施工质量好坏的关键是填隙料是否填满,填隙碎(砾)石不能自成一层,但应能看得见粗碎石,外露 3～5 mm,保证薄沥青面层与基层黏结良好,避免发生推移破坏。

填隙碎(砾)石的缺点是潮湿填料不可能填满,过振则使粗料悬浮,丧失稳定性。

(3)施工。

湿法施工流程如下:准备下承层→施工放样→运输和摊铺粗骨料→稳压→撒布填隙料→振动压实→第二次撒布填隙料→振动压实→局部补撒并扫匀→振动压实、填满空隙→洒水饱和→碾压滚浆→干燥。

干法施工流程如下:准备下承层→施工放样→运输和摊铺粗骨料→稳压→撒布填隙料→振动压实→第二次撒布填隙料→振动压实→局部补撒并扫匀→振压后洒少量水→终压。

填隙碎(砾)石基层施工中的关键步骤为:备料、运输和摊铺粗碎石、初压、撒布填隙料、碾压。

①备料。

填隙料用量为粗碎石质量的 30%~40%。

②运输和摊铺粗碎石。

用平地机或其他机械均匀摊铺在预定宽度上,并形成路拱。检查松铺厚度。卸料距离严格掌握。

③初压。

用 6~8 t 的压路机碾压 3~4 遍。初压完成时,表面平整,具有要求的路拱和纵坡。

④撒布填隙料。

用石屑撒布机或人工均匀撒布松铺 2.5~3 cm,并扫匀。

⑤碾压。

a.将填隙料振入粗碎石间的孔隙中 3~4 遍,再撒一层 2~2.5 cm 厚的填隙料,并扫匀。

b.局部补撒填隙料,继续压,一直到全部孔隙被填满为止,铲除多余的料。

c.填隙料不应在粗碎石表面自成一层,表面必须能看得见粗碎石。粗碎石外露 3~5 mm。

d.孔隙全部填满后,洒适量水,用 12~15 t 的压路机再压 1~2 遍(干法施工)。

e.碾压滚浆用 12~15 t 的压路机。洒水和碾压一直进行到填隙料和水形成粉浆为止,而后自然干燥成形(湿法施工)。

3.1.2 半刚性基层、底基层施工

在各种粉碎或原状松散的土、碎(砾)石、工业废渣中,掺入适当数量的无机结合料和水,经拌和得到的混合料压实养护后,抗压强度符合规定要求的称为"无机结合料稳定材料"。相应的基层为无机结合料稳定材料基层。

特点:强度高、刚度大、稳定性好、抗冻能力强、板体性强等,但耐磨性差、易开裂。

无机结合料稳定材料按照土中单个颗粒的大小分为细(最大粒径<9.5 mm,其中2.36 mm粒径占比≥90%)、中(最大粒径<26.5 mm,19 mm粒径占比≥90%)、粗(最大粒径<37.5 mm,31.5 mm粒径占比≥90%)三类,按照结合料类型分为石灰、水泥、石灰工业废渣类,按土的类型分为碎石、砾石、砂、土等。

1. 石灰稳定类基层

在粉碎的土和原状松散的土(包括各种粗、中、细粒土)中掺入适量消解后的石灰和水,按照一定技术要求拌和后,在最佳含水量时摊铺、压实及养护,其抗压强度符合规定要求的路面基层称为"石灰稳定类基层"。

在土中掺入适量石灰,并在最佳含水量下压实后,发生了一系列的物理力学及化学与物理化学作用,从而使土的性质发生根本改变:初期,主要表现为土结团、塑性降低、最佳含水量增大和最大密实度减小等;后期,主要表现为结晶结构的形成,从而提高其板体性、强度和稳定性。

用石灰稳定细粒土得到的混合料简称"石灰土",做成的基层称为"石灰土基层"(底基层);用石灰稳定天然砂砾土或稳定级配砾石时,简称"石灰砂砾土";用石灰稳定天然碎石或稳定级配碎石时,简称"石灰碎石土"。

石灰稳定土不但具有较高的抗压强度,还具有一定的抗弯强度,且强度随龄期增长而逐渐增加。因此,一般可用于低等级道路的基层或底基层。

石灰稳定土因水稳性较差,不应用作快速路及主干路的基层,必要时可以用作底基层。在冰冻地区的潮湿路段以及其他地区的过分潮湿路段,也不宜采用石灰土做基层。

1)材料基本要求

(1)土。

塑性指数为15~20的黏性土及含有一定数量黏性土的中、粗粒土适宜用石

灰稳定。无塑性指数的级配砂砾、级配碎石和未筛分碎石,在添加15%左右的黏性土后才能用石灰稳定。塑性指数在10以下的亚砂土和砂土用石灰稳定时,应采取适当的措施或采用水泥稳定。塑性指数偏大的黏性土,施工中应加强粉碎,其土块最大尺寸不应大于15 mm。

(2)石灰与石灰剂量。

石灰剂量是石灰质量占全部土颗粒干质量(干土质量)的百分率,即石灰剂量=石灰质量/干土质量×100%。石灰应为消石灰$Ca(OH)_2$(氢氧化钙)或生石灰粉CaO(氧化钙)。对于快速路及主干路,宜采用磨细生石灰,石灰质量应达到三级以上标准。石灰活性成分、残渣含量、含水量、细度等要满足相关规范要求。

石灰剂量较低时(3%~4%)主要起稳定作用,对于黏性土、粉性土,最佳剂量为8%~14%;对于砂性土,最佳剂量为9%~16%。

(3)水。

凡是饮用水(含牲畜饮用水)均可用于水泥稳定土的配合比设计或施工。

2)石灰稳定土层的施工

(1)一般规定。

①石灰稳定土宜在春末和气温较高的季节施工,施工期日最低气温应在5℃以上。在有冰冻的地区,在第一次重冰冻期(-5~-3℃)前30~45 d完成施工,且经历15 d以上温暖和热的养护期。石灰稳定土层28 d强度达到30%左右,后期强度增长期长达8~10年。

②用12~15 t的压路机时压实厚度不超过15 cm,18~20 t的压路机压实厚度不超过20 cm,否则应分层,且不小于10 cm。在含水量略低于最佳含水量时进行碾压。宜在当天碾压完成,最迟不超过3 d。碾压完成后保湿养护,使表面不干燥、不过分潮湿。

③用于次干路及次干路以下道路的基层和底基层时,可采用路拌法,但次干路应采用稳定土拌和机。快速路、主干路除直接铺筑在土基上的底基层下层可以用稳定土拌和机外,其余各层均应采用拌和法施工。

④在最佳含水量下压实效果最好,最佳含水率通常为10%~15%。

⑤要求拌和均匀,压实度达到设计或规范要求。

(2)路拌法施工。

施工流程:下承层准备→施工放样→备料摊铺土→洒水闷料→整平和轻压→卸置和摊铺石灰→拌和与洒水→整型与碾压→接缝和调头处的处理→养护与

交通管理。

①下承层准备与施工放样。

详见前文配碎(砾)石基层施工中路拌法施工的"①准备工作"。

②备料摊铺土。

a.生石灰在使用前7～10 d充分消解,消解后的石灰有一定湿度,不扬尘、不成团。土要粉碎过筛达15 mm以下。未充分消解的石灰会继续吸水消解,引起局部鼓包,影响强度和平整度。

b.根据不同的土质控制松铺系数(松铺系数是指在施工中铺筑材料的松铺厚度与压实厚度的比值,经现场试验测得),采用平地机或人工摊铺土。

③洒水闷料。

细粒土应经一夜闷料;中粒土和粗粒土视其中细粒土含量,可缩短闷料时间。如为综合土(综合土就是普通土、砂砾土、硬土等之类的合称),将石灰拌和后闷料。洒水应均匀,防止局部水过多。

④整平和轻压。

用平地机或人工整平,松铺厚度适宜,一般先低后高,先两边后中间,整平成要求的路拱和坡度,并用两轮压路机(6～8 t)碾压1～2遍,使表面平整,具有一定的平整度。

⑤卸置和摊铺石灰。

用刮板将石灰均匀铺开,铺完后表面没有空白位置,也不成团。

⑥拌和与洒水。

a.次干路及次干路以上道路采用专用稳定土拌和机拌和两遍以上。拌和深度达底并深入下层5～10 mm,随时检查和调整拌和深度。严禁在底部留有"素土"夹层,也应防止过多、过深破坏下承层的表面,以免影响结合料的剂量及底部的压实。

b.次干路可用农用旋耕机、多铧犁或平地机等进行拌和,平地机或多铧犁用于翻拌(翻犁),旋耕机用于拌和。

先翻拌或翻犁两遍。使用犁进行翻拌时,翻犁的遍数应为偶数。第一遍从中心开犁,将混合料向中间翻;第二遍从两边开犁,将混合料向外侧翻。使用生石灰时,宜先用多铧犁或平地机将石灰翻到土层中间,不能到底部。接着用旋耕机拌和两遍。再用多铧犁或平地机翻两遍,随时调整深度直至全部翻透。

c.干拌完成后,用管式喷水车洒水;不宜在拌和地段掉头,以防局部水分过大。一般在洒水时,用水量应比最佳含水量少1%～2%。

d.拌和机紧随洒水车拌和。拌和后色泽一致,没有白条、白团和花面,无明显粗细集料离析,且水分合适均匀。

⑦整型与碾压。

a.拌和好的混合料经过平地机、推土机或人工整型,并刮出路拱,然后进行压实作业。

b.无机结合料稳定类结构层应用12 t以上的压路机碾压。碾压不少于6遍。

c.碾实工艺:先低后高、先边后中、先内后外,轮迹重叠1/2,速度宜为1.5~2.5 km/h。后轮压完全路宽为一遍。

d.碾压过程中表面保持湿润,有弹簧、松散、离析现象时,应及时处理。

⑧接缝和掉头处的处理。

两工作段的衔接应搭接拌和,即前一段拌和后留5~8 m不进行碾压,第二段施工时,前段留下的未压部分要再加部分石灰重新拌和。每天最后一段末端缝,要采取特殊措施(如放置方木或垂直切缝)处理。

⑨养护与交通管理。

a.无机结合料稳定类材料都要重视保湿养护。养护时间应不少于7 d。

b.石灰稳定土层碾压结束后,过1~2 d,当其表面较干燥时可以立即喷洒透层沥青,然后做下封层或铺筑面层。

c.基层上未铺封层或面层时,不应该开放交通。

(3)厂拌法施工。

图3.1为石灰稳定粒料厂拌法拌和流程。拌和机产量宜大于400 t/h。

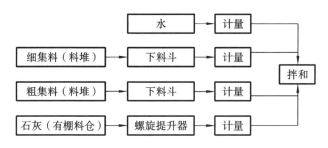

图3.1　石灰稳定粒料厂拌法拌和流程

快速路及主干路的半刚性基层应采用沥青混合料摊铺机、稳定土摊铺机摊铺。摊铺过程中应设专人跟随摊铺机行进,随时消除粗、细集料严重离析的部位,严格控制基层的厚度和高程,确保基层的施工质量。

2. 水泥稳定类基层

在粉碎的土或原状松散的土（包括各种粗、中、细粒土）中，掺入适量的水泥和水，按照技术要求拌和后，在最佳含水量时摊铺、压实及养护，其抗压强度符合规定要求的路面基层称为"水泥稳定类基层"。

水泥是水硬性结合料，绝大多数的土类（高塑性黏土和有机质较多的土除外）可以用水泥来稳定，改善其物理力学性质，适应各种不同的气候条件与水文地质条件。

可用水泥稳定的材料包括级配碎石、砂砾、未筛分碎石、碎石土、土等。当用水泥稳定细粒土（砂性土、粉性土或黏性土）时，简称"水泥土"；用水泥稳定砂得到的混合料，简称"水泥砂"；用水泥稳定粗粒土和中粒土得到的混合料，视所用原材料，可简称"水泥碎石"（级配碎石和未筛分碎石）、"水泥砂砾"等。

水泥稳定类基层具有足够的力学性能及良好的整体性、水稳性和抗冻性。其初期强度较高，且强度随龄期增长而增加。水泥稳定类基层干缩和温缩系数大、易软化、抗冲刷能力差，石灰土还有聚冰现象。

水泥稳定类基层适用于各级道路的基层和底基层，但水泥稳定细粒土（水泥土）不得用作次干路及次干路以上道路高级路面的基层。

（1）材料基本要求。

①集料和土。

凡能经济地粉碎的土，都可用水泥稳定，但稳定效果不同。实践证明，用水泥稳定级配良好的碎（砾）石效果最好，其次是砂性土，再次是粉性土和黏性土。

级配碎石（砾石）、未筛分碎石、砂砾、碎石土、煤矸石和各种粒状矿渣均适合用水泥稳定，见表3.2。

表3.2 不同路面的材料基本要求

项目	快速路及主干路	次干路及次干路以下
基层	①最大粒径 $D\leqslant 31.5$ mm，颗粒组成、级配符合要求； ②其中细粒土的液限 $L\leqslant 28\%$，塑性指数 $I_p\leqslant 9$； ③集料压碎值 $Q_a\leqslant 30\%$	①最大粒径 $D\leqslant 37.5$ mm，颗粒组成、级配符合要求； ②集料中不宜含有塑性指数过大的土； ③集料压碎值 $Q_a\leqslant 35\%$

续表

项目	快速路及主干路	次干路及次干路以下
底基层	①最大粒径 $D\leqslant 37.5$ mm,颗粒组成、级配符合要求,不均匀系数 $C_u>5$,实际选用 $C_u>10$; ②其中细粒土的液限 $L\leqslant 40\%$,塑性指数 $I_p\leqslant 17$,实际选用 $I_p<12$; ③集料压碎值 $Q_a\leqslant 30\%$	①最大粒径 $D\leqslant 53$ mm,颗粒组成、级配符合要求,不均匀系数 $C_u>5$,实际选用 $C_u>10$; ②其中细粒土的液限 $L\leqslant 40\%$,塑性指数 $I_p\leqslant 17$,实际选用 $I_p<12$; ③集料压碎值 $Q_a\leqslant 40\%$

a. 土的液限不应超过 40%,塑性指数不应超过 17。实际工作中,宜选用均匀系数大于 10、塑性指数小于 12 的土。对于塑性指数大于 17 的土,宜采用石灰稳定,或用水泥或石灰综合稳定。施工时土块应尽可能粉碎,其最大尺寸应不大于 15 mm。

b. 有机质含量超过 2% 的土,必须先用石灰进行处理,形成石灰土以后,闷料一天(夜)再用水泥稳定。

c. 硫酸盐含量超过 0.25% 的土,不应用水泥稳定。

d. 重黏土由于难以粉碎和拌和,不宜单独用水泥稳定。

②水泥品种及剂量。

a. 普通硅酸盐水泥(P·O)、矿渣硅酸盐水泥(P·S)和火山灰质硅酸盐水泥(P·P)均可用于稳定粒料。

b. 宜采用 32.5 级水泥。水泥初凝时间不少于 3 h,终凝时间不少于 6 h。

c. 不应使用快硬水泥、早强水泥以及已受潮变质的水泥。

d. 水泥剂量=水泥质量/干土质量×100%(一般为 3%~6%)。水泥剂量低,则强度不足;水泥剂量高,则易开裂。

(2)水泥稳定粒料基层的施工。

水泥稳定粒料基层的施工一般规定如下。

①水泥稳定土宜在春末和气温较高的季节施工,施工期日最低气温应在 5 ℃以上。在有冰冻的地区,应在第一次重冰冻期(气温在 -5~-3 ℃)前 15~30 d 完成。

②用 12~15 t 的压路机碾压,压实厚度不大于 15 cm;用 18~20 t 的压路机碾压,压实厚度不大于 20 cm,否则应分层,且不小于 10 cm。如分层施工,底层完工后 1 d 即可施工第二层。

③路拌法施工时延迟时间为3~4 h,厂拌法施工时延迟时间不超过2 h。

④用于次干路及次干路以下道路的基层和底基层时,可采用路拌法,但次干路应采用稳定土拌和机。快速路及主干路除直接铺筑在土基上的底基层下层可以用稳定土拌和机外,其余各层均应采用拌和法施工。

⑤水泥稳定中粗粒土时,水泥剂量不大于6%,细粒土或强度有特殊要求时不受此限。

⑥应在最佳含水量下压实,基层和底基层压实度要求见表3.3。

表3.3 基层和底基层压实度要求

项目	快速路、主干路	次干路及次干路以下
基层	98%	97%(中粗粒),93%(细粒)
底基层	97%(中粗粒),95%(细粒)	95%(中粗粒),93%(细粒)

水泥稳定粒料路拌法施工流程(图3.2)如下。

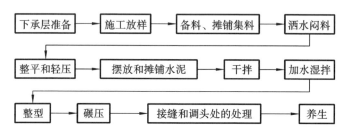

图3.2 水泥稳定粒料路拌法施工流程

①下承层准备与施工放样。

参照石灰稳定类基层。

②备料、摊铺集料。

a.用专用机械粉碎土,视情况过筛。

b.根据混合料的配合比、材料的含水量及所用车辆的吨位,计算各种材料每车料的堆放距离(水泥、石灰等结合料,常以袋为计量单位),或按混合料的松铺系数采用推土机、平地机或人工摊铺集料。

c.运土比摊铺土提前1~2 d,摊铺土在摊铺水泥前一天进行。进度满足次日工作量即可。

d.摊铺均匀,表面平整,有路拱。

③洒水闷料和整平轻压。

参照石灰稳定类基层。

④摆放和摊铺水泥。

根据计算的间距,在现场设置标记,画出摊铺水泥的边线,用刮板将水泥摊开。水泥铺完后表面无空白位置,也无水泥集中点。

⑤干拌、加水湿拌。

参照石灰稳定类基层。

⑥整型与碾压。

参照石灰稳定类基层。

⑦接缝和掉头处的处理。

参照石灰稳定类基层。

⑧养护与交通管理。

a. 无机结合料稳定类材料都要重视保湿养护,可洒水、覆盖湿砂。养护时间应不少于7 d。

b. 水泥稳定类混合料碾压完成后,即可开始养护,也可采用沥青乳液封治(表面开始硬化时)。

c. 基层上未铺封层或面层时,不应该开放交通。

厂拌法施工的具体工艺及要求参照石灰稳定类基层。

3. 石灰工业废渣稳定类基层

一定数量的石灰和粉煤灰,或石灰和煤渣与其他集料(土)相配合,加入适量的水(通常为最佳含水量),经拌和、压实及养护后得到的路面结构层,当其抗压强度符合规定要求时,为石灰工业废渣稳定(简称"石灰工业废渣")类基层。

用石灰稳定工业废渣时,石灰在水的作用下形成饱和的氢氧化钙溶液,废渣的活性氧化硅和氧化铝在氢氧化钙溶液中产生火山灰反应,生成水化硅酸钙和铝酸钙凝胶,使颗粒胶凝在一起。水化物不断产生且结晶硬化,在温度较高时,混合料的强度不断增加。

随着工业的发展,工业废渣逐渐增多,甚至到了污染环境的程度。利用工业废渣铺筑道路,不但能提高道路的使用品质,降低工程造价,而且能变废为宝,具有重要意义。

常用的工业废渣包括粉煤灰、煤渣、高炉矿渣、崩解过(后)达到稳定的钢渣及其他冶金矿渣、煤矸石等。粉煤灰中含有较多的二氧化硅、氧化钙或氧化铝等活性物质,应用最为广泛。因此,石灰工业废渣往往分为石灰粉煤灰类及石灰其他废渣类。

石灰工业废渣基层具有水硬性好、缓凝性好、强度高、稳定性好、板体性好，强度随龄期增长而不断增加，抗水、抗冻、抗裂且收缩性小等特点，能适应各种气候环境和水文地质条件，适用于各级道路的基层和底基层。但二灰土（石灰粉煤灰稳定土）不应用作高等级道路沥青路面的基层，而只能用作底基层。在高等级道路上的水泥混凝土面板下，二灰土也不应该做基层。

(1)材料要求。

①石灰。

石灰应符合Ⅲ级消石灰或Ⅲ级生石灰的技术指标。

②废渣。

废渣以粉煤灰和煤渣为主。

粉煤灰中SiO_2（二氧化硅）、Al_2O_3（氧化铝）和Fe_2O_3（氧化铁）的总含量应大于70%，粉煤灰的烧失量不应超过20%；粉煤灰的比表面积宜大于2500 cm^2/g，并具有较好的活性。

煤渣的主要成分是SiO_2和Al_2O_3，松干密度为700～1100 kg/m^3，最大粒径小于30 mm，且不含有害物质。

③土或粒料。

a.宜采用塑性指数为12～20的中液限黏土，土块的最大粒径应不大于15 mm。不宜选用有机质含量超过10%的土。

b.用作二灰混合料的粒料应不含塑性，用于快速路及主干路基层和底基层集料的压碎值应不大于30%和35%，用于次干路及次干路以下道路基层和底基层集料的压碎值应不大于35%和40%。

c.对于次干路及次干路以下道路，二灰稳定粒料用作基层时，石料颗粒的最大粒径应不大于37.5 mm，碎石、砾石或其他粒状材料的质量宜占80%以上并符合规范级配规定。用作底基层时，石料颗粒的最大粒径应不超过53 mm。

d.对于快速路和主干路，二灰稳定粒料用作基层时，石料的最大粒径不应超过31.5 mm，二灰的质量应占15%且最多不超过20%，颗粒组成符合要求。用作底基层时，集料的最大粒径不应超过37.5 mm，颗粒组成应符合规范要求。

(2)二灰稳定类基层的施工。

二灰稳定类基层的施工一般规定如下。

①石灰工业废渣土宜在春末和气温较高的季节施工，施工期日最低气温应在5 ℃以上。在有冰冻的地区，应在第一次重冰冻期（−5～−3 ℃）前15～30 d完成。

②用12~15 t的压路机碾压,压实厚度不超过15 cm;用18~20 t的压路机碾压,压实厚度不超过20 cm,否则应分层,且不小于10 cm。如分层施工,底层完工后1 d即可施工第二层。

③用于次干路及次干路以下道路的基层和底基层时,可采用路拌法,但次干路应采用稳定土拌和机。快速路、主干路除直接铺筑在土基上的底基层下层可以用稳定土拌和机外,其余各层均应采用拌和法施工。

④在最佳含水量(或略大于)下碾压。

路拌法施工集料和二灰按图3.3的投放程序进行,其他工序同水泥稳定集料施工。

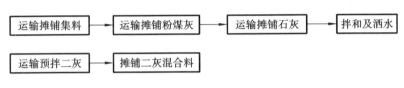

图3.3 二灰稳定集料路拌法材料投放顺序

二灰稳定类路拌法施工工艺流程:准备下承层→施工放样→运输和摊铺集料→运输和摊铺粉煤灰或煤渣→运输和摊铺石灰→拌和及洒水→整型→碾压→接缝和掉头处的处理→养护。

主要工艺要点如下。

①准备下承层与施工放样。

参照石灰稳定土基层。

②备料、摊铺集料。

a.生石灰在使用前7~10 d充分消解,消解后的石灰有一定湿度,不扬尘、不成团。运到现场的粉煤灰,应含有足够的水分,防止扬尘。下承层上堆料前先洒水,使其表面湿润。

b.用专用机械粉碎土。土要粉碎过筛达15 mm以下。

c.根据混合料的配合比、材料的含水量及所用车辆的吨位,计算各种材料每车料的堆放距离(水泥、石灰等结合料,常以袋为计量单位),或按混合料的松铺系数采用推土机、平地机或人工摊铺集料。

d.机械路拌时,应采用层铺法。每种材料摊铺均匀后,宜先用两轮压路机(6~8 t)碾压1~2遍,使表面平整,具有一定的平整度,形成满足设计要求的路拱和坡度。集料应较湿润,必要时先洒水。

e.每层粒料铺完后,表面无空白位置,也无灰料集中点。

③拌和及洒水。

参照石灰稳定类基层。

④整型与碾压。

参照石灰稳定类基层。

⑤接缝和掉头处的处理。

参照石灰稳定类基层。

⑥养护与交通管理。

无机结合料稳定类材料都要重视保湿养护。碾压完成后第二、三天开始,始终保持表面潮湿,养护时间应不少于7 d。也可采用沥青乳液封治。基层上未铺封层或面层时,不应该开放交通。

分层施工时,下层碾压完成后立即铺第二层,也可7 d后铺另一层。

厂拌法施工的具体要求参照石灰稳定类基层,二灰稳定粒料的厂拌法施工与水泥稳定粒料基本相同,其拌和流程如图3.4所示。

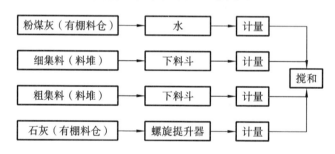

图3.4 二灰稳定粒料厂拌法拌和流程

4.沥青稳定类基层

沥青稳定碎石基层包括热拌沥青碎石、沥青贯入碎石、乳化沥青碎石混合料等。热拌沥青碎石指的是先将碎石与热沥青进行拌和形成混合料,然后摊铺路面;沥青贯入碎石是先把碎石布好,在上面浇洒一定用量的沥青,然后用细石料填缝;乳化沥青混凝土或乳化沥青碎石拌和后,尚未碾压成型的混合料统称为"乳化沥青碎石混合料"。

热拌沥青碎石适用于柔性路面上基层及调平层;沥青贯入式碎石可设置在沥青混凝土与粒料基层之间作为上基层,此时应不撒封层料,也不做上封层;乳化沥青碎石混合料适用于各级道路调平层。

(1)与沥青混凝土的主要区别。

①因公称最大粒径较大,有较好的抗剪和抗变形能力,特别适用于高温、重载、有抗车辙性能要求的路面。

②一般使用非改性沥青,且沥青用量稍低,抗拉强度和抗拉疲劳性能较差。

③铺筑在半刚性基层材料层上时,具有更好的抗反射裂缝适应和调整能力。

(2)与级配碎石的主要区别。

①材料组成不同,增加了沥青,整体性更好。

②强度构成不同,除嵌挤形成的内摩擦角外,还有沥青提供的黏结力,模量较高。

③力学性能不同,除具有更好的抗压抗剪能力外,还具有一定的抗拉能力。

④排水性能不同,排水效率一般低于级配碎石。

3.2 沥青面层施工

3.2.1 沥青路面面层施工

1. 施工前的准备工作

施工前的准备工作主要有:确定料源及进场材料的质量检验、施工机械检查、铺筑试验段。

(1)确定料源及进场材料的质量检验。

①沥青材料。

在全面了解各种沥青料源、质量及价格的基础上,无论是进口沥青还是国产沥青,均应从质量和经济两方面综合考虑选用。对进场沥青,每批到货均应检验生产厂家所附的试验报告,检查装运数量、装运日期、订货数量、试验结果等。

对每批沥青进行抽样检测,试验中如有一项达不到规定要求,应加倍抽样做试验,如仍不合格,则退货并索赔。沥青材料的试验项目有针入度、延度、软化点、薄膜加热、蜡含量、密度等。有时根据合同要求,可增加其他非常规测试项目。

沥青材料的存放应符合下列要求:沥青运至沥青厂或沥青加热站后,应按规定分摊并检验其主要性质指标是否符合要求,不同种类和标号的沥青材料应分别储存,并应加以标记;临时性的储油池必须搭盖棚顶,并应疏通周围排水渠道,防止地表水进入池内。

②集料。

集料的准备应符合下列要求。

a.不同规格的集料应分别堆放,不得混杂,在有条件时宜加盖防雨顶棚。

b.各种规格的集料到达工地后,对其强度、形状、尺寸、级配、清洁度、潮湿度等进行检查。如尺寸不符合规定要求,应重新过筛。若有污染,应用水冲洗干净,待干燥后方可使用。

c.选择集料料场是十分重要的,对于粗集料料场,重要的是检查石料的技术性能(如石料等级、饱水抗压强度、磨耗率、压碎值、磨光值及石料与沥青的黏结力)能否满足要求。细集料的质量是确定料场的重要条件。进场的砂、石屑及矿粉应满足规定的质量要求。

(2)施工机械检查。

沥青路面施工前应对各种施工机械做全面检查,并应符合下列要求。

①沥青洒布机应检查油泵系统、洒油管道、量油表、保温设备等有无故障,并将一定数量的沥青装入油罐,在路上先试洒,校核其洒油量。

②沥青混合料拌和与运输设备的检查。拌和设备在开始运转前要进行一次全面检查,注意连接的紧固情况,检查搅拌器内有无积存余料,冷料运输机是否运转正常,仔细检查沥青管道的各个接头,严禁漏气,注意检查电气系统。对于机械传动部分,还要检查传动链的张紧度。检查运输车辆是否符合要求,保温设施是否齐全。

③摊铺机应检查其规格和主要机械性能,如振捣板、振动器、熨平板、螺旋摊铺器、离合器、刮板送料器、料斗闸门、振捣熨平系统、自动找平装置等是否正常。

④压路机应检查其规格和主要机械性能(如转向、启动、振动、倒退、停驶等方面的能力)及振动轮表面的磨损情况,振动轮表面如有凹陷或坑槽不得使用。

(3)铺筑试验段。

高等级道路在施工前应铺筑试验段,铺筑试验段是不可缺少的步骤。

其他等级道路在缺乏施工经验或初次使用重大设备时,也应铺筑试验段。试验段的长度应根据试验目的确定,宜为100~200 m,太短不便施工,得不出稳定的数据。试验段宜在直线段上铺筑。如在其他道路上铺筑,路面结构等条件应相同。路面各层的试验可安排在不同的试验段。

热拌热铺沥青混合料路面试验段铺筑分试拌及试铺两个阶段,应包括下列试验内容。

①根据沥青路面各种施工机械相匹配的原则,确定合理的施工机械、机械数量及组合方式。

②通过试拌确定拌和机的上料速度、拌和数量与时间、拌和温度等操作工艺。

③通过试铺确定以下各项:a.透层沥青的标号与用量、喷洒方式、喷洒温度;b.摊铺机的摊铺温度、摊铺速度、摊铺宽度、自动找平方式等操作工艺;c.压路机的压实顺序、碾压温度、碾压速度及碾压遍数等压实工艺;d.松铺系数、接缝方法等。

④验证沥青混合料配合比设计结果,提出生产用的集料配合比和沥青用量。

⑤建立用钻孔法及核子密度仪法测定密实度的对比关系。确定粗粒式沥青混凝土或沥青碎石面层的压实标准密度。

⑥确定施工产量及作业段的长度,制定施工进度计划。

⑦全面检查材料及施工质量。

⑧确定施工组织及管理体系、人员、通信联络及指挥方式。

在试验段的铺筑过程中,施工单位应认真做好记录,监理工程师或工程质量监督部门应监督、检查试验段的施工质量,及时与施工单位商定有关结果。铺筑结束后,施工单位应就各项试验内容提出试验总结报告,并取得主管部门的批复,作为施工依据。

2. 层铺法沥青路面施工

1)沥青表面处治路面

沥青表面处治是用沥青和细粒料按层铺或拌和方法施工,厚度不超过3 cm的薄层路面面层。由于处治层很薄,一般起不到提高强度的作用,其主要作用是抵抗行车的磨耗和大气作用,增强路面防水性,提高路面平整度,改善路面的行车条件。

沥青表面处治通常采用层铺法施工。按照浇洒沥青及撒布集料的层次多少,沥青表面处治可分为单层式、双层式和三层式三种。单层式:浇洒一次沥青,撒布一次集料,厚度为1.0~2.0 cm,用于交通量300~500辆/昼夜道路面层和厚沥青路面防滑层。双层式:浇洒两次沥青,撒布两次集料,厚度为2.0~2.5 cm,用于交通量500~1000辆/昼夜道路面层和损坏较轻沥青面层加固(或改善、恢复已老化面层)。三层式:浇洒三次沥青,撒布三次集料,厚度为2.5~3.0 cm,一般用于交通量1000~2000辆/昼夜道路面层。

(1)施工工序及要求。

层铺法沥青表面处治施工,有先油后料和先料后油两种方法,以前者使用较多,现以三层式为例说明其工艺程序。

三层式沥青表面处治路面的施工程序:清扫基层→放样和安装路缘石→浇洒透层沥青→浇洒第一层沥青→撒布第一层集料→碾压→浇洒第二层沥青→撒布第二层集料→碾压→浇洒第三层沥青→撒布第三层集料→碾压→初期养护。

单层式和双层式沥青表面处治的施工程序与三层式相同,仅需相应地减少两次或一次浇洒沥青、撒布集料与碾压工序。

①清扫基层。在表面处治层施工前,应将路面基层清扫干净,使基层矿料大部分外露,并保持干燥。对有坑槽、不平整的路段应先修补和整平,若基层整体强度不足,则应先予补强。

②放样和安装路缘石。在安装路缘石前需要进行路缘石的放样工作,根据设计要求,在施工区域的指定位置使用粉笔或油漆进行标记,确定路缘石的放置位置,同时使用尺子或绳线来测量路缘石的长度和高度,以确保其符合设计要求,从而确保路缘石的平整。然后通过开挖与安装、固定和修整等工作来安装路缘石。

③浇洒透层沥青。透层是为使沥青面层与非沥青材料基层结合良好,在基层上浇洒乳化沥青、煤沥青或液体沥青而形成的透入基层表面的薄层。级配砂砾、级配碎石基层及水泥、石灰、粉煤灰透层应紧接在基层施工结束表面稍干后浇洒透层沥青。当基层完工后时间较长,表面过分干燥时应在基层表面少量洒水,并待表面稍干后浇洒透层沥青。

透层沥青应采用沥青洒布车浇洒。

在无机结合料稳定半刚性基层上浇洒透层沥青后,应立即撒布用量为 $2\sim3$ m^3/km^2 的石屑或粗砂。在无结合料粒料基层上浇洒透层沥青后,当不能及时铺筑面层,并需要开放施工车辆通行时,也应撒布适量的石屑或粗砂,此种情况下,透层沥青的用量宜增加10%。撒布石屑或粗砂后,应用 $6\sim8$ t 的钢筒式压路机稳压一遍。

透层沥青浇洒后应尽早铺筑沥青面层。

④浇洒第一层沥青。在透层沥青充分渗透,或已做透层并且已开放交通的基层清扫后,即可浇洒第一层沥青。沥青的浇洒温度根据施工气温及沥青标号选择。沥青浇洒长度应与撒布集料相配合,应避免沥青浇洒后等待较长时间才撒布集料。

如需分两幅浇洒，应保证接槎搭接良好，纵向搭接宽度宜为100~150 mm。浇洒第二层、第三层沥青时，搭接缝应错开。

⑤撒布第一层集料。浇洒第一层沥青后（不必等全段洒完），应立即撒布第一层集料，其数量按规定一次撒足。局部缺料或过多处，用人工适当找补，或将多余集料扫出。两幅搭接处，第一幅浇洒沥青后应暂留100~150 mm宽度不撒集料，待第二幅浇洒沥青后再一起撒布集料。

无论是机械还是人工撒布集料，撒料后均应及时扫匀，普遍覆盖一层，厚度一致，不应有沥青露出。

⑥碾压。撒布一段矿料后（不必等全段铺完），应立即用6~8 t的钢筒双轮压路机或轮胎压路机碾压。

碾压时应从路边逐渐移至路中心，再从另一边开始压向路中心。每次轮迹重叠宽度宜为30 cm，碾压3~4遍。压路机的行驶速度开始时不宜超过2 km/h，以后可适当增加。

⑦第二层、第三层施工。第二层、第三层的施工方法和要求与第一层相同，但可采用8~10 t的压路机压实。

⑧初期养护。除乳化沥青表面处治应待破乳后水分蒸发并基本成形后方可通车外，其他处治待碾压结束后即可开放交通。通车初期应设专人指挥交通或设置障碍物控制行车，使路面全部宽度均匀压实。成形前应限制行车速度不超过20 km/h。

在通车初期，如有泛油现象，应在泛油地点补撒与最后一层集料规格相同的养护料，并仔细扫匀。过多的浮动集料应扫出路面，以免搓动其他已经黏着在位的矿料。

（2）施工要求。

沥青表面处治施工时，应符合下列要求：沥青表面处治宜选择在一年中干燥和较炎热的季节施工，并宜在日最高温度低于15 ℃的日期到来前半个月结束；各工序必须紧密衔接，不得脱节，每个作业段长度均应根据压路机数量、洒油设备等来确定，当天施工的路段应当天完成，以免产生沥青冷却而不能裹覆集料和尘土污染集料等不良后果；除阳离子乳化沥青外不得在潮湿的集料或基层上洒油。当施工中遇雨时，应待集料晾干后才能继续施工。

2）沥青贯入式路面

沥青贯入式路面是在初步碾压的集料［碎（砾）石］上，分层浇洒沥青，撒布嵌缝料，或再在上部铺筑热拌沥青混合料层，经压实而成的沥青路面。其厚度一般为40～80 mm(乳化沥青贯入式路面的厚度应小于50 mm)，适用于次干路及次干路以下道路的面层，也可作为沥青混凝土路面的联结层。

沥青贯入式路面具有较高的强度和稳定性，其强度的构成主要依靠集料的嵌挤作用和沥青材料的黏结力。由于沥青贯入式路面是一种多孔隙结构，为了防止路表水的浸入，增强路段的水稳性，其面层的最上层必须加铺拌和层或封层(沥青贯入式作为基层或联结层时，可不做此封层)。同时，做好路肩排水，使雨水能及时排出路面结构。

(1)施工程序。

沥青贯入式面层的施工程序：备料→放样和安装路缘石→清扫基层→浇洒透层或黏层沥青→撒布主层集料→第一次碾压→浇洒第一层沥青→撒布第一层嵌缝料→第二次碾压→浇洒第二层沥青→撒布第二层嵌缝料→第三次碾压→浇洒第三层沥青→撒布封层料→最后碾压→初期养护→封层。

其中，备料、放样和安装路缘石、清扫基层、初期养护等工序与沥青表面处治路面相同，其余工序分述如下。

①浇洒透层或黏层沥青。浇洒透层沥青前面已经介绍，这里介绍黏层沥青。黏层是为使新铺沥青面层与下层表面黏结良好而浇洒的一种沥青薄层。黏层沥青宜用沥青洒布车喷洒，喷洒黏层沥青应注意：a.均匀洒布；b.路面有杂物、尘土时应清除干净，当沾有土块时，应用水刷净，待表面干燥后再浇洒；c.当气温低于10 ℃或路面潮湿时，不得浇洒黏层沥青；d.浇洒黏层沥青后，严禁除沥青混合料运输车外的其他车辆和行人通过。

②撒布主层集料。摊铺集料应避免大、小颗粒集中，并应检查其松铺厚度。应严禁车辆在铺好的集料层上通行。

③第一次碾压。主层集料摊铺后应先用6～8 t的压路机进行初压，速度宜为2 km/h；碾压应自路边线逐渐移向路中心，每次轮迹重叠值为300 mm，接着应从另一侧以同样的方法压至路中心。碾压一遍后应检验路拱和纵向坡高，当不符合要求时应找平再压，直到石料基本稳定，无显著推移为止。然后应用10～12 t的压路机(厚度大的贯入式路面可用12～15 t的压路机)进行碾压，每次轮迹应重叠1/2以上，碾压4～6遍，直至主层集料嵌挤紧密，无显著轮迹为止。

④浇洒第一层沥青。主层集料碾压完毕后，即应浇洒第一层沥青。其作业要求与沥青表面处治相同。

⑤撒布第一层嵌缝料。主层沥青浇洒后，应立即趁热撒布第一层嵌缝料；撒布应均匀，撒布后应立即扫匀，不足处应找补。当使用乳化沥青时，撒布嵌缝料

必须在乳液破乳前完成。

⑥第二次碾压。嵌缝料扫匀后应立即用8～12 t的压路机进行碾压,轮迹重叠1/2左右,随压随扫,使嵌缝料均匀嵌入,宜碾压4～6遍。如因气温高在碾压过程中发生蠕动现象,应立即停止碾压,待气温稍低时再继续碾压。

碾压密实后,可浇洒第二层沥青、撒布第二层嵌缝料、第三次碾压、浇洒第三层沥青、撒布封层料,最后碾压,施工要求同上。其中,最后碾压采用6～8 t的压路机,碾压2～4遍即可开放交通。

如果沥青贯入式路面表面不撒布封层料,而是加铺沥青混合料拌和层,应紧跟贯入层施工,使上下成为一个整体。贯入部分采用乳化沥青时,待其破乳、水分蒸发且成形稳定后方可铺筑拌和层。当拌和层与贯入部分不能连续施工,又要在短期内通行施工车辆时,贯入层与贯入部分的第二层嵌缝料应增加用量2～3 m³/km²。在摊铺拌和层沥青混合料前,应清除贯入层表面的杂物、尘土以及浮动石料,再补充碾压一遍,并应浇洒黏层沥青。

(2)施工要求。

沥青贯入式路面的施工要求与沥青表面处治基本相同。适度的碾压在贯入式路面施工中极为重要。碾压不足会影响集料嵌挤稳定且易使沥青流失,形成层次,造成上、下部沥青分布不均。但过度的碾压易使集料压碎,破坏嵌挤原则,造成空隙减少,沥青难以下渗,形成泛油。因此,应根据集料的等级、沥青材料的标号、施工气温等因素来确定每次碾压所用的压路机质量和碾压遍数。

(3)封层施工。

封层是指在路面上或基层上修筑的一个沥青表面处治薄层,其作用是封闭表面空隙、防止水分浸入面层(或基层)、延缓面层老化、改善路面外观等。封层分为上封层和下封层两种。

沥青贯入式路面作为面层时,应铺上封层(在沥青面层以上修筑的一个薄层);沥青贯入式路面作为沥青混凝土路面的联结层或基层时,应铺下封层(在基层上修筑的一个薄层)。

上封层适用于空隙较大的沥青面层、有裂缝或已进行填缝及修补的旧沥青路面。下封层适用于多雨地区,沥青面层空隙较大,渗水严重,在铺筑基层后,应推迟修筑面层,且须维持一段时间(2～3个月)交通。

①层铺法沥青表面处治铺筑上封层的集料质量应与沥青表面处治的要求相同,下封层的集料质量可酌情降低。

②拌和法沥青表面处治铺筑上封层及下封层,应按热拌沥青混合料的方法

及要求进行。

③采用乳化沥青稀浆封层作为上封层(不宜作为新建的快速路、主干路的上封层)及下封层时,稀浆封层的厚度值为3～6 mm。稀浆封层混合料的类型及集料级配可根据处治目的、道路等级选择;铺筑厚度、集料尺寸及摊铺用量按规范选用。

稀浆封层施工时应注意以下事项。

a. 应在干燥情况下施工,且施工时气温不应低于10 ℃。

b. 应用稀浆封层铺筑机施工时,铺筑机应具有储料、送料、拌和、摊铺和计量控制等功能。摊铺时应控制集料、填料、水、乳液的配合比例。当铺筑过程中发现有一种材料用完时,必须立即停止铺筑,重新装料后再继续进行。搅拌形成的稀浆混合料应符合质量要求,并有良好的施工和易性。

c. 稀浆封层铺筑机工作时应匀速前进,以达到厚度均匀、表面平整的要求。

d. 稀浆封层铺筑后,必须待乳液破乳、水分蒸发、干燥成型后方可开放交通。

3. 热拌沥青混合料路面施工

热拌沥青混合料是矿料与沥青在热态下拌和而成的混合料的总称。热拌沥青混合料在热态下铺筑施工成形的路面,即称"热拌沥青混合料路面"。

1)混合料配合比设计

铺筑高质量的沥青路面,除使用质量符合要求的沥青和集料外,还必须进行混合料配合比设计,确定混合料的最佳组成。通常按实验室目标配合比设计、生产配合比设计及生产配合比验证三个阶段进行,设计结果作为控制沥青路面施工质量的依据。

目标配合比是理想状态下的各种材料的比例;生产配合比是施工中材料的配合比,要根据材料情况随时进行调整。

(1)实验室目标配合比设计。

目标配合比设计就是用工程实际使用的材料计算各种材料的用量比例,确定最佳沥青用量。目标配合比设计基本上是在实验室内完成的,是混合料组成设计的基础性工作,包括原材料试验、混合料组成设计试验和验证试验,在此基础上提出的配合比例称为"目标配合比"。具体设计步骤:混合料类型与级配范围的确定→原材料的选择与确定→集料级配选用→进行马歇尔试验→路用性能检验→最佳沥青用量确定。

(2)生产配合比设计。

拌和厂冷料仓的集料按目标配合比确定的比例进入烘干筒烘干后,如果采用间歇式拌和机,烘干的热料经过第二次筛分重新分成3～5个不同粒级的集料,分别进入拌和机内的热料仓(一般拌和机内有3～5个热料仓)。各个热料仓中集料颗粒组成已不同于冷料仓,因此需要重新进行集料配合比计算,以确定各个热料仓集料进入拌和室的比例,并检验确定最佳沥青用量,这一过程即为生产配合比设计。生产配合比设计流程如下:实验室确定的目标配合比→料场集料校核颗粒组成→热料仓集料筛分→热料仓集料配合比设计→马歇尔试验检验→确定最佳沥青用量。

如果使用连续式沥青混合料拌和机,从各冷料仓进入烘干筒的集料,除粉尘外将全部直接进入拌和室并与矿粉和沥青一起拌成沥青混合料。也就是说,进拌和机的集料和成品混合料的集料级配相同。因此,目标配合比设计就是生产配合比设计。

①料场集料校核颗粒组成。对沥青混合料拌和厂的堆料场中各种粗细集料均要重新取样进行筛分试验,如筛分结果发现集料的颗粒组成与进行目标配合比设计时的颗粒组成有明显差别,则要重新进行集料配合比计算,重新确定各冷料仓的出料比例。

②热料仓集料筛分。对各个热料仓矿料取样做筛分试验,得出各热料仓集料的颗粒组成,用于热料仓集料配合比设计。

③热料仓集料配合比设计。根据各热料仓集料的颗粒组成,计算出拌和时从各个热料仓取料的比例,得出混合后集料的级配,即生产配合比。所确定的生产配合比必须符合规范要求。在这个阶段中,如果经计算得出的从各个热料仓取料的比例严重失衡,则需要反复调整从冷料仓进料的比例,以达到供料均衡,提高拌和站的生产效率。

④马歇尔试验检验。采用集料生产配合比级配组成、目标配合比设计阶段得出的最佳沥青用量及最佳沥青用量的±0.3%三种沥青用量进行马歇尔试验,确定生产配合比的最佳沥青用量。

(3)生产配合比验证。

生产配合比验证阶段也是正式铺筑沥青面层之前的试拌试铺阶段,采用的机械设备、施工工序、质量管理和检验方法均与面层正式开工后的日常生产相同。通过试拌试铺,可为正式铺筑提供经验和数据。

施工单位进行试拌试铺时,应报告业主、监理部门,并会同设计部门一起进行评定。拌和机按照生产配合比进行试拌,得到的混合料在试验段上试铺,在场人员对混合料级配、油石比、摊铺、碾压过程和成型混合料的表面状况进行观察和判断;同时,实验室密切配合,在拌和厂出料处或摊铺机旁采集沥青混合料试样,进行马歇尔试验,检验混合料是否符合规定的要求,还要进行车辙试验、浸水马歇尔试验以检验高温稳定性和水稳性,只有当试拌的混合料符合所有的要求时才能允许生产使用。在铺筑试验段时,实验室人员还应在现场取样进行抽提试验,再次检验实际铺筑的混合料集料级配和沥青用量是否合格;同时,按照规范规定的试验段铺筑要求进行各种试验。生产配合比验证流程如图 3.5 所示。

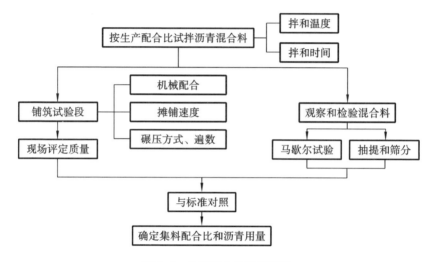

图 3.5 生产配合比验证流程

2)施工准备及要求

施工前的准备工作主要有拌和设备的选型及场地布置、机械选型与配套、下承层准备与施工放样等。

(1)拌和设备的选型及场地布置。

①拌和设备选型。通常根据工程量、工期来选择拌和设备的生产能力、移动方式(固定式、半固定式和移动式),同时要求其生产能力和摊铺能力相匹配,不应低于摊铺能力,最好高于摊铺能力 5% 左右。高等级道路沥青路面施工,应选用拌和能力较强的设备。目前使用较多的是生产率在 300 t/h 以下的拌和设备。

②拌和厂的选址与布置。沥青混合料拌和设备是一种由若干个能独立工作的装置组成的综合性设备。因此,不论哪一类型的拌和设备,其各个组成部分的总体布置都应满足紧凑、相互密切配合又互不干扰的原则。

(2)机械选型与配套。

高等级道路路面的施工机械应优先选择自动化程度较高和生产能力较强的机械,以摊铺、拌和为主导机械,并与自卸汽车、碾压设备配套作业,进行优化组合,使沥青路面施工全部实现机械化。目前常见的问题是摊铺与拌和生产能力不配套,不能保证摊铺机连续作业,从而影响施工进度和质量。特别是摊铺能力远大于拌和能力,使摊铺机频繁停机,影响了摊铺质量。运输车辆的数量可根据装料、运料、卸料、返回等工作环节所用的时间确定。先根据碾压温度及摊铺进度确定合理的碾压长度,然后配备压实机械。

(3)下承层准备与施工放样。

①下承层准备。摊铺沥青混合料时,其下承层可能是基层、路面下面层或中面层。基层完工后,一般浇洒透层油进行养护保护。若因通车、下雨使表面发生破坏,出现松散、浮尘、下沉等,在摊铺沥青混合料前,应进行维修、重新分层填筑,并压实、清洗干净。对下承层表面缺陷进行处理后,即可再浇洒透层油或黏层油。

②施工放样。用测量仪器定出摊铺路面的边线位置,并在边线桩上标出路面面层的设计高程位置,以控制沥青混合料面层的厚度。对于无自控装置的摊铺机,应根据下承层的实测高程和面层的设计高程,确定实铺厚度。

当下承层的表面高程变化较多,使沥青路面的总厚度与路面顶面设计高程的容许范围相矛盾时,应以保证厚度为主。

3)拌和与运输

(1)沥青混合料的拌制。

根据配料单进料,严格控制各种材料用量及其加热温度。拌和后的混合料应均匀一致,无花白、离析和结团成块等现象。每班抽样做沥青混合料性能、集料级配组成和沥青用量检验。每班拌和结束时,清洁拌和设备,放空管道中的沥青。做好各项检查记录,不符合技术要求的沥青混合料禁止出厂。沥青混合料生产工艺流程如图 3.6 所示。

(2)沥青混合料的运输。

沥青混合料若采用自卸汽车运输,自卸汽车的底板及车壁应涂一薄层油水(柴油∶水为 1∶3)混合液。运输车辆应覆盖,运至摊铺地点的沥青混合料温度不宜低于规定值,运输中尽量避免紧急制动,以减少混合料离析。

4)摊铺

(1)清理、修整基层。

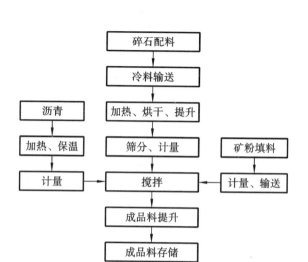

图 3.6 沥青混合料生产工艺流程

沥青面层铺筑前,首先将基层上的塑料薄膜、废纸等杂物清除干净,接着对基层路面的厚度、密实度、平整度、路拱等进行检查。基层若有松散、坑槽等必须进行修整,应检查工程范围内的井盖框、路缘石、消防栓等是否已固定到要求高程,侧壁是否已涂好沥青黏层,顶面是否已有保护隔离措施。

(2)浇洒透层或黏层沥青。

为使面层与基层黏结良好,在面层铺筑前 4～8 h,应在粒料类的基层表面浇洒透层沥青(或用煤沥青),用量为 1.0～1.2 kg/m²。若基层为旧沥青路面或水泥混凝土路面,则在面层铺筑之前,应在旧路面上浇洒一层黏层沥青:液体石油沥青为 0.4～0.6 kg/m²,煤沥青为 0.5～0.8 kg/m²。若基层为灰土类,为加强面层与基层的黏结,减少水分渗入基层,可在面层铺筑前铺下封闭层,即在灰土基层上浇洒 0.7～0.9 kg/m² 的液体石油沥青或 0.8～1.0 kg/m² 的煤沥青后,随即撒布 3～8 mm 颗粒的石屑,用量为 5 m³/1000 m²,并用轻型压路机压实。

(3)摊铺沥青混合料。

沥青混合料摊铺机摊铺的过程是自动倾卸汽车将沥青混合料卸到摊铺机料斗后,经链式传送器将混合料往后传到螺旋摊铺器,随着摊铺机向前行驶,螺旋摊铺器即在摊铺带宽度上均匀地摊铺混合料,随后由振捣板捣实,并由熨平板整平。

城市快速路、主干路应尽可能采用全路幅铺筑,即按路面全宽一次进行铺筑。一台摊铺机不足路宽,可以多台平行梯队联合作业,纵向搭接约 10 cm。所谓梯队是指纵向相邻两台摊铺机的间距为 10～20 m,且不得造成前面摊铺的混合料冷却。当混合料供应能满足不间断摊铺时,也可采用全宽度摊铺机一幅摊铺,当班铺满全宽,一次摊铺长度宜大于 100 m。事先按施工条件拟定摊铺机行程路线,按照计划行程进行摊铺。

摊铺机自动找平时,中、下两层宜采用由一侧钢丝绳引导的高程控制方式。上面层宜采用摊铺层前后保持相同高度的雪橇式摊铺厚度控制方式,经摊铺机初步压实的摊铺层要保证达到平整度和横坡的规定要求。铺筑多层混合料时,上、下层的接缝应错开;纵缝错开 15 cm 以上,横缝错开 1 m 以上。主干路面层接缝,应削齐接平,接缝处均应涂刷沥青黏层,接缝表面应予以烫平。

沥青混合料的摊铺温度与沥青品种、标号、黏度、摊铺厚度及气温有关。较稠沥青的施工温度可接近高限,较稀沥青的施工温度可接近低限,正常施工温度不得低于 110 ℃,也不得高于 165 ℃。

当气温低于 5 ℃时(主干路 10 ℃),不宜摊铺热拌沥青混合料。若需要低温摊铺,则应提高混合料的拌和温度,运料车必须采取覆盖保温措施;应采用严密程度高的摊铺机,熨平板应加热;摊铺后紧接着碾压,缩短摊铺长度,保证摊铺时混合料的温度不致很快降低。

5)压实

沥青混合料面层碾压通常分为初压、复压和终压三个阶段。碾压要有专人负责,并在开工前对压路机司机进行培训交底。压路机每天在正式开铺之前,均应全部做好加油、加水、维修、调试等准备工作,严禁在新铺沥青路面上停车加油、加水;当确实必须停车加油、加水时,应在前一天施工的路段上以及桥涵顶面处进行,但在加油时严禁将油滴洒在沥青路面上。

(1)初压。

初压又称为"稳压",是压实的基础,其目的是整平和稳定混合料,同时为复压创造有利条件。因此,要注意压实的平整度。

由于沥青混合料在摊铺机的熨平板前已经过初步整平压实,而且刚摊铺的混合料温度较高,常在 140 ℃左右,因此,只要较小的压实功就可以达到较好的稳定压实效果。初压通常用 6~8 t 的双钢轮压路机或 6~10 t 的振动压路机(前进时关闭振动装置)以 2 km/h 左右的速度碾压 2~3 遍,一般不采用普通轮胎压路机。初压温度为 125~145 ℃,低温施工时还要高 5~10 ℃。碾压时驱动轮在前静压匀速前进,后退时沿前进碾压时的轮迹行驶并可振动碾压;也可用组合式钢轮-轮胎压路机(钢轮在接近摊铺机端)进行初压,前进时静压匀速碾压,后退时沿前进碾压时的轮迹行驶并可振动碾压。初压后检查平整度、路拱,必要时予以修正。如在碾压时出现推移,可待温度稍低后再压;如出现横向裂纹,应检查原因并及时采取纠正措施。

(2)复压。

复压是压实的主要阶段,其目的是使混合料密实、稳定、成型,因此,复压应在较高的温度下并紧跟初压后面进行。复压期间的温度不应低于120 ℃。通常用双轮振动压路机(用振动压实)或重型静力双轮压路机和 16 t 以上的轮胎压路机先后进行碾压,也可用组合式压路机、双轮振动压路机和轮胎压路机一起进行碾压,碾压方式与初压相同,碾压遍数参照铺筑试验段时所得的结果确定,通常不少于 6 遍。

(3)终压。

终压是消除轮迹、缺陷和保证面层有较好平整度的最后一步。由于终压要消除复压过程中面层遗留的不平整问题,又要保证路面的平整度,因此,沥青混合料也需要在较高但又不能过高的碾压温度下结束碾压。终压结束时的温度不应低于 90 ℃。终压常使用静力双轮压路机,并应紧接复压进行,碾压遍数为 2~3 遍。

不同压路机在初压、复压和终压三个阶段的压实速度见表3.4。

表3.4 压路机碾压速度(单位:km/h)

压路机类型	初压		复压		终压	
	适宜	最大	适宜	最大	适宜	最大
钢筒式压路机	2~3	4	3~5	6	3~6	6
轮胎压路机	2~3	4	3~5	6	4~6	8
振动压路机	2~3(静压或振动)	3(静压或振动)	3~4.5(振动)	5(振动)	3~6(静压)	6(静压)

(4)接缝碾压。

接缝碾压是压实工序中的重要一环,直接影响路面质量,可分为横向接缝碾压和纵向接缝碾压。

①横向接缝碾压。

当纵向的相邻铺幅已经成形,必须做冷纵向接缝时,可先用钢轮压路机沿纵缝碾压一遍(大部分钢轮位于成形的相邻路幅上,在新铺层上的碾压宽度为 15~20 cm),然后沿横向接缝进行横向碾压,横向碾压结束后进行正常的纵向碾压。图 3.7 为横向接缝的几种形式。

图 3.7 横向接缝的几种形式

横向碾压时,先用双轮压路机在垂直于路面中心线的横向进行碾压(碾压时压路机应主要位于已压实的混合料层上,伸入新铺层的宽度不超过 20 cm),接着每碾压一遍向新铺混合料移动约 20 cm,直到压路机全部在新铺层上碾压为止。在进行横向碾压的过程中,有时摊铺层的外侧应放置供压路机行驶的垫木。

②纵向接缝碾压。

a.热料层与冷料层相接(冷接缝)。这种接缝可采用两种方法碾压:第一种方法是压路机位于热沥青混合料上,然后进行振动碾压,即将混合料从热边压入相对的冷结合边,从而产生较高的结合密实度;第二种方法是在碾压开始时,只允许轮宽的 10~20 cm 在热料层上,压路机的其余部分位于已成型的冷料层上,碾压时,过量的混合料从未压实的料中挤出,这样就减少了结合边缘的料量,但这种方法产生的结合密度较低。在这两种碾压过程中,压路机的碾压速度都应很低。

b.热料层与热料层相接(梯队作业时)。这种接缝的压实方法是先压实离热接缝中心两侧大约为 20 cm 以外的地方,最后压实中间剩下来的一窄条混合料。这样,材料就不会从旁边挤出,并能形成良好的结合。

6)开放交通

热拌沥青混合料路面应待摊铺层完全自然冷却,混合料表面温度低于 50 ℃后,方可开放交通。需要提早开放交通时,可洒水冷却以降低混合料温度。

3.2.2 沥青路面季节性施工

沥青路面施工有很强的季节性,其路面质量及路面结构强度的形成受施工季节的气温和外界自然条件的影响很大。经过实践证明,在低温或雨季施工的路面工程,其路面质量和使用寿命都不同程度地受到影响,因而,施工季节通常选择在温度较高和干燥的季节。当遇到低温季节和雨季施工时,就必须采取相应的施工措施,以尽可能利于施工和保证施工质量。

1. 低温施工措施

(1)热拌沥青混合料路面的低温施工措施。

施工温度在5℃以下或冬季气温虽在5℃以上,但有4级以上大风时应按冬季施工处理。城市快速路、主干路施工气温低于10℃,其他等级道路施工气温低于5℃时,不宜摊铺热拌沥青混合料。必须施工时,应采取以下施工措施。

①提高混合料的出厂、摊铺和碾压温度,使其符合表3.5的要求。

表3.5 低温施工温度控制要求(单位:℃)

施工工序	普通沥青混凝土	改性沥青混凝土
沥青混合料出料温度	165～175	180～190
运输到现场温度(不低于)	160	175
混合料摊铺温度(不低于)	150	170
初压温度(不低于)	145	160
碾压终了温度(不低于)	80	90

②运输沥青混合料的车辆必须有严密覆盖设备保温。

③采用高密度的摊铺机、熨平板及接触热混合料的机械工具要经常加热,在现场应准备好挡风、加热、保温工具和设备等。

④卸料后应用苫布等及时覆盖保温。

⑤摊铺宜在上午9时至下午4时进行,做到"三快两及时"(快卸料、快摊铺、快搂平,及时找细、及时碾压)。一般摊铺速度为1 t(料)/min。

⑥接槎处要采取直槎热接。在混合料摊铺前必须保持底层清洁干净且干燥无冰雪,并用喷灯将接缝处加热至60～75℃。摊铺沥青混合料后,应用热夯夯实、热烙铁烫平,并应用压路机沿缝加强碾压。

⑦碾压次序为先重后轻、重碾先压。先用重碾快速碾压,重轮(主动轮)必须在前,再用两轮轻碾消灭轮迹。

⑧施工与供料单位要密切配合,做到定量定时,严密组织生产,及时集中供料,以减少接缝过多。

⑨乳化沥青碎石混合料施工的所有工序,包括路面成形及铺筑上封层等,均必须在冰冻前完成。

(2)贯入式和表面处治路面的低温施工措施。

对于贯入式和表面处治路面都是就地洒油,油的热量极易散发而很快降温,因而要求在干燥和温度较高的季节施工,并宜在日最高温度低于15 ℃前半个月结束;当气温低于5 ℃时不得施工;当春季气温低于10 ℃、秋季气温低于15 ℃时,应采用低温施工措施。

①碾压碎石要尽量少洒水,必要时水中可掺入6%～9%的氯盐以防止寒冻,洒水宜在半日内完成。

②选用较稀软的沥青,贯入层宜选用针入度为170～200的石油沥青,或用软化点为30～33 ℃的煤沥青。

③喷油宜在上午10时至下午3时,且地表温度不低于5 ℃时进行。应随喷油随撒布嵌缝料,每次撒布长度不宜过长;喷油要均匀,一次喷足,不要找补。

④要做好充分准备,以便喷油、撒料、扫匀和碾压四个工序紧密衔接,中途不能间断。

⑤对透层、黏层与封层的施工气温不得低于10 ℃。

2. 雨季施工措施

沥青路面不允许在下雨时进行施工,一般应在雨季前半个月结束施工。进入雨季施工时,必须采取如下防雨措施。

(1)注意气象预报,加强工地现场与沥青拌和厂的联系。

(2)现场应尽量缩短施工路段,各工序要紧凑衔接。

(3)汽车和工地应备有防雨设施,并做好基层及路肩的排水措施。

(4)下雨、基层或多层式面层的下层潮湿时,均不得摊铺沥青混合料。对未经压实即遭雨淋的沥青混合料,应全部清除,更换新料。

(5)阳离子乳化沥青碎石混合料,在施工过程中遇雨应停止铺筑,以防雨水将乳液冲走。

3.3 水泥混凝土面层施工

3.3.1 水泥混凝土路面施工工艺

水泥混凝土路面施工主要工序:测量放样→基层准备→模板安装固定→接缝施工准备→施工机械准备→混凝土拌和→混凝土运输→混凝土摊铺→混凝土振捣→表面抹平→拉毛→接缝施工→洒水养护及交通管制→拆除模板→填接缝

料→开发交通。

下面主要讲述混凝土面层小型机具的施工方法。

1. 施工前的准备工作

(1)施工场地布置及材料、机械准备。

①拌和厂。

水泥混凝土路面施工一般采用集中拌和,根据工程规模和施工环境,选定拌和厂的位置和临时占地面积,注意不要选择地势低洼地带和交通不便位置。承包商在初步选定拌和厂后应及时向业主单位请示,经业主单位同意后办理相关手续,如临时占地手续、用电、用水协议、租赁合同等。联系有关交通部门,以便在施工期间实行必要的封闭交通或交通管制。

②备料。

根据材料的各种规格和比例,合理地估算各种材料备料数量,按方便拌和、方便运输的原则,分堆堆放,严禁两种规格的材料混堆或交叉。各料堆立标志牌,标明名称、规格、产地、用途。整批水泥应储藏在附近仓库内,每天需用的可临时放在拌和机旁,离地面 0.5 m 高以上,以免受潮。水泥进场时,应有产品合格证及化验单,承包商应会同试验监理对材料品种、标号、厂牌、包装、数量、出厂日期等进行检查验收。不同标号、厂牌、品种、出厂日期的水泥,不许混合堆放,严禁使用。出厂超过 3 个月或受潮的水泥,必须经过试验,按试验结果决定是正常使用还是降级使用,已经结块变质的水泥不准使用。

③机械及小型工具准备。

混凝土拌和设备必须采用强制式混凝土搅拌机,不允许采用自由式搅拌机或人工拌和。根据工程规模和施工进度选择合理的型号和数量。小型机具应备齐,如模板、振捣棒、平板振动器、磅秤、拉毛压纹辊或钢丝弯曲耙。此外,要准备运输车辆及防雨用的防雨棚。

(2)基层准备。

在混凝土路面施工前,应对基层进行一次检验,清除松散粒料,局部坑槽要修补压实;应对被污染的基层表面进行清扫,并浇洒少量的水,湿润基层表面。

(3)测量放样。

①根据设计图纸放出路中心及路边线桩,直线段按 20 m 设一组,曲线段按 5 m 或 10 m 设一组,胀缝、曲线起终点、桥涵位置和纵横变坡点等都要设中桩和边桩。

②放样时应注意曲线外侧和内侧纵向混凝土板分块距离的伸长和缩短,要使横向分块线与路中心线垂直。

③测量放样、挂线应经常校核,保证放样准确。

(4)模板安装与固定。

水泥混凝土路面模板必须采用钢模板,严禁采用木模。一般采用槽钢,每块长度一般为3~6 m,高度为16~24 cm,根据路面深度合理选用,原则是模板高度与路面厚度相同。在支模前应对模板进行检验,经检验不合格的模板不允许用于支模。

在安装模板时,按放线位置,先将模板安放在基层上,初步固定后,用水准仪检查其高程。高程控制允许误差为±15 mm,支模时,当高程控制与板厚度控制发生矛盾时应保证板厚,舍弃高程。沿模板内外两侧将铁钎打入基层,铁钎的间距以能保证模板在摊铺振捣混凝土时不致变形为度。一般铁钎间距内侧为1.0~1.5 m,外侧为0.5~1.0 m。对弯道及交叉口边缘处的模板、铁钎应当加密,以免浇筑混凝土时模板变形。操作时注意摊铺混凝土后,及时将内侧铁钎拔除,外侧铁钎的顶端稍低于模板顶高,以便于混凝土摊铺机、振捣器的操作。

模板底面与基层之间如有空隙,则应用石子或木片垫衬,以免摊铺和振捣时模板下沉。对于垫衬后剩余的空隙,可用砂浆填满补实或用塑料布包裹,以免漏浆而使混凝土板侧面形成蜂窝、麻面。

施工缝端头模板应按设计图纸要求设置传力杆水平孔,每隔0.5 m打入一个钢钎,固定模板。模板安装后,施工人员应用水准仪检查支模后的高程是否满足要求,然后在模板内侧涂刷肥皂水、废机油或其他润滑剂,以便于拆模。

(5)接缝施工准备工作。

水泥混凝土路面接缝一般分为纵缝和横缝。纵缝分为纵向缩缝和纵向施工缝,横缝分为横向缩缝、胀缝、施工缝。路面内部构造见图3.8。

纵向施工缝设有拉杆,所以在施工前应在模板上预留拉杆孔,相邻孔间距应满足设计图纸要求;拉杆采用螺纹钢筋,在施工前应按设计图纸要求的长度、直径和数量预先加工。横向缩缝采用假缝,施工时一般采用切缝法。在条件受限制时可采用切压结合法,切缝法应备好切缝机,压缩法应准备一定数量的压缝板。压缝板的厚度一般为5 mm,宽度为压缝的设计深度,长度为半幅路面宽度,即两模板间的垂直距离。横向缩缝不设传力杆。胀缝按设计的要求准备好材料,设计无要求时可采用涂沥青的软木板;其厚度为2 cm,宽度等于板厚,长度为半幅路面宽度。胀缝设滑动传力杆,按设计图纸要求的尺寸制作好。胀缝传

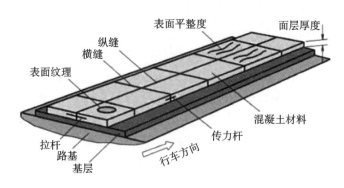

图 3.8 路面内部构造

力杆和横向施工缝传力杆采用光圆钢筋,传力杆尺寸、直径和间距应满足设计图纸要求。

(6)浇筑混凝土前应检查的工作内容。

浇筑混凝土前应检查模板尺寸、位置、高程等是否满足设计要求,要求支撑牢固稳定,隔离剂涂刷均匀,模板接缝严密、模内洁净。若有检查井井盖井座、雨水口箅子箅圈应预先安装完成,且安装牢固、位置准确,其标高与路面标高协调一致。

2. 混凝土的拌和及运输

水泥混凝土的强度主要取决于配料的比例、拌和质量、振捣质量,因此混凝土拌和很重要,路面混凝土的拌和必须采用强制式混凝土搅拌机。施工时,注意控制用水量,应设立标牌将实验室提供的合理配合比写在牌上,并且在每天开始拌和前根据天气变化情况测定砂、石含水量,将理论配合比换算成施工配合比,然后将当日的施工配合比也写在牌上。进入拌和机的材料必须过秤,根据拌和机的容量计算出每搅拌一盘各种材料的质量。散装水泥必须过秤,当袋装水泥以袋计量时,应抽查其实际质量进行调整,补足所缺水泥的质量。

混凝土原材料按质量计的允许误差:水泥为±1%,碎(砾)石为±3%,砂为±3%,水为±1%,外加剂为±2%。施工时每天应至少检查2次混凝土坍落度,不符合要求时应分析原因,适当调整水量。

混凝土每盘的搅拌时间一般不少于 2 min,出料时的混凝土应拌和均匀、颜色一致。混凝土拌合物出料到运输、铺筑完毕的允许最长时间见表 3.6。

表3.6　混凝土拌合物出料到运输、铺筑完毕的允许最长时间

施工气温[①]/℃	到运输完毕的允许最长时间/h		到铺筑完毕的允许最长时间/h	
	滑模、轨道	三轴、小机具	滑模、轨道	三轴、小机具
5～9	2.0	1.5	2.5	2.0
10～19	1.5	1.0	2.0	1.5
20～29	1.0	0.75	1.5	1.25
30～35	0.75	0.50	1.25	1.0

注：①指施工时间的日间平均气温,使用缓凝剂延长凝结时间后,本表数值可增加0.25～0.5 h。

为了避免第一盘混凝土中的水泥砂浆被鼓壁吸附而影响混凝土的质量,一般在拌和前先对25 kg水泥、砂和水加以拌和形成水泥砂浆(水泥和砂的质量比例为1∶2),使其鼓壁预先吸附,排出水泥砂浆后再正式搅拌混凝土。

每天拌和前和结束后,均应冲洗拌和鼓内部,以免水泥黏在拌和鼓内结成硬块,影响生产效率。

在混凝土拌和时要特别注意,不同厂家、不同出厂日期的水泥必须分别堆放、分别使用,严禁混用。搅拌机一般在露天作业,所以在下雨时应立即停止搅拌。受雨淋的混凝土不能使用。若搅拌机的加水计量器不准或操作不当导致混凝土过稀、坍落度过大,或混凝土离析,这样的混凝土不能使用。

混凝土通常采用人工运输和自卸汽车运输。拌和厂与施工现场距离较近,工程规模小的项目可采用人工手推车运输,自卸汽车运输混凝土是水泥混凝土路面施工中采用的主要运输方式。自卸汽车应选用铁皮厢,车厢后门挡板必须紧密,装载不应过满,以防漏浆或外溢。

运料车的数量要与拌和机的生产率及混凝土的摊铺、振捣、整平速度相匹配,根据车速、装载和运距,通过计算确定。在炎热、干燥、大风天气,为防止水分蒸发,应覆盖车厢,每车卸料后必须及时清除车厢内黏附的残料。出料及铺筑时的卸料高度不应超过1.5 m。

运输过程中应行车平稳,以免车辆颠动而使混凝土产生离析现象;若个别车的混凝土有离析现象,应经人工翻拌后再使用;若一批混凝土都存在离析现象应立即通知拌和厂停止搅拌,待分析原因,问题解决后再重新开始拌和。混凝土从搅拌机出料后,运至铺筑地点进行摊铺、振捣、整平、修面完毕的允许最长时间应符合表3.6的规定,同时应符合实验室提供的水泥初凝时间。

混凝土运输时注意不要碰撞模板和拉杆,尽量保护好已铺完的塑料薄膜,并

注意将临时运输用的模板开口堵好。

3. 混凝土的摊铺与振捣

(1)摊铺。

摊铺混凝土混合料之前,应检查拉杆钢筋是否插入孔内、是否有遗漏。施工另外半幅时应提前校正拉杆位置,检查传力杆是否与横缝垂直、绑扎是否牢固、其半段是否已涂好沥青、钢筋网是否制作完毕、是否已备到施工现场等。

摊铺前按设计图纸要求在已铺完半幅混凝土板的侧面(纵向施工缝位置)涂刷沥青,涂刷工作在拆模后纵向施工缝表面干燥时进行,并应注意沥青温度不够则不刷,若表面有泥沙则清理后再刷,不要污染拉杆。自卸汽车卸料后如发现有离析的混凝土,必须经人工翻拌后才能摊铺,在缺料处必须用铁锹以反扣锹法将混凝土扣入缺料部位,禁止扬料、抛掷。

摊铺时应考虑振实后的下沉量,可在模板顶加一厚约 2 cm 的木板,以防止振动时混凝土外溢;木板可用 U 形铁夹子紧卡在模板顶上,随摊铺进度向前移动。在摊铺传力杆处的混凝土混合料时,应先铺下半层,用振捣器振实并校正传力杆位置后,再摊铺上半层。

混凝土板的摊铺振捣工作应连续进行,不允许中途间断。若有特殊的原因,在初凝时间内被迫临时停工,则中断施工的一块混凝土板上应用湿麻布覆盖,以防假凝;恢复施工时,应将此处混凝土耙松补浆后再继续浇筑。若停工超过混凝土的初凝时间,应清除没有振实、平整的混凝土,按施工缝处理。

施工缝应设在缩缝处,若无法设在缩缝处,其位置应设在板的正中部分。特别注意,禁止在假凝或已经初凝的混凝土上直接浇水重新拌和,应及时清除超过初凝时间没有振实的混凝土及因暴晒而干燥变白的混凝土。

若在浇筑混凝土过程中遇雨,停止拌料,及时通知拌和厂并在事先准备好的防雨棚内进行摊铺、振实和抹面工作。

混凝土摊铺前,应在刚卸的料堆上取样,制作试块,每工作班(或每 200 m^3)制作 2 组抗折试件(15 cm×15 cm×55 cm)、1 组抗压试件(15 cm×15 cm×15 cm)。抗折试件送到工地标准养护,用于质量评定,抗压试件放在路段上,与混凝土板同步养护,为施工控制及开放交通提供强度依据。

(2)振捣。

摊铺好的混凝土混合料应立即用振捣器振实,使摊铺、振捣、抹平、拉毛、养护形成流水作业。

水泥混凝土路面振捣首选排式振捣机,其施工操作简单、使用方便,能保证振捣质量。振捣机横向每隔 40 cm 设置一根插入式振捣棒,纵向每隔 50 cm 振捣操作一次,振捣时间为 20 s,与三轴配合振捣效果更好。

①插入式振捣:当混合料基本铺平后,便可进行振捣,不能边摊边振,以防漏振和过振。振捣棒在同一位置持续振动时间不少于 20 s,并以振至混合料泛浆、不明显下沉、不冒气泡、表面均匀为度。振捣棒移动间距不宜大于其作用半径的 1.5 倍,与模板间的最近距离为 10 cm,不碰撞模板、钢筋和传力杆。一般振捣棒的插入角度为 30°~45°,深度距离基层 5 cm,应轻插慢提,严禁拖行和拖拉振捣。在振捣过程中,应对缺料处辅以人工补料,并随时检查模板、钢筋、拉杆、传力杆的变形、漏浆、移位、松动等情况,及时纠正。

②平板式振捣:当插入式振捣器振捣完成后,即可开始平板式振捣。振动板应纵向和横向交错振动各一遍。振动板移位时可重叠 10~20 cm,在一个位置持续振动时间不少于 15 s;振动板由两人持力拉起振捣和移位,不准振捣板自由放置振动。移位时振动板底部和边缘泛浆厚度以 3~5 mm 为限,发现缺料应人工补平。

③振动梁振捣:振动梁是一种有足够刚度和振动力的提浆整平机具,振动时在模板上往返平行移动 2~3 遍,使表面水泥浆均匀平整。在振动梁拖振整平过程中,凹陷处应使用原混合料填补,严禁使用砂浆找平。多料的高处也应适当铲除,达到石子不外露,表面应有 3~5 mm 厚的水泥浆。

混凝土振实的过程,也是整平的过程,三辊轴往返滚动 3 遍后应用 5 m 长铝合金靠尺检查表面平整程度;将高处和低处重新处理好后,再往返滚动,直至平整度达到要求。

4. 混凝土表面整修

混凝土表面的整修工作必须在工作跳板上进行,严禁操作人员直接站在混凝土面层上工作。

水泥混凝土表面整修按如下五个阶段进行。

(1)木抹初平。

木抹初平一般在振动平整完毕 10 min 后进行,用长 45 cm、宽 20 cm、厚 2.5 cm 的大木抹子进行初抹,操作人员站在工作跳板上来回抹面,每次重叠 1/2。木抹初抹后,表面形成较好的毛面,有利于水分的蒸发,水泥浆与砂子在面层上的分布也较为均匀。

(2)铁抹初平。

大铁抹的长度和宽度与大木抹相同,厚度为3 mm,用钢板制成,并做成两边比中间低2 mm的坡度,使其在路面上来回抹面时不至于被混凝土面吸住。来回抹面时重叠1/2,并注意不要用力向下压。

(3)铁抹细平。

用小铁抹仔细抹光2遍。抹面时手腕动作要灵活、用力均匀,来回抹面重叠1/2。

(4)铁抹压光。

当混凝土处于初凝终止状态之前,表面尚湿润时,应趁此时机进行压光,将混凝土表面砂浆进一步挤压紧密。在抹面过程中,严禁用洒水、撒干水泥、补浆等方法找平,要求压光后表面平整、密实、无抹痕、不露石子、无砂眼和气眼。

(5)拉毛或压槽。

为了使混凝土路面有一定的粗糙度,保证行车安全,压光后应沿横向拉毛或压槽,其方向始终与中线垂直。拉毛或压槽的深度为1~2 mm。拉毛采用拉毛器,压槽采用压槽机。拉毛或压槽注意把握时机,一般在压光后,多余水分基本蒸发,用食指稍微加压按下去能出现2 mm左右深度的凹痕,即为最佳拉毛或压槽时间。注意不要拉毛或压槽过早而使深度过深并扰动表面砂浆,也不要拉毛或压槽太晚而使深度过浅,影响行车安全。

5.混凝土路面养护

水泥混凝土路面层成活后,应及时养护。养护应根据施工工地情况及条件,选用喷洒养护剂养护、覆盖保湿养护或塑料薄膜覆盖养护等。

混凝土路面采用喷洒养护剂养护时,喷洒应均匀,应形成厚度足以完全密闭水分的薄膜,喷洒后的表面不得有颜色差异。喷洒宜在表面混凝土泌水完成后进行。不得使用易被雨水冲刷掉的和对混凝土强度、表面耐磨性有影响的养护剂。当喷洒一种养护剂达不到90%以上有效保水率要求时,可采用两种养护剂各喷洒一层或喷一层养护剂再加覆盖的方法。

覆盖保湿养护宜使用保湿膜、土工毡、土工布、麻袋、草袋、草帘等进行覆盖,混凝土成活后应及时覆盖、及时洒水,保持混凝土表面始终处于潮湿状态。覆盖物覆盖时,应确保混凝土表面、侧面覆盖到位,不漏盖。

塑料薄膜覆盖养护所用薄膜厚度(韧度)应合适,宽度应大于覆盖面600

mm。两条薄膜对接时,搭接宽度不应小于400 mm。养护期间应始终保持薄膜完整盖满。

养护时间应根据混凝土弯拉强度的增长情况而定,直至混凝土弯拉强度不小于混凝土设计弯拉强度的80%,应特别注重前7 d的保湿(温)养护。一般养护天数宜为14～21 d,气温较高时,养护期不宜少于14 d;低温时,养护期不宜少于21 d;掺粉煤灰的混凝土路面最短养护时间不宜少于28 d。

昼夜温差大于10 ℃或日平均温度低于5 ℃的地区施工时应对混凝土路面采取保温保湿养护措施,防止混凝土板产生收缩裂缝。

混凝土板在养护期间和填缝前,禁止车辆通行,在达到设计强度的40%以后,方可允许行人通行。

养护期间应封闭交通,不得堆放重物;面板达到设计弯拉强度后,方可开放交通;养护终结,应及时清除路面层养护材料。

6. 接缝施工

接缝是混凝土路面的薄弱环节,接缝施工质量不高,会引起板的各种损坏,并影响行车的舒适性。因此,应特别认真地做好接缝施工。

1) 纵缝

小型机具施工时,按一个车道的宽度(3.75～4.5 m)一次施工,纵向施工缝一般采用平缝加拉杆或企口缝加拉杆的形式。但在道口等特殊部位,一次性浇筑的混凝土板宽度可能会大于4.5 m,这就需要设纵向缩(假)缝。纵向假缝一般亦应设置拉杆。

纵向施工缝拉杆可采用三种方式设置:①在模板上设孔,立模后在浇筑混凝土之前将拉杆穿在孔内,这种方式的缺点是拆模板较困难;②把拉杆弯成直角,立模后用铁丝将其一半绑在模板上,另一半浇在混凝土内,拆模后将露在已浇筑混凝土侧面上的拉杆弯直;③采用带螺栓的拉杆,一半拉杆用支架固定在基层上,拆模后另一半带螺栓接头的拉杆同埋在已浇筑混凝土内的半根拉杆相接。

(1)纵向接缝的布设应符合下列规定:①当一次铺筑宽度小于路面宽度时,应设置纵向施工缝,纵向施工缝宜采用平缝形式,上部应锯切槽口,深度宜为30～40 mm,宽度宜为3～8 mm,槽内应灌塞填缝料[图3.9(a)];②当一次铺筑宽度大于4.5 m时,应设置纵向缩缝,纵向缩缝宜采用假缝形式,锯切的槽口深度应大于施工缝的槽口深度,当采用粒料基层时槽口深度应为板厚的1/3,当采用半刚性基层时槽口深度应为板厚的2/5[图3.9(b)]。

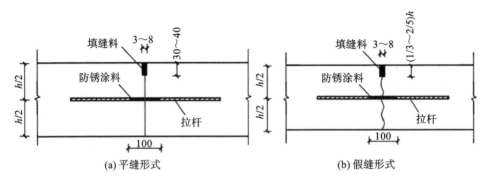

图 3.9　纵向缩缝构造(单位:mm)

注:h—板厚。

(2)纵缝应与路线中线平行。在路面等宽的路段内或路面变宽路段的等宽部分,纵缝的间距和形式应保持一致。路面变宽段的加宽部分与等宽部分之间,应以纵向施工缝隔开。加宽板在变宽段起终点处的宽度不应小于1 m。

(3)拉杆应采用螺纹钢筋,宜设在板厚中央,应对拉杆中部100 mm范围内进行防锈处理。拉杆直径、长度和间距,可按表3.7选用。当施工布设时,拉杆的间距应按横向接缝的实际位置予以调整,最外侧的拉杆与横向接缝的距离不得小于100 mm。

表 3.7　拉杆直径、长度和间距(单位:mm)

面层厚度	拉杆	到自由边或未设拉杆纵缝的距离					
		3.00 m	3.50 m	3.75 m	4.50 m	6.00 m	7.50 m
180~250	直径	14	14	14	14	14	14
	长度	700	700	700	700	700	700
	间距	900	800	700	600	500	400
260~300	直径	16	16	16	16	16	16
	长度	800	800	800	800	800	800
	间距	900	800	700	600	500	400

(4)连续配筋混凝土面层的纵缝拉杆可由板内横向钢筋延伸穿过接缝代替。

2)横缝

(1)缩缝。

横向缩缝可采用在混凝土凝结后(碎石混凝土抗压强度达到 6.2~12.0 MPa,砾石混凝土达到 9.0~12.0 MPa)锯切或在混凝土铺筑时压缝的方式修筑。横缝间距 4~6 m(缩缝),我国缩缝间距一般为 5 m。邻近胀缝或自由端部的三条最靠近的缩缝,采用设传力杆的假缝形式,做法同横向施工缝,构造如图 3.10 所示。其他情况采用不设传力杆的假缝形式,构造如图 3.11 所示。

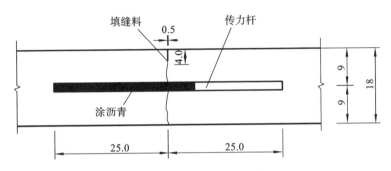

图 3.10 横向缩缝(设传力杆,单位:cm)

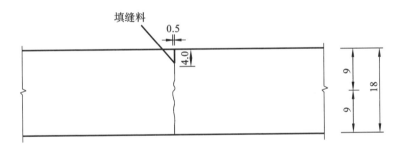

图 3.11 横向缩缝(不设传力杆,单位:cm)

①压缝法。

混凝土在木抹初平后、铁抹初平前应用振动压缝刀压缝,当压至规定深度时应提出压缝刀,放入软木板或胶合板(五合板),用原浆修平缝槽,严禁另外调浆。软木板或胶合板预埋在混凝土路面中,不必取出。

②切缝法。

由于切缝可以得到比压缝质量好的缩缝,因此,应尽量采用这种方式,特别是高等级道路必须采用切缝法。切缝法根据切割时混凝土强度的不同分为硬切缝和软切缝:硬切缝是在混凝土凝结产生一定的强度时,用切缝机切入一定深度并灌注填缝料;软切缝是一种刚浇筑完混凝土路面后就切割的变形缝,一般为横向缩缝。具体切缝方式、时间及深度可参考表 3.8。

表 3.8　当地昼夜温差与缩缝适宜切缝方式、时间和深度参考表

昼夜温差[①]/℃	缩缝切缝方式与时间[②]	缩缝切割深度
<10	硬切缝:切缝时不啃边即可开始硬切缝,纵缝可略晚于横缝,所有纵、横缩缝最晚切缝时间均不得超过 24 h	缝中无拉杆、传力杆时,深度 1/4~1/3 板厚,最浅 60 mm;缝中有拉杆、传力杆时,深度 1/3~2/5 板厚,最浅 80 mm
10~15	软硬结合切缝:每隔 1~2 条提前软切缝,其余用硬切缝补切	硬切缝深度同上。软切缝深度不应小于 60 mm;不足者应硬切补深到 1/3 板厚,已断开的缝不补切
>15	软切缝:抗压强度为 1~1.5 MPa,人可行走时开始软切。软切缝时间不应超过 6 h	软切缝深度不应小于 60 mm,未断开的接缝,应硬切补深到不小于 2/5 板厚

注:①当降雨、刮风引起路面温度骤降时,应提早软切缝或硬切缝;②三种切缝方式均应冲洗干净切缝泥浆,并恢复表面养护覆盖。

切缝施工工艺如下。

a.切缝前应检查电源、水源及切缝机组试运转的情况,切缝机刀片应与机身中心线成 90°角,并应与切缝线在同一直线上。

b.开始切缝前,应调整刀片的进刀深度,切割时应随时调整刀片的切割方向。停止切缝时,应先关闭旋钮开关,然后将刀片提升到混凝土板面上,停止运转。

c.切缝时刀片冷却用水的压力不应低于 0.2 MPa。同时应防止切缝水渗入基层和土基。

d.当混凝土的强度达到设计强度的 25%~30%时,即可进行切割。当气温突变时,应适当提早切缝时间,或每隔 20~40 m 先割一条缝,以防因温度应力产生不规则裂缝。应严禁一条缝分两次切割的操作方法。

e.切缝后,应尽快灌注填缝料。

这里应指出的是,切割时间要特别注意掌握好。切得过早,则混凝土由于强度不足,会引起粗集料从砂浆中脱落,而不能切出整齐的缝;切得过迟,则混凝土由于温度下降和水分减少而产生的收缩因板长而受阻,导致收缩应力超出其抗拉强度而在非预定位置出现早期裂缝。合适的切割时间应控制在混凝土获得足够的强度,而收缩应力并未超出其强度的范围内。它随混凝土的组成和性质(集料类型、水泥类型和含量、水灰比等)、施工时的气候等因素而变化,施工技术人员须依据经验并进行试切后决定。

(2)胀缝。

胀缝指的是在水泥混凝土路面板上设置的膨胀缝,其作用是使水泥混凝土板在温度升高时能自由伸展。

①胀缝设置原则。

普通混凝土路面、钢筋混凝土路面和钢纤维混凝土路面的胀缝间距根据集料的温度膨胀性大小、当地年温差和施工季节综合确定。

高温施工可不设胀缝。常温施工,集料温缩系数和年温差较小时,可不设胀缝;集料温缩系数或年温差较大,路面两端构造物间距大于或等于 500 m 时,宜设一道中间胀缝。低温施工,路面两端构造物间距大于或等于 350 m 时,宜设一道胀缝。邻近构造物、平曲线或与其他道路相交处的胀缝应按《公路水泥混凝土路面设计规范》(JTG D40—2011)的规定设置。

②胀缝设置方法。

胀缝应与路中心线垂直,缝壁必须垂直,缝隙宽度必须一致,缝中不得连浆。缝隙下部设胀缝板,上部灌胀缝填缝料。传力杆的活动端可设在缝的一边或交错布置,固定后的传力杆必须平行于板面及路面中心线,其误差不得大于 5 mm。传力杆可采用顶头木模固定或支架固定两种安装方法。胀缝构造见图 3.12。

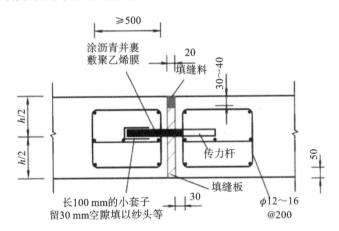

图 3.12 胀缝构造(单位:mm)

注:h—板厚。

a.顶头木模固定传力杆安装方法。

顶头木模固定传力杆安装方法宜用于混凝土板不连续浇筑时设置的胀缝。传力杆长度的一半应穿过端头挡板,固定于外侧定位模板中。混凝土拌合物浇筑前应检查传力杆的位置。浇筑时应先摊铺下层混凝土拌合物,并用插入式振捣器振实,在校正传力杆位置后,再浇筑上层混凝土拌合物。浇筑卸板时应拆除顶头木模,并应设置胀缝板、木制嵌条和传力杆套管。胀缝传力杆的架设(顶头模固定法)见图3.13。

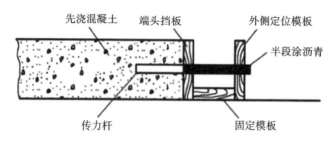

图3.13 胀缝传力杆的架设(顶头模固定法)

b.支架固定传力杆安装方法。

支架固定传力杆安装方法宜用于混凝土板连续浇筑时设置的胀缝。传力杆长度的一半应穿过胀缝板和端头挡板,并应用钢筋支架固定就位。浇筑时应先检查传力杆的位置,再在胀缝两侧摊铺混凝土拌合物至板面;振捣密实后,抽出端头挡板,空隙部分填补混凝土拌合物,并用插入式振捣器振实。胀缝传力杆的架设(钢筋支架法)见图3.14。

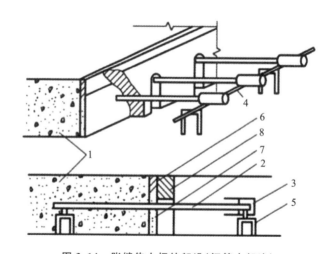

图3.14 胀缝传力杆的架设(钢筋支架法)

注:1—先浇混凝土;2—传力杆;3—金属套管;4—钢筋;
5—支架;6—压缝板条;7—嵌缝板;8—胀缝模板。

(3)施工缝。

施工缝宜设于胀缝或缩缝处,多车道施工缝应避免设在同一横断面上。施工缝如设于缩缝处,板中应增设传力杆,其一半锚固于混凝土中,另一半应先涂沥青,允许滑动。传力杆必须与缝壁垂直。横向施工缝见图3.15。

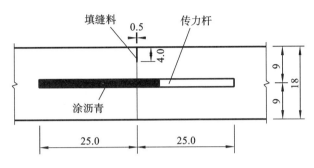

图 3.15　横向施工缝(单位:cm)

3) 水泥混凝土路面加强钢筋

(1) 边缘钢筋。

边缘钢筋一般在纵向设置,横向只在胀缝两侧或起终点处设置。采用两根直径 12~16 mm 的钢筋,用直径 6 mm 的连接钢筋固定,端部应弯起,放置在板面下 1/4~1/3 处,并保证离板边缘 5 cm 的净距。边缘钢筋布置见图 3.16。

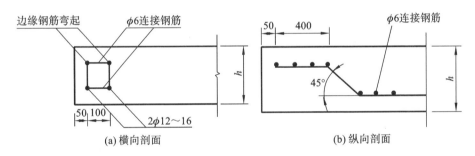

图 3.16　边缘钢筋布置(单位:mm)

注:h—板厚。

(2) 角隅钢筋。

设置在胀缝两侧板的角隅处,采用两根直径 12~14 mm、长度 2.4 m 的螺纹钢筋,设在板的上部,并与板顶保持 5 cm 以上净距,距板纵、横边缘各 10 cm。当交叉口或斜桥处出现板块锐角时,应增加双层补强钢筋网,直径 6 mm 的钢筋以 10 cm 间距斜交平行排列,设在距板顶、板底 5~7 cm 处。角隅钢筋布置见图3.17。

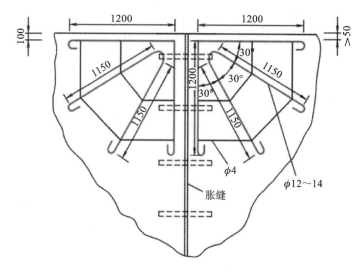

图 3.17 角隅钢筋布置(单位:mm)

4)水泥混凝土路面与其他面层交接的处理

(1)水泥混凝土路面与桥梁相接的处理。

①一般桥梁:设置桥头搭板,一端放置于桥台上,设置防滑锚固钢筋。

②斜交桥梁:设置渐变板,斜角大于 70°设置一块,45°～70°设置两块,小于 45°设置至少三块;要求渐变板短边不小于 5 m,长边不大于 10 m。角隅处要设置钢筋网补强。

③渐变板和搭板均应按计算配筋量设置钢筋。

(2)水泥混凝土路面与其他路面相接时的处理。

①水泥混凝土路面与固定构造物相衔接的胀缝无法设置传力杆时,可在毗邻构造物的板端部配置双层钢筋网,或端部增加板厚;设置胀缝并以混凝土预制块过渡,以混凝土平道牙隔断。混凝土路面相接示意图见图 3.18。

②混凝土路面与桥梁连接,设置 6～10 m 的过渡板,或设置 2～3 道传力杆胀缝。

③桥头未设置搭板,应设计钢筋混凝土路面。

④设置水泥混凝土下埋板,其上设置渐变厚度的联结层。混凝土路面相接情况示意图见图 3.19。

7.拆模及填缝

(1)拆模。

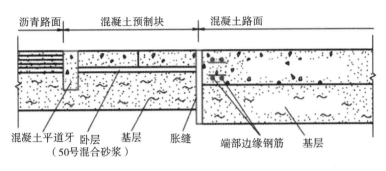

图 3.18 混凝土路面相接示意图

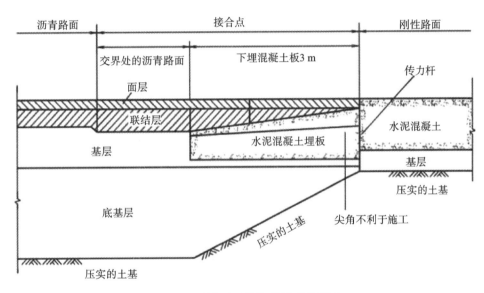

图 3.19 混凝土路面相接情况示意图

当路面混凝土抗压强度不小于 8.0 MPa 时,方可拆模。如缺乏强度实测数据,边模的允许最早拆模时间应符合表 3.9 的规定。达不到要求,不能拆除端模时,可空出一块面板,重新起头摊铺。空出的面板待两端均可拆模后再补做。

表 3.9 混凝土路面板的允许最早拆模时间(单位:h)

昼夜平均气温/℃	硅酸盐水泥、R 型水泥	道路水泥、普通硅酸盐水泥	矿渣硅酸盐水泥
−5	240	360	—
0	120	168	—
5	60	72	120
10	36	48	60
15	34	36	50

续表

昼夜平均气温/℃	硅酸盐水泥、R型水泥	道路水泥、普通硅酸盐水泥	矿渣硅酸盐水泥
20	28	30	45
25	24	24	36
≥30	18	18	24

注：允许最早拆模时间从混凝土面板精整成型后开始计算。

拆模时应先起下模板支撑、铁钎等，然后用扁头小铁铲轻轻插入模板，慢慢向外撬动。注意不要损坏混凝土板的边、角，不得用力撬，拆下的模板应及时修理、校正，以备下次使用。

(2)填缝。

混凝土板按不少于7 d养护，养护期满后，缝槽应及时填塞；填前保持缝内清洁，防止杂物掉入缝内。常用的填缝方法有灌入式填缝施工和预制嵌缝条填缝施工两种：采用灌入式填缝施工，填缝与填缝方法须满足有关规定；采用预制嵌缝条填缝施工，胀缝板嵌入前，应保持缝壁干燥，并清除缝内杂物，使嵌缝条与缝壁紧密结合。缩缝、纵缝、施工缝的预制嵌缝条，可在缝槽形成时嵌入。嵌缝条应顺直整齐。

填缝前需要用钩子将缝内小石子、砂浆块等杂物钩清，灰土则用吹灰器吹净，必要时可用水冲刷洗净。灌填缝料一般低于路面5 mm以免受胀挤出，污染路面。

填料应按设计图纸要求配备，设计无要求时，可采用沥青玛琋脂或沥青橡胶混合料为填缝料。

混凝土板达到设计强度时，可允许开放交通，强度应以同步养护的试块强度作为依据。

3.3.2 水泥混凝土路面季节性施工

1. 雨季施工

(1)防雨准备。

①地势低洼的搅拌场、水泥仓、备件库及砂石料堆场，应按汇水面积修建排水沟或预备抽排水设施。搅拌站的水泥和粉煤灰罐仓顶部的通气口、料斗及不得遇水部位应有防潮、防水覆盖措施，砂石料堆应防雨覆盖。

②雨天施工时，在新铺路面上，应备足防雨棚、帆布和塑料布或薄膜。

③防雨棚支架宜采用可推行的焊接钢结构,并具有人工饰面拉槽的足够高度。

(2)防雨水冲刷。

①摊铺中遭遇阵雨时,应立即停止铺筑混凝土路面,并紧急使用防雨棚、塑料布或塑料薄膜等覆盖尚未硬化的混凝土路面。

②被阵雨轻微冲刷过的路面,视平整度和抗滑构造破损情况,采用硬刻槽或先磨平再刻槽的方式处理。对被暴雨冲刷后,路面平整度严重劣化或损坏的部位,应尽早铲除重铺。

③降雨后开工前,应及时排除车辆、搅拌场及砂石料堆场内的积水或淤泥。运输便道应排除积水,并进行必要的修整。摊铺前应扫除基层上的积水。

2. 高温季节施工

(1)施工现场的气温高于 30 ℃,拌合物摊铺温度在 30~35 ℃,空气相对湿度小于 80%时,混凝土路面和桥面的施工应按高温季节施工的规定进行。

(2)高温天气铺筑混凝土路面和桥面应采取以下措施。

①当现场气温大于或等于 30 ℃时,应避开中午高温时段施工,可选择在早晨、傍晚或夜间施工。夜间施工应有良好的操作照明,并确保施工安全。

②砂石料堆应设遮阳棚;采用冷水或冰屑水拌和。拌合物中宜加允许最大掺量的粉煤灰或磨细矿渣,但不宜掺硅灰。拌合物中宜掺足够剂量的缓凝剂、高温缓凝剂、保塑剂或缓凝(高效)减水剂等。

③混凝土运输车上的混凝土拌合物应加遮盖。

④应加快施工各环节的衔接,尽量压缩搅拌、运输、摊铺、饰面等各工艺环节所耗费的时间。

⑤可使用防雨棚作为防晒遮阳棚,在每日气温最高和日照最强烈时段遮阳。

⑥高温天气施工时,混凝土拌合物的出料温度不宜超过 35 ℃,并应随时监测气温与水泥、拌合水、拌合物及路面混凝土的温度。必要时加测混凝土水化热。

⑦在采用覆盖保湿养护时,应加强洒水,并保持足够的湿度。

⑧切缝应视混凝土强度的增长情况进行,宜较常温施工适当提前,以防止断板。特别是在昼夜温差较大时,应提早切缝。

3. 低温季节施工

(1)当摊铺现场连续 5 昼夜平均气温高于 5 ℃,夜间最低气温为 −3～5 ℃时,混凝土路面和桥面的施工应按下述低温季节施工规定的措施进行。

①拌合物中应优选和掺用早强剂或促凝剂。

②应选用水化总热量大的 R 型水泥或单位水泥用量较多的 32.5 级水泥,不宜掺粉煤灰。

③搅拌机出料温度不得低于 10 ℃,摊铺混凝土温度不得低于 5 ℃。在养护期间,应始终保持混凝土板最低温度不低于 5 ℃。否则,应采用热水或加热砂石料拌和混凝土。热水温度不得高于 80 ℃;砂石料温度不宜高于 50 ℃。

④应加强保温保湿覆盖养护,可先用塑料薄膜保湿隔离覆盖或喷洒养护剂,再采用草帘、泡沫塑料垫等保温覆盖初凝后的混凝土路面。遇雨雪必须再加盖油布、塑料薄膜等。

⑤应随时检测气温、水泥、拌合水、拌合物及路面混凝土的温度,每工班至少测定 3 次。

(2)混凝土路面或桥面的弯拉强度未达到 1.0 MPa 或抗压强度未达到 5.0 MPa 时,应严防路面受冻。

(3)低温天施工,路面或桥面覆盖保温保湿的养护天数不得少于 28 d。

第4章 道路附属工程施工

4.1 路缘石施工

4.1.1 概述

路缘石是指铺设在路面边缘或标定路面界限的界石,也称为"道牙"或"缘石"。路缘石主要有立缘石、平缘石和专用路缘石三种。

(1)立缘石(又称"侧石")。

立缘石是指顶面高出路面的路缘石,一般高出路面 12~15 cm。立缘石通常设置在道路两侧或分隔带、中心岛四周,主要用于分隔车行道与人行道、车行道与分隔带、车行道与中心岛等,以维护交通安全。立缘石一般为水泥混凝土预制安砌,在绿化带或分隔带的圆端处也可现浇混凝土。

(2)平缘石(又称"平石")。

平缘石是指设在侧石与路面之间,顶面与路面平齐的路缘石,有标定路面范围、整齐路容的作用,特别是沥青类路面有方便路面碾压施工及保护路面边缘的作用。平缘石有现浇与预制两种。当道路纵坡小于 0.3% 时,利用平石纵向做成锯齿形边沟,以利路面排水。

平缘石与立缘石通常制作在一起,形成 L 形路缘石。

(3)专用路缘石。

专用路缘石是指具有一些特殊作用的路缘石,如反光路缘石。

4.1.2 施工

路缘石的施工工序主要包括基础施工、施工放样、安装路缘石、回填石灰土、勾缝等。

1. 基础施工

路缘石的基础施工应与路基同时进行。

2. 施工放样

基础施工后,校核路面中线,然后在路面边缘,放出路缘石安装边线,并钉立边桩,在边桩上标出路缘石顶面标高,最后沿路缘石外侧挂线,挂线高度应与路缘石顶面标高一致。

对于直线部分,边桩间距宜为 10～15 m;对于曲线部分,边桩间距宜为 5～10 m;对于路口圆弧,边桩间距宜为 1～5 m。

3. 安装路缘石

钉桩挂线后,先用水泥砂浆铺底调平,然后按照挂线依次安装路缘石。直线段的路缘石要直顺,曲线段的路缘石要圆顺,顶面要平整。

4. 回填石灰土

路缘石安装完毕后,其外侧用土回填夯实,一般宜用体积比为 2∶8 的石灰土回填,填土宽度应不小于 30 cm,高度不小于 15 cm,其轻型击实标准的压实度应大于 90%。

5. 勾缝

石灰土回填完毕后,修整路缘石,使其位置及标高符合设计要求,然后对路缘石进行勾缝。勾缝时,先将路缘石缝内的土及杂物清理干净,并用水湿润;然后用水泥砂浆灌缝,并用弯面压子或圆钢压成凹形;最后,待水泥砂浆初凝后,将多余的水泥砂浆清理干净,并洒水养护,养护时间应不少于 3 d。

4.2　检查井施工

4.2.1　概述

检查井是为了便于安装、维修城市地下基础设施(如供电、给水、排水、排污、通信、煤气、路灯线路等)而设置的竖井,一般设在管道交会处、转弯处、管径或坡度改变处及直线管段上每隔一定距离处。

4.2.2 施工

检查井的施工工序主要包括基础施工、井身施工、井周回填与压实、井圈施工、井盖安装等。

1. 基础施工

检查井的基础施工内容一般为先整平地基,然后支设模板、浇筑混凝土垫层,垫层的混凝土强度等级应不小于C15,厚度应不小于15 cm,宽度宜大于井身10 cm以上。

在天然地基上施工时,不得扰动原状土;在软弱地基上施工时,必须先进行处理,使地基达到设计承载力。

2. 井身施工

基础尺寸和高程符合要求后,即可进行井身施工。检查井的井身一般有预制混凝土井身和砖砌井身两种。

如果条件允许,则应优先采用预制混凝土井身,其能有效缩短施工周期,并且结构强度较高。预制混凝土井身施工时,直接吊装就位即可。

如果条件不允许,则可采用砖砌井身,施工要点如下。

(1)砌筑前,应将基础清理干净。

(2)基础清理干净后,即可铺筑砂浆,砌筑砖。砌筑时,应注意使砖缝隙间的砂浆饱满,上、下两层砖的竖缝错开。

(3)若检查井有管道接入,则应使管道与井身连接处的缝隙填充严密,从而防止漏水、渗水。

(4)砌筑完毕后,应按照设计要求对井壁进行抹面,抹面材料宜为防水的水泥砂浆。

3. 井周回填与压实

井身砌筑完毕后,当水泥砂浆强度达到设计要求后,方可选择合适的材料回填检查井的周边,并进行压实,具体要点如下。

(1)井周回填应与管道沟槽的回填同时进行,若不能同时进行,则应留台阶形接槎。

(2)当管道沟槽内每一层回填土压实成形后,应人工将井周40 cm范围内的松土挖去,换填上预先拌制好的石灰土,然后压实,使石灰土与井壁紧贴。

(3)井周回填与压实应沿井身中心对称进行。

4. 井圈施工

为了使井盖与井身有较好的连接,应在井身顶部设置井圈。

5. 井盖安装

井盖安装通常是在路面面层施工完毕后进行的。路面面层施工时,检查井可采用临时钢板进行覆盖,并与道路一起摊铺碾压。路面面层施工完毕后,根据井盖大小反挖面层,去掉临时钢板,然后将井盖放置在井圈上,并调至标高位置,最后填充压实周边。

检查井施工完毕后,要将井内杂物清理干净。如果不能立即安装井圈、井盖,则应设防护或警示标志,防止发生安全事故。

4.3 雨水口及雨水口支管施工

4.3.1 概述

雨水口是将路表水排入地下管渠的构筑物,一般布设在能有效收集雨水的道路边缘,沿道路纵向间距宜为25～50 m,其位置应与检查井协调。雨水口按照进水方式分为侧入式、平入式和联合式三类。侧入式的进水口可与立缘石预制成一体进行安砌。平入式雨水进水口在平坦路段可与平缘石配合形成锯齿形边沟有效集水或在井口周围做成下凹弧面。

雨水口支管是将雨水口汇集的水输入排水管道的引水支管。按照雨水口与雨水口支管的连接高低不同,雨水口支管分为有落底(也可称"沉砂井")和无落底两种,有落底的好处是可将砂石及杂物截留沉积在井底,定期掏挖以防堵塞管道。

4.3.2 施工

1. 雨水口施工

雨水口的施工步骤大致如下。

(1)根据设计图纸,定出雨水口的位置,打出定位桩,并定出雨水口标高。

(2)按照雨水口定位线开挖基槽。

(3)开挖完毕后,清理槽底,并进行夯实。

(4)槽底夯实后,浇筑混凝土垫层(厚度约10 cm),并进行养护。

(5)混凝土垫层达到一定强度后,铺筑砂浆,砌筑墙身。砌筑墙身时,要进行挂线,以确保墙身垂直。

(6)墙身砌筑到一定高度时,应用砂浆进行抹面,抹面要光滑平整、不起鼓、不开裂。

(7)抹面达到规定强度时,应及时回填墙外,一般采用碎砖灌水泥砂浆回填,也可采用水泥混凝土回填。回填必须密实,以防墙周路面产生局部沉陷。

(8)当墙身砌筑至支管顶时,应使管口与墙壁内口平齐,并用水泥砂浆将管口与墙壁勾抹严实。

(9)当墙身砌至设计标高时,安装井座和井箅。安装时,墙身顶面应用水冲刷干净,并铺水泥砂浆,按照设计标高找平。井箅安装就位后,其周围用水泥砂浆嵌牢。

(10)雨水口砌筑完毕后,应及时将井内碎砖、砂浆等杂物清理干净。

2. 雨水口支管施工

雨水口支管的施工工序主要包括施工放样、沟槽开挖、垫层施工、管道铺设、沟槽回填与压实等。

(1)施工放样。

根据设计图纸,定出雨水口支管位置,打出控制桩,并标出设计标高,然后用石灰线放出开挖沟槽的边线。

(2)沟槽开挖。

施工放样后,采用反铲挖掘机开挖沟槽,直至接近标高,然后人工挖至标高,并进行槽底修整。

(3)垫层施工。

验槽合格后,便可浇筑混凝土垫层。垫层表面应平整、厚度应均匀,厚度及宽度应符合设计要求。

(4)管道铺设。

垫层达到一定强度后,即可铺设管道,铺设要点如下。

①铺设前,应对管材质量进行逐节检查,清除管内杂物。

②铺设时,可采用吊车吊装下管,人工辅助对位。

③接口可采用承插式接口(图4.1),大口须置于上游,小口插入深度应不小于20 cm。承插处应设置橡胶密封圈,防止管道漏水。

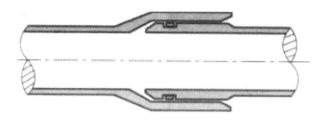

图4.1 承插式接口

④接口安装完毕后,采用水泥砂浆抹面,并养护至设计要求。

(5)沟槽回填与压实。

管道铺设完毕后,对沟槽进行回填与压实。注意,管顶40 cm范围内,应人工夯实。

4.4 人行道施工

4.4.1 概述

人行道是道路两侧、公园中供人行走的设施,也是城市道路的重要组成部分。随着社会的发展,人行道还被赋予了更多的功能,如疏导交通、美化环境等。

随着社会对残障人士的关注、城市无障碍设施的完善,人行道中央应用带有纵向凹凸条的预制块铺设盲人通道(盲道)。

4.4.2 施工

同主体道路一样,人行道的结构一般也分为路基、基层和面层三部分,其施工工序主要包括基槽施工、基层施工和面层施工三大部分。

1. 基槽施工

人行道的基槽施工内容主要有施工放样、基槽开挖与整平。

(1)施工放样。

人行道施工的放样工作主要是放出人行道边线和标高。

放线时,应每隔一定距离设一桩。对于直线段,应每隔 10 m 设一桩;对于曲线段,应适当加密。标高可标记在桩上或者建筑物上。

如果人行道外侧已经按照标高安装了路缘石,则人行道施工以路缘石为基准线。

(2)基槽开挖与整平。

施工放样后,根据现场情况开挖基槽,开挖接近标高时,进行找平碾压,达到设计要求后,再修整至设计标高。

①基槽施工前,要对地下管网进行全面调查,并采取相应的保护措施。

②在雨季、冬季施工时,必须做好相应的排水、防冻措施。

2. 基层施工

人行道的基层施工与前文介绍的路面基层施工基本相同,在此不再赘述。

3. 面层施工

人行道采用的面层主要有沥青混凝土面层、水泥混凝土面层、水泥砖面层、料石面层等,下面主要介绍这些面层的施工。

(1)沥青混凝土面层施工。

人行道采用沥青混凝土面层时,其施工工序主要包括施工准备、摊铺和碾压等。

①施工准备。

施工准备工作主要包括以下几方面。

a.将基层清理干净。

b.覆盖路缘石及构筑物,以防污染。

c.用沥青洒布机浇洒透层沥青。

d.与面层沥青混凝土接触的路缘石、井壁、接槎等部位应涂刷一层黏层沥青,以便结合。

②摊铺。

摊铺方法同前文介绍的热拌沥青混合料施工,但需要注意以下几点。

a.人行道的沥青混凝土面层厚度应不小于3 cm,一般为单层式施工。

b.运输到摊铺现场的沥青混合料温度应不低于145 ℃。冬季运输时,应注意采取保温措施。

c.人工摊铺时,应计算用量,分段卸料,松铺系数宜为1.2~1.3,摊铺过程中应注意轻拉慢推,粗细均匀,不使大块集料集中。

③碾压。

摊铺后,采用压路机进行碾压,使用大型压路机困难时,可采用小型振动压路机或者手扶平板式振动压实机。不能使用压实机具时,可人工夯实。碾压过程中,应注意不要破坏其他构造物。

④施工中应注意事项。

a.人行道应尽量选择针入度较高的石油沥青或乳化沥青。

b.人行道沥青面层的沥青用量应比车行道用量多0.3%左右。

c.沥青混合料的技术指标应符合人行道设计的规定。

(2)水泥混凝土面层施工。

人行道采用水泥混凝土面层时,其施工工序主要包括清理基层、支设模板、摊铺、振捣、收面、养护、切缝等。

①清理基层。

在施工前,应将基层清理干净,并洒水湿润。

②支设模板。

基层清理干净后,支设模板,并将模板内部清理干净,涂刷隔离剂。

③摊铺。

模板支设好后,便可摊铺水泥混凝土。

摊铺水泥混凝土时,应注意以下几点。

a.摊铺的水泥混凝土应拌和均匀。

b.摊铺厚度应不小于10 cm,摊铺系数宜为1.10~1.15。

c.摊铺后,表面应大致平整,不得有明显的凹陷。

④振捣。

摊铺后,可采用振动器进行振捣,振捣宜均匀并缓慢地进行,并且不能间断。

⑤收面。

振捣完毕后,宜采用抹平机对水泥混凝土面层进行收面。

⑥养护。

收面后,即可采用洒水或覆盖塑料薄膜的方法进行养护。养护期间,应禁止通行及堆放重物。

⑦切缝。

养护完成后,可根据设计间距进行切缝。

(3)水泥砖面层施工。

水泥砖是指以水泥和集料为主要原材料,经加压制成的砖块,可用于铺设人行道。

人行道采用水泥砖面层时,其施工工序主要包括测量放样、拌制砂浆、修整基层、铺筑砂浆、砌筑水泥砖、灌缝、洒水养护等。

①测量放样。

测量放样内容主要包含以下几个方面。

a.按照设计图纸复核人行道边线和标高。

b.如果人行道有路缘石,则应在路缘石边设定砌筑水泥砖的基准点(即砌筑起始点),然后根据砌筑的方向,通过基准点设置两条互相垂直的基准线。如果顺着路缘石砌筑,则路缘石即为一条基准线;如果采用人字形砌筑,则基准线与路缘石夹角为45°,如图4.2所示。

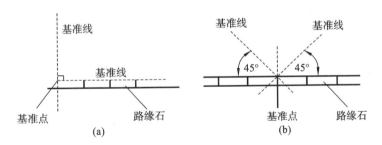

图4.2 基准点与基准线的设置

c.根据基准点及基准线,用经纬仪测量,打方格,并以对角线检验方正。打方格时要把缝宽计算在内。

②拌制砂浆。

砌筑水泥砖需要采用砂浆,一般为石灰砂浆或水泥砂浆,砌筑前要拌制砂浆,拌制时,要确保原料的配合比准确,拌和后的砂浆和易性要好。

③修整基层。

在砌筑水泥砖前,还需要对基层表面进行复查,对凹凸不平之处进行修整。

当低处不高于 1 cm 时,可用砂浆填补;当高处高于 1 cm 时,应将基层刨去 5 cm 厚,用与基层相同的材料填平拍实,或用细石混凝土填补。

④铺筑砂浆。

基层修整后,进行清理并洒水湿润,然后铺筑砂浆,用刮板找平,砂浆的铺筑厚度通过试验确定。

⑤砌筑水泥砖。

铺筑完砂浆后,立即砌筑水泥砖。

砌筑水泥砖时,应注意以下几点。

a.第一行砖应根据基准线、规定缝宽进行砌筑,并以此挂纵线、横线,然后纵线不动、横线平移,按照第一行砖依次砌筑其他位置的砖。

b.砌筑时,对于直线段,应沿纵线顺延砌筑,并保持纵缝直顺;对于曲线段,可以砌成扇形,也可以按照直线顺延砌筑,然后在边缘处用水泥砂浆补齐。

c.砌筑时,砖要轻放,并用木槌或橡胶锤轻捶砖的中心位置,使砖平铺在密实的砂浆上,并且稳定、无动摇、无空隙。

d.砌筑时,水泥砖要与路缘石衔接紧密。

e.在砌筑的过程中,质检员应跟踪检查,如果发现不符合检验规范要求的部位,应及时进行修整。

⑥灌缝。

水泥砖砌筑完毕后,应采用水泥细砂干浆进行灌缝,具体步骤:先在水泥砖表面均匀地撒铺一层砂浆,然后用扫帚或板刷将砂浆扫入缝中,最后用小型振动碾压机振实或浇水灌实。需要注意:a.灌缝要反复进行,直到缝隙饱满为止;b.灌缝结束后,路面上的砂浆要清扫干净。

⑦洒水养护。

灌缝结束后,应及时洒水养护。

(4)料石面层施工。

料石面层是指采用料石(如花岗岩)铺筑的人行道面层,料石宜为条石或块石。条石宜铺设在水泥砂浆层上;块石宜铺设在砂垫层上。

条石面层的施工流程:准备工作→施工放样→试排→铺筑水泥砂浆层→砌筑条石→灌缝→养护。

块石面层的施工流程:准备工作→施工放样→试排→铺筑砂垫层→砌筑块石→灌缝→养护。

条石面层和块石面层的施工方法与水泥砖面层基本相同,但块石面层施工时还应注意以下几点。

①铺筑砂垫层时,宜先松铺 50～200 mm,并用耙子耙平,然后边铺筑砂垫层,边砌筑块石。

②砌筑块石时,块石的平整大面应朝上,并使块石嵌入砂垫层,嵌入深度为块石厚度的 1/3～1/2。

③如果没有设置路缘石,则块石面层的边缘部位应砌筑细石混凝土止挡或者采用水泥砂浆黏结块石固定,如图 4.3 所示。

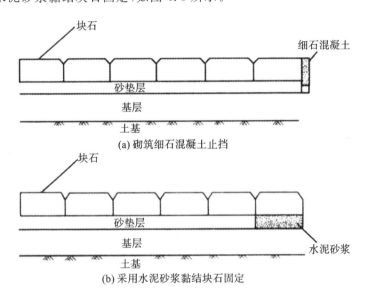

图 4.3　无路缘石时块石面层边缘部位的做法

(5)特殊部位施工。

①树穴。

对于树穴部位,应注意以下几点。

a. 面层施工时,应按设计要求间隔和尺寸留出树穴。

b. 树穴与路缘石要方正衔接。

c. 树穴边缘按设计要求用水泥混凝土预制块、水泥混凝土路缘石或大理石等围成,尺寸、高程按设计要求确定。

d. 人行横道线处、公共汽车站处不设树穴。

②相邻建筑物。

人行道与建筑物相邻时,应尽量顺接,不得反坡,并留出人行道缺口。如果人行道与相邻建筑物具有较大高差,则应设置踏步。

③电线杆、检查井。

对于电线杆、检查井部位,应注意以下两点。

a.面层施工时,应注意与电线杆、检查井连接平顺,如果是水泥砖或料石面层,则应切割规整。

b.面层应与检查井的井盖持平。

4.盲道施工

盲道是专门帮助盲人行走的道路设施,一般有两种形式:盲道砖和盲道钉。长条形的盲道砖或盲道钉引导盲人前行;圆点形的盲道砖或盲道钉提示盲人有障碍物,需要转弯。

盲道砖的施工方法与水泥砖面层的施工方法基本相同。盲道钉的施工方法如图4.4所示。

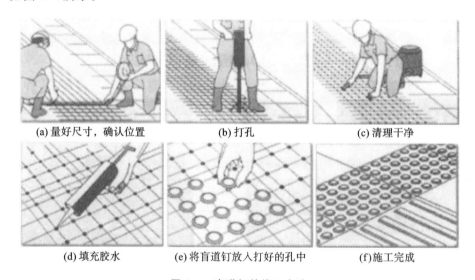

(a) 量好尺寸,确认位置　　(b) 打孔　　(c) 清理干净

(d) 填充胶水　　(e) 将盲道钉放入打好的孔中　　(f) 施工完成

图 4.4　盲道钉的施工方法

盲道施工时,应注意以下几点。

(1)盲道应设置在人行道中间,并且尽量绕开树木、电线杆、检查井等。

(2)盲道的宽度宜大于50 cm。

(3)路口处盲道应铺设成无障碍形式。

4.5 挡土墙施工

4.5.1 概述

挡土墙是设置于天然地面或人工坡面上,用以抵抗侧向土压力,防止墙后土体坍塌的支挡结构物。在道路工程中,挡土墙可以稳定路堤和路堑边坡,减少土方和占地面积,防止水流冲刷,避免山体滑坡、路基坍方等病害发生。

1. 挡土墙分类

按其在道路横断面上的位置,挡土墙可分为路堑墙、路堤墙、路肩墙、山坡墙等。按其结构形式,挡土墙可分为重力式、衡重式、半重力式、锚杆式、垛式、扶壁式等。按砌筑墙身材料,挡土墙可分为石砌、砖砌、混凝土、钢筋混凝土、加筋挡土墙等。

各类挡土墙的主要特点及适用范围见表4.1。

表4.1 各类挡土墙的主要特点及适用范围

类型	主要特点	适用范围
石砌 重力式 [图4.5(a)]	(1)依靠墙身自重抵抗上压力的作用; (2)形式简单,取材容易,施工简易	(1)产砂石地区; (2)墙高在6.0 m以下,地基良好,非地震区和沿河受水冲刷时可采用干砌; (3)其他情况,宜采用浆石砌
石砌 衡重式 [图4.5(b)]	(1)利用衡重台上部填土的下压作用和全墙重心的后移,提高墙身稳定性,节约断面尺寸; (2)墙面陡直,下墙墙背仰斜,可降低墙高,减少基础开挖	(1)山区、地面横坡陡峻的路肩墙; (2)也可用于路堑墙,兼有拦挡坠石作用; (3)亦可用于路堤墙
混凝土 半重力式 [图4.5(c)]	(1)在墙背加入少量钢筋,以减薄墙身,节省圬工; (2)墙趾较宽,以保证基底宽度,必要时在墙趾处设少量钢筋	(1)缺乏石料地区; (2)一般适用于低墙

续表

类型	主要特点	适用范围
锚杆式 [图 4.5(d)]	(1)由立柱、挡板和锚杆三部分组成，靠锚杆锚固在山体内拉住立柱； (2)断面尺寸小； (3)立柱、挡板可预制	(1)高挡墙； (2)备有钻岩机、压浆机等设备； (3)较宜用于路堑墙，亦可用于路肩墙
垛式 [图 4.5(e)]	利用钢筋混凝土预制杆件，纵横交错锚装配成框架，内填土石，以抵抗土的推力	缺乏石料地区
钢筋混凝土悬壁式 [图 4.5(f)]	(1)由立壁、墙趾板和墙踵板三个悬臂梁组成，断面尺寸较小； (2)墙高时，立壁下部的弯矩大，消耗钢筋多，不经济	(1)缺乏石料地区； (2)普通高度的路肩墙； (3)地基情况可以差些
钢筋混凝土扶壁式 [图 4.5(g)]	沿悬壁式墙的墙长，隔一定距离加一道扶壁，使立壁与墙踵板连接起来，更好受力	用于高挡墙时较悬壁式经济，其余同悬壁式

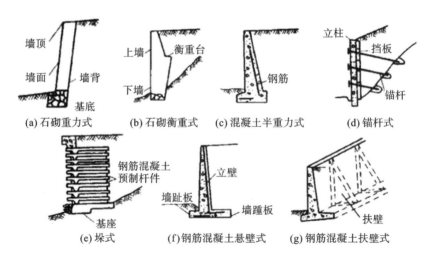

图 4.5 挡土墙各类型的结构示意图

2. 挡土墙构造

常用的石砌挡土墙一般由基础、墙身、排水设施、沉降与伸缩缝等组成。

(1)基础。

挡土墙的基础是挡土墙安全、稳定性的关键,一般土质地基可采用石砌或现浇混凝土扩大基础。当地面纵坡较大时,基础沿长度方向做成台阶式,可以节省工程量。

(2)墙身。

挡土墙的墙身是挡土的主体结构。当材料为石砌或混凝土时,墙身断面形式按照墙背的倾斜方向分为仰斜、垂直、俯斜、折线、衡重等几种形式。

(3)排水系统。

挡土墙墙后排水是十分重要的工作,若排水不畅,会导致地基承载力下降和墙背部压力增加,严重时造成墙体损坏或倾覆。为了迅速排除墙背土体的积水,在墙身的适当高度处设置一排或数排泄水孔,如图 4.6 所示。泄水孔尺寸可视墙背泄水量的大小确定,常采用 5 cm×10 cm 或 10 cm×10 cm 的矩形或圆形孔。泄水孔横竖间距一般为 2~3 m,上下排泄水孔应交错布置。为保证泄水顺畅,避免墙外雨水倒灌,泄水孔应布置成向墙面倾斜的形式,并设 2%~4% 的泄水坡度。

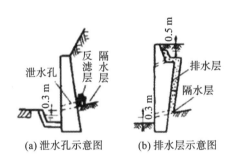

(a)泄水孔示意图　(b)排水层示意图

图 4.6　挡土墙的泄水孔及排水层

最下一排泄水孔出口应高出原地面、边沟、排水沟及积水地带的常水位线至少 0.3 m。为了防止墙后积水下渗进地基,最下一排墙背泄水孔下面需要铺设 0.3 m 的黏土隔水层。泄水孔的进水孔处应设粒料反滤层,以防孔洞被土体堵塞。当墙后排水不良或填土透水性差时,应在从最下一排泄水孔至墙顶下 0.5 m 高度内铺设厚度不小于 0.3 m 的砂、石排水层,同时可减小冻胀时对墙体的破坏。

路堑挡土墙墙趾边沟应予以铺砌加固,防止水渗入挡土墙基础。干砌挡土墙可不设泄水孔。

(4)沉降与伸缩缝。

为了防止墙身因地基不均匀沉降而断裂,需要设沉降缝;为了防止砌体硬化收缩和温度与湿度变化引起开裂,需要设伸缩缝。

沉降缝和伸缩缝在挡土墙中同设于一处,称为"沉降伸缩缝"。对于非岩石地基,挡土墙每隔10～15 m设置一道沉降伸缩缝。对于岩石地基应根据地基岩层变化情况,可适当增大沉降缝间隔。缝宽设置为2～3 cm,自基地底到墙顶拉通。浆砌挡土墙缝内可用胶泥填塞;但在渗水量大、填料易流失或冻害严重地区,宜用沥青麻筋或沥青木板材料,沿墙内、外、顶三边填塞,深度不小于15 cm。墙背为填石料时,留空不填防水材料板。干砌挡土墙,缝的两侧应用平整石料砌成垂直通缝。挡土墙示意图见图4.7。

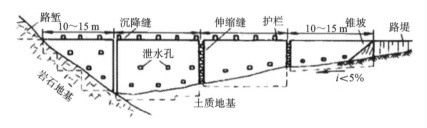

图 4.7 挡土墙示意图

注:i—边坡坡率。

4.5.2 施工

城市道路中的挡土墙常用的是钢筋混凝土悬壁式、扶壁式和混凝土重力式及石砌重力式挡土墙,前三种的施工程序和工艺可参照桥梁工程中钢筋混凝土墩台的施工。石砌重力式挡土墙的施工程序可概括为:测量放线→基槽开挖→石料砌筑→勾缝。需要注意以下几点。

(1)测量人员应严格按道路施工中线、高程控制点放出基槽开挖界线及深度,随着施工进度测量控制挡土墙的平面位置和纵断面高程。

(2)基槽开挖不得扰动基底原状土,备好排降水设施,保持基底干燥施工。对不符合设计要求的软弱基底应提出处理措施。

1. 施工工艺

(1)砌石作业前的施工准备工作。

①施工前应将地基清理干净,复核地基位置、尺寸、高程,遇有松软或其他不符合砌筑条件等的情况必须处理,使之满足设计要求,地基遇水应排除并必须夯填 10 cm 厚的碎(卵)石或砂石垫层,使地基坚实,之后方可砌筑。

②续砌时应清扫尘土及杂物落叶,石料使用前应清洗干净,不要在刚砌好的砌体上清洗。

③砌筑的样板、尺杆、尺寸线等均应测量核实正确,砌筑应挂线,并经常吊线校正尺杆,以免出现误差。

④水泥砂浆拌和应符合设计及施工要求。

⑤砌筑用工具、劳保用品、脚手架等均应可靠。

(2)砌石方法。

①第一层石料砌筑选择大块石料铺砌,大面向下,大石料铺满一层,用砂浆灌入空隙处,然后用小石块挤入砂浆,使砂浆充满空隙,分层向上砌平。在岩石或混凝土上砌筑时必须先铺底层砂浆,再安砌石料,使砂浆和砌石连成一体,以使受力均匀,增强稳定性。

②砌筑从最外边及角石开始,砌好外圈接砌内圈,直至铺满一层,再铺砂浆并用小石块填砌平实。砌筑时应注意以下几点。

a.外边、角石砌筑应选择有平面、有棱角、大致方正的石块,使其尺寸、坡度、角度符合挂线,同层高度大致相等。

b.砌筑中石块应大小搭配、相互错叠、咬接紧密,所有石块之间均应有砂浆填实并隔开,不能直接接触,工作缝须留斜槎(台阶槎)。

c.上下层交叉错缝不得小于 8 cm,转角处不小于 15 cm,片石不镶面,缝宽不宜大于 4 cm,不得出现通缝(图 4.8)。

d.丁石和顺石要相间砌筑,至少两顺一丁或一层丁石一层顺石。丁石长度应为顺石的 1.5 倍以上。

图 4.8 砌石通缝示意图

e.伸缩缝(沉降缝)处两面石块可靠着伸缩缝(沉降缝)隔板砌筑,砌完一层即把木隔板(缝板)提高一层,位置、垂直度、尺寸必须准确。遇构造物有沉降缝,须认真核实,使砌石与构造物沉降缝相符,起到伸缩和沉降作用。

(3)勾缝。

①设计无勾缝时可随砌随用灰刀将灰缝刮平。

②勾缝前应清除墙面污染物,保证湿润,齿剔缝隙。

③片石砌体宜采用凸缝或平缝,料石应采用凸缝,保证砌体的自然缝拐弯圆滑,宽度一致,赶光压实,结合牢固,无毛刺、无空鼓。

④砂浆强度不低于 10 MPa。

4.6　其他附属设施施工

4.6.1　排水沟与截水沟施工

1. 施工放线

根据路基有关参数,用全站仪及钢卷尺等测量工具测出路基边沟和排水沟的位置中轴线,并测出相应标高,根据交底结果,用白灰或线绳拉出排水沟的轮廓线,算出相应的开挖深度。

2. 基槽开挖

根据已拉出的轮廓线,开挖基槽,开挖时严格按照交底标高开挖到设计标高。

3. 清底报验

基层开挖后,应进行自检,合格后报请监理工程师进行检验,检验合格后方可进行排水沟的砌筑。

4. 排水沟与截水沟砌筑

(1)排水沟与截水沟砌筑前应用水湿润,并清除表面泥土、水锈等污垢。

(2)砌筑时各层砌块应安放稳固,砂浆应饱满,黏结牢固,不得直接贴靠或脱空。

(3)砌筑上层砌块时,应尽量避免振动下层砌块。砌筑工作中断后恢复砌筑时,已砌筑的砌层表面应予以清扫和湿润。

(4)在砌筑过程中,要注意留缝,不允许出现通缝、瞎缝现象,并保持缝宽在 25 cm 之内。

5. 勾缝养护

沟体砌筑完毕后,应进行勾缝施工,缝宽 2~5 cm,勾缝时砂浆必须饱满,勾缝完成后必须洒水养护,养护时间为 3~7 d。

4.6.2 护坡与护栏施工

1. 护坡施工

(1)施工准备。施工前应准备施工所用材料及机具,对坡面进行平整,放线定位并对水下施工的水深及流速进行测定。

(2)护坡砌筑。砌筑护坡前,应按设计断面进行削坡。砌筑护坡块石时,应认真挂线,自下而上,错缝竖砌,大块封边,表面平整,注意美观,并不得破坏保护层。

(3)养护。全部护坡施工完成后,进行坡顶、坡脚和上下游两侧接头的回填处理,同时进行护面混凝土的养护。一般养护期为 7 d,要求在此期间护坡表面处于润湿状态。

2. 护栏装设

(1)护栏应由有资质的工厂加工。护栏的材质、规格形式及防腐处理应符合设计要求。加工件表面不得有剥落、气泡、裂纹、疤痕、擦伤等缺陷。

(2)护栏立柱应埋置于坚实的基础内,埋设位置应准确,深度应符合设计规定。

(3)护栏的栏板、波形梁应与道路竖曲线相协调。

(4)护栏的波形梁的起点、讫点和道口处应按设计要求进行端头处理。

4.6.3 隔离墩与隔离栅施工

1. 隔离墩

(1)隔离墩宜由有资质的生产厂供货。现场预制时宜采用钢模板,拼装严密、牢固,混凝土拆模时的强度不得低于设计强度的 75%。

(2)隔离墩吊装时,其强度应符合设计规定。设计无规定时,应不低于设计强度的75%。

(3)安装必须稳固,坐浆饱满。当采用焊接连接时,焊缝应符合设计要求。

2. 隔离栅

(1)隔离网、隔离栅板应由有资质的工厂加工,其材质、规格形式及防腐处理均应符合设计要求。

(2)固定隔离栅的混凝土柱宜采用预制件。金属柱和连接件的规格、尺寸、材质应符合设计规定,并应做防腐处理。

(3)隔离栅立柱应与基础连接牢固,位置应准确。

(4)立柱基础混凝土达到设计强度75%后,方可安装隔离栅板、隔离网片。隔离栅板、隔离网片应与立柱连接牢固,框架、网面平整,无明显凹凸现象。

4.6.4 声屏障与防眩板施工

1. 声屏障

(1)声屏障所用材质与单体构件的结构形式、外形尺寸、隔声性能应符合设计要求。

(2)砌体声屏障施工应符合下列规定。

①施工中的临时预留洞净宽度应不大于1 m。

②当砌体声屏障处于潮湿或有化学侵蚀介质环境中时,砌体中的钢筋应采取防腐措施。

(3)金属声屏障施工应符合下列规定。

①焊接必须符合设计要求和国家现行有关标准的规定。焊接不应有裂缝、夹渣、未熔合和未填满弧坑等缺陷。

②屏体与基础的连接应牢固。

③采用钢化玻璃屏障时,其力学性能指标应符合设计要求。屏障与金属框架应镶嵌牢固、严密。

2. 防眩板

(1)防眩板的材质、规格、防腐处理、几何尺寸及遮光角应符合设计要求。

(2)防眩板应由有资质的工厂加工,镀锌量应符合设计要求。防眩板表面应色泽均匀,不得有气泡、裂纹、疤痕、端面分层等缺陷。

(3)防眩板安装应位置准确,焊接或栓接应牢固。

(4)防眩板与护栏配合设置时,混凝土护栏上预埋连接件的间距宜为50 cm。

(5)路段与桥梁上防眩设施衔接应直顺。

(6)施工中不得损伤防眩板的金属镀层,出现损伤应在 24 h 内进行修补。

第5章 桥梁基础施工

5.1 浅基础施工

5.1.1 浅基础施工的特点及分类

浅基础可直接将桥梁结构的荷载传递给地基,并且构造简单,受力明确,施工方便。在场地土质提供的承载能力允许和施工可行的条件下,浅基础是桥梁结构基础中应用较为广泛的基础形式。

浅基础施工的特点如下。

(1)埋置深度较浅(通常为数米),施工比较简单。

(2)由于浅基础一般采用明挖法进行施工,故又称为"明挖基础"或"明挖扩大基础"。明挖基础的特点是不需要桩基,只要地基承载力能够达到设计要求就可以进行基础的施工。

按照建筑材料和受力特点,浅基础可分为刚性基础和柔性基础两大类。

(1)刚性基础。

刚性基础通常采用砖、石、灰土、混凝土等抗压强度大而抗弯、抗剪强度小的材料建造,因此适合建造在刚度较大、变形较小的地基上。

刚性基础承受荷载后均匀沉降,不能扩散应力,因此基底反力的分布与作用于基础上荷载的分布几乎完全一致。

(2)柔性基础。

柔性基础通常采用抗拉、抗压、抗弯、抗剪性能均较好的钢筋混凝土材料建造,适用于地基承载力较差、上部荷载较大、基础埋深较大的情况。

柔性基础抗弯刚度较小,可随地基的变形而变形。通常,柔性基础采用钢筋混凝土建造,在混凝土基础底部配置受力钢筋,利用钢筋耐拉的性质使基础可以承受弯矩作用,因此柔性基础不受刚性角的限制。

5.1.2 浅基础施工操作要点

浅基础都是采用基坑开挖的方式进行施工的,基坑开挖环境主要有两种:①陆地上基坑开挖;②水中基坑开挖。

陆地上开挖基坑时,根据开挖的深度和地下水位的高低,可以将开挖施工划分为四种状态:①浅基坑无水开挖;②深基坑无水开挖;③浅基坑渗水开挖;④深基坑渗水开挖。针对上述四种开挖状态,产生了很多开挖工艺。这里应注意,此处的深基坑是相对概念,其仍然属于浅基础的范畴。

水中开挖基坑时,通常可采用钢板桩围堰或土石围堰作为基坑开挖的防护手段。

1. 陆地上基坑开挖

(1)浅基坑无水开挖。

显然,浅基坑无水开挖属于陆地深水位地层中的开挖。由于基坑浅而水位深,开挖是在无水或渗水很小的情况下进行的,基坑壁的稳定性不受水的影响,因此基坑开挖比较简单,通常不需要考虑护壁。坑壁形态可根据土质情况灵活选择,可选择竖直状、斜坡状、阶梯状,如图5.1所示。

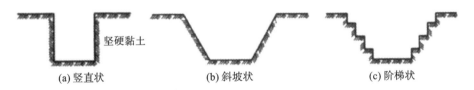

图 5.1 浅基坑无水开挖坑壁形态示意图

(2)深基坑无水开挖。

深基坑无水开挖状态下,地下水位于基坑底面以下,虽基坑开挖较深,但坑内渗水较少,通常在坑底设置几个集水坑抽水即可;基坑壁的稳定性基本不受水的影响,主要由土层性质控制。此时,若条件允许,可以采用坑壁放坡或修筑台阶的方式进行开挖;若条件不允许全方位大尺度扩口,则应当采取适当的护壁措施进行开挖,以防止坑壁发生坍塌。通常采用的护壁措施有插打钢板桩围堰、钢轨、木桩,也可以采用挂网喷射混凝土、地下连续墙、钻孔搅拌桩连续墙等防护措施。

(3)浅基坑渗水开挖。

有些浅基础虽然基坑开挖不深,但因处在水中而无法正常开挖;或者基坑位于地下水位很浅的陆地上,开挖后渗水严重,甚至出现涌水。针对上述两种情况,如不消除水的影响,基坑开挖将难以开展。目前可采用的排水方法主要有以下三种:①降水井抽水排水法;②钢板桩围堰封闭排水法;③地下连续墙封闭排水法。其中,方法①适用于陆地高水位环境(图 5.2);方法②既适用于水中基坑开挖,又适用于陆地高水位环境;方法③适用于陆地高水位环境。在水中环境和陆地高水位环境中,采用集水坑抽水排水的方法是难以奏效的。

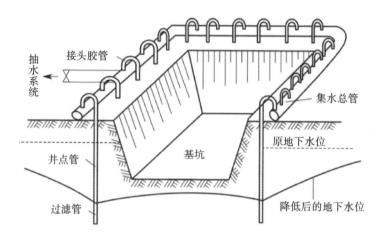

图 5.2 高水位环境中采用降水井抽水排水法进行基坑开挖示意图

(4)深基坑渗水开挖。

在水中开挖深基坑是浅基础施工中难度最大的。根据长期的工程实践经验,利用钢板桩围堰封闭开挖空间,使之与外围水源隔绝,在无渗水、无坑壁坍塌的环境中进行水中深基坑的开挖是值得推荐的方法。

2. 水中基坑开挖

(1)钢板桩围堰。

钢板桩围堰适用于在较深的水中进行深基坑开挖时的防护。钢板桩围堰一般适用于砂土、碎石土和半干硬性黏土。钢板桩的特点是自身强度高,刚度大,抗插打能力强,在土层中有很强的穿透能力。

钢板桩之间以锁口扣接。扣接后既加强了钢板桩的整体刚度,扣接处又具有很好的抗渗性能。

在深水处可采用双层钢板桩围堰,层间可填黏土:一方面可增强围堰的抗侧压能力,另一方面可增强围堰的抗渗水能力。在基坑开挖过程中,暴露出来的钢板桩悬臂过长时,可在围堰内增设水平横向支撑,以增加钢板桩的侧向抗弯刚度,从而适应较深的基坑开挖支护。

采用钢板桩围堰支护方式后,基坑开挖过程始终是在钢板桩支护下进行的。当基础施工完成后,钢板桩还可以回收。

(2)土石围堰。

在水流较浅(2 m以下)、流速缓慢、渗水量较小的河床中修建浅基础时,可以采用堆积土石袋填筑黏性土芯墙来构筑土石围堰。利用土石围堰隔离河水,围出基坑开挖的空间,然后进行基坑开挖和浅基础施工。土石围堰的芯墙宜采用黏性土填筑;当缺少黏性土时,也可用砂土类填筑。为了增强芯墙的防渗能力,应加大堰身芯墙的填筑厚度,以加长渗流的路径,增加渗流阻力。利用土石围堰施工的扩大基础示意图如图5.3所示,利用土石围堰施工的桩基础示意图如图5.4所示。

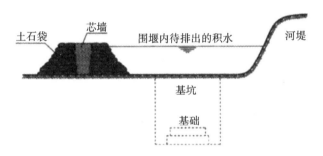

图5.3 利用土石围堰施工的扩大基础示意图

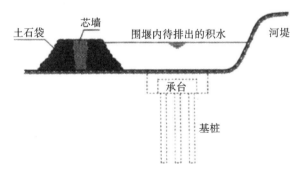

图5.4 利用土石围堰施工的桩基础示意图

5.2 桩基础施工

5.2.1 摩擦桩的施工

摩擦桩依靠基桩与周围土层间的摩擦产生支撑上部结构质量的摩擦力,所以摩擦桩不仅要与四周土体紧密接触,而且应该有足够大的接触面积,只有这样才能够获得足够大的摩擦力。

紧密接触意味着摩擦桩的施工应尽可能减少对桩体周围土层的扰动,而且桩的尺寸必须与桩孔尺寸完全吻合。满足这种条件的施工方法有将预制桩体打入地层内,或者在地层中钻孔,然后浇筑混凝土。利用第一种施工方法的基桩称为"打入桩",利用第二种施工方法的基桩称为"钻孔桩"。

由于摩擦力的大小与接触面积成正比,为了让桩体获得足够大的摩擦力以更好地支撑上部结构,必然要求桩与土层之间有足够大的接触面积,这意味着桩体应该有足够的长度。所以,通常情况下摩擦桩比较长,深入土层,但这也会给施工带来很多困难。

采用群桩将增加桩基础与地基间的接触面积,从而提高地基对基础的支撑力度,进而提高桥梁基础的承载能力。群桩示意图如图 5.5 所示。桩基础与土层接触面积试算表见表 5.1。

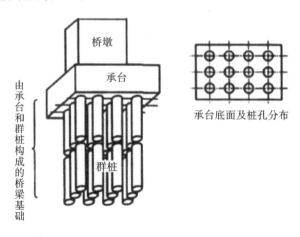

图 5.5 群桩示意图

表 5.1 桩基础与土层接触面积试算表

承台宽/m	承台长/m	承台底面积/m²	宽方向桩根数	长方向桩根数	桩直径/m	桩长/m	单桩侧面积/m²	总桩侧面积/m²	总桩侧面积与承台底面积之比
3.20	6.40	20.48	2	4	0.80	25	62.83	376.99	18.41
4.00	8.00	32.00	2	4	1.00	25	78.54	471.24	14.73
6.00	8.00	48.00	3	4	1.00	25	78.54	549.78	11.45
7.50	10.00	75.00	3	4	1.25	25	98.17	687.19	9.16
9.00	12.00	108.00	3	4	1.50	25	117.81	824.67	7.64
6.00	10.00	60.00	3	5	1.00	25	78.54	628.32	10.47
7.50	12.50	93.75	3	5	1.25	25	98.17	785.36	8.38
9.00	15.00	135.00	3	5	1.50	25	117.81	942.48	6.98
8.00	8.00	64.00	4	4	1.00	25	78.54	628.32	9.82
10.00	10.00	100.00	4	4	1.25	25	98.17	785.36	7.85
12.00	12.00	144.00	4	4	1.50	25	117.81	942.48	6.55

1. 打入桩

打入桩是依靠专用设备将预制钢筋混凝土桩或预应力混凝土管桩强行打入土层的一种基础形式。

受自身强度和打入设备所限,预制钢筋混凝土桩的单桩承载能力较低;如果有接桩,则接头容易在打入过程中成为折断点,而且桩顶在打入过程中易破碎。由于存在上述种种缺陷,预制钢筋混凝土桩已基本被弃用,取而代之的是更先进的预应力混凝土管桩,通常人们也将其简称为"管桩"。由管桩构成的基础称为"管桩基础"。

预应力混凝土管桩的生产采用工厂化先张预应力混凝土离心成型工艺。其产品种类多,强度高,能够适应多种施工环境。可以说,预应力混凝土管桩体现了当代混凝土技术的进步与混凝土制品的高新工艺水平。

预应力混凝土管桩具有优良的插打性能、稳定的承载能力及显著的经济效益,因而越来越受重视,应用范围越来越广泛。

预应力混凝土管桩的沉桩施工方法主要有锤击沉桩法、静压沉桩法、振动沉桩法及射水沉桩法。

预应力混凝土管桩基础具有以下优点:单桩承载能力高;应用范围广;对持力层起伏较大的地质环境适应性强;实现单桩承载能力的成本低;运输吊装方便,接桩快捷;成桩长度不受施工机械的限制;施工速度快,效率高,工期短。

(1)锤击沉桩法。

导杆式柴油锤是锤击沉桩法中应用最为广泛的一种桩锤,以轻质柴油为燃料。锤头落下时点燃油料使压缩空气发生爆炸,对桩帽产生冲击力,同时驱动锤头上跳。当锤头再次落下时,既可冲击桩帽,又可同时引燃油料并引爆压缩空气。如此反复,完成打桩。

(2)静压沉桩法。

抱夹式液压静力压桩机(简称"抱压桩机")主要以桩机自身的质量加配重作为反作用力来克服压桩过程中的桩侧摩阻力和桩端阻力。压桩机的设计压力已经达到 6000～12000 kN。

(3)振动沉桩法。

振动沉桩法是一种常用的桩基施工方法,利用振动器在桩周围振动,使桩在土中逐渐下沉,从而达到加固地基的目的。这种方法具有施工速度快、噪声小、对周围环境影响小等优点。

(4)射水沉桩法。

射水沉桩法是以射水为主,以锤击或振动为辅的沉桩方法。射水沉桩法适用于密实砂土、碎石上的土层。射水沉桩法的施工要点:吊插桩基时要注意及时引送输水胶管,防止拉断与脱落;基桩插正立稳后,压上桩帽桩锤,开始用较小水压,使桩靠自重下沉。初期应控制桩身不使其下沉过快,以免阻塞射水管嘴,并注意随时控制和校正桩的方向;下沉渐趋缓慢时,可开锤轻击,沉至一定深度(8～10 m)已能保持桩身稳定后,可逐步加大水压和锤的冲击动能;沉桩至距设计标高一定距离(2.0 m以上)停止射水,拔出射水管,进行锤击或振动使桩下沉至设计标高。

2. 钻孔桩

钻孔桩是利用各种钻孔设备在设计桩位就地钻成一定直径和深度的孔井,在孔井内放入钢筋笼,然后灌注混凝土所形成的桩基础,因此也称为"钻孔灌注桩"。

我国桥梁工程中钻孔桩基础的应用始于 20 世纪中期,随着钻孔技术和钻孔工艺的不断成熟与完善及钻孔设备的不断发展,钻孔直径由初期的 0.25 m 发展到目前的 4.0 m 以上,成桩长度也由初期的几米、十几米发展到几十米甚至上百米。

与管桩相比,钻孔桩有很多优点,比如造价低,节省钢材,施工设备简单,无须在桩体内施加预应力,操作方便,适用于各种黏性土和砂性土,也适用于含砾石较多的土层及岩层。但是,钻孔桩存在以下缺点:①在钻孔过程中,容易发生孔壁坍塌、卡钻、掉钻;②当护壁泥浆处理不当时易造成环境污染等;③在混凝土灌注过程中容易发生缩径、断桩等;④在遇到流砂地层或者有承压水的地层时,孔壁极易坍塌,成孔难度较大。

钻孔桩施工应根据土质情况、桩径大小、入土深度和机具设备等条件选用适当的钻机设备和钻孔方法,以保证能顺利达到预定的孔深,然后清孔,吊放钢筋笼,灌注水下混凝土。

钻孔桩施工时,必须首先对场地的工程地质条件和水文地质情况有充分的了解。除应仔细阅读场地工程地质报告外,对场地工程地质不清楚的方面还应进行施工前的钻探勘察。

(1)埋设护筒。

护筒的作用:①固定桩位;②引导钻头;③保护孔口,防止孔口土层坍塌;④隔离孔内外表层水;⑤保持孔内水位高出地下水位,增加孔内静水压力,稳定孔壁,防止坍孔。

护筒一般采用钢材制成,要求坚固耐用,可以反复使用且不漏水,其内径应比钻孔直径稍大。护筒长度应根据场地表层土的性质确定:如果是黏性土,护筒长度取 2 m 即可;如果是容易坍塌的砂性土,则应当采用长护筒,护筒长度应穿过砂土层。

(2)制备泥浆。

泥浆在钻孔过程中的作用主要有以下几点:①在孔壁内侧产生较大的静水压力,防止孔壁坍塌;②因泥浆的静水压力较大,泥浆可以渗进孔壁土层表面,使孔壁形成胶状泥层,从而起到护壁作用;③孔壁胶状泥层可以隔断钻孔内外水的交换,稳定孔内水位;④泥浆具有较大的比重,具有浮渣作用,有利于钻孔过程中的排渣。

(3)钻孔。

目前,我国经常使用的钻孔设备有旋转钻、冲击钻、旋挖钻(表 5.2)等。

表 5.2 我国经常使用的钻孔设备

设备名称	内容
旋转钻	旋转钻利用钻具的旋转切割土体钻进,在钻进的同时常采用循环泥浆护壁与排渣,最终钻进成孔。我国现用的旋转钻按泥浆的循环程序分为正循环钻机与反循环钻机两种,其具体作业原理可以通过图 5.6 理解。一般情况下,反循环钻机的钻进与出渣效率要高一些
冲击钻	冲击钻的钻头为质量较大的钻锥。钻孔过程中,卷扬机不断将钻锥提起,然后让其自由坠落,利用钻锥落下时的冲击力将土层中的泥沙、石块打成碎渣,然后使碎渣随泥浆的流动排至孔外,最终冲击成孔。冲击钻通常采用提浆筒提浆的方式出渣
旋挖钻	旋挖钻是一种适用于基础工程中成孔作业的施工设备,广泛用于市政工程、桥梁工程、高层建筑物等基础工程的施工。配合不同的钻具,其可适应干式(短螺旋)、湿式(回转斗)及岩层(岩心钻)的成孔作业。旋挖钻具有装机功率大,输出转矩大,轴向压力大,机动灵活,施工效率高及功能多的特点,目前旋挖钻已被推广并应用于各种钻孔桩的施工中。旋挖成孔时,首先通过底部带有进土孔的桶式钻头的回转来破碎岩土,然后将破碎后的岩土压入钻头桶内,最后由钻孔机提升装置和伸缩式钻杆将钻头提出孔外,卸除桶内岩土。如此循环往复,不断地取土和卸土,直至钻至设计深度。对于黏结性好的岩土层,可采用干式或清水钻进工艺,无须泥浆护壁;对于松散易坍塌的地层或有地下水分布、孔壁不稳定的地层,则必须采用静态泥浆护壁的钻进工艺方可确保成孔

(4)清孔、放置钢筋笼。

清孔的目的是清除孔底沉淀的钻渣,使沉渣的厚度满足规范的要求,以保证灌注的混凝土与持力层之间无夹层。清孔既可以降低对单桩承载力的影响,又可以避免基桩发生过大的沉降。清孔一般需要做两次,第一次是在孔底标高达到设计值后、安装钢筋笼之前,第二次是在钢筋笼安装到位后、灌注混凝土之前。第一次清孔完成后应检查钢筋笼的加工质量,并及时吊装和安放钢筋笼,以避免因延时过长而引起坍孔或沉渣厚度过大。钢筋笼安放完成后需要进行第二次清孔,达到要求后方可灌注水下混凝土。

(5)灌注水下混凝土。

灌注水下混凝土是形成钻孔桩的最后一道工序,也是非常重要的一道工序。混凝土的灌注质量将直接影响钻孔桩的承载力,灌注质量不好时甚至会造成废

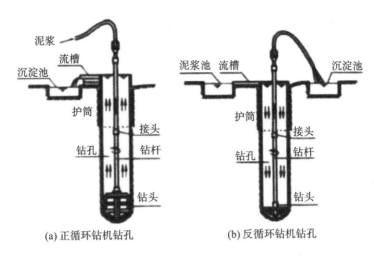

图 5.6　正循环钻机和反循环钻机钻孔作业示意图

桩。灌注水下混凝土时应注意以下几点。

①为保证水下混凝土的质量,设计混凝土配合比时,应在设计强度的基础上提高 15%。如果桩的设计强度为 C25,则其生产配合比应达到 C30,坍落度宜为 180~200 mm,以保证混凝土具有良好的和易性和流动性,避免灌桩过程中发生断桩。

②首批灌注的混凝土数量应保证将导管内和孔底泥浆全部压出,并保证导管端部埋入孔底混凝土内的深度为 1~1.5 m。良好的灌注过程应该使首批灌注的混凝土始终被后续灌注的混凝土托浮在顶面,最终成为桩头混凝土的主要部分而被凿除。

③混凝土的灌注过程应保持连续。灌注过程中应经常测量混凝土的灌注标高和导管埋深,记录混凝土的灌注数量,通过提升导管保证其埋入深度始终为 4~6 m,避免因埋深过大导致管口压力超过灌注压力,使导管内混凝土无法压出而孔内混凝土不能顶升,甚至导致导管无法提升,从而造成废桩。

正常提升导管时,应防止因提速过快而造成柱身混凝土夹泥或断桩。

④灌注混凝土最终的顶面标高应在设计桩顶标高的基础上预加一定的高度(翻浆高度),预加高度的部分称为"桩头"。桩头范围内的浮浆和混凝土应凿除,以保证桩顶混凝土的质量。

桩头凿除后,留下的钢筋作为与承台连接的接桩钢筋。接桩钢筋的长度不得小于 1 m。

5.2.2 钻孔桩的质量标准

钻孔桩水下混凝土的质量标准如下。
(1)桩身混凝土强度符合设计要求。
(2)桩身无断层或夹层。
(3)桩底不高于设计标高,桩底沉渣厚度不大于质量验收标准的规定。
(4)凿除桩头后,无残余松散层和薄弱混凝土层。
(5)嵌入承台内接槎钢筋的长度应符合要求。

钻孔桩混凝土灌注及成桩过程示意图如图 5.7 所示。

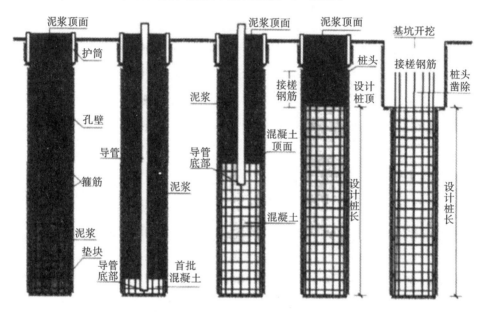

图 5.7 钻孔桩混凝土灌注及成桩过程示意图

5.3 沉井基础施工

5.3.1 陆地上沉井施工方法

陆地上的沉井采用在墩台位置处就地制造,然后取土下沉的施工方法。因这种施工方法是在原地进行的,故不需要大型设备,且施工方便,成本低。

通常情况下,沉井比较高,故可以分段制造、分段下沉。其中,第一节沉井的制作,沉井下沉,封底、填充填料及浇筑盖板尤为重要。

(1)第一节沉井的制作。

第一节沉井应建造在较好的土质上。当土质强度不能满足第一节沉井的制作质量要求时,可对地基进行处理或减小沉井节段的高度。由于沉井自重较大,刃脚底部窄,应力集中,所以应先在沉井刃脚下对称的位置铺垫枕木,再立模、绑扎钢筋,浇筑第一节沉井混凝土。下沉时,应按顺序对称地抽出枕木,以防止沉井出现倾斜和开裂。

(2)沉井下沉。

在沉井仓室内不断取土可使沉井下沉。下沉方法可分为排水下沉和不排水下沉两种,两种方法对沉井下沉过程中井壁外侧的摩擦力有较大影响。

对于水位以上部分或渗水量小的土层,可采取人工和机械挖土;当井内水位上升时,可采用抓土斗或水力吸泥机取土。待沉井顶面高出地面1~2 m时应停止挖土,接高沉井。

(3)封底、填充填料及浇筑盖板。

封底之前应对基底进行检验和处理,一般情况下采用不排水封底,封底厚度应满足沉井底部不渗水的要求。封底施工完毕后再填充填料,浇筑盖板。

5.3.2 水中沉井施工方法

水中沉井可采用筑岛法和预制浮运下沉两种方法进行施工。

(1)筑岛法。

当水浅且流速不大时,可在墩台的设计位置用土石料人工筑岛,并在岛的四周以砂石袋堆码围护;当水流速较大或水位变化大时,可采用钢板桩围堰等方式防护。筑岛完成后,采用陆地上沉井的施工方法进行沉井施工。

(2)预制浮运下沉。

当水很深、流速很大时,采用筑岛法难以实施,且成本太高或风险太大。此时,沉井可以在工厂内或预制场地内分段制造,然后用浮吊分段运输,就位后分段拼接下沉。

第6章 桥梁墩台施工

6.1 混凝土墩台与石砌墩台施工

6.1.1 就地浇筑混凝土墩台施工

1. 墩台模板

模板一般用木材、钢料或其他符合设计要求的材料制成。木模质量轻,便于加工成结构物所需要的尺寸和形状,但装拆时易损坏,重复使用次数少。对于大量或定型的混凝土结构物,则多采用钢模板。钢模板虽然造价较高,但可重复多次使用,且拼装拆卸方便。

模板安装前应对模板尺寸进行检查;安装时要坚实牢固,以免振捣混凝土时引起跑模漏浆;安装位置要符合结构设计要求。模板制作与安装的允许偏差见表 6.1 和表 6.2。

表 6.1 模板制作的允许偏差

项次	项目		允许偏差/mm
木模板	(1)模板的长度和宽度		±5.0
	(2)不刨光模板相邻两板表面高低差		3.0
	(3)刨光模板相邻两板表面高低差		1.0
	(4)平板模板表面最大的局部不平度(用 2 m 直尺检查)	刨光模板	3.0
		不刨光模板	5.0
	(5)拼合板中木板间的缝隙宽度		2.0
	(6)榫槽嵌接紧密度		2.0

续表

项次	项目		允许偏差/mm
钢模板	(1)外形尺寸	长和宽	0,−1
		肋高	±5.0
	(2)面板端偏斜		≤0.5
	(3)连接配件(螺栓、卡子等)的孔眼位置	孔中心与面板的间距	±0.3
		板端孔中心与面板的间距	0,−0.5
		沿板长、宽方向的孔	±0.6
	(4)板眼局部不平度(用 300 mm 长平尺检查)		1.0
	(5)板面和板侧挠度		±1.0

表 6.2 模板安装的允许偏差

项目		允许偏差/mm
模板高程	基础	±15
	墩台	±10
模板内部尺寸	基础	±30
	墩台	±20
轴线偏位	基础	±15
	墩台	±10
装配式构件支承面的高程		+2,−5
模板相邻两板表面高低差		2
模板表面平整度(用 2 m 直尺检查)		5
预埋件中心线位置		3
预留孔洞中心线位置		10
预留孔洞截面内部尺寸		+10,0

2.混凝土浇筑施工要求

(1)混凝土的运送。

混凝土的水平和垂直运输需要的相互配合方式及适用条件见表 6.3。如混凝土的数量多,浇筑振捣速度快,可采用混凝土的皮带运输机或混凝土的输送泵。皮带运输机速度应不大于 1.0 m/s,其最大倾角:当混凝土坍落度小于 40

mm 时,向上传送为 18°,向下传送为 12°;当混凝土坍落度为 40～80 mm 时,则分别为 15°与 10°,当混凝土坍落度大于 80 mm 时,通过工艺试验确定。

表 6.3　混凝土运输相互配合方式及适用条件

水平运输	垂直运输	适用条件		附注
人力混凝土手推车、内燃翻斗车、轻便轨人力推运翻斗车、混凝土吊车等	手推车	中、小桥梁水平运距较近	$H<10$ m	搭设脚手平台,铺设坡道,用卷扬机拖拉手推车上平台
	轨道爬坡翻斗车		$H<10$ m	搭设脚手平台,铺设坡道,用卷扬机拖拉手推车上平台
	皮带输送车		$H<10$ m	倾角不宜超过 15°,速度不超过 1.2 m/s;高度不足时,可用两台串联使用
	履带(或轮胎)起重机(起吊高度约 20 m)		10 m$<H<20$ m	用吊斗输送混凝土
	木制或钢制扒杆		10 m$<H<20$ m	用吊斗输送混凝土
	墩外井架提升		$H>20$ m	在井架上安装扒杆提升吊斗
	墩内井架提升		$H>20$ m	适用于空心桥墩
	无井架提升		$H>20$ m	适用于滑动模板
轨道牵引输送混凝土车、翻斗车或混凝土吊斗汽车倾卸车、汽车运送混凝土吊斗、内燃翻斗车等	履带(或轮胎)起重机(起吊高度约 30 m)	大、中桥梁,水平运距较远	20 m$<H<30$ m	用吊斗输送混凝土
	塔式吊机		20 m$<H<50$ m	用吊斗输送混凝土
	墩外井架提升		$H<50$ m	井架可用万能杆件组装
	墩内井架提升		$H<50$ m	适用于空心桥墩
	无井架提升		$H<50$ m	适用于滑动模板
索道吊机			$H>50$ m	—
混凝土输送泵			$H<50$ m	可用于大体积实心墩台

注:H 为墩高。

(2)混凝土的灌注速度。

为保证灌注质量,混凝土的配制、运送及灌注的速度采用式(6.1)计算。

$$V \geqslant Sh/t \tag{6.1}$$

式中:V 为混凝土配制、运送及灌注容许的最小速度,m^3/h;S 为灌注的面积,m^2;h 为灌注层的厚度,m;t 为所用水泥的初凝时间,h。

如混凝土的配制、运送及灌注需要较长的时间,则采用式(6.2)计算。

$$V \geqslant Sh/(t - t_0) \tag{6.2}$$

式中:t_0 为混凝土的配制、运送及灌注所消耗的时间,h。其余符号意义同前。

混凝土灌注层的厚度 h,可根据使用的捣固方法,按规定数值采用。

墩台是大体积圬工,为避免水化热过高,导致混凝土因内外温差引起裂缝,可采取如下措施。

①采用改善集料级配、降低水灰比、掺加混合材料与外加剂、掺入片石等方法减少水泥用量。采用 C_3A(铝酸三钙)、C_3S(硅酸三钙)含量低,水化热低的水泥,如大坝水泥、矿渣水泥、粉煤灰水泥、低强度水泥等。

②减少浇筑层厚度,加快混凝土散热速度。混凝土用料应避免暴晒,以降低初始温度。在混凝土内埋设冷却管通水冷却。

当浇筑的平面面积过大,不能在前层混凝土初凝或能重塑前完成次层混凝土浇筑时,为保证结构的整体性,宜分块浇筑。分块时应注意:各分块面积不得小于 50 m^2;每块高度不宜超过 2 m;块与块间的竖向接缝面应与墩(台)身或基础平截面短边平行,与平截面长边垂直;上下邻层间的竖向接缝应错开位置做成企口,并应按施工接缝处理。混凝土中填放片石时应符合有关规定。

(3)混凝土浇筑。

为防止墩台基础第一层混凝土中的水分被基底吸收或基底水分渗入混凝土,对墩台基底的处理除应符合天然地基的有关规定外,还应满足以下要求。

①基底为非黏性土或干土时,应将其湿润。如为过湿土,应在基底设计高程下夯填一层 10~15 cm 厚片石或碎(卵)石层。

②基底面为岩石时,应加以润湿,铺一层厚 2~3 cm 水泥砂浆,然后于水泥砂浆凝结前浇筑第一层混凝土。

墩(台)身钢筋的绑扎应和混凝土的灌注配合进行。在配置第一层垂直钢筋时,应有不同的长度,同一断面的钢筋接头应符合施工规范的规定,水平钢筋的接头,也应内外、上下互相错开。钢筋保护层的净厚度应符合设计要求。如无设计要求,则可取墩(台)身受力钢筋的净保护层厚度不小于 30 mm,承台基础受力钢筋的净保护层厚度不小于 35 mm。墩(台)身混凝土宜一次连续灌注,否则应按桥涵施工规范的要求,处理好连接缝。墩(台)身混凝土未达到终凝前,不得泡水。混凝土、钢筋混凝土基础及墩台允许偏差见表 6.4。

表 6.4 混凝土、钢筋混凝土基础及墩台允许偏差(单位:mm)

项目	基础	承台	墩(台)身	柱式墩台	墩(台)帽
端面尺寸	±50	±30	±20	—	±20
垂直或斜坡	—	—	0.2%H	0.3%H≤20	—
底面高程	±50	—	—	—	—
顶面高程	±30	±20	±10	±10	—
轴线偏位	25	15	10	10	10
预埋件位置	—	—	10	—	—
相邻间距	—	—	—	±15	—
平整度	—	—	—	—	—

注:H 为墩(台)身高度。

6.1.2 石砌墩台施工

(1)石料、砂浆与脚手架。

石砌墩台是用片石、块石及粗料石以水泥砂浆砌筑的,石料与砂浆的规格要符合有关的规定。

(2)墩台砌筑施工要点。

砌筑方法:同一层石料及水平灰缝的厚度要均匀一致,每层按水平砌筑,丁顺相间,砌石灰缝互相垂直,灰缝宽度和错缝按表 6.5 规定处理。砌石顺序为先角石,再镶面,后填腹。填腹时的分层厚度应与镶面相同。圆端、尖端及转角形砌体的砌石顺序,应自顶点开始,按丁顺排列接砌镶面石。砌筑示意图如图 6.1 所示。圆端形桥墩的圆端顶点不得有垂直灰缝,砌石应从顶端开始先砌石块,见图 6.1(a),然后应丁顺相间排列,安砌四周镶面石;尖端形桥墩的尖端及转角处不得有垂直灰缝,砌石应从两端开始,先砌石块,见图 6.1(b),再砌侧面转角,然后丁顺相间排列,安砌四周的镶面石。

表 6.5 浆砌镶面石灰缝规定(单位:cm)

种类	灰缝宽度	错缝(层间或行间)	3块石料相接处空隙	砌筑行列高度
粗料石	1.5~2	≥10	1.5~2	每层石料厚度一致
半细料石	1~1.5	≥10	1~1.5	每层石料厚度一致
细料石	0.8~1	≥10	0.8~1	每层石料厚度一致

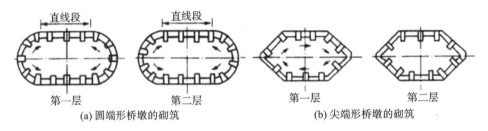

图 6.1 桥墩的砌筑示意图

砌体质量应符合以下规定。

①砌体所有各项材料类别、规格及质量符合要求。

②砌缝砂浆或小石子混凝土铺填饱满、强度符合要求。砌缝宽度、错缝距离符合规定,勾缝坚固、整齐,深度和形式符合要求。

③砌筑方法正确。砌体位置、尺寸不超过允许偏差。

墩台砌体位置及外形允许偏差见表 6.6。

表 6.6 墩台砌体位置及外形允许偏差

检查项目	砌体类别	允许偏差/mm
跨径 L_0	$L_0 \leq 60$ m	±20
	$L_0 > 60$ m	±L_0/3000
墩台宽度及长度	片石镶面砌体	+40,−10
	块石镶面砌体	+30,−10
	粗料石镶面砌体	+20,−10
大面平整度 (2 m 直尺检查)	片石镶面	30
	块石镶面	20
	粗料石镶面	10

续表

检查项目	砌体类别	允许偏差/mm
竖直度或坡度	片石镶面	0.5%
	块石、粗料石镶面	0.3%
墩台顶面高程		±10
轴线偏位		10

6.1.3 墩台顶帽施工

墩台顶帽是用以支承桥跨结构的,其位置、高程及垫石表面平整度等,均应符合设计要求,以避免桥跨安装困难,或使顶帽、垫石等出现碎裂或裂缝,影响墩台的正常使用功能与耐久性。墩台顶帽施工的主要工序为墩台顶帽放样、墩台顶帽模板浇筑、钢筋和支座垫板的安设。

1. 墩台顶帽放样

墩台混凝土(或砌石)灌注至离墩台顶帽30~50 cm高度时,即需要测出墩台纵横中心线,并开始竖立模板,安装锚栓孔或安装预埋支座垫板、绑扎钢筋等。墩台顶帽放样时,应注意不要以基础中心线作为台帽背墙线,浇筑前应反复核实,以确保墩台顶帽中心、支座垫石等位置方向与水平高程等不出差错。

2. 墩台顶帽模板浇筑

墩台顶帽是支撑上部结构的重要部分,其尺寸位置和水平高程的准确度要求较严,浇筑混凝土应从墩台顶帽底面30~50 cm处至墩台顶帽顶面一次浇筑,以保证墩台顶帽底面有足够厚度的紧密混凝土。图6.2为桥墩墩台顶帽模板示意图,墩台顶帽模板下面的拉杆可利用墩台顶帽下层的分布钢筋,以节省铁件。台帽背墙模板应特别注意纵向支撑或拉条的刚度,防止浇筑混凝土时发生鼓肚,侵占梁端空间。

3. 钢筋和支座垫板的安设

墩台顶帽上的支座垫板的安设一般采用预埋支座和预留锚栓孔的方法。前者须在绑扎墩台顶帽和支座垫石钢筋时,将焊有锚固钢筋的钢垫板安设在支座的准确位置上,即将锚固钢筋和墩台顶帽骨架钢筋焊接固定,同时用木架将钢垫

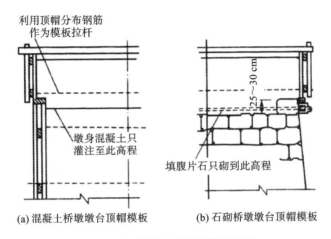

图 6.2 桥墩墩台顶帽模板示意图

板固定在墩台顶帽上。此法在施工时垫板位置不易准确,应经常校正。后者须在安装墩台顶帽模板时,安装好预留孔模板,在绑扎钢筋时注意将锚栓孔位置留出。此法安装支座施工方便,支座垫板位置准确。

6.2 装配式墩台施工

6.2.1 砌块式墩台施工

砌块式墩台的施工大体上与石砌墩台相同,只是预制砌块的形式因墩台形式不同而有很多变化。例如 1976 年建成的兰溪大桥,主桥身采用预制的素混凝土壳块分层砌筑而成。壳块按平面形状分为Ⅱ形和Ⅰ形两大类,再按其砌筑位置和具体尺寸又分为 5 种型号,每种块件等高,均为 35 cm,块件单元重力为 0.9~1.2 kN,每砌 3 层为一段落。该桥采用预制砌块建造桥墩,不仅节约混凝土约 26%、节省木材 50 m³ 和大量铁件,而且砌缝整齐、外形美观,同时还加快了施工速度,避免了洪水对施工的威胁。

6.2.2 柱式墩施工

装配式柱式墩系将桥墩分解成若干轻型部件,在工厂或工地集中预制,再运送到现场装配桥梁。其形式有双柱式、排架式、板凳式和刚架式等。施工工序为预制构件、安装连接与混凝土养护等。其中安装连接中的拼装接头是关键工序,既要牢固、安全,又要结构简单便于施工。常用的拼装接头有以下几种形式(表6.7)。

表6.7 常用的拼装接头形式

形式	内容
钢筋锚固接头	构件上预留钢筋或型钢,插入另一构件的预留槽内,或将钢筋互相焊接,再灌注半干硬性混凝土,多用于立柱与顶帽处的连接
承插式接头	将预制构件插入相应的预留孔内,插入长度一般为构件宽度的1.2~1.5倍,底部铺设2 cm砂浆,四周以半干硬性混凝土填充,常用于立柱与基础的接头连接
扣环式接头	相互连接的构件按预定位置预埋环式钢筋,安装时柱脚先坐落在承台的柱芯上,上下环式钢筋互相错接,扣环间插入U形短钢筋焊牢,四周再绑扎钢筋一圈,立模浇筑外围接头混凝土。要求上下扣环预埋位置正确,施工较为复杂
法兰盘接头	在相互连接的构件两端安装法兰盘,连接时用法兰盘连接,要求法兰盘预埋位置必须与构件垂直。接头处可不用混凝土封闭
焊接接头	将预埋在构件中的铁件与另一构件的预埋铁件用电焊连接,外部再用混凝土封闭。这种接头易于调整误差,多用于水平连接杆与立柱的连接

装配式柱式墩台应注意以下几个问题。

(1)墩台柱构件与基础顶面预留环形基座应编号,并检查各个墩台高度是否符合设计要求;基坑口四周与柱边的空隙不得小于2 cm。

(2)墩台柱吊入基坑内就位时,应在纵横方向测量,使柱身垂直度或倾斜度及平面位置均符合设计要求;对重大、细长的墩柱,需要用风缆或撑木固定后,方可摘除吊钩。

(3)在墩台柱顶安装盖梁前,应先检查盖梁口预留槽眼位置是否符合设计要求,否则应先修凿。

(4)柱身与盖梁(顶帽)安装完毕并检查符合要求后,可在基坑空隙与盖梁槽眼处灌注稀砂浆,待其硬化后,撤除楔子、支撑或风缆,再在楔子孔中灌填砂浆。

在基础或承台上安装预制混凝土管节、环圈作为墩台的外模时,为使混凝土基础与墩台联结牢固,应使从基础或承台中伸出的钢筋插入管节、环圈中间的现浇混凝土,插入钢筋的数量和锚固长度应按设计规定或通过计算决定。

6.2.3 装配式预应力混凝土墩施工

装配式预应力钢筋混凝土墩分为基础、实体墩身和装配墩身三大部分。装配墩身由基本构件、隔板、顶板及顶帽四种不同形状的构件组成,用高强钢丝穿入预留的上下贯通的孔道内。实体墩身是装配墩身与基础的连接段,其作用是锚固预应力钢筋,调节装配墩身高度及抵御洪水时漂流物的冲击等。

装配式预应力钢筋混凝土墩施工工序流程示意图如图6.3所示。质量检查工作贯穿全过程。实体墩身灌注时要按装配构件孔道的相对位置预留张拉孔道及工作孔,构件装配的水平拼装缝采用M5水泥砂浆,砂浆厚度为15 mm,便于调整构件水平高程,不使误差积累。安装构件要求确保"平、稳、准、实、通"五个关键,即起吊平、构件顶面平、内外壁砂浆接缝要"抹平";起吊、降落、松钩要"稳";构件尺寸、孔道位置、中线及预埋配件位置要"准";接缝砂浆要"密实";构件孔道要"畅通"。

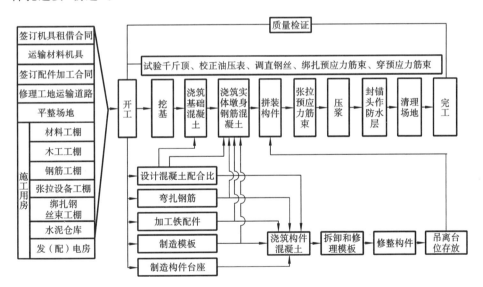

图6.3 装配式预应力混凝土墩施工工序流程示意图

张拉预应力的钢丝束分两种,一种是直径为5 mm的高强度钢丝,用18ϕ5锥形锚;另一种用7ϕ4钢丝线,用JM12-6型锚具,采用一次张拉工艺。可以在顶帽上张拉,亦可在实体墩下张拉,两者的利弊比较见表6.8,一般多在顶帽上张拉。

表 6.8 顶帽上和墩下张拉比较

顶帽上张拉	墩下张拉
(1)高空作业,张拉设备需要起吊,人员需要在顶帽;	(1)地面作业,机土设备搬运方便。但彼此看不见指挥,不如顶帽操作方便;
(2)在直线段张拉,不计算曲线管道摩阻损失;	(2)必须计算曲线管道摩阻损失;
(3)向下垂直安装千斤顶,对中容易;	(3)向上斜向安装千斤顶,对中较困难;
(4)实体墩开孔小,削弱面积小,无须割断钢筋	(4)实体墩开孔大,增大削弱面积,必须割断钢筋,增加封锚工作量

孔道压浆前先用高压水冲洗。采用纯水泥浆,为了减少水泥浆的收缩及泌水性能,可掺入$(0.8 \sim 1.0) \times 10^{-4}$水泥质量的铝粉。压浆最好由下而上压注。压浆分初压与复压,初压后,约停 1 h,待砂浆初凝即进行复压,复压压力可为$0.8 \sim 1$ Pa,初压压力可小一点。压浆时,若构件上的砂浆接缝全部湿润,说明接缝砂浆空隙中压入了水泥浆,起到了密实接缝的作用。实体墩身的封锚采用与墩身同强度等级的混凝土,同时要采用防水措施。顶帽上的封锚采用钢筋网罩焊在垫板上,单个或多个连在一起,然后用混凝土封锚。

6.2.4 无承台大直径钻孔埋入空心桩墩施工

无承台大直径钻孔埋入空心桩墩由预钻孔、预制大直径钢筋混凝土桩墩节、吊拼桩墩节、桩周填石压浆、桩底高压压浆、吊拼墩节、浇筑或组装盖梁等部分组成。它综合了预制桩质量的可靠性,钻孔成桩的工艺简单、成本低、适应性强等优越性;摒弃了管柱桩技术设备复杂、成本高、不易穿透砂砾层、桩易偏位及钻孔灌注桩桩身质量难以保证等缺陷,集当今桩基先进施工技术之大成。

钻孔埋入空心桩墩(又可称为"钻埋空心桩墩")的技术特点如下。

(1)直径大,承载力高。桩径一般大于 2.5 m,钻埋空心桩桩径已达 5.0 m,沉挖空心桩桩径已为 $6.0 \sim 8.0$ m。由于采用了桩周填石压浆、桩底高压压浆,桩节间通过预应力形成整体,故桩基承受垂直荷载和水平荷载的能力成倍增加。

(2)无承台、空心截面,节省了围堰工程,减少了桩身混凝土体积,不仅简化了施工工序,而且可将大桥下部结构费用从全桥费用50%以上降至30%。

(3)施工快速,工期缩短。由于采用大直径桩,桩数少,多数情况下可以单桩独柱,加之钻机设备的先进与完善,一个枯水季节可完成基础工程;预制桩节、墩节与钻孔平行作业,大大加快了工程进度。

(4)钻埋空心桩墩适用于土质地基;沉挖空心桩适用于松散的砂砾、漂石和风化岩层。环保效果好,施工少振动、低噪声,城镇区施工对居民干扰少。

(5)桩节、墩节预制,桩周、桩底压浆,节间用高强预应力筋连成整体,各项作业技术含量高,桩墩质量完全能得到保障。

6.3 高墩台施工

6.3.1 滑动模板提升工艺

滑动模板是将模板悬挂在工作平台的周围上,沿着施工的混凝土结构截面的周界组拼装配,并随着混凝土的灌注由千斤顶带动向上滑升。滑动模板一般主要由工作平台、内外模板、混凝土平台、工作吊篮和提升设备等组成。

滑动模板提升设备主要有提升千斤顶、支承顶杆及液压控制装置等部分。下面介绍其提升过程。

(1)螺旋千斤顶提升步骤示意图如图6.4所示。

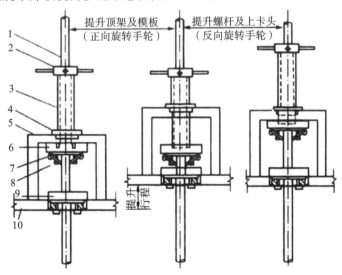

图6.4 螺旋千斤顶提升步骤示意图

注:1—顶杆;2—手轮;3—螺杆;4—千斤顶顶座;5—顶架上横梁;
6—上卡头;7—卡瓦;8—卡板;9—下卡头;10—顶架下横梁。

①转动手轮使螺杆旋转,并使千斤顶顶座及顶架上横梁带动整个滑模徐徐上升。此时,上卡头、卡瓦、卡板卡住顶杆。而下卡头、卡瓦、卡板则沿顶杆向上滑行,当滑至与卡瓦接触或螺杆不能再旋转时,即完成一个行程的提升。

②向相反方向转动手轮,此时,下卡头、卡瓦、卡板卡住顶杆,整个滑模处于静止状态。仅上卡头、卡瓦、卡板连同螺杆、手轮沿顶杆向上滑行,至上卡头与顶架上横梁接触或螺杆不能再旋转时为止,即完成一个循环。

(2)液压千斤顶提升步骤示意图如图 6.5 所示。

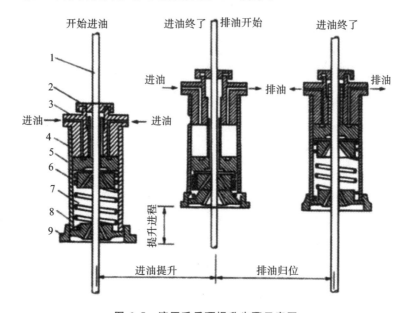

图 6.5 液压千斤顶提升步骤示意图

注:1—顶杆;2—行程调整帽;3—缸盖;4—缸筒;
5—活塞;6—上卡头;7—排油弹簧;8—下卡头;9—底座。

①进油提升:利用油泵将油压入缸盖与活塞间,在油压作用时,上卡头立即卡紧顶杆,使活塞固定于顶杆上。随着缸盖与活塞间进油量的增加,缸盖连同缸筒、底座及整个滑模结构一起上升,直至上卡头、下卡头顶紧时,提升暂停。此时,缸筒内排油弹簧完全处于压缩状态。

②排油归位:开通回油管路,解除油压。利用排油弹簧推动下卡头使其与顶杆卡紧,同时推动上卡头将油排出缸筒,在千斤顶及整个滑模位置不变的情况下,使活塞回到进油前位置。至此,完成一个提升循环。液压前为了使各千斤顶能协同一致地工作,应将油泵与各千斤顶用高压油管连通,由操作台统一集中控制。

提升时,滑模与平台上临时荷载全由支撑顶杆承受。顶杆多用 A3 与 A5 圆钢制作,直径一般为 25 mm,A5 圆钢的承载能力约为 12.5 kN(A3 则为 10 kN)。顶杆一端埋置于墩台结构的混凝土中,一端穿过千斤顶芯孔,每节长 2.0～4.0 m,用工具式连接或焊接。为了节约钢材,使支承顶杆能重复使用,可在顶杆外安上套管,套管随同滑模整个结构一起上升,待施工完毕后,可拔出支承顶杆。

6.3.2 滑模浇筑混凝土施工要点

1. 滑模组装

在墩位上就地进行组装时,安装步骤如下。
(1)在基础顶面搭枕木垛,定出桥墩中心线。
(2)在枕木垛上先安装内钢环,并准确定位,再依次安装辐射梁、外钢环、立柱、千斤顶、模板等。
(3)提升整个装置,撤去枕木垛,再将模板落下就位,随后安装余下的设施;内外吊装架待模板滑升至一定高度,及时安装;模板在安装前,表面需要涂润滑剂,以减少滑升时的摩阻力;组装完毕后,必须按设计要求及组装质量标准进行全面检查,并及时纠正偏差。

2. 灌注混凝土

滑模宜灌注低流动度或半干硬性混凝土,灌注时应分层、分段对称地进行,分层厚度以 20～30 cm 为宜,灌注后混凝土表面距模板上缘宜有不小于 10 cm 的距离。混凝土入模时,要均匀分布,应采用插入式振动器捣固,振捣时应避免触及钢筋和模板,振动器插入下一层混凝土的深度不得超过 5 cm;脱模时混凝土强度应为 0.2～0.5 MPa,以防在其自重压力下坍塌变形。为此,可根据气温、水泥强度等级实验结果掺入一定量的早强剂,以加快提升过程;脱模后 8 h 左右开始养护,用吊在下吊架上的环绕墩身的带小孔的水管来进行。养护水管一般设在距模板下缘 1.8～2.0 m 处效果较好。

3. 提升与收坡

整个桥墩灌注过程可分为初次滑升、正常滑升和最后滑升 3 个阶段。从开始灌注混凝土到模板首次试升为初次滑升阶段。初灌混凝土的高度一般为 60

~70 cm,分 3 次灌注,在底层混凝土强度为 0.2~0.4 MPa 时即可试升。将所有千斤顶同时缓慢起升 5 cm,以观察底层混凝土的凝固情况。现场鉴定可用手指按刚脱模的混凝土表面,若基本按不动,但留有指痕,砂浆不沾手,用指甲划过有痕,滑升时能耳闻"沙沙"的摩擦声,这些现象表明混凝土已具有 0.2~0.4 MPa 的强度,可以开始再缓慢提升 20 cm 左右。初次滑升后,经全面检查设备,即可进入正常滑升阶段,即每灌注一层混凝土,滑模提升一次,使每次灌注的厚度与每次提升的高度基本一致。在正常气温条件下。提升时间不宜超过 1 h。最后滑升阶段是混凝土已经灌注到需要高度,不再继续灌注,但模板尚须继续滑升的阶段。灌完最后一层混凝土后,每隔 1~2 h 将模板提升 5~10 cm,滑动 2~3 次后即可避免混凝土与模板胶合。滑模提升时应做到垂直、均衡一致,顶架间高差不大于 20 mm,顶架横梁水平高差不大于 5 mm,并要求三班连续作业,不得随意停工。

4. 接长顶杆、绑扎钢筋

模板每提升至一定高度后,就需要穿插进行接长顶杆、绑扎钢筋等工作。为了不影响提升时间,钢筋接头均应事先配好,并注意将接头错开。对预埋件及预埋的接头钢筋,滑模抽离后,要及时处理,使之外露。

在整个施工过程中,由于工序的改变或发生意外事故,混凝土的灌注工作停止较长时间,则需要进行停工处理。例如,每隔 30 min 左右稍微提升模板一次,以免黏结;停工时在混凝土表面要插入短钢筋等,以加强新旧混凝土的黏结;复工时还需要将混凝土表面凿毛,并用水冲走残渣,湿润混凝土表面,灌注一层厚度为 2~3 cm 的 1∶1 水泥砂浆,再灌注原配合比的混凝土,继续滑模施工。翻升模板施工与滑动模板施工相似,不同的是支架通过千斤顶支承预埋在墩壁中的预埋件上。待浇筑好的墩身混凝土达到一定强度后,将模板松开,千斤顶上顶,把支架连同模板升到新的位置,模板就位后,再继续浇筑墩身混凝土。如此反复循环,逐节爬升。每次升高约 2 m。

翻升模板施工是采用一种特殊钢模板,一般由 3 层模板组成一个基本单元,并配置有随模板升高的混凝土接料工作平台。当浇筑完上层模板的混凝土后,将最下层模板拆除,翻上来拼装成第 4 层模板,以此类推,循环施工。翻升模板也能够用于有坡度的桥墩施工。

6.4 市政桥梁墩台施工案例

6.4.1 工程概况

成都市简州新城方家林大道位于成都市简阳简州新城,是一条南北贯通的城市景观主干路,道路全长约 3.32 km。南侧为成渝高速,北侧为成简快速。赤水河大桥为 3 跨大桥,起点桩号 K0+785.3,终点桩号 K0+974.7,全长 189.4 m。桥墩均采用柱式墩,墩柱柱底尺寸为 2.2 m×2.2 m,柱顶尺寸为 3.0 m(横桥向)×2.2 m(纵桥向)。1 号、2 号墩承台尺寸为 7.4 m×4.0 m,两承台用系梁相连,系梁为 6.25 m×2.5 m。0 号、3 号桥台承台尺寸为 25 m×8.4 m。

6.4.2 总体布置与施工工艺流程

1. 总体布置

为了充分合理地利用空间,应最大限度地减少和避免对周边环境的影响,并在此前提下合理地进行各种临建、堆场、机械的布置,始终保持现场处于整齐有序的状态,以满足现阶段施工要求。对总平面的分配和使用坚持以下原则:总平面布置与管理应以确保用电、安全防护、消防、交通顺畅为重点,及时做好现场给排水、清理,减少环境污染,各类材料按不同规格堆放整齐,设置标识牌和标明检验状态,保证场地内符合文明施工要求。

本工程施工场地需要按照规划进行整平处理,要保证完成施工任务,不仅要求施工总平面布置合理,而且要有科学严密的管理措施。

施工平面管理由生产经理负责,施工队伍进场后,必须严格按照施工总平面布置图来布置现场,如果发现现场的特殊问题及时通知现场管理人员协商解决。

现场施工道路稳固、畅通,做好雨天排水工作。

进出现场的所有设备、材料必须按平面布置图指定的位置堆放整齐,不得任意堆放。

施工现场的水准点、轴线控制点、埋地线缆应有醒目标志,所有材料堆场也必须做好标志,并加以保护。

现场施工布置图如图 6.6 所示。

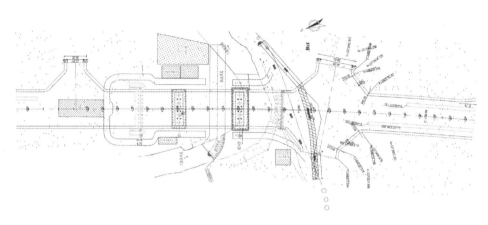

图6.6 现场施工布置图

(1)钢筋加工厂。

钢筋加工厂设置于方家林大道主线路基K0+680~K0+740,下部结构钢筋在钢筋加工厂进行集中加工,利用20 t板车运输至现场。

(2)混凝土拌和站。

混凝土采用商品混凝土供应。

(3)施工便道。

采用施工便道进行施工区域内设备材料的周转运输。

(4)施工用水。

施工用水采用现抽河水(汛期涨水情况下采用现抽井水),用于施工过程中的混凝土养护、降尘、除尘等工作。

(5)施工用电。

施工用电采用业主提供的变压器,经由一级、二级箱将电源输送至施工现场,埋地电缆处设置地下管线标识牌。

(6)库房、材料周转平台及临时材料堆放点。

库房、材料周转平台及临时材料堆放点设置于施工便道两侧,用于现场材料周转及存放。

2.总体施工工艺流程

总体施工工艺流程见图6.7。

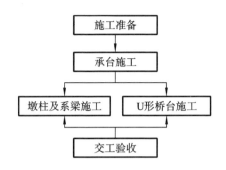

图 6.7 总体施工工艺流程

6.4.3 主要施工方案

1. 承台(系梁)施工

1号、2号墩承台尺寸为 7.4 m×4.0 m,两承台用系梁相连,系梁为 6.25 m×2.5 m。0号、3号桥台承台尺寸为 25 m×8.4 m。

(1)测量放样。

根据导线控制点测设出桩中心后,放出承台四周边桩并做好标记,同时测出原地面至承台底的高差,按照放坡坡比确定开挖范围和深度。

(2)基坑开挖及支护。

基坑开挖采用挖掘机进行,3号桥台基坑、1号墩基坑采用土钉墙支护,2号墩地段先施工筑岛平台,然后采用排桩支护。

0号桥台基坑因开挖深度较小(约 4 m),不设支护,直接放坡开挖,坡率采用1∶1。基坑挖泥为干挖法,分层分段对称进行。在开挖过程中掌握"分层、分步、对称、平衡、限时"五个要点,遵循"自上而下,分层开挖"的施工原则。利用长臂挖机结合小型挖机、汽车吊机进行基坑挖泥,利用自卸汽车运输至指定弃土场。严格控制好最后一层机械开挖,严禁超挖。

在作业深度较深、大型挖机作业不到位及基坑边角处不方便开挖的地方,采取放入斗容 0.4 m³ 的小型挖掘机进入基坑配合大型挖掘机的方法开挖。

开挖时控制分层厚度,每层厚度不要超过 2 m,尽量整个平面均匀开挖,开挖过程中临时边坡坡率土层控制为 1∶1,岩层控制为 1∶0.5。开挖过程中,在围堰内设置集水沟,在围堰四角挖设集水坑,常备抽水机,随时准备抽除汇集的水。

在基坑开挖到位后,及时清除基坑浮泥,排除积水,浇筑封底或垫层混凝土,基坑垫层混凝土厚 20 cm。封底层必须平整,承台范围内不宜积水。由于在基坑浇筑时为干作业环境,浇筑封底混凝土可直接采取泵车泵送混凝土进入基坑。浇筑封底混凝土时为保障基坑内排水在基坑周围地面及基坑底四周设置临时排水沟,同时在四个边角处设置 1 m×1 m×0.5 m 集水坑,采用 2.2 kW·h 抽水泵抽排坑内积水。

(3)基坑防护。

基坑周边外 0.5 m 处设置 1.2 m 高栏杆,采用 $\phi 48$ 的钢管焊接,立柱间距 2 m,与平台型钢牢固焊接,并外挂防护网,醒目位置设置警示标牌。

如基坑内常有作业工人上下,且基坑开挖深度过大,需要设置供工人上下的安全爬梯(图 6.8)。安全爬梯采取壁厚 3.5 mm、外径 48 mm 钢管搭设。搭设时沿承台基坑壁自下而上搭设,爬梯采用双排钢管踏步,宽度 120 cm,步高 30 cm,两侧设置 120 cm 高扶手,采用密目网封闭,外侧悬挂警示标志。爬梯沿基坑长边方向设置,每个承台设置 2 处。

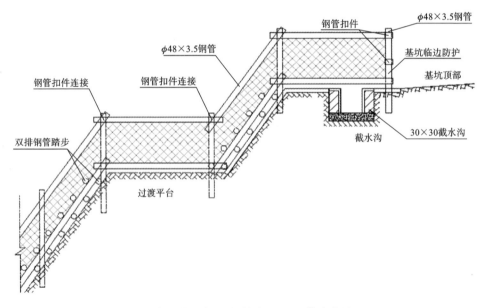

图 6.8 安全爬梯示意图(钢管单位:mm;截水沟单位:cm)

施工前需要严格落实钢管等材料的进场验收,脚手架搭设必须由专业架子队伍施工,确保各部件联结紧固安全,按方案做好各项安全防护措施和安全警示标识标牌,并在施工中加强检查维护,确保人员施工安全。

(4)凿除桩头。

本项目承台、桥台底设计标高(除 0 号桥台外)均低于原始地面 5~8 m。桩基施工时,承台、桥台基坑还未进行开挖,因此,会造成桩基冲孔深度比设计深度深 5~8 m,各墩实际多冲孔深度以现场地形实测为准。桩基混凝土浇筑时,比设计桩顶多浇筑 1 m 的桩头,待承台基坑开挖后凿除。破桩头前,应在桩体侧面用红油漆标注桩顶设计高程线,以防桩头被多凿,造成桩顶伸入承台内高度不够。破除桩头时采用空压机结合人工凿除,上部采用空压机凿除,下部留有 10~20 cm 进行人工凿除,凿至桩顶设计高程线后,采用钢丝刷等工具把桩头钢筋的混凝土残渣清理干净并复测桩顶高程。

破桩头施工流程:基坑开挖→高程测量→破桩头→剥出钢筋→切断桩头→吊出桩头→桩头清理。

(5)垫层施工。

基坑开挖至比设计标高低 20 cm 后,即开始浇筑一层 20 cm 厚的 C20 素混凝土垫层作为承台钢筋及混凝土施工的底模,素混凝土面必须平整且不能高于承台底标高。

(6)钢筋安装。

在钢筋加工厂下料、加工,平板车运输至现场绑扎成型。直径 20 mm 以下的钢筋采用绑扎搭接接头,直径大于 20 mm 的钢筋采用机械连接接头。配置在同一截面内的钢筋接头,不得超过钢筋数量的 50%;同一截面内,同一根钢筋上不得超过 2 个接头。

钢筋安装应按设计图纸和规范要求进行施工,钢筋品种、规格、数量、形状、位置、接头等均应符合设计图纸和施工规范的要求。钢筋绑扎过程中做好墩身钢筋及支架预埋件的预埋。

(7)冷却管布置。

在钢筋安装的过程中,为减小混凝土水化热的影响,在承台钢筋骨架上设置 2 层 S 形冷却管,冷却管采用钢 ϕ32-YB-234-黑铁管(外径为 48 mm,壁厚 3.25 mm)、直通接头和三通接头连接而成。

冷却管安装时与承台钢筋就近绑扎,其每层位置高度可根据承台内的钢筋布置做适当调整,冷却管在埋设过程中应防止堵塞、漏水和破坏。

混凝土浇筑前要经过水压试验,保证其不漏水。

混凝土浇筑过程中,管内循环清水降温,水流量为 15~20 L/min。

混凝土养护期满后,排尽管内水,灌注微膨胀水泥灌浆封孔,水道管表面连接件要拆除到混凝土内 10～15 cm 深,以利于防腐。

(8)模板安装。

混凝土垫层浇筑后,进行承台测量放样,准确测量放出承台十字轴线及标高线,并做上醒目标记。依据承台十字轴线用墨线弹出承台的轮廓尺寸线以指导模板安装。

承台及桥台模板采用大块钢模板,项目部委托专业厂家定制一套钢模板供周转使用。模板分块加工拼装,按 3 m、2 m、1.5 m 等规格设置。分块模板拼缝处粘贴止浆条。面板采用 6 mm 厚钢板,连接边框采用 8♯角钢,背肋采用 14♯槽钢,连接螺栓均采用 M18×50 螺栓。

模板(包括抱箍)出厂前,先在生产厂家进行预拼装,项目部对模板平整度、顺直度、模板用材及焊缝等进行验收,验收合格后方可运送至施工现场。

模板采用 25 t 汽车吊现场组拼,模板块与块间采用螺栓连接,模板的固定采用对拉螺杆和斜撑。

安装模板时注意事项如下。

①模板及配件应按批准的加工图加工,成品经检验合格后方可使用。模板板面之间应平整,接缝严密,不漏浆。

②安装模板前,在钢筋骨架外侧安装 C40 强度的成品砂浆垫块,垫块呈梅花形布置,不少于 4 个/m^2,以确保承台混凝土的保护层厚度满足要求。

③模板与钢筋安装工作配合进行,与钢筋冲突的模板待钢筋安装完毕后安设。

④模板采用拉杆固定,并在模板外设立钢管支撑。

⑤模板使用前涂刷脱模剂,以便脱模。

⑥模板底部与垫层接触面用水泥砂浆封口,防止混凝土浇筑时水泥砂浆流失,确保混凝土外表美观。

⑦模板安装完毕后进行测量校核,确保平面位置、标高满足设计规范要求。

⑧混凝土抗压强度达 2.5 MPa 时方可拆除模板,试验室做好混凝土试件。

⑨模板拆除遵循先支后拆、后支先拆的顺序,拆时严禁抛扔。

(9)混凝土浇筑。

混凝土采用混凝土专用运输罐车运至浇筑现场,输送泵输送混凝土至基坑内,在整个平面范围水平分层进行浇筑,厚度为 30～50 cm;应缩短间歇时间,并在前层混凝土初凝之前将次层混凝土浇筑完毕。混凝土浇筑宜从低处开始,沿长边方向自一端向另一端进行。当混凝土供应量有保证时,亦可多点同时浇筑。

桥台承台面积最大,为 210 m²,按每层 30 cm 浇筑、初凝时间 6 h、每层浇筑振捣时间 2 h 计算,则最长供料速度=(210 m²×0.3 m)/(6 h-2 h)=15.75 m³/h,按照每罐车 12 m³ 计算,则每小时保证两车供应量能保证需求。结合现场实际,能满足混凝土材料的供应需求。

在灌注混凝土前,应按规定做好各种检查及记录,清除模板和钢筋上的杂物。应水平分层进行浇筑,厚度适宜,灌注混凝土应使用振动器捣实,混凝土浇筑施工中应设专人检查模板、支架、钢筋、预埋件和预留孔洞等的状态。

承台顶面混凝土浇筑完毕后,立即用铁滚筒或长方木在混凝土表面进行碾压赶浆,用长木条将承台顶面混凝土找平,再用木抹子进行二次抹面收平。混凝土浇筑完毕后的 12 h 承台表面覆盖土工布淋水保湿养护。混凝土强度达到 2.5 MPa 后方可进行模板拆除。

①混凝土浇筑分区。

为保证混凝土浇筑时其自由下落高度不大于 2 m,防止混凝土的离析,浇筑时采用泵送的方式,并在承台顶网钢筋上预留 2 个"天窗"作为下料点(图 6.9),并方便人员进出承台钢筋骨架进行混凝土振捣等,待浇筑到顶面时,现场绑扎、焊接预留洞口处承台顶上下两层分布钢筋。

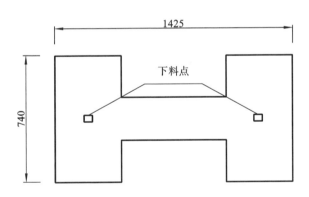

图 6.9 下料点布置示意图(单位:mm)

"天窗"在钢筋绑扎过程中同步完成,承台顶面底层钢筋下设置同等级钢筋加强箍及加强钢筋,保证"天窗"处混凝土不开裂。"天窗"尺寸为 400 mm×500 mm,加强箍直径为 650 mm,加强筋为 8 根 700 mm 直径的同级钢筋,每侧两根间距 150 mm。"天窗"加强示意图见图 6.10。

②用混凝土泵运送混凝土时,应符合下列规定。

a.输送管接头严密,运送前应以水泥浆润滑内壁。

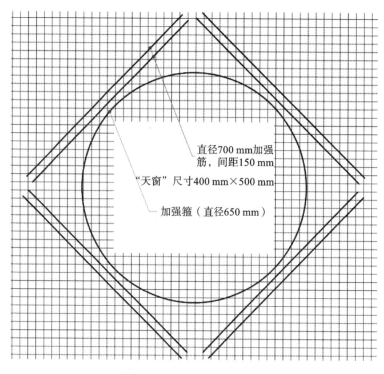

图 6.10 "天窗"加强示意图

b.混凝土运送工作应连续进行,如有间歇应经常使混凝土泵转动,以防输送管堵塞,若发生堵塞,则应将管内混凝土立即排出并冲洗干净。

c.泵送时,应使料斗内经常保持约 2/3 的混凝土,以防管路吸入空气,导致堵塞。

③自高处向模板内倾卸混凝土时,为防止混凝土离析,应符合下列规定。

a.从高处直接倾卸时,其自由倾落高度不宜超过 2 m,以不发生离析为度。

b.当倾落高度超过 2 m 时,应通过串筒、溜管设施下落。

c.在串筒出料口下面,混凝土堆积高度不宜超过 1 m。

④振动器振捣浇筑混凝土时,应符合下列规定。

a.使用插入式振动器时,移动间距不应超过振动器作用半径的 1.5 倍;与侧模应保持 50～100 mm 的距离,插入下层混凝土 50～100 mm,每一处振动完毕后应边振动边徐徐提出振动棒;应避免振动棒碰撞模板、钢筋及其他预埋件。

b.表面振动器的移位间距,应以使振动器平板能覆盖已振实部分 100 mm 左右为宜。

c. 附着式振动器的布置距离,应根据构造物形状及振动器性能等情况并通过试验确定。

d. 对每一振动部位,必须振动到该部位混凝土密实为止。密实的标志是混凝土停止下沉,不再冒出气泡,表面平坦、泛浆。

(10)大体积混凝土施工现场温控监测技术要求。

①总体技术要求。

a. 大体积混凝土浇筑体内监测点的布置,应以能真实反映出混凝土浇筑体内最高温升、芯部与表层温差、降温速率及环境温度为原则。

b. 监测点的布置范围。以所选混凝土浇筑体平面图对称轴线的半条轴线为测试区界线,在测试区内监测点的布置应考虑其代表性,按平面分层布置;在基础平面对称轴线上,监测点不宜少于4处,布置应充分考虑结构的几何尺寸。

c. 沿混凝土浇筑体厚度方向,应布置外表、底面和中心温度测点,其余测点布设间距不宜大于 600 mm。

d. 大体积混凝土浇筑体芯部与表层温差、降温速率、环境温度及应变的测量,在混凝土浇筑后,每昼夜应不少于 4 次;入模温度的测量,每台班应不少于 2 次。

e. 混凝土浇筑体的表层温度,宜以混凝土表面内 50 mm 处的温度为准。

f. 测量混凝土温度时,测温计不应受外界气温的影响,并应在测温孔内至少留置 3 min。根据工地条件,可采用热电偶、热敏电阻等预埋式温度计检测混凝土的温度。

g. 测温过程中宜及时描绘出各点的温度变化曲线和断面的温度分布曲线。

②温度检测、控制措施。

为了掌握大体积混凝土的温度变化规律,以及各种材料在各种条件下的温度影响,需要对混凝土进行温度监测控制。

a. 测温点的布置。

测温点的布置必须具有代表性和可比性,沿浇筑的高度,应布置在底部、中部和表面,垂直测点间距一般为 500~800 mm;平面则应布置在边缘与中间,平面测点间距一般为 2.5~5 m。当使用热电偶温度计时,其插入深度可按实际需要和具体情况而定,布置测温点距边角和表面应大于 50 mm。

采用预留测温孔洞方法测温时,一个测温孔只能反映一个点的数据,不应采取通过沿孔洞高度变动温度计的方法来测竖孔中不同高度位置的温度。

b. 测温制度。

在混凝土温度上升阶段每 2~4 h 测一次,温度下降阶段每 8 h 测一次,同时应测大气温度。

所有测温孔均应编号,进行混凝土内部不同深度和表面温度的测量。

测温工作应由经过培训、责任心强的专人进行。测温记录应交技术负责人阅签,并作为对混凝土施工和质量的控制依据。

c. 测温工具的选用。

为了及时控制混凝土内外温差,并校验计算值与实测值的差别,随时掌握混凝土温度动态,宜采用热电偶或半导体液晶显示温度计。采用热电偶测温时,还应配合普通温度计,以便进行校验。

在测温过程中,当发现温差超过 25 ℃时,应及时加强保温或延缓拆除保温材料,以防止混凝土产生温差应力和裂缝。

2. U 形桥台施工

0 号、3 号桥台采用重力式 U 形桥台,具体施工工艺流程如下:施工脚手架搭设→台身及侧墙施工→台帽、背墙施工→台背回填施工。

(1)施工脚手架搭设。

桥台台身高 4.5 m,侧墙高 8.7 m,施工前需要搭设双排落地式钢管脚手架作为施工平台。安装脚手架人员必须持证上岗。脚手架横杆上满铺木板,双排落地式脚手架为非承重支架,只作为施工作业操作平台。脚手架外挂双层密目安全网作为防护,下挂兜网形成封闭。

人行通道利用脚手架作为支撑系统,在脚手架外侧搭设"之"字形人行步梯,并在钢管上满铺方木,宽度 0.75 m,每层高度 3.0 m,爬梯面板采用木板铺设,上钉防滑条,防滑条间距 30 cm,木板支撑采用横向钢管,钢管间距 1.5 m。人行爬梯进入施工平台时,爬梯三面支立钢管并挂设安全网,防止施工人员从爬梯口坠落。施工脚手架搭设示意图见图 6.11。

①材料选择。

所用钢管扣件应有合格证,管径为 48 mm 时允许偏差-0.5 mm,壁厚 3.5 mm 时允许偏差-0.5 mm,钢管内外表面锈蚀深度不大于 0.5 mm,密目安全网必须经检验合格且具有安全准用证。

扣件安装符合下列规定。

a. 扣件规格必须与钢管外径相同。

b. 螺栓拧紧扭力矩不应小于 40 N·m,且不应大于 65 N·m。

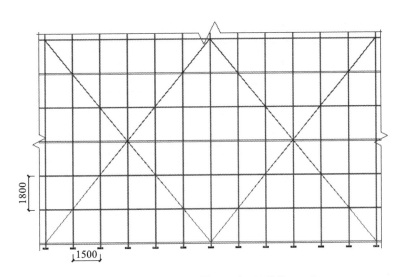

图 6.11　施工脚手架搭设示意图(单位:mm)

c.在主节点处固定横向水平杆、纵向水平杆、剪刀撑等用的直角扣件、旋转扣件的中心点的相互距离不应大于 150 mm。

d.对接扣件开口应朝上或朝内。

e.各杆件端头伸出扣件盖板边缘的长度不应小于 100 mm。

②构造要求及措施。

a.落地式脚手架地基处理:四周回填土夯实,并铺槽钢支垫,所有基础必须平整、布设平稳。

b.立杆搭设:相邻立杆的对接扣件不得在同一高度内,立杆上的对接扣件应交错布置,两根相邻立杆的接头不应设置在同步内,各接头与主节点的距离不宜大于步距的 1/3,节点间距不小于 50 cm;当搭至有连墙件的构造点时,在搭设完该处的立杆、纵向水平杆、横向水平杆后,应立即设置连墙件;除最上一段立杆外,接头均必须用对接扣件连接,顶层立杆采用搭接时搭设长度不应小于 1 m,应采用不少于 2 个旋转扣件固定,端部扣件盖板的边缘至杆端距离不应少于 100 mm。

c.纵向水平杆(大横杆)搭设:大横杆置于小横杆之下,在立杆的内侧,用直角扣件与小横杆扣紧。同步大横杆四周要交圈,每步脚手架大横杆中间设一根牵杆。纵向水平杆宜设置在立杆内侧,其长度不宜小于 3 跨。纵向水平杆接长宜采用对接扣件连接,也可采用搭接,搭接长度不小于 1 m,用等距分布的 3 个旋转扣件固定。纵向水平杆的接长规则:两根相邻纵向水平杆的接头不应设置在同步或同跨内;不同步或不同跨两个相邻接头在水平方向错开的距离不应小于 500 mm;各接头中心至最近主节点的距离不应大于纵距的1/3。

d. 小横杆搭设:每一档内外立杆、每一步都必须设置一根小横杆,并采用十字扣件扣紧,大横杆与小横杆用十字扣件扣紧;小横杆伸出外挑立杆边缘距离不小于 10 cm,且长度要求基本一致,最大不超过 20 cm;小横杆应在立杆分上下两层相向布置。

e. 剪刀撑搭设:脚手架剪刀撑随立杆纵横水平杆同步搭设,用通长剪刀撑沿架高连续布置,并在整个侧面上连续布置。各剪刀撑按 4 步 4 跨设置一道,斜杆与底排大横杆的夹角为 45°~60°。剪刀撑相交点处于同一条直线上,并沿架高连续布置。剪刀撑的杆件连接采用搭接,其搭接长度不小于 1 m,并用不少于 2 个转向扣件连接固定,端部扣件盖板的边缘至杆端的距离不小于 10 cm。剪刀撑的一根斜杆扣在立杆上,另一根斜杆扣在小横杆伸出的端头上,两端分别用转向扣件固定,在中间增加 2~4 个扣结点。所有固定点距主节点距离不大于 15 cm。最下部的斜杆与立杆的连接点距底排大横杆不大于 30 cm。每根最下面的剪刀撑杆的下端部必须支撑在立杆的垫木上。

f. 脚手板铺设:采用竹木脚手板铺设。在架底排先铺一层密目安全网,上铺竹木脚手板(满铺)。竹木脚手板采用对接平铺,平铺处设两根横向水平杆,其板长两端均应采用支承杆可靠地固定。脚手架与建筑物之间空档采用竹木脚手板防护。随作业层上升,同时作业不超过两层。特殊部位未能满铺时,应在所铺位置端头用脚手板或密目安全网进行竖向隔离。所有脚手板必须用不小于 16♯铅丝绑扎牢固。靠墙一侧转角部位脚手板应重叠铺设,避免出现探头现象。

g. 作业层的栏杆和挡脚板搭设:在作业层设置两根横向防护栏杆。栏杆和挡脚板均应搭设在外立杆的内侧。防护栏杆应搭设在两横杆中部 850 mm 处。挡脚板高度不应小于 180 mm。

(2)台身及侧墙施工。

①测量放样。

放样之前,对设计图纸提供的特征点坐标进行复核,确认坐标准确无误后进行放样,测放出桥台施工时的平面控制特征点及纵、横向轴线。

②模板安装。

检查合格后,进行模板安装。模板下面与承台的缝隙采用砂浆填塞,防止混凝土浇筑时发生漏浆。安装后检查模板的平整度、平面位置、垂直度和支护是否牢固,并报监理工程师检查验收。

③混凝土浇筑。

台身和侧墙同时浇筑,采用C35混凝土,采用泵送入模浇筑。

④养护。

混凝土浇筑完成后,及时覆盖养护,由专人负责洒水,持续养护7 d,然后进行第二层混凝土施工,浇筑第二层混凝土前应对第一层混凝土面进行凿毛清洗处理。

(3)台帽、背墙施工。

台帽、背墙施工主要施工顺序:测量放线→凿毛、清洗→钢筋绑扎→模板安装→混凝土浇筑→拆模及养护。

①测量放线。

按照图纸定出台帽的中心线,并且测量台帽与背墙顶面的高程。

②凿毛、清洗。

将墙身顶混凝土浮浆与松散混凝土块全部凿除,露出新鲜混凝土,并用清水冲刷干净,以保证台身与台帽混凝土连接牢固。

③钢筋绑扎。

台帽、背墙钢筋在钢筋加工厂加工完成后,在现场绑扎成型,严格控制钢筋数量、间距及保护层厚度等。

a.钢筋绑扎在脚手架施工完成后进行。

b.在台身上按照设计要求标出主筋间距,逐个绑扎。

c.钢筋绑扎时,箍筋应与受力钢筋垂直,箍筋搭接处相互错开。

d.钢筋绑扎完成后,在台帽底和钢筋外侧垫齐同标号细石混凝土垫块,以保证混凝土保护层厚度和不露筋。

e.搭板预埋钢筋、伸缩缝预埋钢筋必须按照设计要求的尺寸和间距埋设,并在符合设计要求的位置固定。

④模板安装。

侧模安装前均匀涂刷脱模剂,侧模与侧模、侧模与底模之间的接缝要紧密,加垫橡胶条等防止漏浆。安装完毕后,仔细检查各部位尺寸以及稳定性。桥台模板安装与承台相同。

⑤混凝土浇筑。

混凝土浇筑前,模内应清理干净,采用泵送方式进行分层浇筑。混凝土振捣采用插入式振捣棒作业,振捣过程中要求插点均匀,插棒要快插慢拔。

⑥拆模及养护。

浇筑完成后,及时进行混凝土养护,台帽混凝土浇筑尽量选在一天中气温较低时进行。当强度达到要求后,方可拆除模板及支架,进行下一道工序。堆放模板时要求清除干净模板上的混凝土并整体集中堆放。

(4)台背回填施工。

回填前应严格按照施工图纸及规范要求对基底承载力进行检测,检测合格后方可进行回填,回填利用挖掘机配合自卸汽车进行,台背回填时应分层回填,分层密实。

为减少路桥连接处不均匀沉降,减轻桥头跳车,桥梁两侧台背回填材料采用渗水性较好的粒料类材料(中粗砂),密实度要求达到96%以上,并按1 m的竖向间距埋置土工格栅。分层松铺厚度宜小于20 cm,施工时,严禁采用大型机械筑高和振压。

土工格栅采用TGSG50-50聚丙烯双拉塑料格栅,土工格栅幅宽2.5 m。格栅应尽量张紧(用U形钉固定,铆钉横、纵向间距均为1 m),横向摊铺,并采用绑扎连接,搭接长度不小于15 cm。端部固定螺栓横向间距为1.0 m。端部固定用角钢规格为6 cm×10 cm×0.5 cm。

3. 墩身及系梁施工

本工程桥梁墩身结构为柱式墩,墩柱柱底尺寸为2.2 m×2.2 m,柱顶尺寸为3.0 m(横桥向)×2.2 m(纵桥向)。具体施工工艺流程如下。

(1)测量放样。

清理承台顶面,用仪器放样出墩身十字线,并将墩身底口轮廓线放出,然后以此为根据竖立模板。墩身模板调整后进行结构尺寸检查,底口以墩身十字线为准直接量尺寸,将十字线点投到模板顶口,然后利用十字线点检查模板顶口尺寸至合格为准。模板平面尺寸合格后施放墩身混凝土标高,可采用水准仪、全站仪等仪器传递标高,利用水准测量或三角高程方法施放标高。

(2)凿毛、清洗。

将墩柱底混凝土浮浆与松散混凝土块全部凿除,露出新鲜混凝土,并用清水冲刷干净,以保证墩柱与承台混凝土连接牢固。

(3)施工脚手架搭设。

四周须搭设扣件式双排落地式脚手架,安装脚手架人员必须持证上岗。脚手架横杆上满铺木板,双排落地式脚手架为非承重支架,只作为施工作业操作平台。脚手架外挂双层密目安全网作为防护,下挂兜网形成封闭。

墩柱人行通道利用墩柱外侧脚手架作为支撑系统,在脚手架外侧搭设"之"字形人行步梯,并在钢管上满铺方木,宽度0.75 m,每层高度3.0 m,爬梯面板采用木板铺设,上钉防滑条,防滑条间距30 cm,木板支撑采用横向钢管,钢管间距1.5 m。人行爬梯进入施工平台时,爬梯三面支立钢管并挂设安全网,防止施工人员从爬梯口坠落。柱式墩施工脚手架搭设示意图见图6.12。

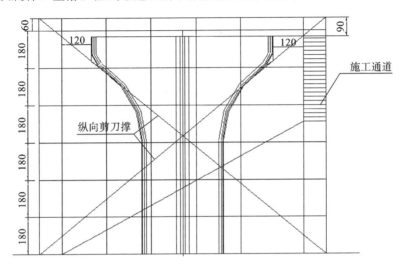

图6.12 柱式墩施工脚手架搭设示意图(单位:cm)

(4)系梁支架搭设。

系梁与墩身分两次浇筑,第一次浇筑墩柱垂直段,约3 m高,第二次同步浇筑墩柱花瓶段及系梁。系梁采用扣件式满堂钢管支架作为模板支架,支架搭设在承台基础之上,墩柱间布置,宽2.0 m。支架采用$\phi 48\times 3.0$钢管,横向间距0.5 m,纵距0.6 m,步距1.2 m;钢管底部垫15 cm×15 cm垫块,顶托上布置10#工字钢木方楞骨,间距0.6 m,工字钢与系梁钢模板采用楔形木块进行垫设,保证工字钢与系梁的基础密实,模板支架搭设高度5.8 m。注意系梁支架与施工脚手架分开搭设。系梁模板支架布置示意图见图6.13。

(5)钢筋制作与安装。

钢筋统一在钢筋棚下料,现场绑扎(或焊接)成型。墩柱各种钢筋的下料、制作必须严格按照设计图纸的尺寸进行。主筋的下料应准确考虑承台施工时墩柱预埋筋的实际长度。使用直螺纹套筒连接的钢筋端部须平齐,并按套筒使用要求加工螺纹,加工后端头全部用橡胶套保护。直螺纹套筒连接必须制作试件送检测中心工艺检验合格后方可投入施工。

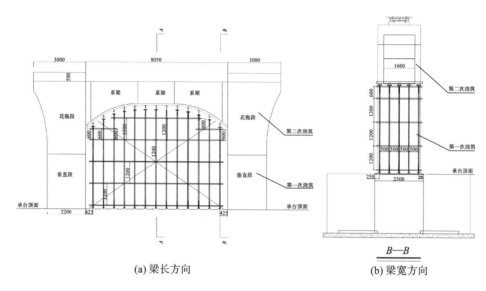

(a) 梁长方向   (b) 梁宽方向

图 6.13　系梁模板支架布置示意图(单位:mm)

(6)模板安装。

模板采用定型钢模,由经考核合格的专业厂家制作。一套墩柱、系梁模板共计约 23 t。模板分块加工拼装,平口连接,分块模板拼缝处粘贴止浆条。面板采用 6 mm 厚钢板,连接边框采用 12♯角钢、竖向 10♯槽钢,背肋采用 20♯槽钢,连接螺栓均采用 M18×50 螺栓。

钢模应按设计要求严格制作,对焊缝质量、板面平整度、缝隙、错台等严格把关,制作后,在工厂进行预拼、纠偏、防腐涂装和编号。进场运输及吊装、堆放过程中应注意防止钢模变形,进场后再对钢模进行试拼,防止可能发生的变形。依据墩柱位置线,准确地支立墩柱模板。工作平台四周设置 1.5 m 高护栏,外挂安全网;脚手架四角设置防风钢缆绳,与地基锚固牢靠。

墩柱模板按浇筑顺序分两次安装,第一次安装垂直段,浇筑完毕后直接在垂直段基础上安装花瓶段及系梁模板,不拆除下部已安装部分,保证定型钢模板整体性,避免两次浇筑交接部位出现错牙现象。

(7)混凝土浇筑。

墩身分两次浇筑,先浇筑墩身直线段部位,后浇筑墩身曲线段及墩系梁部位。采用商品混凝土,混凝土利用混凝土搅拌运输车直接运至现场后泵送。

搅拌完成的混凝土质量均匀、颜色一致,具有良好的流动性、黏聚性和保水性。混凝土拌和工程中,试验人员应按规定的频次和项目对混凝土质量进行过程检测,混凝土质量应满足工艺和设计要求。

混凝土运输设备的运输能力与混凝土的凝结速度和浇筑速度相适应,做到互相配合,不致因脱节而影响进度和质量,运输过程中应确保混凝土不发生离析、漏浆、严重泌水及坍落度损失过多等现象。运输过程中混凝土罐车宜以 2~4 r/min 的转速搅动,混凝土运至浇筑地点后,要保持其均质性和所需的稠度,如发现有离析现象或坍落度损失过大,可进行二次搅拌,但不得再次加水。在混凝土喂入泵车受料斗前,应高速反向旋转强力搅拌 20~30 s。已离析混凝土不得灌注入模,出现此现象要及时查明原因,予以处理。

混凝土浇筑前,全面复查,检查模板标高、截面尺寸,接缝、支撑、钢筋的直径与数量和预埋件(预埋水管)等,发现问题及时纠正。桥墩浇筑前注意检查综合接地系统的设置:桥墩中应有两根接地钢筋,一端与基底水平接地极(钢筋网)中的钢筋相连,另一端与墩帽处的接地端子相连,以上接地钢筋均可用基底、桥墩中的结构钢筋代替。

模板内的杂物、积水和钢筋上的污垢清理干净;模板缝隙填塞严密,模板内面涂刷脱模剂;检查混凝土的均匀度和坍落度。

为防止混凝土离析,从高处向模板内输送混凝土时,要符合以下要求:自由倾落高度不超过 2.0 m。串筒出口距混凝土表面 1.5 m 左右,防止混凝土离析。在串筒出料口下面,混凝土的堆积高度不超过 1.0 m。墩身平面内均匀布料,混凝土顶面高差不得超过 0.3 m。混凝土的浇筑连续进行,如因故必须间断,其间断时间小于前层混凝土的初凝时间或能重塑的时间,并经试验确定,若超过允许间断时间,按施工缝处理。

施工时混凝土入模速度要严格控制,最大浇筑速度不得超过 3 m/h。

混凝土灌注过程中下料要均匀,不得用振捣棒进行摊铺,防止墩身平面位置及垂直度产生偏差。在混凝土浇筑过程中,应经常检查模板、钢筋、沉降观测点及预埋件的位置和保护层的尺寸,确保其位置正确且不发生变形。随时观察所设置的预埋螺栓、预留孔的位置是否有移动,若发现移位则及时校正,注意模板、支架等的支撑情况,设专人检查,若有变形、移位或沉陷则立即校正并加固,处理后方可继续浇筑。

混凝土浇筑过程中应按要求及时测试混凝土的坍落度、入模温度等拌合物性能。在浇筑地点取样制作试件,留置足够数量的混凝土试件并按规定进行同条件养护或标准养护,及时准确填写施工记录。

混凝土分层浇筑厚度不超过 30 cm,采用插入式振动器垂直点振振捣密实。

表层混凝土振捣完成后,及时修整、抹平混凝土裸露面,待定浆后再抹第二遍并压光。抹面时严禁洒水,并防止过度操作影响表层混凝土质量。

使用插入式振捣器振捣时,按下列方法进行:振动棒不得在启动状态下放置于模板或钢筋上,不得将软轴插入混凝土内部或使软轴折成硬弯。振动棒插入点布置应均匀排列,可采用"行列式"或"交错式",按顺序移动,不应混用,以免造成混乱而发生漏振。每次移动位置的距离应不大于振动器的作用半径的 1.5 倍。离模板边缘 10 cm,插入下层混凝土 5 cm,防止碰撞模板钢筋及预埋件。振动棒插入混凝土后,应上下移动变换位置,幅度为 5~10 cm,以利于排出混凝土中空气,振捣密实。每个插点处应掌握好振捣时间,过短过长都不利,每点振捣时间一般为 20~30 s。待混凝土不再下沉,无显著气泡上升,顶面平坦一致,并开始浮现水泥浆,方可拔出振动棒。当发现表面积水时,立即设法排除,并检查发生的原因或调整混凝土配合比。使用振动棒时,前手应该紧握在振动棒上端约 50 cm 处,以控制插入点,后手扶正软轴,前后手相距 40~50 cm,使振动棒自然沉入混凝土内。插入式振动器操作时,做到"快插慢拔"。快插是为了防止混凝土表层先振实,而下层混凝土发生分层或离析现象。慢拔是为了使混凝土能填满振动棒抽出时形成的空隙,防止形成空洞。

为保证混凝土外观质量,在墩柱下部混凝土浇筑时振捣,工人需要到模板内部进行振捣,采用鼓风机对模板内进行通风降温。

完成一层混凝土振捣后,及时卸料、摊铺、振捣上一层,连续不断,避免中途出现施工缝,直至浇平模板顶面,完成整个墩柱施工。

混凝土浇筑过程中,为便于操作,可利用周边钢管支架搭设略高于模板的施工平台,做好围栏、脚踏板、安全网等安全防护措施。

混凝土施工时,派专人对模板、支架等进行检查、监控,及时处理漏浆、变形等情况,如有异常情况,应暂停混凝土施工,处理完问题后才可继续。

(8)混凝土养护及拆模。

混凝土浇筑完成后,及时对混凝土暴露面进行紧密覆盖,尽量减少暴露时间,防止表面水分蒸发。及时用塑料薄膜包裹并定时洒水养护。暴露面的保护层混凝土初凝前,卷起覆盖物,用抹子搓压表面至少两遍,使之平整后再次覆盖。此时应注意覆盖物不要直接接触混凝土表面,直到混凝土终凝为止。混凝土带模养护期间,采取喷淋洒水进行保湿、潮湿养护。

拆模时,混凝土芯部与表层、表层与环境之间的温差不得大于 15 ℃。拆除模板按立模顺序逆向进行,即先装后拆,不得损伤混凝土。严禁拆除模板时碰撞混凝土表面及棱角,避免对墩身外观质量造成损伤。当模板与混凝土脱离后,方可拆卸、吊运模板。在拆除模板时,不得影响或中断混凝土的养护工作。

混凝土拆模后,对墩柱表面进行洒水喷淋,在混凝土表面处于潮湿状态时,迅速采用麻布、草袋或土工布将墩身表面缠盖,再用塑料薄膜将墩身表面包裹。塑料薄膜应完好无损,彼此搭接完整,塑料布的接缝处采用胶条封闭,保证有足够的水分。养护时间不小于 14 d。在墩顶设置装满水的塑料桶,塑料桶侧设置开小孔管道,水滴从小孔流出至墩身塑料薄膜内以达到保湿的目的。包裹期间,塑料膜无破损、无透气,内部缠盖物应处于湿润状态。墩身养护期间遇到大风天气时,需要对迎风面提高洒水频率,保证迎风面和背风面都处于潮湿状态,避免迎风面因水分损失过大而产生表面收缩裂纹。

拆下的模板要及时清理,除去板面上残余的混凝土,刷油并存放好,对损坏的模板及时进行修复。

第7章 桥梁上部结构施工

7.1 钢筋混凝土简支梁桥施工

7.1.1 支架与模板

1. 支架

支架的主要类型有三种:立柱式支架、梁式支架和梁柱结合式支架。

(1)立柱式支架。

立柱式支架主要由排架和纵梁等构件组成,如图 7.1(a)、(b)所示。其中排架由枕木或桩、立柱和盖梁组成。排架间距一般为 4 m,桩的入土深度按施工设计要求设置,但是不能小于 3 m。当水深大于 3 m 时,桩要采用拉杆加强,还需要在纵梁下布置卸落设备。立柱式支架的特点是构造简单,主要用于城市高架桥或不通航道及桥墩不高的小跨径桥梁施工。其构造如下。

①立柱式支架可以采用直径为 48 mm、壁厚 3.5 mm 的钢管搭设,水中支架需要事先设置基础、排架桩,钢管支架在排架上设置。

②城市现浇高架桥时,一般在平整路基上铺设碎石层或砂砾石层,再在其上浇筑混凝土作为支架的基础;钢管排架纵、横向密排,下设槽钢支承钢管,钢管间距根据高架桥的高度及现浇梁的自重、施工荷载而定,一般为 0.4~0.8 m。

③钢管主要由扣件接长或者搭接,上端采用可调节的槽形顶托固定纵、横木龙骨,形成立柱式支架。

④搭设钢管支架要设置纵、横向水平加劲杆,高架桥较高时还需要加剪刀撑,水平加劲杆与剪刀撑均需要扣件与立柱钢管连成整体。排架顶标高应适当考虑设置预拱度。

⑤方塔式重力支撑脚手架是一种轻型支架,需要采用焊接钢管制成的方塔,上、下均有可调底座和顶托,其高度可由标准架组拼调整,方塔间用连接杆连成

整体。通过测试,每个单元塔架安全承载力约 180 kN。该支架装拆方便,用钢量少,适用高度为 5 m 以下。塔架需要架设水平加劲杆及剪刀撑,但是不适用于高桥和重载桥。

(2)梁式支架。

根据高架桥的跨径不同,梁可采用工字钢、钢板梁或钢桁梁,如图 7.1(c)、(d)所示。一般工字钢用于跨径小于 10 m 的情况;钢板梁用于跨径小于 20 m 的情况;钢桁梁用于跨径大于 20 m 的情况。梁可以支承在墩旁支柱上,也可支承在桥墩上预留的托架或支承在桥墩处的横梁上。

(3)梁柱结合式支架。

当高架桥较高、跨径较大或必须在支架下设孔通航或排洪时,可采用梁柱结合式支架,如图 7.1(e)、(f)所示。梁支承在墩台及临时支柱或临时墩上,形成多跨的梁柱结合式支架。

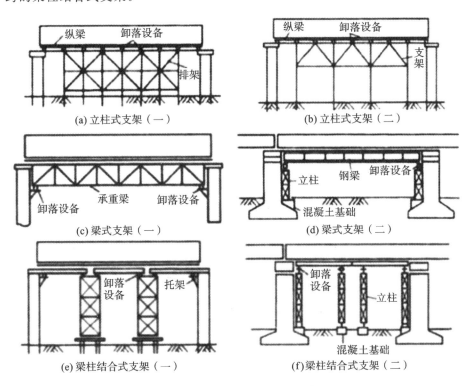

图 7.1 常用支架的主要构造示意图

2. 模板

(1) 木模。

木模由模板、肋木、立柱，或模板、直枋、横枋组成。模板厚度通常为3～5 cm，板宽为15～20 cm，不得过宽，以免翘曲。肋木、立柱、直枋和横枋尺寸通过计算确定。木模的优点是容易制作。

(2) 钢模。

钢模大多做成大型块件，一般长为3～8 m，由钢板和加劲骨架焊接组成。通常钢板厚4～8 mm。骨架由水平肋和竖向肋组成，肋由钢板或角钢做成，肋距为500～800 mm。大型钢模块件之间用螺栓或销栓连接。在梁的下部，常集中布置受力钢筋或预应力索筋，必要时可在钢模板上开设天窗，以便浇筑或振捣混凝土。多次周转使用的钢模，在使用前可用化学方法或机械方法清扫；在浇筑混凝土前，在模板内壁要用脱模剂，以便脱模。钢模的优点是周转次数多，且结实耐用，拼缝严密，能经受强行振捣，浇筑时表面光滑。

3. 支架和模板的安装

(1) 支架安装前应对各种杆件的质量、尺寸、外观和轴线等进行检查。支架的支承面应抄平。支架宜采用标准化、系列化、通用化的构件拼装，应进行施工图设计，并验算其强度、刚度和稳定性。

(2) 支架立柱必须安装在有足够承载力的地基上，立柱底端应设垫木来分布和传递压力，扩大上、下支承点的承载面，以减少支架下沉量和模板变形，保证浇筑混凝土后不产生超过允许的沉降量。

(3) 支架结构应满足立模高程的调整要求。按设计高程和施工预拱度立模。

(4) 模板连接缝间隙大于2 cm时，应用灰膏类填缝或贴胶带密封。预应力管道锚具处空隙大时，用海绵泡沫填塞，防止漏浆。

(5) 为加强支架纵、横向的刚度和稳定性，立柱在两个互相垂直的方向要设水平撑杆和斜撑，斜撑与水平交角不大于45°。一般立柱高度在5 m左右时水平横撑不得少于两道，并应在横撑间加双向剪刀撑（十字撑）。在支架的转角、端头和纵向每30 m左右均应设剪刀撑。剪刀撑要从顶到底连续布设，最后一对必须落地。

(6) 承重部位的支架和模板，必要时应在立模后预压，消除非弹性变形和基础沉降。预压重力相当于以后所浇筑混凝土的重力。当结构分层浇筑混凝土时,预压重力可取浇筑混凝土质量的80%。

(7)相互连接的模板,木板面要对齐,连接螺栓不要一次锁紧到位,整体检查模板线形,发现偏差及时调整后再锁紧连接螺栓,固定好支撑杆件。

4. 施工预拱度计算

(1)确定预拱度时应考虑的因素。

在支架上浇筑梁式上部构造时、施工时和卸架后,上部构造会产生一定的下沉及挠度。因此,为使上部构造在卸架后能获得设计规定的外形,需要在施工时设置一定数值的预拱度。在确定预拱度时应考虑下列因素:

①卸架后上部构造本身及一半活载所产生的竖向挠度 δ_1;

②支架在荷载作用下的弹性变形 δ_2;

③支架在荷载作用下的非弹性变形 δ_3;

④支架基底在荷载作用下的非弹性沉陷 δ_4;

⑤由混凝土收缩及温度变化而引起的挠度 δ_5。

(2)预拱度的计算。

上部构造和支架的各项变形值之和,即为应设置的预拱度。各项变形值可按下列方法计算和确定。

①桥跨结构应设置预拱度,其值等于恒载和1/2活载所产生的竖向挠度之和。当恒载和活载产生的挠度不超过跨径的1/1600时,可不设预拱度。

②对于满布式支架,当其杆件长度为 L、压力为 δ 时,其弹性变形 δ_2 见式(7.1)。

$$\delta_2 = \frac{\delta \cdot L}{E} \tag{7.1}$$

式中:E 为弹性模量。

当支架为桁架等形式时,应按具体情况计算其弹性变形。

③一般情况下,支架在每一个接缝处的非弹性变形:横纹木料接缝为3 mm;顺纹木料接缝为2 mm;木料与金属或木料与圬工的接缝为1~2 mm;顺纹与横纹木料接缝为2.5 mm。

④卸落设备砂筒内砂粒压缩和金属筒变形的非弹性压缩量,根据压力大小、砂子细度模量及筒径、筒高确定:20 t压力砂筒为4 mm;40 t压力砂筒为6 mm;砂子未预先压紧的为10 mm。支架基底沉陷可通过试验确定或见表7.1。

表 7.1　支架基底沉陷(单位:cm)

土壤	枕梁	柱	
		柱上有极限荷载时	柱的支承力未充分利用时
砂土	0.5～1.0	0.5	0.5
黏土	1.5～2.0	1.0	0.5

(3)预拱度的设置。

根据梁的拱度和支架的变形所计算出来的预拱度之和,为预拱度的最高值,应设置在跨梁中点。其他各点的预拱度,应以中间点为最高值,以梁的两端为零值,按直线或二次函数抛物线比例进行分配。

7.1.2　钢筋工程

1. 钢筋加工

(1)钢筋的调直。

直径 10 mm 以下Ⅰ级钢筋常卷成盘形,粗钢筋常弯成"发卡"形或出厂时截成 8～10 m 长,便于运输和储存。

盘形钢筋应先放开,将其截成 30～40 m 的长度,然后用人力或电动绞车拉直,拉直时要注意控制拉力,使任意一段的伸长率不超过 1%;也可用钢筋调直机拉直。

粗钢筋可放在工作台上用手锤敲直,亦可用手工扳子或自动机床矫直。整直后,粗钢筋应挺直,无曲折,钢筋中心线的偏差不超过其全长的 1/100。

(2)除锈去污。

为使钢筋与混凝土间有可靠的黏结力,油渍、漆皮、鳞锈均应在使用前清除干净。除锈工作应尽量利用冷拉和调直工序。除锈的方法有人工除锈(钢丝刷、砂盘)、喷砂除锈、钢筋除锈机除锈和酸法除锈。

(3)钢筋的画线配料。

为了使成型的钢筋符合设计要求,下料前进行用料的设计工作称为"配料"。配料以施工图纸、库存料规格及每　根钢筋的下料长度为依据,将不同直径与不同长度的各号钢筋按顺序填制配料单,按表列出各种长度及数量并进行配料,然后按型号规格分别切断弯制。

钢筋配料注意事项如下。

①对于有接头的钢筋,配料时应注意使接头位置设在内力较小处,并错开布置。对于焊接接头,受拉钢筋接头的截面积在同一截面内不得超过钢筋总截面积的 50%。此处同一截面是指钢筋长度方向 $35d$(d 为钢筋直径,下同)长度范围内,但不得小于 50 cm。

②对于绑扎搭接接头,其截面积在同一截面内受拉区不得超过钢筋总截面积的 25%;受压区不得超过钢筋总截面积的 50%。此处同一截面是指钢筋搭接长度范围内,绑扎接头的最小搭接长度见表 7.2。

表 7.2 绑扎接头的最小搭接长度

混凝土标号	15 号		≥20 号	
钢筋种类受力情况	受拉	受压	受拉	受压
Ⅰ级 5 号钢筋	$35d$	$25d$	$30d$	$20d$
Ⅱ级钢筋	$40d$	$30d$	$35d$	$25d$
Ⅲ级钢筋	$45d$	$35d$	$40d$	$30d$

③所有接头与钢筋弯曲处应不小于 $10d$,也不宜位于构件的最大弯矩处。受力钢筋同一截面内,同一根钢筋只准有一个接头。

(4)钢筋切断。

钢筋按下料长度下料,可用钢筋切断机(直径 40 mm 以下的钢筋)及手动液压切断器(直径 16 mm 以下的钢筋)切断。钢筋一般先断长料,后断短料;长料长用,短料短用。切剩的短料可作为电焊接头的绑条使用。

2. 钢筋接长(钢筋连接)

钢筋接长的方式有闪光接触对焊、电弧焊、机械连接和绑扎搭接。一般多应用电焊接头,只有在没有焊接条件时,才可用绑扎接头。

(1)连接方式。

①闪光接触对焊。

用闪光接触对焊接长钢筋,其优点是使钢筋传力性能好、省钢材、能电焊各种钢筋,避免了钢筋的拥挤,便于混凝土浇筑。故一般焊接均以采用闪光接触对焊为宜。闪光接触对焊是将夹紧于对焊机钳口内的钢筋,在接通电流时,以不大的压力移近钢筋两头,使其轻微接触。在移近过程中,钢筋端隙向四面喷射火花,钢筋熔融到既定的长度值后,便将钢筋快速顶锻,至此焊接过程结束。

②电弧焊。

图 7.2 所示为电弧焊过程示意图。一根导线接在被焊钢筋上,另一根导线接在夹有焊条的焊钳上。合上开关,将接触焊件接通电流,此时立即将焊条提起 2~3 mm,产生电弧。由于电弧温度最高可达 4000 ℃,能熔化焊条和钢筋,并合成一条焊缝,至此焊接过程结束。

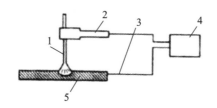

图 7.2　电弧焊过程示意图

注:1—焊条;2—焊钳;3—导线;4—电源;5—被焊金属。

③机械连接。

钢筋机械连接是指通过连接件的机械咬合作用或钢筋端面的承压作用,将一根钢筋中的力传递至另一根钢筋的连接方法。它具有接头质量稳定可靠,不受钢筋化学成分的影响,操作简便,施工速度快,且不受气候条件影响,无污染,无火灾隐患,施工安全等优点。目前推广应用的有套筒挤压连接法(通过挤压机施工)、直螺纹连接法和锥螺纹连接法等。

④绑扎搭接。

当没有条件采用焊接时,接头可采用铁丝绑扎搭接,应在钢筋搭接处的两端和中间至少 3 处用铁丝扎紧。其搭接长度见表 7.2。受拉区内Ⅰ级钢筋的接头末端应做弯钩。

对轴心受拉构件的接头及直径大于 25 mm 的钢筋均应用焊接,不得采用绑扎接头;冷拔钢丝的接头只能绑扎,不得焊接;冷拉钢筋的焊接接头应在冷拉前焊接。

(2)钢筋骨架的焊接。

钢筋骨架的焊接应采用电弧焊,先焊成单片平面骨架,再将平面骨架组焊成立体骨架,使骨架有足够刚性和不弯形性,以便吊运。

钢筋在焊接过程中由于温度变化,骨架将会发生翘曲变形,使其形状和尺寸不符合设计要求,同时会在焊缝内产生收缩应力而使焊缝开裂。因此,为了防止施焊过程中骨架的变形,在施工工艺上要采取一定的措施。一般常在电焊工作台上用先点焊后跳焊(即错开焊接的次序)的方法。另外,宜采用双面焊缝使骨架的变形尽可能均匀对称。

钢筋按设计图布置就绪后,各钢筋用点焊固定相对位置,使钢筋骨架各部分不致因施焊时加热膨胀及冷却收缩而变形。

无论是点焊还是电弧焊,骨架相邻部位的钢筋不能连续施焊,而应该错开焊接顺序(跳焊)。钢筋骨架焊接顺序宜由中到边对称地向两端进行,先跳焊下排钢筋,再焊上排钢筋。同一部位有多层钢筋时,各条焊缝也不能一次焊好,而要错开施焊。当多层钢筋直径不同时,可先焊直径相同的,再焊直径不同的。

(3)钢筋弯制成型。

钢筋应按设计尺寸和形状用冷弯的方法弯制成型。当弯制的钢筋较少时,可用人工弯筋器在成型台上弯制。

弯制大量钢筋时,宜采用电动弯筋机。电动弯筋机能弯制直径 6~40 mm 的钢筋,并可将钢筋弯成各种角度。

弯制各种钢筋的第一根时,应反复修正,使其与设计尺寸和形状相符,并以此样件作为标准,用以检查以后弯起的钢筋。钢筋弯曲成型后,表面不得有裂纹、鳞落或断裂等现象。

3. 钢筋安装

在模板内安装钢筋之前,必须详细检查模板各部分的尺寸,检查模板有无歪斜、裂缝及变形尺寸不符之处,检查各板之间有无松动。若发现问题,则都应在安装钢筋之前予以处理。

焊接成型的钢筋骨架,安装用一般起重设备吊入模板内即可。

对于绑扎钢筋,应拟定安装顺序。一般的梁肋钢筋,先放箍筋,再放下排主筋,后装上排钢筋。在钢筋安装工作中为了保证达到设计及构造要求,应注意下列几点。

(1)钢筋的接头应按规定要求错开布置。钢筋的交叉点,应用铁丝绑扎结实,必要时可用点焊焊牢。

(2)为保证混凝土保护层厚度,应在钢筋与混凝土间错开(0.7~1.0 m)设水泥浆垫块,不应贯通截面全长。为保证与固定钢筋间的横向净距,两排钢筋间可用混凝土分隔块或短钢筋扎结固定。

(3)除设计有特殊要求外,梁中箍筋应与主筋垂直。箍筋弯钩的叠合处,在梁中应沿梁长方向交错布置,在柱中应沿柱高方向交错布置。

7.1.3 混凝土工程

1. 混凝土浇筑前的准备工作

(1)检查原材料。

检查原材料的具体内容,见表 7.3。

表 7.3 检查原材料

检查项目	具体内容
砂子	混凝土用的砂子,应采用级配合理、质地坚硬、颗粒洁净、粒径小于 5 mm 的天然砂,一般应以细度模数 2.5~3.5 的中、粗砂为宜,砂中有害杂质含量不得超过规范规定
石子	混凝土用的石子,有碎石和卵石两种,要求质地坚硬、有足够强度、表面洁净,针状、片状颗粒以及泥土、杂物等含量不得超过规范规定。粗骨料的最大粒径不得超过结构最小边尺寸的 1/4 和最小钢筋净距的 3/4;在两层或多层密布钢筋结构中,不得超过钢筋最小净距的 1/2,同时最大粒径不得超过 100 mm。施工前应对所有的粗骨料进行碱活性检验
水泥	水泥进场必须有制造厂的水泥品质试验报告等合格证明文件。水泥进场后应按其品种、强度、证明文件以及出厂时间等情况分批进行检查验收,并对水泥进行反复试验。超过出厂日期三个月的水泥,应取样试验,并按其试验结果使用。对受潮的水泥,硬块应筛除并进行试验,根据实际强度使用,一般不得用在结构工程中。已变质的水泥,不得使用。不同品种、强度等级和出厂日期的水泥应分别堆放。堆垛高度不宜超过 10 袋,离地、离墙 30 cm。做到先到的先用,严禁混掺使用
水	水中不得含有妨碍水泥正常硬化的有害杂质,不得含有油脂、糖类和游离酸等。pH 值小于 5 的酸性水及含硫酸盐量超过 0.27 kg/cm³ 的水不得使用,海水不得用于钢筋混凝土和预应力混凝土结构中。饮用水均可拌制混凝土

(2)检查混凝土配合比。

混凝土配合比设计必须满足强度、和易性、耐久性和经济的要求。根据设计的配合比及施工所采用的原材料,在与施工条件相同的情况下,拌和少量混凝土做试块试验,验证混凝土的强度及和易性。

上面所述的配合比均为理论配合比,其中砂石均为干料,但在施工现场所用的材料均包含一定量的水。因此,在混凝土搅拌前,均需要测定砂石的含水率,调整施工配合比。

(3)检查模板与支架。

检查模板的尺寸和形状是否正确,接缝是否紧密,支架接头、螺栓、拉杆、撑木等是否牢固,卸落设备是否符合要求。清除模板内的灰屑,并用水冲洗干净;模板内侧需要涂刷隔离剂,以利脱模,若是木模还应洒水润湿。

(4)检查钢筋。

检查钢筋的数量、尺寸、间距接头位置及保护层厚度是否符合设计要求;钢筋骨架绑扎是否牢固;预埋件和预留孔是否齐全,位置是否正确。签发隐蔽工程验收单后方可浇筑混凝土。

2. 混凝土拌和

(1)人工拌和。

人工拌和混凝土是在铁板或在不渗水的拌和板上进行的。拌和时先将拌和所需的砂料堆正中耙成浅沟,然后将水泥倒入沟中,干拌至颜色一致,再将石子倒入里面加水拌和,反复湿拌若干次到全部颜色一致,石子和水泥砂浆无分离、无不均匀现象为止。

(2)机械拌和。

机械拌和混凝土是在搅拌机内进行的。混凝土拌和前,应先测定砂石料的含水率,调整配合比,计算配料单,水泥以包为单位。

混凝土拌和时,应先向鼓筒内注入用水量的 2/3,然后按先石子、次水泥、后砂子的上料顺序将全部混合料倒入鼓筒,随后将余下的 1/3 水量注入。投入搅拌机的第一盘混凝土材料应适量增加水泥、砂和水或减少石子,以覆盖搅拌筒的内壁而不降低拌合物所需的含浆量。混凝土搅拌中应严格控制水灰比和坍落度,拌和时间一般为 3 min 左右,以石子表面包满砂浆,混凝土拌合物均匀、颜色一致为标准,不得有离析和泌水现象。

3. 混凝土运输

(1)基本要求。

①混凝土运输路线应尽量缩短,尽可能减少转运次数。道路应平坦,以保证车辆行驶平稳。

②混凝土运输过程中不应发生离析、泌水和水泥浆流失现象。坍落度前后

相差不得超过30%,如有离析现象,必须在浇筑前进行第二次搅拌。第二次搅拌时不得任意加水,可同时加水和水泥以保持原水灰比不变。如第二次搅拌仍不符合要求,则不得使用。运输盛器应严密坚实,要求不漏浆、不吸水,并便于装卸拌合料。

③混凝土从加水搅拌,拌和机内卸出,经运输、浇筑直至振捣完毕所需的运输时间不宜超过表 7.4 中的限制。

表 7.4 混凝土拌合物运输时间限制

气温/℃	无搅拌设施运输/min	有搅拌设施运输/min
20~30	30	60
10~19	45	75
5~9	60	90

(2)运输工具。

运输工具一般采用独轮手推车、双轮手推车、窄轨倾斗车、自动倾卸卡车、井字架起吊设备、悬臂起重机、缆索起重机、搅拌运输车和混凝土泵车等。

4. 混凝土的浇筑

浇筑前仔细检查支架、模板和钢筋的尺寸及预埋件的位置是否正确,并检查模板的清洁、润滑和紧密程度是否满足要求。

(1)允许间隙时间。

混凝土浇筑应依照次序,逐层连续浇完,不得任意中断,并应在前层混凝土开始初凝前即将次层混凝土拌合物浇捣完毕。其允许间隙时间以混凝土还未初凝或振捣器尚能顺利插入为准。

(2)工作缝的处理。

当间歇时间超过规定的数值时,应按工作缝处理,其方法如下。

①待下层混凝土强度达到 2.5 MPa 后,方可浇筑后续混凝土。

②在浇筑混凝土前,应凿除施工缝处下层混凝土表面的水泥砂浆和松弱层,使坚实混凝土层外露并凿成毛面。

③无筋构件的工作缝应加锚固钢筋或石榫,有抗渗要求的施工缝宜做成凹形、凸形或设止水带。

④对施工接缝处的混凝土,振捣器离先浇混凝土 5~10 cm,应仔细地加强振捣,使新旧混凝土紧密结合。施工缝的位置宜留置在结构受剪力和弯矩较小

且便于施工的部位。

⑤旧混凝土经清理干净后,用水清洗干净并排除积水。垂直接缝应刷一层净水泥浆;水平接缝应铺一层厚为1~2 cm的1∶2水泥砂浆,斜缝可将斜面凿毛成台阶状,按照前面所说的方法处理。

(3)混凝土浇筑时的分层厚度。

每层混凝土的浇筑厚度,应根据拌和能力、运输距离、浇筑速度、气温及振捣器工作能力来决定,一般为15~30 cm。

(4)混凝土的自由倾落高度。

为保证混凝土在垂直浇筑过程中不发生离析现象,应遵守下列规定。

①浇筑无筋或少筋混凝土时,混凝土拌合物的自由倾落高度不宜超过2 m。当倾落高度超过2 m时,应用滑槽或串筒输送;当倾落高度超过10 m时,串筒内应附设减速设备。

②浇筑钢筋较密的混凝土时,自由倾落高度最好不超过30 cm。在溜槽串筒的出料口下面,混凝土堆积高度不宜超过1 m。

(5)斜层浇筑混凝土的方法。

对于大型构造物,每小时的混凝土浇筑量相当大,混凝土的生产能力很难适应,采用斜层浇筑混凝土的方法,可以减少浇筑层的面积,从而减少每小时的混凝土浇筑量。斜面浇筑混凝土应从低处开始。

(6)分成几个单元浇筑混凝土的方法(大体积混凝土浇筑)。

对于大型构造物如桥梁墩台,当其截面积超过100 m^2 时,为减少混凝土每小时需要量,可把整体混凝土分成几个单元来浇筑。每个单元面积最好不小于50 m^2,其高度不超过2 m,上、下两个单元间的垂直缝应彼此相间、互相错开1~1.5 m。

将厚大的混凝土体分成单元,还可以防止墩台表面发生裂缝。大体积混凝土的浇筑应在一天中气温较低时进行。

(7)上部构造混凝土的浇筑。

①简支梁混凝土的浇筑。

浇筑上部构造混凝土可以采用水平分层浇筑法或斜层浇筑法。

整体式简支板梁混凝土的浇筑,宜不间断地一次浇筑完毕。整个上部构造浇筑完毕时,其最初浇筑的混凝土强度还不够,仍有随支架的沉陷而变形的可塑性。一般采用斜层浇筑法,从两端同时开始,向跨中将梁和行车道板一次浇筑完毕。

简支梁式上部构造混凝土的浇筑也可用水平层浇筑法。在所有钢筋绑扎安装之后,将上部构造分层一次浇筑完毕,通过上部钢筋间的缝隙将混凝土浇入模板内并捣实。

②悬臂梁、连续梁混凝土的浇筑。

从跨中向两端墩台进行混凝土浇筑,在桥墩处(刚性支点)设接缝,待支架稳定后,灌注接缝混凝土。

跨径较大并且在满布式支架上浇筑简支梁式的上部构造,以及在基底刚性不同的支架上浇筑悬臂梁式和连续梁式的上部构造,其浇筑方法要选用适当,使浇筑的混凝土不因支架沉陷不均匀而产生裂缝。因此,必须按下列方法之一进行浇筑。

a. 尽可能加速混凝土的浇筑速度,全梁的混凝土浇筑完毕时,其最初浇筑的混凝土的强度还不够,仍有随支架的沉陷而变形的可塑性。

b. 浇筑前预先在支架上施加相当于全部混凝土重量的砂袋等,使其充分变形,浇筑时将预加的荷重逐渐撤去。

c. 将梁分成数段,按照适当的顺序分段浇筑。

5. 混凝土的振捣

为了使混凝土具有所需要的密实度,从而提高混凝土的强度与耐久性,应采用振捣器捣实。

(1)人工振捣。

采用人工振捣的混凝土,适用于坍落度大、混凝土数量少或布筋较密的场合,且应按规定分层浇筑。为使混凝土密实,且表面平整、无蜂窝麻面等现象,每层需要用捣钎捣实,并沿模板边缘捣边,捣边时要用手锤或木槌轻敲模板外侧,使之抖动。振捣时应注意均匀,大力振捣不如小力加快振捣有效。

(2)机械振捣。

①插入式振捣。

插入式振捣即用插入式振捣器插入混凝土内部振捣,适用于非薄壁构件的振捣,如实心板、墩台基础和墩(台)身,捣实效果比较好。振动器插入混凝土时要垂直,不可触及模板和钢筋。振捣时快插慢拔、插点要均匀,可按行列式或交错式进行,两点间距离以 1.5 倍作用半径为宜,作用半径一般为 40~50 cm。振捣上一层的混凝土时振捣器应插入下层混凝土 5~10 cm 以消除两层之间的接触面,与侧模应保持 5~10 cm 的距离,以避免振动棒碰撞模板。

振捣时间以混凝土不再下沉、气泡不再发生、水泥砂浆开始上浮、表面平整为准。插入式振捣器振捣时间为15~30 s。

延长振捣时间,并不能提高混凝土的质量;相反,过久地振捣,可能使混凝土出现离析、石子下沉、灰浆上升等问题;过多地振捣所造成的危害比振捣不足更大,尤其对塑性、稠度较稀的混凝土更为显著。

②平板式振捣。

平板式振捣即用平板式振捣器放在混凝土浇筑层的表面振捣,适用于混凝土面积较大的振捣,如实心板、空心板的底板和顶板、桥面和基础等。平板式振捣器移位间距应使振捣器平板能覆盖已振实部分10 cm左右,振捣时间为20~40 s。

③附着式振捣。

附着式振捣即将附着式振捣器安装在模板外部振捣,适用于薄壁构件的振捣,如T形梁等。振捣器的布置与构件厚度有关,当厚度小于15 cm时,可两面交错布置;当厚度大于15 cm时,应两面对称布置。振捣器布置的间距不应大于其作用半径。附着式振捣器振捣时间为40~60 s。这种方法借助振动模板以振实混凝土,效果并不理想,且对模板要求很高,故一般只在钢筋过密而无法采用插入式振捣器时方可采用。

6. 混凝土的养护

混凝土中水泥的水化作用过程就是混凝土凝固、硬化和强度发育过程,为了保证已浇筑的混凝土有适当的硬化条件,并防止天气干燥使混凝土表面产生收缩裂缝,应对新浇筑的混凝土加以润湿养护。混凝土养护主要方法有浇水养护和喷膜养护。

(1)浇水养护。

浇水养护即在自然温度条件下(高于5 ℃),用湿草袋、麻袋、锯末覆盖和洒水养护保持混凝土表面处于湿润状态,对塑性混凝土,应在浇筑后12 h以内;对干硬性混凝土,应在浇筑后1~2 h内。混凝土的浇水养护日期随环境气温而异,在常温下,用普通水泥拌制时,不得少于7昼夜;用矾土水泥拌制时,不得少于3昼夜;用矿渣水泥、火山灰质水泥或在施工中掺用塑化剂时,不得少于14昼夜。干燥炎热天气应适当延长,气温低于5 ℃时,不得浇水,但在混凝土表层加以覆盖。

(2)喷膜养护。

喷膜养护是混凝土表面喷洒 1~2 层塑料溶液,待溶液挥发后,在混凝土表面结合成一层塑料薄膜,使混凝土与空气隔绝,水分不再蒸发,从而完成水化作用。此养护方法适用于表面较大的混凝土及垂直面混凝土。

7. 模板与支架的拆除程序、方法和期限

模板拆除应遵循先支后拆、后支先拆,先拆非承重、后拆承重的顺序,自上而下进行。支架和拱架,应按几个循环卸落,卸落量宜由小渐大。每一循环中,横向应同时卸落,纵向应对称、均衡卸落。

非承重侧模板应在混凝土强度保证其表面及棱角不致因拆模而受损坏时方可拆除,一般抗压强度达到 2.5 MPa。

芯模和预留孔道的内模,应在混凝土抗压强度能保证其表面不发生塌陷或产生裂缝时方可抽除。

预应力混凝土结构的承重底模,应在施加预应力后拆除。

拆除立杆(拉杆)时,要特别注意防止失稳,一般最后一道水平横撑杆要与立杆(拉杆)同时拆下。卸落支架时要设专人用仪器观测梁、拱的变形情况并做详细记录。

现浇钢筋混凝土桥落架工作,应从挠度最大处的支架上的落架设备开始向两支点进行。卸落量开始宜小,以后逐渐增大,并要纵向对称、横向一致、同时卸落。简支梁、连续梁宜从跨中向支座依次循环卸落;悬臂梁应先卸挂梁及悬臂的支架,再卸无铰跨内的支架;肋板梁等形式的上部构造,应按荷载传递的次序进行。

在拆除模板及其支架以前,应对混凝土立方体进行试压,以确定所达到的强度。混凝土立方体应取自浇筑承重结构的混凝土中,并且应与承重结构处于相同的条件进行养护。

模板及其支架的拆除期限与混凝土硬化的速度、气温及结构性质有关,现浇结构拆除底膜时的混凝土强度见表 7.5。

表 7.5 现浇结构拆除底膜时的混凝土强度

结构类型	结构跨度/m	按混凝土设计强度标准值的百分率/(%)
板	≤2	50
	2~8	75
	>8	100

续表

结构类型	结构跨度/m	按混凝土设计强度标准值的百分率/(%)
梁、拱	≤8	75
	>8	100
悬臂构件	≤2	75
	>2	100

模板拆除时,应尽量避免对混凝土硬化的振动;已拆除模板的结构,应在混凝土达到设计强度的100%后,才允许承受全部计算荷载。

8. 混凝土的季节性施工措施

(1)混凝土的冬季施工。

混凝土的强度发育与周围的温度有关,当温度低于15 ℃时,硬化速度减慢;当温度低于0 ℃时,硬化基本停止,虽然在温度回升后,仍能重新硬化,但最终强度下降。所以在冬季条件下进行混凝土施工,要求混凝土强度未达到设计强度的40%时不得受冻,需要采取保温措施。

实验证明,当混凝土强度达到设计强度的70%时,再受冻就没有影响,当天气转暖后,混凝土仍可发展到正常的强度。当平均气温连续5 d低于5 ℃或最低气温低于-3 ℃时,应按冬季施工法浇筑混凝土。

①一般措施。

在冬季,一般采取减少用水量、增加混凝土拌和时间、改进运输工具、在周围设置保温装置等措施以减少热量损失。冬季混凝土宜优先选用强度等级在42.5级以上的硅酸盐水泥、普通硅酸盐水泥,其水灰比一般不应大于0.45。混凝土运输时间尽量短,要有保温措施。

②原材料加热。

拌制混凝土应优先采用加热水,水加热温度不宜高于80 ℃。在严寒情况下,也可将骨料加热,但加热温度不得高于60 ℃,拌和时先将水和砂石材料拌和一定时间,再加入水泥一起拌和,避免水泥和热水接触,产生"假凝现象",拌和时间应延长50%。

③掺早强剂。

在混凝土中掺入一定数量的引气剂、减水剂和防冻剂,既可加快提高混凝土的早期强度,又可降低混凝土中水的冰点,从而防止混凝土的早期冻结。

对无筋或少筋的混凝土结构可加入2%的氯化钙,对钢筋混凝土结构可加入不超出1.0%的亚硝酸钠复合剂。预应力混凝土禁用含氯盐防冻剂。

④提高养护温度。

提高养护温度的方法见表7.6。

表7.6 提高养护温度的方法

方法	具体操作
暖棚法	在结构物上方搭棚覆盖,并在棚内生火炉,使温度保持在10 ℃左右。暖棚内应保持一定的湿度,湿度不足时,应向混凝土表面及模板洒水
蓄热法(暖瓶法)	在混凝土表面上覆盖稻草、锯末等保温材料,保温不低于10 ℃,延迟混凝土热量的散失。此法宜用于不太寒冷的气候,成本最低,使用简便
蒸汽加热法	将构件放在密闭的养护室内,通以湿热蒸汽加以养护。蒸汽养生在混凝土浇筑后2 h开始升温,升温速度不得超过15 ℃/h,养护时间为8~12 h,最高温度不宜超过80 ℃,降温速度不得超过10 ℃/h
电热法	在混凝土内埋入钢筋或铅丝,然后通电,使电能变为热能。在养护中控制温度并观测混凝土表面的湿度,出现干燥现象时应停电,并用温水润湿表面

(2)混凝土夏季施工。

混凝土夏季施工是指浇筑混凝土时的气温高于30 ℃。

①控制原材料温度。

采取遮阳或降温措施,降低混凝土原材料及水温能有效地降低混凝土的温度。实验证明,若水温降低2 ℃,则能使混凝土的温度降低0.5 ℃,拌制混凝土用水可采用地下水,水泥、砂、石料应遮阳防晒,以降低骨料温度。

②掺加减水剂。

掺加减水剂可以减少水泥用量和提高混凝土的早期强度。减水剂的用量为水泥用量的3%。

③控制操作时间。

施工宜在夜间进行,运输时尽量缩短时间,运输距离力求最短,减少拌和时间,保证以最短的时间连续浇筑完毕。浇筑现场尽量遮阳,并采取措施降低模板与钢筋的温度。

④注意养护。

混凝土浇筑完毕后,及时进行表面泌水,并覆盖塑料膜、湿草袋或湿麻袋,采取遮光和挡风措施,洒水养护并保持湿润最少 7 d。构筑物竖面拆模后用湿麻布外包塑料膜包裹,保湿 7 d 以上。

(3)混凝土雨季施工。

混凝土雨季施工是指在降雨量集中的季节且易对混凝土的质量造成影响时进行的施工。其主要注意事项如下。

①混凝土浇筑完毕后,及时覆盖塑料布。

②雷区应采取防雷措施,高耸结构应有防雷设施。露天使用的电器设备要有可靠的防漏电措施。台风区要有防风措施。

③施工前检查和疏通现场排水系统。雨后及时清除模板和钢筋上的污物。

9.泵送混凝土施工

(1)泵送混凝土原材料和配合比。

①泵送混凝土原材料的要求。

泵送混凝土原材料的要求见表 7.7。

表 7.7 泵送混凝土原材料的要求

材料名称	具体要求
水泥	水泥品种对混凝土可泵性有一定影响。一般以采用硅酸盐、普通硅酸盐水泥为宜,一般不用矿渣水泥。采取适当提高砂率、降低坍落度、掺加粉煤灰、提高保水性等技术措施,对降低水泥水化热、防止温差引起裂缝等是有利的
水	拌制泵送混凝土所用的水,应符合国家现行标准的规定
细集料	细集料宜采用中砂。规定通过 0.315 mm 筛孔的砂,不应少于 15%
粗集料	为防止混凝土泵送时管道堵塞,必须严格控制粗集料最大粒径与输送管径之比。规定粗集料最大粒径与输送管径之比:泵送高度在 50 m 以下时,对碎石不宜大于 1∶3,对卵石不宜大于 1∶2.5;泵送高度在 50~100 m 时,宜在 1∶4~1∶3;泵送高度在 100 m 以上时,宜在 1∶5~1∶4。粗集料针片状颗粒含量对混凝土可泵性影响很大。当针片状颗粒含量高,石子级配不佳时,输送管道弯头处的管壁往往易磨损或崩裂。针片状颗粒一旦堆积在输送管中,易造成输送管堵塞,因此,规定针片状颗粒含量不宜大于 10%
外掺材料	泵送混凝土中掺用外加剂和粉煤灰(简称"双掺")对提高混凝土的可泵性十分有利,同时还可节约水泥,但均须符合国家现行相应标准的规定。设计掺用粉煤灰的泵送混凝土配合比时,必须经过试配确定

②泵送混凝土配合比。

确定泵送混凝土的配合比时,仍可采取用普通方法施工的混凝土配合比设计方法,故泵送混凝土配合比设计应符合用普通方法施工的混凝土配合比设计应遵守的规定。只是考虑混凝土拌合物在泵压作用下由管道输送的特点,在水泥用量、坍落度、砂率等方面予以特殊处理。

a.坍落度。不同泵送高度入泵时混凝土坍落度选用值见表7.8。

表7.8 不同泵送高度入泵时混凝土坍落度选用值

泵送高度/m	坍落度/mm
<30	100～140
30～60	140～160
60～100	160～180
>100	180～200

b.水灰比。泵送混凝土水灰比过小,混凝土流动阻力急剧上升,泵送极为困难;水灰比过大,混凝土易离析、可泵性差。泵送混凝土的水灰比宜为0.4～0.6。

c.砂率。泵送混凝土的砂率宜为38%～45%。

d.水泥用量。水泥含量是影响管道内输送阻力的主要因素。泵送混凝土最小水泥用量与输送管直径、泵送距离、集料等有关。泵送混凝土的最小水泥用量宜为300 kg/m³。

(2)混凝土泵送设备。

①混凝土泵。

混凝土泵是将混凝土拌合物加压并通过管道进行水平或垂直连续输送到浇筑工作面的混凝土输送机械,是泵送混凝土施工的主要设备。

混凝土泵按驱动形式主要分为挤压式和活塞式。目前一般采用的是液压活塞式混凝土泵。混凝土泵按其移动方式可分为拖式、固定式、臂架式和车载式等。

②输送管道。

混凝土泵的输送管有直管、锥形管、弯管和软管等。除软管为橡胶外,其余一般为钢管。直管管径一般有三种:100 mm、125 mm、150 mm。管道直径可按实际需要,通过变径锥管连接。

(3)施工方法。

①混凝土的泵送。

泵送前应先开机进行空运转,然后泵送适量水以湿润混凝土泵的料斗、活塞及输送管的内壁等直接与混凝土接触部位。经泵送水检查,确认混凝土泵和输送管中无异物,并且接头严密后,应采用下列方法之一润滑混凝土泵和输送管内壁。

a. 泵送水泥浆。

b. 泵送 1∶2 水泥砂浆。

c. 泵送与混凝土内除粗集料外的其他成分相同配合比的水泥砂浆。

润滑浆的数量可根据混凝土泵操作说明提供的定额和管道长度确定。润滑用的水泥浆或水泥砂浆应分散布料,不得集中浇筑在同一处。

开始泵送时,转速以 500~550 r/min 为宜,混凝土泵应处于慢速、匀速并随时可反泵的状态。泵送速度应先慢后快,逐步加速。同时,应观察混凝土泵的压力和各系统的工作情况,待各系统运转顺利后,方可以正常速度进行泵送。

在混凝土泵送过程中,要密切注意油压表和各部分的工作状态。泵送中应注意不要使料斗里的混凝土降到 20 cm 以下。料斗内剩料过少,不但会使泵送量减少,还会因吸入空气而造成堵塞。泵送时,每 2 h 更换一次清洗水箱里的水。当混凝土泵送开始后就应连续进行,尽可能不要中途停顿。料斗内的混凝土部分有离析倾向时,应搅拌均匀后再压送。

泵送过程中,废弃的和泵送终止时多余的混凝土,应按预先确定的处理方法及时进行妥善处理。

混凝土泵送结束前,应正确计算尚需使用的混凝土数量,并应及时告知混凝土搅拌站。泵送完毕时,应将混凝土泵和输送管清洗干净。

②泵送混凝土的浇筑。

泵送混凝土的浇筑施工,应根据工程结构特点、平面形状和几何尺寸、混凝土供应和泵送设备能力、劳动力和管理能力,以及周围场地大小等条件,预先划分好混凝土浇筑区域。

a. 混凝土的浇筑顺序。浇筑泵送混凝土时,为了方便施工,提高工效,缩短浇筑时间,保证浇筑质量,应当确定合理的浇筑次序,并严格执行。其注意事项如下。

当采用输送管输送混凝土时,应由远而近浇筑,可使布料、拆管和移动布料设备等不会影响先浇混凝土的质量。

同一区域的混凝土,应按先竖向结构后水平结构的顺序,分层连续浇筑。

当不允许留施工缝时,区域之间、上下层之间的混凝土浇筑间歇时间,不得超过混凝土初凝时间。当下层混凝土初凝后,浇筑上层混凝土时,应先按留施工缝的规定处理。

b.混凝土的布料方法如下。

在浇筑竖向结构混凝土时,布料设备的出口离模板内侧面不应小于50 mm,且不得向模板内侧面直冲布料,也不得直冲钢筋骨架,以防止混凝土离析。

浇筑水平结构混凝土时,不得在同一处连续布料,应在2~3 m范围内水平移动布料,且宜垂直于模板布料。

c.混凝土的浇捣的注意事项如下。

混凝土浇筑分层厚度宜为300~500 mm。当水平结构的混凝土浇筑厚度超过500 mm时,可按1∶10~1∶6坡度分层浇筑,且上层混凝土应超前覆盖下层混凝土超过500 mm。

振捣泵送混凝土时,振动器移动间距宜为400 mm左右,振捣时间宜为15~30 s,且隔20~30 min后进行复振。

对于有预留洞、预埋件和钢筋太密的部位,应预先制订技术措施,确保顺利布料和振捣密实。在浇筑混凝土时,应经常观察,当发现混凝土有不密实等现象时,应立即采取措施予以纠正。对于水平结构的混凝土表面,应适时用木抹子磨平搓毛两遍以上。必要时,还得用铁滚筒压两遍以上,以防止产生收缩裂缝。

7.1.4 装配式梁桥的施工

1.构件的起吊

装配式桥梁构件在脱底模、移运、吊装时,混凝土的强度一般不低于设计强度的75%,对孔道已压浆的预应力混凝土构件,其孔道水泥浆的强度不应低于设计要求,如无设计规定,不得低于30 MPa。构件的吊环应顺直,吊绳与起吊构件的交角小于60°时,应设置吊架或扁担,尽可能使吊环垂直受力;吊移板式构件时,不得吊错上、下面,以免构件折断。

(1)吊点位置的选择。

钢筋混凝土构件制作时,一般在设计图纸上规定好吊点位置,预留吊孔或预埋吊环。当设计无规定时,应根据构件配筋情况、外形特征等慎重确定。

①细长构件。

钢筋混凝土方桩等细长构件中所放的钢筋一般对称放于四周。选择吊点时,正、负弯矩相等可使桩所受弯矩最小。吊点选择不当会使方桩产生裂缝以至断裂。根据桩长的不同,一般会有三种情况。

a. 桩长为 10 m 以下时,用单点吊。

b. 桩长为 11~16 m 时,用双点吊或单点吊。

c. 桩长为 17 m 以上时,用双点吊或四点吊。

② 一般构件。

一般构件如钢筋混凝土简支梁、板等多采用两点吊。但因钢筋配置并非同方桩一样上下对称,而是上边缘稀疏、下边缘密集,所以吊点位置一般均在距支点不远处,以减少起吊时构件吊点处的负弯矩。

③ 厚大构件。

厚大构件尤其是平面尺寸较大的板块(如涵洞盖板),为增大吊运过程中的稳定性,防止倾覆,常采用四点吊,吊点沿对角线设于交点处。

(2) 构件绑扎。

为了节约钢材及起吊方便,构件预制时常在吊点处预留吊孔以代替预埋吊环。构件起吊时,必须用千斤绳来绑扎。此时应注意以下几点。

① 绑扎方式应符合绑扎迅速、起吊安全、脱钩方便的要求。

② 绑扎处必须位于构件重心之上,防止头重脚轻。

③ 千斤绳与构件棱角接触处,需要用橡胶、麻袋或木块隔开,以防止构件棱角损伤并减少千斤绳的磨损。

(3) 起吊方法。

① 三角、人字扒杆偏吊法。

将手拉葫芦斜挂在扒杆上,偏吊一次,移动一次扒杆,将构件逐步移出后搁置在滚移设备上,便可将构件拖移至安装处。

扒杆偏吊法具有设备简单、取材容易、操作方便等优点。对于重量不大的构件,如小跨径的 T 形梁,用这种方法起吊较为适宜。

② 横向滚移法。

将构件从预制底座上抬高后,在构件底面两端装置横向滚移设备,用手拉葫芦牵引,可将构件移出底座。

在装置横向滚移设备时,从底座上抬高构件的方法有吊高法和顶高法:吊高法用小型门架配手拉葫芦把构件从底座吊起;顶高法用特别的凹形托架配千斤顶把构件从底座顶起。

滚移设备包括走板、滚筒和滚道:走板在构件底面,与构件一起行走;滚筒放在走板与滚道之间,滚动而使构件行走,通常由硬木或无缝钢管制成;滚道是滚筒的走道,有钢轨滚道和木滚道两种。

③龙门吊机法。

用专设的龙门吊机把构件从底座上吊起,横移至运输轨道,卸落在运构件的平车上。龙门吊机(也称"龙门架")由底座、机架和起重行车3部分组成,运行在专用的轨道上。吊机的运动方向有3个,即荷重上下升降、行车的横向移动和机架的纵向运动。

龙门吊机有钢木组拼和贝雷片组拼两种:钢木组拼龙门吊机,以工字梁为行车梁,以圆木为支柱组成的支架,安装在窄轨平车和方木组成的底座上,可在专用的轨道上运行;贝雷片组拼龙门吊机,以贝雷片为主要构件,配上少量圆木组成的机架,安装在由平车和方木组成的底座上,也在专用的轨道上运行。

2. 构件的运输

(1)纵向滚移法。

纵向滚移法用滚移设备,以人力或电动绞车牵引,把构件从预制场运往桥位。其设备和操作方法与横向滚移法基本相同,不过走板的宽度要适当加宽,以便在走板上装置斜撑,使T形梁具有足够的稳定性。

(2)轨道平车运输。

轨道平车运输把构件吊装在轨道平车上,用电动绞车牵引,运往桥位。轨道平车设有转盘装置,以便装上构件后能在曲线轨道上运行,同时装设制动设备,以便在运行过程中刹车。运输构件时,牵引的钢丝绳必须挂在后面一辆平车上,或从整根构件的下部缠绕一周后再引向导向轮至绞车。

(3)汽车运输。

汽车运输把构件吊装在拖车或平台拖车上,由汽车牵引,运往桥位。拖车仅能运输10 m以下的预制梁;平台拖车可运输20 m的T形梁。一般构件应顺宽度方向侧立放置,并应有防止其倾覆的固定措施,如必须平放,在吊点处必须设支垫方木;桁架和大梁应顺高度方向竖立放置,如有特制的固定梁,将构件绑扎牢固。当车短而构件长时,外悬部分可能超过允许的外悬长度,应在预制前核算其负弯矩值,必要时可在构件预制过程中增加抵抗负弯矩的钢筋,以防运输时顶面开裂。运输构件的车辆应低速行驶,尽量避免道路颠簸。

3. 构件的安装

(1)旱地架梁。

①自行式吊车架梁。

临岸或陆地桥墩的简支梁,场内又可设置行车通道的情况下,用自行式吊车(汽车吊车或履带吊车)架设十分方便。此法视吊装重量不同,可采取一台吊车"单吊"(起吊能力为荷载重的 2~3 倍)或两台吊车"双吊"(每台吊车的起吊能力为荷重的 85%~150%),其特点是机动性好,架梁速度快。一般吊装能力为 50~3500 kN。

②门式吊车架梁。

在水深不超过 5 m,水流平稳,不通航的中、小河流上,也可以搭设便桥用门式吊车架梁。

③摆动排架架梁。

摆动排架架梁用木排架或钢排架作为承力的摆动支点,由牵引绞车和制动绞车控制摆动速度,当预制梁就位后,再用千斤顶落梁就位。此方法适用于小跨径桥梁。

④移动支架架梁。

对于高度不大的中、小跨径桥梁,当桥下地基良好能设置简易轨道时,可采用木制或钢制的移动支架来架梁。

(2)水中架梁。

由于水流较急、河较深或通航等原因不能采取上述方法时,还可采用下述一些方法架梁。

①吊鱼法。

吊鱼法适用于重量小于 50 kN、小跨径的钢筋混凝土桥。吊鱼法先绞紧前面的牵引绞车,同时放松后面的制动绞车,使梁等速前进。当梁的前端悬空后,就逐渐绞紧扒杆上的吊鱼滑车组,将梁端提起。当梁的前端伸出后,后端上翘、前端低头,这时可绞紧拖拉绞车和吊鱼滑车组,将低头梁端逐渐提起;然后放松制动绞车,梁即前进一步,梁前进后,前端又要低头。重复上述步骤至梁到达前方墩台为止。

②扒杆导梁法。

扒杆导梁法以扒杆、导梁为主体,配合运梁平车和横移设备使预制梁从导梁上通过桥孔,由扒杆装吊就位。起重量一般为 50~150 kN。

③穿式导梁悬吊安装。

穿式导梁悬吊安装在左右两组导梁安置起重行车,用卷扬机将梁悬吊穿过桥孔,再进行落梁、横移、就位。

④龙门吊机导梁安装(也可用架桥机安装)。

龙门吊机导梁安装以龙门吊机和导梁为主体,配合运梁平车和蝴蝶架,使预制梁从导梁上通过桥孔,由龙门吊机吊装就位。

⑤跨墩龙门吊机安装。

跨墩龙门吊机配合轻便铁轨及运梁平车安装桥跨结构是一种常用的方法,其特点是龙门吊机的柱脚跨过桥面,支承在沿桥长铺设的、筑于河底或栈桥上的轻便铁轨上。

7.2 预应力混凝土梁桥施工

7.2.1 先张法预应力简支梁桥施工

1. 先张法及工艺流程

(1)先张法。

先张法是先将预应力筋在台座上按设计要求的张拉控制应力张拉,然后立模浇筑混凝土,待混凝土强度达到设计标号的75%后,放松预应力筋。由于钢筋的回缩,通过其与混凝土之间的黏结力,混凝土得到预应力。

先张法生产可采用台座法或机组流水法,用于工厂内预制定型构件。

先张法的优点:只需要夹具,可重复使用,依靠预应力筋与混凝土的黏结力自锚于混凝土中;工艺构造简单,施工方便,成本低。

先张法的缺点:需要专门的张拉台座,一次性投资大;构件中的预应力筋只能直线配筋,适用于长度在 25 m 内的预制构件。

(2)先张法施工工艺。

预应力混凝土先张法工艺流程如图 7.3 所示。

2. 张拉台座

张拉台座由承力支架、横梁、定位钢板和台面等组成,要求有足够强度、刚度

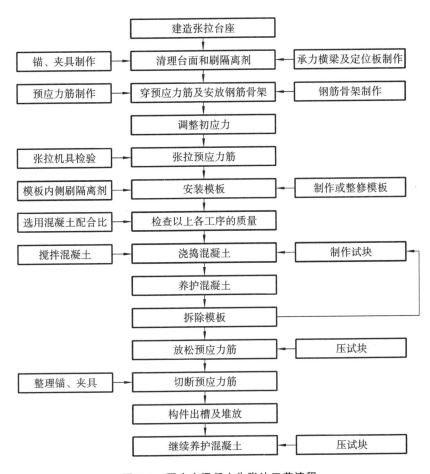

图 7.3 预应力混凝土先张法工艺流程

与稳定性（其抗倾覆安全系数不小于 1.5，抗滑移系数不小于 1.3），台座长度一般在 50~100 m。

(1) 承力支架。

承力支架是台座的重要组成部分，要承担全部张拉力，在设计和建造时应保证不变形、不位移、经济、安全和操作方便。目前在桥梁施工中所采用的承力支架多用槽式，这种支架一般能承受 1000 kN 以上的张拉力。

(2) 台面。

台面是制作构件的底模，要求地基不产生非均匀沉陷，底板制作必须坚固、平整、光滑。一般可在夯实平整的地基上浇铺一层素混凝土，并按规定留出伸缩缝。

(3)横梁。

横梁是将预应力筋的全部张拉力传给承力支架的两端横向构件,可用型钢或钢筋混凝土制作;根据横梁的跨度、张拉力的大小,通过计算确定其断面,以保证其强度、刚度和稳定性;受力后挠度应不大于 2 mm,避免受力后产生变形或翘曲。

(4)定位板。

定位板是用来固定预应力钢筋位置的,一般用钢板制作。其厚度必须使定位板承受张拉力后,具有足够的刚度。圆孔位置参照梁体预应力钢筋的设计位置,孔径的大小应比预应力钢筋大 2~4 mm,以便穿筋。

3. 模板与预应力筋制作

(1)模板的制作。

模板的制作除满足一般要求外,还有如下要求。

①端模预应力筋孔道的位置要准确,安装后与定位板上对应的力筋要求均在一条中心线上。

②先张法制作预应力板梁,预应力钢筋放松后板梁压缩量为 1% 左右。为保证梁体外形尺寸,侧模制作量要增加 1%。

(2)预应力钢筋的制作。

预应力混凝土构件所用的预应力钢筋,种类很多,有直径为 3~5 mm 的高强钢丝、钢绞线、冷拉Ⅲ、Ⅳ级钢筋等。此处仅介绍预应力钢筋的制作工序,包括下料、对焊、镦粗、冷拉等。进场分批验收除检查"三证"(钢筋合格证、质量保证书和检测报告)外,还需要按规定检验,检验批每批质量不大于 60 t,若按规定抽样试样不合格,则不合格盘报废,另取双倍试样检验不合格项,如再有不合格项,则整批预应力筋报废。

①下料。

预应力钢筋的下料长度应通过计算。计算时应考虑构件或台座长度、锚夹具长度、千斤顶长度、焊接接头或墩头预留量、冷拉伸长值、弹性回缩值、张拉伸长值和外露长度等因素。

下料长度计算公式(按一端张拉)见式(7.2)和式(7.3)。

$$L = \frac{L_0}{1+\delta_1-\delta_2} + n_1 l_1 + l_2 \qquad (7.2)$$

$$L_0 = L_1 + L_2 + L_3 \qquad (7.3)$$

式中:L 为下料长度,cm;δ_1 为冷拉率(对 L 而言);δ_2 为钢筋回缩率(对 L 而言);n_1 为对焊接头的数量;l_1 为每个对焊接头的预留量;l_2 为镦粗头的预留量;L_0 为钢筋的要求长度,cm;L_1 为长线台座的长度(包括横梁、定位板在内),cm;L_2 为夹具长度,cm;L_3 为张拉机具所需的长度(按具体情况决定),cm。

②对焊。

预应力筋切断,宜采用切断机或砂轮锯,不得采用电弧切割。预应力钢筋的接头必须在冷拉前采用对焊,以免冷拉钢筋高温回火后失去冷拉提高的强度。

普通低合金钢筋的对焊工艺,多采用闪光对焊。一般闪光对焊工艺有闪光→预热→闪光焊,或闪光→预热→闪光焊加通电热处理。对焊后应进行热处理,以提高焊接质量。预应力筋有对焊接头时,宜将接头设置在受力较小处,在结构受拉区及在相当于预应力筋 $30d$ 长度(不小于 50 cm)范围内,对焊接头的预应力筋截面积不得超过钢筋总截面积的 25%。

③镦粗。

制作预应力混凝土构件时,要用夹具和锚具,需要耗费一定的优质钢材。因此,为了节约钢材,简化锚固方法,可将预应力钢筋端部做一个大头(镦粗头),加上开孔的垫板,以代替夹具和锚具。钢筋的镦粗头可以采用电热镦粗;高强钢丝可以采用液压冷镦;冷拔低碳钢丝可以采用冷冲镦粗。冷拉钢筋端头的镦粗及热处理工作应在钢筋冷拉前进行。

钢筋或钢丝的镦粗头制成后,要经过拉力试验,当钢筋或钢丝本身拉断,镦粗头仍不破坏时,则认为合格;同时外观检查,不得有烧伤、歪斜和裂缝。

④冷拉。

为了提高钢筋的强度和节约钢筋,预应力粗钢筋在使用前一般需要进行冷拉(即在常温下用超过钢筋屈服强度的拉力拉伸钢筋)。

钢筋冷拉按照控制方法可分为"单控"(控制冷拉伸长率)和"双控"(同时控制应力和冷拉伸长率)两种。目前由于材质不良,即使同一规格钢筋采用相同冷拉伸长率冷拉后建立的屈服强度也可能不一致;或在同一控制应力下,伸长率又不一致。因此,单按哪一种控制方法都不能保证质量,最好采用"双控"冷拉,既可保证质量,又可在设计上充分利用钢材强度。采用"双控"冷拉时,应以应力控制为主,伸长率控制为辅。只有在没有测力设备的情况下,采用"单控"冷拉。

冷拉钢筋的控制应力和冷拉率不应超过规定,见表 7.9。

表 7.9　冷拉钢筋的控制应力和冷拉率

钢筋种类	双控		单控冷拉率/(%)
	控制应力/MPa	冷拉率/(%)	
Ⅱ级钢筋	450	≤5.5	3.5～5.5
Ⅲ级钢筋	530	≤5.0	3.5～5.0
Ⅳ级钢筋	750	≤4.0	2.5～4.0

4.预应力筋张拉

先张法预应力钢筋、钢丝和钢绞线的张拉按预应力筋数量、间距和张拉力的大小,采用单根张拉和多根张拉。当采用多根张拉时,必须使它们的初始长度一致,张拉后应力才均匀。为此在张拉前调整初应力,初应力值一般为张拉控制应力值的 10%～15%。

为了减少预应力筋的松弛损失,可采用超张拉的方法进行张拉。超张拉值为张拉控制应力值的 105%(即 105%σ_k)。先张法预应力筋张拉程序见表 7.10。

表 7.10　先张法预应力筋张拉程序

预应力筋种类	张拉程序
钢筋	0→初应力→105%σ_k $\xrightarrow{持荷\ 2\ min}$ 90%σ_k→σ_k(锚固)
钢丝、钢绞线	0→初应力→105%σ_k $\xrightarrow{持荷\ 2\ min}$ 0→σ_k(锚固)

注:σ_k 为张拉控制应力。

张拉时,对钢丝、钢绞线而言,同一构件内断丝数不得超过钢丝总数的 1%;对钢筋而言,不允许断筋。

5.混凝土工程

预应力混凝土梁的混凝土工程,除了选用标号应较高且在配料、制备、浇筑、振捣和养护等方面更应严格要求,基本操作与钢筋混凝土构件中相仿。混凝土可掺入适量的外加剂,但不得掺入氯化钙、氯化钠等氯盐。混凝土的水泥用量不宜超过 550 kg/m³,水灰比不超过 0.45;坍落度不大于 3 cm;水、水泥、减水剂用量应准确到±1%;集料用量准确到±2%。此外,在台座内每条生产线上的构件,其混凝土必须一次性浇筑完毕;振捣时,应避免碰击预应力筋,尽量采用侧模振捣工艺。

6. 预应力筋放松

当混凝土强度达到设计规定后（当无设计规定时，一般应不少于设计标号的75%），可逐渐放松受拉的预应力筋，再切割每个梁的端部预应力筋。

预应力筋的放松速度不宜过快。当采用单根放松时，每根预应力筋严禁一次放完，以免最后放松的预应力筋自行崩断。常用的放松方法有以下两种。

（1）千斤顶放松。

在台座固定端的承力支架和横梁之间，张拉前预先安放千斤顶（图7.4）。待混凝土达到规定的放松强度后，两个千斤顶同时回程，放张宜分数次完成，使拉紧的预应力筋徐徐回缩，张拉力被放松。

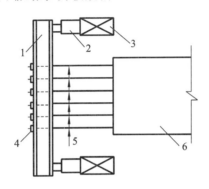

图7.4 千斤顶放松张拉力的布置

注：1—横梁；2—千斤顶；3—承力支架；4—夹具；5—钢筋；6—构件。

（2）砂箱放松。

使用时从进砂口灌满烘干的砂子，加上压力压紧。待混凝土达到规定的放松强度后，打开出砂口，砂子即慢慢流出，放砂速度应均匀一致；预应力筋随之徐徐回缩，张拉力即被放松。当单根钢筋采用拧松螺母的方法放松时，宜先两侧后中间，分阶段、对称地进行。

钢筋放张后，可用乙炔-氧气切割，但应采取措施防止烧坏钢筋端部。钢绞线放张后，可用切割、锯断或剪断的方法切断；钢绞线放张后，可用砂轮锯切断。

7.2.2 后张法预应力简支梁桥施工

1. 后张法及工艺流程

（1）后张法。

后张法是先制作留有预应力筋孔道的梁体,待混凝土达到设计强度的75%后,将预应力筋穿入孔道,利用构件本身作为张拉台座张拉预应力筋并锚固,然后进行孔道压浆并浇筑封闭锚具的混凝土,混凝土因有锚具传递压力而得到预应力。

后张法的优点:预应力筋直接在梁体上张拉,不需要专门台座;预应力筋可按设计要求配合弯矩和剪力变化布置成直线形或曲线形;适用于预制或现浇的大型构件。

后张法的缺点:每一根预应力筋或每一束两头都需要加设锚具,在施工中还增加留孔、穿筋、灌浆和封锚等工序,工艺较复杂,成本高。

后张法制作预应力混凝土构件,一般在施工现场进行,适用于长度大于25 m的简支梁或现场浇筑的桥梁上部结构。

(2)后张法施工工艺。

预应力混凝土后张法工艺流程如图7.5所示。

2.预留孔道

(1)制孔器种类。

为了在梁体混凝土内形成钢束的管道,应在浇筑混凝土前预先安放制孔器。按制孔的方式,制孔器可分预埋式制孔器和抽拔式制孔器两类。

预埋式制孔器由预埋铁皮波纹管组成,径向接头可采用咬口,轴向接头则用点焊,在浇筑混凝土前,按设计位置直接固定在钢筋骨架上,多用于曲线形的孔道。

抽拔式制孔器有橡胶管制孔器,金属伸缩管制孔器和钢管制孔器:橡胶管制孔器由橡胶夹两层钢丝编织而成,在管内插入钢筋芯棒,也可在管内充压力水以增加刚度,在直线和曲线孔道中均适用;金属伸缩管制孔器是用金属丝编织成的软管套,内用橡胶封管和钢筋芯棒加劲,并用铁皮管做伸缩管接头。钢管制孔器仅适用于直线形孔道,钢管必须平直,表面光滑,预埋前除锈刷油,两根钢管连接处可用2 mm厚的铁皮做成两道长约40 cm套管。

(2)制孔器安装。

①安装要求。

a.保证预应力筋预留孔道尺寸与位置正确,端部的预埋钢垫板应垂直于孔道中心线。保证预留孔道畅通,芯管的连接处不漏浆。

b.采用定位钢筋固定安装管道,固定各种成孔管道用的定位钢筋的间距,对

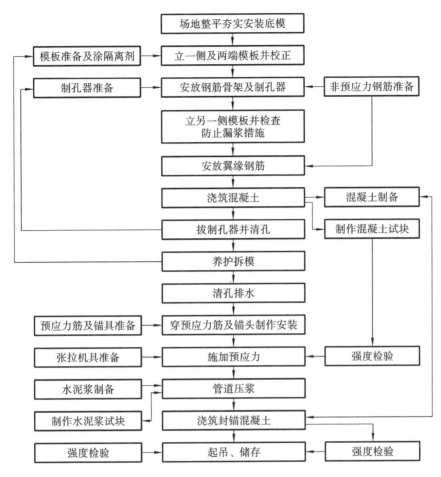

图 7.5 预应力混凝土后张法工艺流程

于钢管不宜大于 1 m;对于波纹管不宜大于 0.8 m;对于胶管不宜大于 0.5 m;对于曲线管道宜适当加密。

②安装方法。

安装制孔器时,可先将外管沿梁体长度方向顺序穿越各定位钢筋的"井"字网眼,然后在梁中部安装好外管接头并固定外管,最后穿入钢筋芯棒。外管接头布置在跨中附近,但不宜在同一断面上(同一断面是指顺制孔器长度方向为 1 m 的范围内)。

(3)制孔器的抽拔。

制孔器的抽拔应在混凝土初凝后与终凝前进行。过早抽拔,混凝土可能塌陷;过迟抽拔,可能拔断制孔器。一般以混凝土抗压强度为 0.4~0.8 MPa 为宜。抽拔制孔器的时间见表7.11。

表7.11 抽拔制孔器的时间

环境温度/℃	抽拔时间/h
>30	3
30～20	3～5
20～10	5～8
<10	8～12

抽拔制孔器的顺序是先抽芯棒，后拔胶管；先拔下层胶管，后拔上层胶管；先拔早浇筑的半根芯管，后拔晚浇筑的半根芯管。

抽芯后，应用通孔器或压水、压气等方法对孔道进行检查，如发现孔道堵塞或有残留物或与邻孔有串通，应及时处理。

3. 预应力筋加工及下料

(1)预应力筋加工。

后张法预应力混凝土桥梁常用高强碳素钢丝束，钢绞线，冷拉Ⅲ、Ⅳ级粗钢筋作为预应力筋。对于跨径较小的T形梁桥，也可采用冷拔低碳钢丝作为预应力筋。

①碳素钢丝束的加工。

碳素钢丝束的加工包括下料和编束。编束时可将钢丝对齐后穿入特殊的梳丝板使其排列整齐成束。

②粗钢筋的加工。

粗钢筋的加工主要包括下料、对焊、镦粗(采用墩台锚具、冷拉等工序)。

③钢绞线的加工。

钢绞线预应力筋在使用前应进行预拉，以减少钢绞线的构造变形和应力松弛损失，并便于等长控制。钢绞线成束的编扎方法与钢丝束相同。

钢绞线、钢丝束和钢筋的下料，宜采用切割机或砂轮机，不得使用电弧切割下料。

(2)预应力钢丝束的下料。

预应力钢丝束的下料长度应根据锚具类型、张拉设备确定，其计算公式见式(7.4)。

$$L = L_0 + n(l_1 + 0.15) \tag{7.4}$$

式中：L 为下料长度，m；L_0 为梁的管道长度加两端锚具长度，m；l_1 为千斤顶支承端到夹具外缘距离，m；n 为张拉端个数，个。

4. 预应力筋安装与张拉

(1)预应力筋安装。

预应力筋安装可在浇筑混凝土之前或之后穿入孔道，可将钢绞线逐根穿入孔道，也可以将全部钢绞线编束后整体装入管道中。穿束前应检查锚垫板位置是否准确，孔道内是否畅通，有无水和其他杂物。在混凝土浇筑之前，必须将管道上一切非有意留的孔、开口或损坏之处修复，并应检查预应力筋能否在管道内自由滑动。

(2)预应力筋的张拉。

当构件的混凝土强度达到设计强度的75%时，便可对构件的预应力筋进行张拉。

①张拉原则。

a.对曲线预应力筋或长度不小25 m的直线预应力筋，宜在两端同时张拉；对长度小于25 m的直线预应力筋，可在一端张拉。

b.张拉时应避免构件呈现过大的偏心状态，因此，应对称于构件截面进行张拉，或先张拉靠近截面重心处的预应力筋，后张拉距截面重心较远处的预应力筋。

②张拉程序。

后张法预应力筋的张拉程序见表7.12。

表7.12 后张法预应力筋的张拉程序

预应力钢筋种类		张拉程序
钢筋、钢筋束、钢纹线束		$0 \rightarrow$ 初应力 $\rightarrow 105\% \sigma_k \xrightarrow{\text{持荷 5 min}} \sigma_k$（锚固）
钢丝束	夹片式锚具、锥销式锚具	$0 \rightarrow$ 初应力 $\rightarrow 105\% \sigma_k \xrightarrow{\text{持荷 5 min}} \sigma_k$（锚固）
	其他锚具	$0 \rightarrow$ 初应力 $\rightarrow 105\% \sigma_k \xrightarrow{\text{持荷 5 min}} 0 \rightarrow \sigma_k$（锚固）

注：σ_k 为张拉控制应力。

③预应力筋张拉操作方法。

预应力筋的张拉操作方法与配用的锚具和千斤顶的类型有关。如张拉钢丝束可配用锥形锚具、锥锚式千斤顶；张拉粗钢筋可配用螺丝端杆锚具、拉杆式千斤顶;张拉精轧螺纹钢筋可配用特制螺帽、穿心式千斤顶;张拉钢绞线束可配OVM(欧维姆)锚、穿心式千斤顶。其中,锥形锚具配用锥锚式千斤顶,张拉操作程序为准备工作、初始张拉、正式张拉和顶锚。

后张法预应力筋断丝及滑移,对钢丝、钢绞线而言,同一构件内断丝数不得超过钢丝总数的1%,每束断丝或滑丝不得大于1根;对钢筋而言,不允许滑移或断筋。

预应力筋在张拉控制应力达到稳定后方可锚固。锚固完毕并经检验合格后即可切割端头多余的预应力筋,但应保留30 mm外露长度。

5.孔道压浆及封锚锚固

为了使孔道内预应力筋不受锈蚀,并与构件混凝土结成整体,保证构件的强度和耐久性,当预应力钢筋张拉完毕后,应尽快进行孔道压浆。

孔道压浆的操作要点如下。

(1)冲洗孔道。

压浆前先用清水冲洗孔道,使之湿润,以保持灰浆的流动性,同时要检查灌浆孔、排气孔是否畅通无阻。

(2)确定灰浆配合比。

灰浆的配合比应根据孔道形式、灌浆方法、材料性能及设备条件由试验决定。孔道压浆一般宜采用水泥浆,水泥浆的强度应不低于30 MPa。孔道较大时可在水泥浆中掺入适量的细砂。压浆所用水泥宜采用普通硅酸盐水泥,强度等级不宜低于42.5。水灰比应控制在0.4~0.45。水泥浆强度符合设计规定,如无规定不得小于30 MPa。掺入减水剂时,水灰比可减少到0.35。水泥浆的泌水率最大不超过3%,拌和后3 h泌水率宜控制在2%,泌水应在24 h内重新全部被浆吸收。通过试验后,水泥浆中可掺入适当膨胀剂,但其自由膨胀率应小于10%,水泥浆稠度宜控制在14~18 s。水泥浆自调制至压入孔道的间隔时间不得超过30 min,水泥浆在使用前和压注过程中应连续搅拌。

(3)压浆方法。

压浆时,对曲线孔道和竖向孔道应由最低点的压浆孔压入,由最高点的排气孔排气和泌水。压浆顺序宜先压注下层孔道,后压注上层孔道。压浆应缓慢、均匀、连续进行,不得中断,如中间因故停顿,应立即将已灌入孔道的灰浆用水冲洗干净后重新压浆。压浆时,每一工作班应留取不少于3组的70.7 mm×70.7 mm×70.7 mm立方体试件,标准养护28 d,检查其抗压强度。压浆过程中及压浆后 48 h 内结构混凝土温度不得低于 5 ℃，否则应采取保温措施。当温度高于 35 ℃时，压浆宜在夜间进行。

(4) 封锚锚固。

孔道压浆后应立即将锚固端水泥浆冲洗干净，并将端面混凝土凿毛。在绑扎端部钢筋网和安装封锚模板时，要妥善固定，以免浇筑封锚混凝土时，模板走样。封锚混凝土标号应符合设计规定，一般不宜低于构件混凝土标号的 80%。封锚混凝土必须严格控制梁体长度。浇筑后 1~2 h 带模养护，脱模后继续洒水养护不少于 7 d。对于长期外露的锚具，应采取可靠的防锈措施。

7.2.3 预应力连续梁悬臂施工和顶推施工

1. 预应力连续梁悬臂施工

悬臂施工法也称为"分段施工法"。悬臂施工法是以桥墩为中心向两岸对称地逐节悬臂接长的施工方法。

悬臂施工法是充分利用了预应力混凝土能抗拉和承受负弯矩的特性，将设计和施工的要求密切配合在一起而出现的新方法，其将跨中的最大施工困难移至支点，又用支点的扩大截面来承受施工期间和通车之后的最大弯矩，所以能用较低的造价来修建大跨度的桥梁。

(1) 适用范围。

悬臂施工法应用范围很广，能建造大跨度的悬臂梁、连续梁、刚架桥、斜拉桥等体系的桥梁。为了增加梁体的刚度，它们的横截面几乎全是箱形（单箱或多箱）的。

(2) 施工方法。

①悬臂浇筑法。

悬臂浇筑法采用移动式挂篮作为主要施工设备，以桥墩为中心，对称向两岸利用挂篮浇筑梁段混凝土，每段长 2~5 m。每浇筑完一对梁段，待混凝土达到规定强度后，张拉预应力束并锚固，再向前移动挂篮，进行下一节段的施工。

挂篮由底模板、悬挂系统、钢桁架、行走系统、平衡重力及锚固系统、工作平台等组成。挂篮能沿轨道行走，能悬挂在已经完成悬浇施工的悬臂梁段上进行下一梁段施工。由于梁段的模板架设、钢筋绑扎、制孔器安装、混凝土浇筑、管道压浆等均在挂篮上进行，所以挂篮除具备足够的强度外，还应满足变形小、行走方便，锚固、拆装容易以及各项施工作业的操作要求，必须注意安全设施。

当挂篮就位后,即可在上面进行梁段悬臂浇筑施工的各项作业。

当桥墩宽度较小时,浇筑桥墩两侧的 1 号梁段,因挂篮拼装场地不足,往往采用托架支撑,再在其上安装脚手钢桁架,供吊设挂篮和浇筑 2 号悬臂梁段。待左右两侧的 2 号梁段浇好后,再延伸钢桁架,并移动挂篮位置至外端,供 3 号梁段浇筑。浇筑几段后,将钢桁架分成两半浇筑,后端锚固或压重,以防止倾覆。桥墩两侧梁段其悬臂施工应对称、平衡。平衡偏差不得大于设计要求。

悬臂施工时,最重要的问题是悬臂的平衡。保持悬臂在桥墩两侧绝对平衡是不可能的,因此,常采用下列临时措施。

a. 用预应力临时固结,完工后解除,以恢复原来的支承条件。

b. 在桥墩两侧加设临时支墩。在墩顶设扇形托架,以达到梁与墩的临时固结。每段混凝土经养护达到设计强度的 70% 后,再经过孔道检查和修理孔口等工作,即可进行穿束、张拉、压浆和封锚。

② 悬臂拼装法。

悬臂拼装法利用移动式悬拼吊机将预制梁段起吊至桥位,然后采用环氧树脂和预应力悬臂拼装法施工,包括块件的预制、运输、拼装及合龙。

为了使段与段之间的接缝紧密,可先浇制奇数编号的块件,然后在其间浇筑偶数编号的块件。为了使拼装构件的位置准确,可以在顶板和腹板上设榫头作导向。腹板上的榫头对于增强接缝抗剪能力、防止滑动起到重要作用。

悬臂拼装的顺序是先安装墩顶梁段,再用墩顶上的悬臂钢桁架同时拼装两侧块件。待拼装几段后,分开导梁,一端支在已拼装的 3 号块件上,另一端支在岸墩和靠近桥墩的块件上,依次对称拼装其他块件。桥墩两侧应对称拼装,保持平衡。平衡偏差应满足设计要求。

当梁的位置经校正其误差在允许范围后,即可穿束、张拉,使其自成悬臂,如此循环,直至墩顶梁段安装完毕。

2. 预应力连续梁顶推施工

顶推施工法先在后台的路堤上预制箱形梁段,每段长为 10~20 m,待预制 2~3 段后,在箱梁上、下板内施加能承受施工中变号内力的预应力,然后用水平千斤顶等顶推设备将支承在聚四氟乙烯板与不锈钢板滑道上的箱梁向前推移,推出一段再接长一段,这样周期性地反复操作直至整段梁浇筑顶推完成。

(1) 适用范围。

跨径为 40~60 m 的预应力混凝土桥最适合采用顶推法。一般来说,3 孔以上较为经济,特别对桥下难以竖立支撑的深涧峡谷的桥梁,更有利。当跨度更大时,就需要在桥墩间设置临时支墩,当水平千斤顶行程为1 m时,一个顶推循环需要10~15 min。

由于顶推法的大力发展,预应力混凝土连续梁得到广泛的应用。

(2)顶推法施工方案。

当顶推的大梁悬出桥台时,其跨中截面承受负弯矩,所以要将大梁加固,除配置设计荷载所需的预应力筋外,还需要设置临时的预应力筋以承受顶推时引起的弯矩。

为了减少顶推时产生的内力,有以下三种方法。

①在跨径中间设临时墩。

②在梁前端安装导梁。

③梁上设吊索架。

以上方法要结合地理条件、施工难易、桥梁跨径、经济因素等适当选择,一般将①和②或②和③组合施工。其中,导梁宜选用变高度的轻型结构,以减轻重量,其长度约为施工跨径的60%。

(3)施工概要。

①梁段预制。

为使梁顺利顶进和适应顶推时截面上力的变化,主梁一般均做成等高度的箱形梁。混凝土浇筑工作可在桥台后方固定场地进行。

梁段的箱形截面大多数为梯形,箱顶上两侧悬臂悬出相当宽的车道板,腹板有一定斜度,底板宽度则为减少墩而缩窄。

箱梁底板常在拼装场外浇好并与已完成的箱节连在一起成为整体,当梁段滑移出一节时,预制好的底板亦随之推移至箱梁两侧腹板模板之间,在这个部位底板下设有中间支柱,以承受内模、腹板和顶板的重量。

腹板外侧模板顶起就位并固定后,即可安装腹板钢筋骨架。腹板内模就位于浇制好的底板上,再安装顶板钢筋和需要的预应力筋并浇筑混凝土。

②施工工序。

箱梁采用分段浇筑顶推,每预制、顶推一个梁段为一个作业循环,其工艺流程如图7.6所示。

③顶推装置。

a.用拉杆的顶推装置。

在桥台前面安装一对千斤顶,使其底座靠在桥台上,拉杆一端与千斤顶连

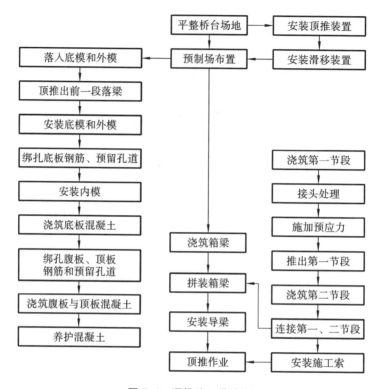

图 7.6 顶推法工艺流程

接,另一端用一顶推靴固定在箱梁侧壁上。当施加推力时,装在顶推靴上自动开放的楔子便将装在梁身两侧的拉杆挟住,使梁身随着推力而滑移。

b. 水平-垂直千斤顶的装置。

其原理与顶推步骤如下。

先将垂直千斤顶落下,使梁支承于水平千斤顶前端的滑块上。

开动油泵,水平千斤顶进油,活塞向前推动滑块,利用梁底混凝土与橡胶的摩阻力大于聚四氟乙烯与不锈钢的摩阻力来带动梁体向前移动至最大行程后停止。

顶起垂直千斤顶,使梁升高,脱离滑块。

再开动油泵,向水平千斤顶小缸送油,活塞后缩,把滑块退回原处,再将垂直千斤顶落下,使梁又支承于滑块上,继续顶进。如此重复,直到整个梁就位。

④滑移装置。

当顶推装置工作时,梁应支承在滑动支座上,以减少推进阻力。滑动支座的构造由混凝土块、抛光不锈钢板和在其上顺次滑移的聚四氟乙烯滑板组成。由于梁底可能不平及聚四氟乙烯滑板的厚薄不均,所以在推移中,滑板必须连续跟上,以免影响推进。

在顶推时,应经常检查梁底边线位置,发现偏差时,及时用木楔及聚四氟乙烯板横向导向装置进行纠偏。

⑤落梁就位。

全梁顶推到达设计位置后,可用多台千斤顶同时将梁顶起,拆除滑道,安上正式支座,进行落梁就位。落梁温度一般在 20 ℃ 左右。

7.3 其他体系桥梁施工

7.3.1 拱桥施工

拱桥是我国使用广泛且历史悠久的一种桥型。它外形美观,经济耐用。拱桥在竖向荷载作用下,拱的两端支承处除有竖向反力外,还有水平推力。正是由于水平推力的作用,拱内弯矩大大减小。故拱的跨越能力比一般的钢筋混凝土梁要大得多。

由于拱是主要承受压力的结构,因而,可以充分利用抗拉性能较差而抗压性能较好的圬工材料(石料、混凝土、砖等)来建造拱桥,这种由圬工材料建造的拱桥,称为"圬工拱桥"。为了减小拱的截面尺寸,减轻拱的重量,在混凝土拱中可配置受力钢筋,这样的拱桥称为"钢筋混凝土拱桥"。在钢筋混凝土拱桥中,截面的拉应力主要由钢筋承受。

近年来,采用型钢(特别是采用钢管混凝土)作为劲性骨架的技术在我国得到了长足的发展,它促进了混凝土拱桥的技术革新,并使混凝土拱桥成为特大跨度范围内有较强竞争力的桥型之一。这类拱桥可以直接用钢管混凝土作为拱圈,也可以采用钢管混凝土劲性骨架作为施工承重的构架,并成为拱圈的组成部分,具有提高混凝土承压能力、减轻缆索吊装节段重量、浇筑混凝土方便等优点。

拱桥施工总体上可分为有支架施工和无支架施工两大类。有支架施工常用于砖、石和混凝土预制块拱桥的砌筑施工以及混凝土拱圈的浇筑施工,无支架施工主要用于肋拱桥、双曲拱桥、箱形拱桥、桁架拱桥和钢管混凝土拱桥等。

1. 砌筑施工方法

(1)拱圈放样。

拱圈是拱桥的主要受力部分，它的各部分尺寸必须和设计图纸严密吻合。石拱桥的拱石要按照拱圈的设计尺寸进行加工，为了确保尺寸准确，就要制作拱石样板。小跨径圆弧等截面拱圈结构简单，可按计算确定拱石尺寸后，用木板制作样板，一般不需要实地放出主拱圈大样，但大、中跨径悬链线拱圈则需要在样台上按 1∶1 的比例放出大样，然后用木板或镀锌薄钢板在样台上按分块大小制成样板，并注明拱石编号，以便加工。

针对拱圈的不同类型，放样的方法也有所不同，下面简述圆弧拱圈的坐标法放样。

①如图 7.7 所示，以拱顶为原点，用经纬仪放出 X—X、Y—Y 两坐标基线及 A—A、B—B、C—C、D—D 等辅助线，并用对角线法校核。

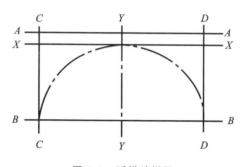

图 7.7　弧拱放样图

②由计算用表查出拱圈上各点的纵、横坐标设计值。

③以坐标基线和各辅助线为基准，放出各定点，并量出加预拱度值后的各点。

④用特制曲线板连接各点，即可绘出拱圈的设计弧线和预加拱度后的弧线。

(2)拱架。

拱架的形式很多，按使用材料分有木、钢、竹及钢木、竹木混合等；按应用结构形式分有满堂式、斜撑式、排架式、拱架式、混合式等。

①拱架形式。

a.木拱架。

根据拱架的结构形式，木拱架一般可分为满布式拱架和墩架式拱架。

满布式拱架一般由拱架、支架和拱架卸落设备等组成。拱架是直接支撑拱圈重量的部分，支架是支撑拱架的部分，其构造同一般脚手架，在拱架和支架之间设置有卸落设备。木质满布式拱架，目前仅用于拱涵和个别小桥的施工中，对于大、中跨度拱桥，可采用碗扣式、扣件式钢管拱等。

墩架式拱架用具有一定间距的少数框架代替数目众多的立柱,既能减少支架材料,又能在拱下留有适当的空间,方便交通。

b.钢拱架。

钢拱架通常采用工字钢制作,也有的采用桁架式拱架。工字钢拱架由工字钢基本节(分成几种不同长度)、楔形插节、拱顶铰及拱脚铰等基本构件组成,其构造简单,拼装方便,可重复使用。

②拱架的安装。

安装前,应对全部杆件详细检查。对于木制构件,检查其是否有节疤、蛀孔等;对于钢制构件,检查其是否有腐蚀、锈污,有无严重扭曲、缺焊、漏焊或少焊处;对于拱架立柱和拱架支承面,应详细检查,准备调整拱架支承面和顶部标高,并复测跨度,当确认无误后,方可进行安装。在制作木拱架、木支架时,长杆件接头应尽量减少,两相邻立柱的连接接头应尽量设于不同的水平面上。

③施工预留拱度。

设置预拱度时,应按在拱顶处为全部变形值、在拱脚处为零设置,其余各点可按拱轴线纵坐标高度比例或按二次函数抛物线分配。按二次函数抛物线分配时的计算方法可参考图7.8和式(7.5)。

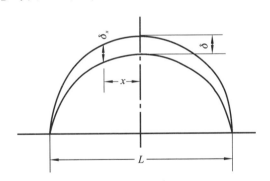

图7.8 预拱度计算图

注:δ_x——任意点(距离为x)的预加高度;δ——拱顶总预加高度;
L——拱圈跨径;x——跨中至任意点的水平距离。

$$\delta_x = \delta\left(1 - \frac{4x^2}{L^2}\right) \tag{7.5}$$

式中:符号意义同前。

④拱架的卸落。

拱架卸落时应先小后大;纵向应对称、均衡卸落;横向应同时一起卸落,防止拱架、支架受力不均而发生事故。

浆砌砖、石拱桥须待砂浆强度达到设计要求,如设计无要求则须达到砂浆强度的 70%。跨径小于 10 m 的小拱桥,宜在拱上建筑全部完成后卸架;中等跨径实腹式拱桥,宜在护拱砌完后卸架;大跨径空腹式拱桥,宜在拱上小拱横墙砌好(未砌小拱圈)时卸架。

拱架卸落时常用的卸落设备为木楔,包括单木楔和组合木楔,单木楔在满布式拱架上常用,组合木楔由三块楔木和一根拉紧螺栓组成。工字钢拱架卸拱时,拱顶可采用组合木楔,拱脚可采用砂筒(砂箱)。为使拱体逐渐均匀地降落和受力,各点卸落量应分几次和几个循环逐步地完成。各次和各循环应有一定的间歇时间,从拱顶开始,同时向两端对称地进行。

(3)砖石(混凝土块)拱圈的砌筑。

①拱圈按顺序对称砌筑。

跨径 16 m 以下的拱圈,当采用满布式拱架施工时,可以从拱脚至拱顶按顺序对称地砌筑,在拱顶合龙;当采用拱式拱架时,对跨径 10 m 以下的拱圈,应在砌筑拱脚的同时,预压拱顶以及拱跨 1/4 点。

②拱圈三分法砌筑。

a. 分段砌筑。

采用满布式拱架砌筑的跨径为 16~25 m 的拱圈和采用拱式拱架砌筑的跨径为 10~25 m 的拱圈,可采取每半跨分成三段的分段对称砌筑方法。每段长度不宜超过 6 m,分段位置一般在拱跨 1/4 点及拱顶附近。当为满布式拱架时,分段位置宜在拱架节点上。当跨径大于 25 m 时,应按跨径大小及拱架类型等情况,将两半跨各分成若干段,均匀对称地砌筑,每段长度一般不超过 8 m。具体分段方法应按设计规定,无规定时应通过验算确定。分段砌筑时应预留空缝,以防拱圈开裂(由于拱架变形而产生的)并起部分预压作用。空缝数量视分段长度而定,一般在拱脚、1/4 点、拱顶及满布式拱架的节点处必须设置空缝。如预计拱架变形较小,可不设空缝,而是分段间隔浇筑,如图 7.9 所示。

b. 分环砌筑。

较大跨径石拱桥的拱圈,当拱圈较厚、由三层以上拱石组成时,可将全部拱圈分成几环砌筑,砌一环合龙一环,小环砌完并养护数日后,砌缝砂浆达到一定强度时,再砌筑上环。按此方法砌筑时,下环可与拱架共同负担上环重力,因而可减轻拱架荷载,节省拱架用料。分环砌筑时各环的分段方法、砌筑程序及空缝的设置等,与一次砌筑时完全相同,但上、下环间应犬牙相接。

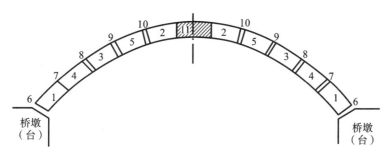

图 7.9 拱圈浇筑顺序

注：数字—浇筑顺序。

c. 分阶段砌筑。

砌筑拱圈时，为争取时间和使拱架荷载均匀、变形正常，有时在砌完一段或一环拱圈后的养护期间，工作并不停歇，而是根据拱架荷载平衡的需要，紧接着将下一拱段或下环层砌筑一部分。此种前后拱段和上下环层分阶段交叉进行的砌筑方法，称为"分阶段砌筑法"。

不分环砌筑拱圈的分阶段方法，通常是先砌拱脚几排，然后同时砌筑拱顶、拱脚及 1/4 点等拱段，上述三个拱段砌筑到一定程度后，再均匀地砌筑其余拱段，如图 7.10 所示。

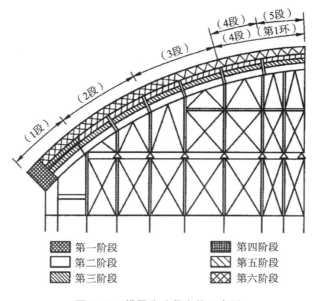

图 7.10 拱圈分阶段砌筑示意图

分环砌筑的拱圈,可先将拱架各环砌筑几排,然后分段分次砌筑其余环层。在砌完一层后,利用其养护期,砌筑次一环拱脚中的一段,然后砌筑其他环段。

拱圈在砌筑前,应在拱架上预加一定重力,以防止或减少拱架弹性和非弹性下沉。加压顺序应与计划砌筑顺序一致。砌筑时,应尽量利用附近压重拱石就地安砌,随撤随砌,使拱架保持稳定。在采用刚性较强的拱架时,可仅预压拱顶,预压拱顶时,可将拱石堆放在该段内,或当时即将该段砌筑完。分段砌筑拱圈时,如拱段倾斜角大于石块与模板间的摩擦角,则拱段将在切线方向产生一定的滑动。在这种情况下,必须在拱段下方临时设置分段支撑,以防拱段向下滑动。

③拱圈合龙。

砌筑拱圈时,常在拱顶留一龙口,在各拱段砌筑完成后安砌拱顶石合龙。分段较多的拱圈和分环砌筑的拱圈,为使拱架受力对称和均匀,可在拱圈两半跨的1/4处或在几处同时砌筑合龙。为防止拱圈因温度变化而产生过大的附加应力,拱圈合龙应在设计规定的温度下进行。设计无规定时,宜选择在接近当地年平均温度或昼夜平均温度(一般为10~15 ℃)时进行。

2. 现浇施工方法

拱圈的浇筑一般可分成三个阶段进行:第一阶段浇筑拱圈及拱上立柱的柱脚;第二阶段浇筑拱上立柱、联结系及横梁等;第三阶段浇筑桥面系。后一阶段的混凝土应在前一阶段混凝土具有一定强度后才能浇筑。拱圈的拱架,可在拱圈混凝土强度达到设计值的70%后,在第二阶段或第三阶段开始前拆除,但应事先对拆除拱架后拱圈的稳定性进行验算。浇筑方法可分为连续浇筑和分段浇筑。

(1)连续浇筑。

跨径15 m以内的拱圈混凝土,应自两侧拱脚向拱顶对称连续浇筑,并在拱脚处混凝土初凝前完成。如预计不能在限定的时间内完成,则须在拱脚处留一条间隔缝于最后浇筑。薄壳拱的壳体混凝土,一般从四周向中央进行浇筑。

(2)分段浇筑。

跨度大于15 m的拱圈,为减少混凝土的收缩应力和避免因拱架变形而产生裂缝,应分段浇筑,拱段的长度一般为6~15 m。划分拱段时,必须使拱顶两侧保持均匀和对称。在拱架挠曲线为折线的拱架支点、节点等处,一般宜设置分段点并适当预留间隔缝。如预计变形较小且分段间隔浇筑,也可减少或不设间隔缝。间隔缝的位置应避开横撑、隔板、吊杆及刚架节点等处。间隔缝的宽度以便于施工操作和钢筋连接为准,一般为 3~11 cm。为防止延迟拱圈合龙和拱架拆除时间,间隔缝内的混凝土可采用比拱圈强度等级高一级的半干硬性混凝土。

拱段的浇筑程序应符合设计规定,在拱顶两侧对称地进行,以使拱架变形保持均匀。

拱圈填充间隔缝合龙时,应由两拱脚向拱顶对称进行。间隔缝与拱段的接触面应事先按工作缝进行处理。

3. 无支架施工方法

拱桥的无支架施工有很多方法,常见的有缆索吊装施工、转体施工、悬臂施工、劲性骨架施工等。

(1)缆索吊装施工。

拱桥的缆索吊装系统由主索、天线滑车、起重索、牵引索、起重及牵引绞车、主索地锚、塔架、风缆、扣索、扣索排架、扣索地锚等部件组成。

①拱箱(肋)预制。

预制拱箱(肋)首先要按设计图的要求,在样台上用直角坐标法放出拱箱(肋)的大样。在大样上按设计要求分出拱箱(肋)的吊装节段,然后以每段拱箱(肋)的内弧下弦为 x 轴,在此 x 轴上作垂线为 y 轴,在 x 轴上每隔 1 m 左右量出内、外弧的 y 坐标,作为拱箱(肋)分节放样的依据。放样时应注意各接头的位置力求准确,以减少安装困难。

拱箱(肋)的预制一般多采用立式预制,便于拱箱(肋)的起吊及移运。多用砂砾石填筑拱胎,并在其上浇筑 50 mm 厚的混凝土面层。在混凝土内顺横隔板及两横隔板间中点位置埋入 80 mm×60 mm 木条,以便与拱箱横隔板相连接。

拱箱预制均采用组装预制。通常将拱箱分成底板、侧板、横隔板及顶板几个部分,首先预制侧板与横隔板块件,侧板块件长为两横隔板的间距[一般比侧板上缘短 50 mm,下缘短 90 mm 左右,便于组装为折(曲)线形];随后在拱胎上铺设底板钢筋,并绑扎好接头钢筋,浇筑底板混凝土及侧板与横隔板接头混凝土,组成开口箱;然后在开口箱内竖立顶板的底模,绑扎顶板钢筋,浇筑顶板混凝土,组成闭口箱。待达到设计强度后即可移运拱箱,进行下一段拱箱的预制工作。

②吊装方法。

拱桥的构件一般在河滩上桥头岸边预制和预拼后,送至缆索下面,由起重车起吊牵引至预定位置安装。为了使端段基肋在合龙前保持一定位置,在其上用扣索临时系住后才能松开,吊装应自一孔桥的两端向中间对称进行,其最后一节构件吊装就位,并将各接头位置调整到规定标高以后,才能放松吊索,从而合龙,最后再将所有扣索撤去。

基肋(指拱箱、拱肋或桁架拱片)吊装合龙要拟定正确的施工程序和施工细则,并坚决遵照执行。

拱桥跨径较大时,最好采用双肋或多肋合龙。基肋和基肋之间必须紧随拱段的拼装及时焊接或临时连接。端段拱箱(肋)就位后,除上端用扣索拉住外,应在左右两侧用一对称风缆索牵住,以免左右摇摆。中段拱箱(肋)就位时,宜缓慢地松吊索,务必使各接头顶紧,尽量避免简支搁置和冲击作用。

③加载设计。

当拱箱(肋)吊装合龙成拱后,对后续各工序的施工,如拱箱之间的纵缝混凝土和拱上建筑等,如何合理安排这些工序,对保证工程质量和施工安全都有重大影响。

施工加载程序设计的目的是在裸拱上加载时,使拱圈各个截面在整个施工过程中,能满足强度和稳定的要求,并在保证施工安全和工程质量的前提下,尽量减少施工工序,便于操作,以加快桥梁建设速度。

施工加载程序设计的一般原则如下。

对于中、小跨径拱桥,当拱圈的截面尺寸满足一定的要求时,可不作施工加载程序设计,按有支架施工方法对拱桥上部结构进行对称、均衡的施工。

对大、中跨径的箱形拱桥或箱肋拱桥,一般多按对称、均衡、多工作面加载的总原则进行设计。对于坡拱桥,必须注意其特点,一般应使低拱脚半跨的加载量稍大于高拱脚半跨的加载量。

在多孔拱桥的两个邻孔之间,两孔的施工进度不能相差太远,以免桥墩承受过大的单向推力而产生过大的位移,造成施工进度快的一孔的拱顶下沉,邻孔的拱顶上冒,从而导致拱圈开裂。

(2)转体施工。

转体施工法的特点是将主拱圈从拱顶截面分开,把主拱圈混凝土高空浇筑作业改为放在桥孔下面或者两岸进行,并预先设置转动装置,待主拱圈混凝土达到设计强度后,再将它就地旋转就成为拱。拱桥的转体施工通常可分为平面转体、竖向转体以及平竖转体结合的方法。

平面转体施工就是按照拱桥设计标高在岸边预制半拱,当结构混凝土达到设计强度后,借助设置于桥台底部的转动设备和动力装置在水平面内将其转动至桥位中线处合龙成拱。由于是平面转动,半拱的预制标高要准确。通常需要在岸边适当位置先做模架,模架可以是简单支架,也可做成土牛胎模。

平面转体施工又分为有平衡重转体[图 7.11(a)]和无平衡重转体[图 7.11(b)]。有平衡重转体以桥台背墙作为平衡和拱体转体用拉杆(或拉索)的反力墙,通过平衡重稳定转动体系和调整其重心位置。平衡重由转动体的质量决定。由于平衡重过大不经济,也增加转体困难,所以,采用本法施工的拱桥跨径不宜过大,一般适用于跨径 100 m 以内的整体转体。无平衡重转体以两岸山体岩石锚洞作为锚锭来锚固半跨拱桥悬臂状态平衡时所产生的水平拉力,借助拱脚处立柱下端转盘和上端转轴使拱体作平面转动;由于取消了平衡重,可大大减轻转动体系质量和圬工数量,本法适用于地质条件好的 V 形河床上的大跨径拱桥转体施工。因无平衡重转体施工是把有平衡重转体施工中的拱圈扣索锚在两岸岩体中,从而节省了庞大的平衡重。锚碇拉力由尾索预加应力传给引桥桥面板(或轴向、斜向平撑),以压力形式储备,桥面板的压力随着拱体所处方位不同而不同。

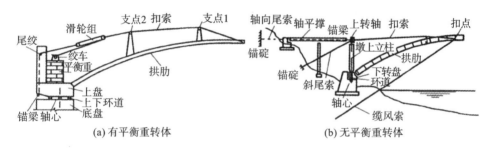

(a)有平衡重转体　　　　　　　　(b)无平衡重转体

图 7.11　转动体系的一般构造

竖向转体施工是在桥台处先竖向预制半拱,然后在桥位平面内绕拱脚将其转动合龙成拱。

受到河岸地形条件的限制,出现既不能按设计标高预制半拱也不能在桥位竖平面预制半拱的情况时,拱体只能在适当位置预制后既平转又竖转才能就位,这种平竖结合的方式与前述相类似,但其转轴构造较为复杂。

(3)悬臂施工。

拱桥悬臂施工法就是指拱圈、拱上立柱和预应力混凝土桥面板等齐头并进,边浇筑边构成桁架的浇筑法。施工时,用预应力钢筋作为桁架的斜拉杆和桥面板的临时明索,将桁架锚固在后面桥台上。悬臂施工可分为悬臂浇筑和悬臂拼装施工。

悬臂浇筑施工的拱桥在我国较少,经验缺乏,存在着许多尚待解决的问题。

拱桥采用悬臂浇筑法施工时,可结合顶推法共同作业,即引桥用顶推法,主跨用悬臂浇筑法,可加快建桥速度。

拱桥的悬臂拼装施工是将拱圈的各个组成部分(侧板、上下底板等)事先预制,然后将整孔桥跨的拱肋和上弦拉杆组成桥架拱片,沿桥跨分作几段(一般3～7段),再用横系梁和临时风构将两个桥架拱片组装成框构,每节框构整体运至桥孔,由两端向跨中逐段悬臂拼装合龙。悬伸的拱体可以通过上弦拉杆和锚固装置固定于墩台上;也可以将拱圈的各个组成部分分别在拱圈上悬臂组拼成拱圈,然后利用立柱与临时斜杆和上拉杆组成桁架体系,逐节拼装,直至合龙。拱桥悬臂拼装施工常用于桁架式拱桥的施工。

(4)劲性骨架施工。

劲性骨架施工是目前特大跨径混凝土拱桥施工的主要施工方法,以钢管混凝土骨架代替钢筋骨架,又将钢管混凝土骨架当作浇筑混凝土的钢支架,直接在钢管混凝土骨架的外面包上一定厚度的混凝土,因此,钢管拱本身的安装和向钢管中压注混凝土的方法与钢管混凝土拱肋相同:用缆索起重机或者其他的起重设备分节段地安装拱肋,待合龙并连接好两肋之间的 K 形撑之后,再向钢管内泵送微膨胀混凝土,以形成承重结构。

7.3.2 悬索桥施工

悬索桥是一种适合于特大跨度的桥型,以主缆、锚碇和桥塔为主要承重构件,以加劲梁、吊索、鞍座为辅助构件。悬索桥由于跨越能力大,常可因地制宜地选择一跨跨过江河或海峡主航道的布置方案,这样可以避免水中深水桥墩的修建,满足通航要求;但是由于悬索是柔性结构,刚度较小,当活载作用时,悬索会改变几何形状,使桥跨结构产生较大的挠曲变形,在风荷载、车辆冲击荷载等动荷载作用下容易产生振动。

悬索桥的基本施工步骤是先修建基础、锚碇、桥塔,然后利用桥塔架设施工便道(称为"猫道"),利用猫道来架设主缆,随后安装吊索并拼装加劲梁。悬索桥基础及索塔的施工与斜拉桥相似,可参照斜拉桥部分,这里重点介绍悬索桥锚碇的施工、主缆的架设和加劲梁的架设。

1.锚碇的施工

锚碇是支撑主缆的重要结构之一。大跨度悬索桥的锚碇由锚块、锚块基础、主缆的锚碇架及固定装置、遮棚等组成。锚块分为重力式和隧洞式。重力式锚块混凝土的浇筑应按大体积混凝土浇筑的注意事项进行。锚块与基础应形成整体。对于隧洞式锚块,在开挖岩石过程中不应采用大药量的爆破,尽量保护岩石的整体性。锚板混凝土浇筑应注意水化热影响,防止产生裂缝。隧洞式锚块应注意岩洞中排水与防水措施,对于岩洞周围裂缝较多的岩石应加以处理。

2. 主缆的架设

主缆架设之前的准备工作有安装塔顶吊机、塔顶主鞍座、支架副鞍座、展束锚固鞍座以及各种绞车和转向设备等驱动装置。

准备工作做好以后便开始架设导索,导索是缆索工程中最先拉过江河(或海湾)的一根钢丝绳索,也是缆索工程中的第一道难关。导索常见的架设方法有浮子法和自由悬挂法,随着施工机械的发展,也有采用浮吊吊杆和直升机牵渡架设的施工方法。

当导索架设完毕后,就可以用它来架设曳拉索。曳拉索是布置在两岸之间的一根环状无端头的钢丝绳索,可由两岸的驱动装置使曳拉索走动,从而一来一往地牵引其他需要架设的钢丝或绳索。

曳拉索架设完毕后,首先要架设的是猫道。所谓猫道,是指位于主缆之下(约1 m),沿着主缆设置,让进行主缆作业(包括送丝、调丝、调股、紧缆、装索夹、装吊索、缠缆等工序)的工人有立足之处的脚手架。每座悬索桥的施工一般应布置两道猫道,每道猫道各供一侧主缆所需。猫道架设好后还要设置一定数量的抗风绳,不仅能提高猫道的抗风稳定性,而且可以调整猫道的形状。

在猫道之下架设好抗风绳后,就可在猫道上正式开始主缆的架设。主缆的架设方法目前有空中送丝法(即air spinning,简称"AS法")和预制平行丝股法(即prefabricated strand,简称"PS法";也有简称"PWS法",即parallel wire strand)。

(1)空中送丝法。

空中送丝法是美国人J·A·罗伯林在1844年提出的。沿着主缆设计位置,从锚到锚,布置一根无端牵引绳(即长绳圈),将送丝轮扣牢在牵引绳某处。从卷筒抽出一钢丝头,套过送丝轮,并暂时固定在某靴根(可编号为A)处。用动力机驱动牵引绳,送丝轮就带着钢丝套圈送至对岸,取下套圈,将其套在对应的靴根(可编号为A')。随着牵引绳的驱动,送丝轮被带回对岸。在将钢丝绕过编号为A的靴根后,可继续抽钢丝,形成下一个套圈并套在送丝轮上。如此反复进行,当套在两岸对应靴根(A,A')上的丝数达到一根丝股的设计数目时,将钢丝剪断,用钢丝连接器将其两端头连起来,即完成一根丝股的空中编制。

为使主缆各钢丝受力均匀,必须对钢丝长度和丝股长度分别进行调整,即调丝和调股。调丝的目的是使同一丝股内的各丝长度相等,调股是为了使每根丝股的计算长度符合设计要求。

为使主缆有妥善的防护,还应及时进行紧缆和缠缆等工序。紧缆指在主缆各丝股全部落位之后,立即用紧缆机将主缆截面挤压成圆形。紧缆机能沿主缆移动。继压紧之后,为避免丝股松散,立即用钢丝或扁钢每隔 0.7~0.9 m 捆扎一道。随后,可以安装索夹和吊索。

主缆会因其拉应力的增加而将主缆缠紧,应当在恒载的大部分已作用于主缆之后,再进行缠缆。缠缆是指用缠丝机将软钢丝缠紧,缠在主缆之外。缠丝之前,应清洗主缆表面,并涂防锈材料(过去用铅丹膏,现常用锌粉膏等)。缠丝过程中,应随时清除被挤出的膏,最后在缠丝之外刷油漆。

(2)预制平行丝股法。

①平行丝股的制造。

预制平行丝股主缆由若干两端带锚头的丝股组成,每丝股含丝若干。这种方法的优点是避免了由钢丝编成钢丝束股的作业,从而加快主缆的施工进度,但它要求有大吨位的起重运输设备和曳拉设备来搬运钢丝束股。

②用预制平行丝股架缆。

采用预制平行丝股架设主缆时,需要架设导索和猫道,也需要架设无端牵引绳(或叫"曳拉索")及丝股输放机。但在猫道之上,还要设置若干导向滚轮,以支承丝股。这套曳拉系统将各丝股曳拉到位,丝股两端分别连接于锚杆。

3. 加劲梁的架设

在完成主缆架设并调整好主缆线形后,可安装索夹和吊索,开始加劲梁的架设工作。当加劲梁是桁架式时,以往采用的方法类似于桁架梁桥的悬臂安装法,即利用能沿着桁架上弦行走的吊机作为架梁机具,不同的是,架设好的梁段立即与对应的吊索相连,将梁段自重传给主缆,这样,先架设的梁段并不承受后架设梁段的自重。

加劲梁的架设方法按其推进方式分为两种:从跨中向两侧主塔推进(图 7.12);从两侧主塔向跨中推进(图 7.13)。无论采用哪种方法,均须考虑主缆变形对加劲梁线形的影响。在架设过程中,为使加劲梁的线形能适应主缆变形,架上的各加劲梁节段之间不应马上作刚性连接,而是待某一区段或加劲梁吊装完毕后,再作永久性连接。

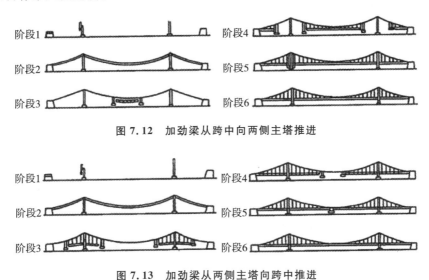

图 7.12 加劲梁从跨中向两侧主塔推进

图 7.13 加劲梁从两侧主塔向跨中推进

7.3.3 斜拉桥施工

斜拉桥旧称"斜张桥",属于组合体系桥梁,其上部结构由主梁、拉索和索塔三种构件组成。它是一种桥面体系以主梁受轴力或受弯为主,支承体系以拉索受拉和索塔受压为主的桥梁。

与悬索桥相比,斜拉桥不需要笨重的锚固装置,抗风性能又优于悬索桥。调整拉索的预拉力可以调整主梁的内力,使内力分布更均匀合理。斜拉桥利用主梁、拉索、索塔三者的不同组合,形成不同的结构体系以适应不同的地形和地质条件。

斜拉桥的主要施工内容包括基础、墩柱、桥跨、斜拉索和索塔等,其中基础、墩柱及索塔的施工和悬索桥相似。

1. 架设方案

(1)主梁施工。

斜拉桥的主梁施工方法与梁桥的主梁施工方法类似,包括支架法、悬臂法、顶推法、平转法等。

①支架法施工。

支架法是在桥孔位置搭设满布式支架,在临时支墩之间设置托架或劲性骨架,然后立模现浇主梁,或者在临时支墩上拼装预制梁段的施工方法。

支架法施工的优点是:施工简单方便,且能确保主梁结构满足设计形状要求,但只能用于桥下净空低、搭设支架方便且不影响桥下交通的情况,或跨径和规模较小的斜拉桥主梁的施工,如城市立交桥和净高较低的斜拉桥主梁施工。例如德国在莱茵河上的麦克萨桥、日本丰里斜拉桥及我国天津永和桥主梁都是采用支架法施工的。

②悬臂法施工。

悬臂法是斜拉桥普遍采用的施工方法,它可以是在支架(或支墩)上建造边跨,然后中跨采用悬臂施工的单悬臂法,也可以是从塔往两侧对称平衡施工的双悬臂法。悬臂法施工的工序可以大致分为:修建索塔,吊装主梁节段(悬臂拼装法)或现浇混凝土主梁节段(悬臂浇筑法),安装并张拉斜拉索,两者交替进行直至合龙。

悬臂拼装法一般先在塔柱区段现浇一段起始梁段以放置起吊设备,然后用起吊设备从塔柱两侧依次对称安装预制梁段,使悬臂不断伸长直至合龙。安装中孔合龙段钢主梁,全桥合龙,待钢主梁合龙立即释放临时固结构造,使全桥呈全漂浮结构体系。

悬臂拼装程序如下。

a.利用塔上塔吊搭设0号及1号块临时用的支架钢管架。

b.利用塔吊安装好0号及1号块。

c.安装1号块的斜拉索,并在其上架设主梁悬臂吊机,拆除塔上塔吊和临时支撑架。

d.利用悬臂吊机安装两侧的2号块的钢主梁,并挂相应的两侧斜拉索。

e.重复上一循环直至全桥合龙。

悬臂浇筑法是从塔柱两侧用挂篮对称逐段就地浇筑混凝土直至合龙。对于中小跨径的斜拉桥,当预制梁段重力不大时,可利用已施工完成的索塔作为安装索塔,采用缆索吊机进行主梁悬臂拼装施工。采用浮吊或缆索吊装,施工荷载较小,一般施工内力不控制设计。悬臂浇筑法程序见图7.14。

③顶推法施工。

采用顶推法进行混凝土斜拉桥主梁的施工时,需要在跨内设置若干临时支墩,且在顶推过程中,主梁要反复承受正、负弯矩。为了满足施工阶段内力要求,有时主梁需要配置临时预应力束筋。因此,顶推法只适用于桥下净空较低、修建临时支墩造价不高且不影响桥下交通、抗拉和抗压能力相同、能承受反复弯矩的

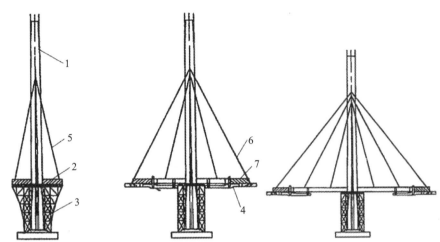

(a) 支架现浇0号及1号块并挂索　(b) 拼装挂篮，对称悬浇梁段　(c) 挂篮前移，依次悬浇梁段

图 7.14　悬臂浇筑程序

注：1—索塔；2—现浇梁段；3—现拼支架；4—前支点挂篮；5—斜拉索；6—前支点斜拉索；7—悬浇梁段。

钢斜拉桥主梁施工。

④平转法施工。

平转法将斜拉桥上部结构分别在两岸或一岸顺河流方向的支架上现浇，并在岸上完成落架、张拉、调索等所有安装工作，然后以墩、塔为圆心，整体旋转到桥位合龙。该法仅适合一些特殊情况下斜拉桥的架设。

(2)索塔施工。

①索塔施工顺序。

混凝土斜拉桥可先施工墩、塔，然后施工主梁和安装拉索，也可索塔、拉索、主梁三者同时施工。典型的塔墩固结混凝土索塔的施工可按图 7.15 中所示的施工顺序进行。

②塔柱的施工。

塔柱混凝土施工一般采用就地浇筑，模板和脚手平台常用支架法、滑模法、爬模法或大型模板构件法等。

为保证塔柱混凝土的浇筑达到一定的精度，必须控制模板的变形，特别是当塔柱为倾斜的内倾或外倾布置时，应考虑每隔一定高度在塔柱内设受压支架(塔柱内倾)或受拉拉条(塔柱外侧)，以保证塔柱的受力、变形和稳定性。另外，应保证斜拉索锚固点预埋件位置的精度，特别在高空作业条件下，施工有一定的难度，为此，可将锚固各斜拉索用的预埋件，事先在地面或工厂内组装成一个整体

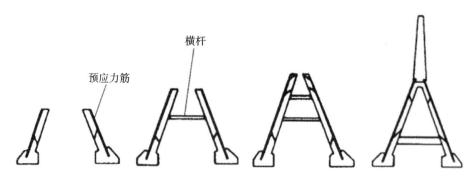

图 7.15 混凝土索塔的施工顺序

的骨架,然后整体吊装预埋,这样可确保斜拉索锚固位置的精度。施工中除了应保证各部位的几何尺寸正确,还应进行索塔局部测量系统的控制,并与全桥总体测量系统接轨,以便根据实际施工情况及时进行调整,避免误差累计过大。

③横梁的施工。

一般横梁采用支架法就地浇筑混凝土,但在高空中进行大跨径、大断面、高等级预应力混凝土的施工,难度较大。

2. 斜拉索的施工

(1)制索。

斜拉桥的制索一般有三种方式:工地制索、工厂制索和桥上拉索编制。

①工地制索。

工地制索的工序:下料→编束→防护套→浇锚头→超张拉。因为工地制索需要制索场地、张拉台座和浇锚头设备等,故一次性投入较高,现在国内较少采用。20 世纪 70—80 年代我国的斜拉桥工程如重庆石门嘉陵江大桥、广东西樵大桥等多为工地制索。

②工厂制索。

工厂制索的优点在于:集中制造能使设备重复利用,可满足降低成本需要;工厂化生产,能利用现代化管理手段保证产品的质量等。它是目前斜拉桥施工中普遍采用的形式,如上海黄浦大桥、安徽蚌埠解放路淮河大桥、武汉长江大桥等均采用工厂制索。

③桥上拉索编制。

该方法是先用几根钢绞线把索护套悬挂在拉索上,然后用穿索机将钢绞线逐根穿入并逐根张拉,经张拉调整后再浇锚,最后在索护套内压浆,完成编索工作。该方法的最大特点是将制索、安索、张拉三道工序在索位处合而为一,省去了工厂制索的运输、工地现场大型挂索和大型张拉设备的安置工作,施工简单、方便、安全,但每根索的施工工期较长。我国广西柳江四桥(壶西大桥)、湖南浏阳河大桥、香港汀九桥等斜拉索的施工采用了此法。

(2)挂索。

挂索是将拉索架设到索塔锚固点和主梁锚固点之间的位置上。由于斜拉桥的结构特性,挂索总是从短索进行到长索。

根据设计要求,斜拉桥所用拉索可以是成品索或现制索,挂索的方式也各不相同。

①成品索挂索。

成品索无论是在专门工厂制造后成盘运输到工地,还是在工地附近制成的,都可以直接利用吊机将拉索起吊,借助卷扬机将拉索两端分别穿入主梁上和索塔上的预留索孔,并初步固定在索孔端面的锚板上完成挂索,或者设置临时钢索作为导向缆绳,并用滑轮牵引完成挂索。

②现制索挂索。

现制索即拉索是在挂索过程中完成制索的。现场制作索的安装方法一般有单点吊法、多点吊法、导索法等。

单点吊法是将索运至桥面后,先将固定端头穿入箱梁索孔内固定,然后由塔柱上伸出一个吊点,将索张拉端吊起,吊至塔柱索孔处,由连接杆拧紧锚固螺栓,再由千斤顶顶出索孔,如图 7.16 所示。

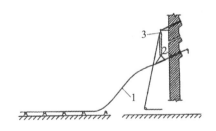

图 7.16 单点吊法安装拉索

注:1—索;2—索孔;3—滑轮。

多点吊法是从塔上牵引一根斜向导索,其上每隔一定距离拴上一组动滑轮,上、下之间由白棕绳串起来,人工将索吊至所需位置,然后由卷扬机或通过探杆或连接器由千斤顶完成牵引索入孔。

导索法是先在拉索上方设置一根粗大的钢缆作为导索,将拉索的聚乙烯防护套管(或其他拉索防护套管)悬挂在导索上,然后逐根穿入钢绞线(或高强钢筋),用单根张拉的小型千斤顶调整好每根钢绞线(或高强钢筋)的初应力,最后用群锚千斤顶整体张拉,完成制索、挂索和张拉全过程。

(3)张拉及调索。

拉索的张拉是拉索完成挂索施工后导入一定的拉力,使拉索开始受拉而参与工作。张拉拉索可以调整索力及桥面标高。所以拉索的张拉工艺、索力及标高的控制是斜拉桥施工的关键,应按设计单位的要求进行。

拉索的张拉包括悬臂架设时最外侧一根拉索的初次张拉、内侧紧邻一根拉索的二次张拉、主梁合龙后的最终张拉及施工过程中的调整张拉等。工作平台等的设置,要适应以上各种张拉情况。如在主梁一侧张拉,则需要有能够在主梁下面自由移动的吊篮式工作平台。

通过张拉对索力进行调整,索力的大小由设计单位根据各个不同的工况,经过计算后给出,张拉拉索时应准确控制索力。对于长索的非线性影响、大伸长量及相应的各种因素的影响,在设计与施工时都应充分考虑,并采取有效的技术措施。

(4)索力测量。

为了施工中准确控制、调整索力,必须掌握测定索力的方法。由于测量数据会有一定的误差,要求反复多次进行测定。测定索力的方法很多,如千斤顶油压表、测力盒、应变仪等。

7.3.4　刚构桥施工

1.刚构桥类型

刚构桥也称为"刚架桥",这种桥型桥跨结构(主梁)和墩台(支柱)整体相连。由于两者之间是刚性连接,在竖向荷载作用下,将在主梁端部产生负弯矩,因而减少了跨中的正弯矩,跨中截面尺寸也相应减小。刚构桥的主梁高度一般可以较梁桥小。刚构桥通常适用于需要较大的桥下净空和建筑高度受到限制的情况,如立交桥、高架桥等。

刚构桥在竖向荷载作用下,支柱除承受压力外,还承受弯矩。支柱一般由混凝土构件组成。钢构桥在竖向荷载作用下,一般产生水平推力。为此,必须要有良好的地基条件,或用较深的基础及特殊的构造措施来抵抗推力的作用。

刚构桥的主要优点是外形尺寸小,桥下净空大,桥下视野开阔,混凝土用量少,但钢筋的用量较大,基础的造价也较高。所以,目前常用于中小跨度桥梁。近年来,随着预应力混凝土技术的发展和悬臂施工方法的广泛应用,刚构桥也得到了进一步的发展。

刚构桥类型主要有门式刚构桥、T形刚构桥、连续刚构桥、斜腿刚构桥、V形墩刚构桥等。

(1)门式刚构桥。

当单跨刚构桥的支柱做成直柱形时便形成门式刚构桥。

这种桥型的主要特点是将桥台台身与主梁固结,既省掉了桥台处的伸缩缝,改善了桥头行车的平顺性,又提高了结构的刚度。在城市中遇到路线立体交叉或需要跨越不太宽的河流时,采用这种桥型,能降低路线标高,改善纵坡和减少路堤的土方量,当桥面标高已经确定时,采用这种桥型能增大桥下净空。

但这种桥型在基脚处会产生水平推力,基脚无论是固结还是铰接,都会因预应力、徐变、温度变化及基础变形等因素产生较大的次应力,因此要求有良好的地基条件,这种桥型在目前也较少采用。

(2)T形刚构桥。

在刚构桥主梁跨中设铰或悬挂简支梁,即可形成所谓T形刚构或带挂梁的T形刚构。由于T形刚构长悬臂处于一种不受约束的自由变形状态,在车辆荷载作用下,悬臂内的弯、扭矩应力较大,因而容易产生裂缝;此外,由于混凝土的徐变,悬臂端会产生一定的下挠,从而在悬臂端和挂梁的结合处形成一个折角,不仅会损坏伸缩缝,还会引起跳车现象,给悬臂端以附加冲击力,对桥梁受力不利。目前,这是一种被淘汰的桥型,在建设中已很少采用。

(3)连续刚构桥。

随着T形刚构的发展,又出现了将T形刚构粗厚桥墩减薄,形成柔性桥墩,使墩梁固结、主梁连续的连续刚构桥。这种桥型又称为墩梁固结的连续梁桥。

在受力方面,连续刚构桥在施工状态下的受力模式和合龙后体系转换的整个结构受力状态也能够很好地吻合,这是其他桥型难以比拟的优点,这种桥型也是城市高架桥所普遍采用的一种桥型。连续刚构桥也常运用于大跨度桥梁。由于整个结构连接成一个整体,属于多次超静定结构,因而由预应力、混凝土收缩、徐变和温度变化所引起的结构的纵向位移将在结构中产生较大的内力。

典型的连续刚构桥与T形刚构桥一样,一般对称布置并采用悬臂施工方法修建。随着墩高的增加,桥墩对上部结构的嵌固作用越来越小,逐步转化为柔性墩的作用。

对于连续式主梁的多跨刚构桥,当桥梁太长时,宜设置伸缩缝,或者做成数座互相分离的连续式主梁的刚构桥,这种形式常用于城市高架桥。

中小跨度的连续式刚构桥通常做成等跨,以利于施工。跨度较大时,为了减少边跨的弯矩,使之与中跨相近,利于设计和构造,也可使边跨跨度小于中跨。有时,当连续刚构边跨的跨度远小于中跨时,可能导致主梁端支座承受很大的上拔力,需要进行特殊的处理。通常可将边跨主梁截面改成实体或加平衡重,以使端支座获得正的反力(压力)。

多跨连续刚构桥发展很快,由于具有不需要大型支座、线形匀称等一系列优点,故在技术经济比较时,常胜于连续梁桥。目前,全无缝式连续刚构桥兴起,这种刚构桥与普通连续刚构桥的区别在于,除了将所有的桥墩与主梁固结,还将两端的桥台与主梁固结,形成一座在全桥范围内没有伸缩缝装置的桥梁。全无缝式刚构桥依靠桥台台后的特殊构造和在一定范围内的路面来吸收由于温度引起的变形量,故其跨径和桥梁全长不能太长,一般全长在100 m以内为宜。它既省去了支座和伸缩缝装置的设置、维护以及更换,又能解决桥头跳车的弊端。

(4)斜腿刚构桥。

由一对斜置的撑杆与梁体固结后来承担车辆荷载的桥梁称为"斜腿刚构桥"。这种桥型可以克服门式刚构桥的某些缺点。

斜腿刚构桥的压力线和拱桥相近,故其所受的弯矩比门式刚构桥要小,主梁跨度缩短,但支承反力有所增加,而且斜柱的长度较大。因此,当桥下净空要求为梯形时,采用斜腿刚架是有利的,它可用较小的主梁跨度来跨越深谷或同其他线路立交。因此,国外有不少跨线桥均采用斜腿刚架,不仅造型轻巧美观,而且施工较拱桥简单。当然,斜腿刚构桥也存在和门式刚构桥某些类似的缺点,而且斜腿的施工具有一定的难度。

(5)V形墩刚构桥。

为减小斜腿肩部的负弯矩峰值,可将支柱做成V形墩身的形式,如图7.17所示。

图7.17 V形墩身刚构桥

为了减小跨中的正弯矩和挠度,并有利于采用悬臂法施工,也可做成两端带斜拉杆的形式,如图7.18所示。

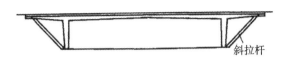

图 7.18 两端带斜拉杆的刚构桥

2. 刚构桥的施工

刚构桥的施工方法主要包括支架法、悬臂施工法和转体施工法等。

(1) 支架法。

支架法是搭设支架,安装模板、钢筋,就地浇筑梁体混凝土的一种古老的施工方法。虽然支架法施工需要大量的支架和模板,但在采用其他施工方法比较困难和费用较高时,特别是在修建城市高架的弯、坡、斜桥和连续刚构桥时,支架法经常被采用。其施工工艺和梁桥的支架法类似,主要包括基础施工、墩台施工、梁支架和模板施工、梁体钢筋施工、梁体混凝土浇筑、拆模养护、桥面系施工等工序。

(2) 悬臂施工法。

目前,大跨径预应力混凝土连续刚构桥的施工大多采用悬臂施工法,这和预应力连续梁桥的悬臂施工法大同小异。悬臂施工法概括地讲,其操作方法是:首先由墩顶开始向两边采用平衡悬臂施工法逐节段施工结构的上部梁体,形成一个T形的双悬臂结构,接着合龙边跨,最后合龙中跨,形成最终体系。悬臂施工法可以多孔桥跨结构同时施工,施工中所用的悬拼吊机或挂篮设备均可重复使用,从而加快施工进度,且施工费用较省,使工程总造价降低。悬臂施工法又可分为悬臂浇筑法和悬臂拼装法两类。

① 悬臂浇筑法。

悬臂浇筑法是在墩顶两侧对称、逐段悬臂现场浇筑混凝土,待混凝土达到一定强度后张拉预应力索(筋),然后移动机具、模板(挂篮)至下一节段,重复操作,继续悬臂施工。预应力混凝土连续刚构桥采用悬臂浇筑法施工时,大多以挂篮为主要的施工设备。

悬臂浇筑法施工大致包括以下几个主要步骤。

a. 在墩顶处搭设临时支架,现浇0号块及必要的几个梁段,作为拼装挂篮的场地。

b. 拼装挂篮,在挂篮上架设模板,悬臂浇筑其余各梁段,逐段进行。

c. 在支架上浇筑边跨现浇段,然后浇筑边跨合龙段。

d.浇筑中跨合龙段。

采用悬臂浇筑法进行施工的一大优点是桥跨间无须搭设支架,施工时既不占用河道也不影响桥下交通,同时使用的施工机具设备较少,施工简便且结构整体性能好,而且在施工过程中可以比较方便地根据具体需要来调整主梁标高。在整个施工过程中,施工机具和人员等重量均全部由已建梁段承受,随着施工的进行,悬臂逐渐延伸,机具设备也逐步移至梁端,不需要支架支撑。所以悬臂浇筑法适用于通航河流或跨线立交的大跨径桥梁的施工。

②悬臂拼装法。

所谓悬臂拼装法,是首先在预制场地将主梁分节段预制好,待梁段混凝土达到规定强度要求后,再将预制好的梁段依次运至吊装现场;随后逐节段地用吊机将预制块件在桥墩两侧对称起吊、安装就位后,张拉预应力筋;如此重复操作,使主梁悬臂不断接长,直至合龙。概括地讲,悬臂拼装施工的基本工序是梁段分段预制、移位、堆放和运输,梁段依次起吊、拼装,穿预应力束、施加预应力。

(3)转体施工法。

刚构桥的转体施工法和拱桥的转体施工法类似,也可分为平面转体、竖向转体以及平竖结合三种方式。相对于拱桥来说,刚构桥转体构件更为简单。施工时利用地形,先在两岸用支架浇筑转体结构,然后将两个半桥结构作竖向或平面转动就位后,绑扎接头钢筋和浇筑接头混凝土,待达到设计强度后再进行桥面板结构的施工。具体的施工工艺可参考7.3.1节的相关内容。

7.3.5　城市立交桥施工

立体交叉(简称"立交")是利用跨线构造物使两条(或多条)道路在不同标高处相互交叉的连接方式。立交桥是为解决道路与道路相交引起的交通冲突而修建的桥梁,它可以是铁路、公路、城市道路不同组合方式的交叉。世界上最早的立交桥出现在法国,我国自20世纪50年代中期以来,先后在北京、上海、广州等城市的主要干路网上建成了一批立交桥,这些立交桥在提高城市道路通行能力、缓解道路交通拥堵、提高车辆运行速度、减少交通事故和污染、提高运输效率等方面起到了重要作用,取得了良好的效益。

1.立交桥的组成与分类

(1)立交桥的组成。

立交桥的交通组织方式不同,其交叉形式和组成部分也不尽相同,但一般常用的立交由以下各部分组成(图7.19)。

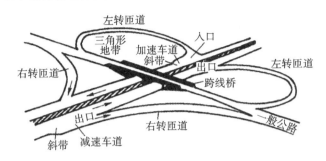

图 7.19　互通式立交组成

①跨线桥：快速道路从桥上通过，相交道路从桥下通过，这种形式称为"上跨式"，反之称为"下穿式"。跨线桥可以是直线，也可以是曲线。

②匝道：为连接两相交道路设置的互通式交换道，匝道同相交道的交点称为匝道的"终点"。匝道分单向匝道、双向匝道和有分隔带的双向匝道三种，一般情况采用前两种匝道，如果两相交道路交通量都很大，可采用第三种形式。

③入口与出口：由高速道路驶出，进入匝道的道口称为"出口"；由匝道驶出，进入高速道路的道口称为"入口"。"出"和"入"均是针对高速道路本身而言。

(2)立交桥的分类。

立交桥的形式很多，立交桥形式的选择，要从城市交通规划、交通性质、交通流量、交通流向、经济合理、环境协调等方面全面优化确定。

按照相交道路跨越方式划分，立交桥可分为上跨式和下穿式两种。上跨式[图7.20(a)]是用跨线桥从相交道路上方跨过的立交方式，下穿式[图7.20(b)]是用地道(或隧道)从相交道路下方穿过的交叉方式。

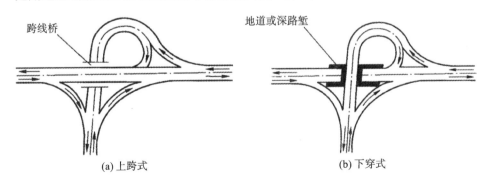

图 7.20　上跨式和下穿式立交桥

按照交通的功能划分,立交桥可分为分离式与互通式两种。

分离式立交桥上、下道路之间不设连接匝道,上、下道路上行驶的车辆不能互相转换,这种立交桥不另占土地,设计简单,用于城市道路,可以减少对干路行车的影响,保证干路的畅通。

互通式立交桥相交道路上行驶的车辆可以互相转换。在交叉处设跨路桥或隧道,并在上、下道路之间设连接匝道供车辆转换用。互通式立交桥占地多、设计复杂,但城市道路一般要求行车能互相转换,故多采用这种形式。在互通式立交桥中,根据交叉口的立交完善程度和几何形式不同,又可分为部分互通式、完全互通式和定向式三种。

①部分互通式立交。

在立交桥中,不一定每个方向都采用立体交叉,仍保留一个以上的平面交叉时,称为"部分互通式立交"。常见部分互通式立交形式有菱形立交、十字形立交、部分苜蓿叶式立交等。

a.菱形立交。这种交叉口的交通组织方式为直行车辆立交,右转弯车辆在匝道上行驶,左转弯车辆通过右行匝道在跨路桥下面通过。这种立交方式在匝道两端有平面交叉产生的局部交通冲突,但造型简单,占地较少,造价也较低,行车速度较高,为城市立交中常用的一种形式。

b.十字形立交。相交两条道路中可以沿交通量较大的方向修建跨路桥或隧道,如两个方向交通量都大,也可以都修成桥或隧道,直行方向采用立交而左转弯车辆采用平交方式,这种立交形式占地少,适于城市道路立交。

c.部分苜蓿叶式立交。此种形式在高速道路上的出入口为立交,但在相交的次要道路上的出入口则为平交,适用于高速道路与次要道路相交的情况。

②完全互通式立交。

完全互通式立交为立交桥的基本形式,每个方向都用立体交叉,占地面积大(如北京的三元立交桥占地二十多公顷),建设费用高,但通行能力也大,根据与道路相交的形式大致有以下几种。

a.喇叭形立交。它是用一个环圈式匝道(转向约为270°)和一个半定向匝道来实现车辆左转弯的全互通式立交。当相交道路为T形立交时,可采用此种形式,优点是线路短、结构简单,仅有一座跨线桥,行车安全方便,设计时应将喇叭口设在左转车辆较多的道路一侧,以便主车流方向行车。但环圈式匝道上行车速度低,线形较差,且左弯车辆绕行距离较长。

b.苜蓿叶式立交。这是一种比较完备的立交系统,两条相交道路与各匝道的交点均为立交,这种立交道口所有需要左转弯的车辆一律改为右转弯行驶,车流没有任何冲突点,可以安全地连接通过,因而通行能力高,但占地多、投资大,适用于市郊高速道路与主要干路的连接。同时苜蓿叶式立交左转车辆都是向右转270°后才能到达所需要的转弯方向,不仅使行驶距离增加,而且驾驶人员容易混淆,所以必须设置指示路标。

c.环形立交。在交叉口修一座或两座环行桥,形成两层或三层环行道,并设引桥与各向道路连接,使快、慢车在不同的环上行驶。这种形式的直行车和右行车行驶直接,但左转弯车辆需要绕环行驶才能转向,除环道上还有平面交织外,其他部位完全消灭了平交冲突。在两条高速道路相交,占地也较少,对于四周建筑物不能大量拆迁,交叉口用地受到限制时,可采用此种形式。

由于环行交叉的通行能力受到环道断面上交织能力的限制,环道上行车速度取决于环道半径的大小和环道的宽度,因此必须校核环道的车速和流量能否满足远期交通发展的需要。

③定向式立交。

定向式立交每个方向的转弯车辆均行驶在专用的单向转弯车道上,与其他方向的车道相交时均设立体交叉,从而确保了几个主要流向或全部流向的交通不受干扰。该桥型行驶路线短捷,避免了苜蓿叶式立交绕弯的缺点,无交织段,占地少。但缺点是修建的立体交叉较多、交叉点重叠,层次多,结构复杂,投资大。

2.弯、斜桥施工

弯、斜桥在桥位控制、标高控制等方面比直桥更加麻烦。

在发展城市立交桥和高架桥时,因受地形、地物的限制需要修筑成弯、斜桥的形式。对此类桥型的传统施工方法是"弯桥直作、斜桥正作、坡桥平作""遇到弯、坡、斜桥绕道免作"。实践证明,这样做与客观实际不符。应该面对实际情况,掌握弯、斜桥的施工技术。

(1)弯桥施工。

弯桥施工除可就地浇筑外,也可采用支架法、悬臂法、顶推法、缆索法和拖拉法等多种架设法。弯桥在施工中常会遇到操作场地狭窄、作业时间短促等困难,虽然梁段可近似做成折线,但其架设时对折线梁段的位置要求严格控制。由于结构受力状况和施工要求,不宜将弯桥做成简支梁,最好采用连续梁或其他桥型。由于弯桥施工的复杂性与特殊性,在制定施工方案时要因地制宜。现将架设弯桥的主要方法介绍如下。

①支架法。

此法包括搭设满堂支架和其他各种形式支架。此种方法架设弯桥最为安全合适。支架材料可采用钢材（如角钢、型钢、钢管）、木材和毛竹等。但用此法在城市中架桥时，对市内交通、通航影响很大，在桥下水深过深、洪水期水流汹涌、桥高过高等条件下不宜采用。

②悬臂法。

用此法架设弯桥基本与直桥相似。因考虑施工荷载对弯桥产生的扭矩较大，应对结构做特殊处理。例如对箱弯桥，应在箱梁内增加隔墙，以克服悬臂施工产生的扭矩。

③顶推法。

用水平千斤顶多点控制梁体的位置，使之按预期的目的顶推，曲梁在被顶推过程中存在着结构体系的变化，例如主曲梁有由悬臂梁转换成连续梁的结构特点。因此顶推时，要对梁体的方向随时予以修正。为此，可用刚体运动法调整水平力(即以控制各水平千斤顶来达到水平力的增减)或用横向顶推移动法来修正(即在梁体被顶推前后，在主梁与各支座间插入四氟板和不锈钢板，用安装在桥墩上的横向导向滑轮控制液压千斤顶，横移主梁实现修正方向)。

④缆索法。

用此法架设弯桥可不受城市交通、桥下净空尺寸及通航等各方面的影响，但仍受曲梁的形状影响。它不能像修建一般直桥那样将悬索装置设在一条直线段上，而是将梁划分为若干区段后，将索道搭设成若干段分别架设桥跨。由于在各区段之间带有折角的悬吊缆索使塔顶在节点处产生巨大的水平力并作用在横桥方向的一侧，另一侧必须设置控制索以牵制此水平力对桥跨的作用。但主索和控制索的锚固工作较难处理，加上索道为适应桥跨变化分成若干段后，也给施工运输增加了一些困难。

⑤拖拉法。

此法可弥补支架法、悬臂法、缆索法中的不足。它与顶推法架弯桥有共同之处，是一种较为普遍的架梁方法。在施工时，将曲梁处理成直梁，即在两曲梁之间嵌入架设施工用的楔形垫块，使梁变为近似直线形，然后通过传送装置或电动平板车拖梁架设，使之大致就位，最后拆去楔块，将主梁转动至预定位置上。

(2)斜桥施工。

①斜桥施工概况。

斜桥有多种结构形式,其中以斜板桥的适应性最强。因为它能做成各种可能的形状,相对于桥纵轴的倾角,任意的超高、坡度及曲率等,斜交与正交布置桥跨时比较能满足所需的立柱间距。

②斜桥正做的施工方法。

斜桥正做主要是采取切正桥台的方法,这样可以使桥台的上部构造平面正交,从而使斜桥按正交桥设计。这样不仅简化了桥梁结构,而且使钢筋位置、接缝和浇筑等大部分工序从简,特别是在拼装预应力节段箱梁时更为有利。在斜桥正做时切正桥台和摆正桥端的基本情况如图7.21所示。斜桥桥台一般有一个长前墙并平行于桥下路线。此前墙与桥台的一边墙或翼墙相交成锐角,但在构造上难以给锐角部分配筋,若采取切正桥台的方法,则可取消长前墙和锐角,此时把锐角的顶角用一个垂直于桥中线的前墙切正,使桥台平面呈梯形。被切正的桥座端约占桥宽的1/2,桥面的缺角三角形补以悬出在斜台前墙上的板或梁的结构,悬臂板延伸至前墙后形成箱形。施工时,为了承担斜桥纵梁的荷载并把其传至桥台支座,可采用重型的端横梁。其形式可参考图7.22,两端用铸铁支座支承桥跨。

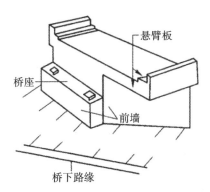

图7.21 切正桥台示意图

③顶推法架设斜桥的情况。

用顶推法架设斜桥,基本情况与架设正交桥一样。不同之处在于顶推施工的内力计算需要考虑桥梁斜度对顶推力的影响,此时较简单的方法是按杠杆原理算出的值乘以一个按格子构造解析求得的比例系数,作为设计时的断面内力。施工的主要问题在于将斜梁块件划分若干块,然后进行断面内力的推算,确定预加应力值的大小、导梁的架设、顶推架的安置等。通过对工期、施工性、预制场地长度、模板周转次数、设计条件等的研究,把1/2跨长作为标准块件长度,在有中

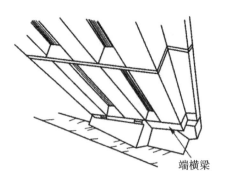

图 7.22　斜桥的端横梁

横隔板、栏杆托梁的杆件中,前后长度略有变位。预推施工时,在施工段求出断面内力,并进行应力验算。按弹性支承考虑临时墩的弹性下沉,顶推施工时的交替应力,采用先期预应力,对于顶推终了产生的应力采用后期预应力。顶、底板上布置先期预应力粗钢筋,后期预应力采用钢索。当全部采用连续钢束布置时,因中跨有较富余的地段,可把一部分钢束超过中支点后,使用固定锚头作为单侧张拉力束。将有两根主梁构造的导梁安装在箱梁的腹板处,导梁长度为架设梁段跨长的 2/3 左右。为适应运输及周转时长度变化的要求,以两台 200 t 级穿心式千斤顶固定在桥墩上,并用受拉粗钢筋把千斤顶连接在梁的锚固装置上,将梁体不断推出。对顶推架设的控制,一方面是确定方向和高度;另一方面是在梁和滑动支承之间插入滑板,与梁共同向前滑动,逐次反复插入进行架设。

④钢梁斜桥的施工。

钢梁斜桥的主梁与横梁的连接方式,第一种情况为桥轴线与支承线交角大于 70°时,采用斜交格子梁形式;第二种情况为桥轴线与支承线交角小于 70°时,采用正交格子梁形式(此形式既不降低荷载分配,又能使主梁与横梁的连接部位结构简化)。若采用拼装预制件架设钢斜梁,因斜度影响,主梁挠度差距很大,横向连接系与主梁垂直连接片浇筑桥面板混凝土后会使梁倾斜,而中横梁是按竣工后的受力状态制作的,主梁倾斜后会使螺栓孔错位而产生较大附加应力,从而对结构受力不利。因此,要采取如下措施,避免主梁倾斜。

a.千斤顶顶升回落法。在架梁时,为了消除横梁左右的挠度差,在其相反方向支点处用千斤顶顶升抬高钢梁。待桥面混凝土浇筑后,再回落至设计位置,以此消除因挠度差而造成的主梁倾斜。

b.水袋或砂袋压重法。钢斜梁架好后在其上搁置一些水袋或砂袋,以代替桥面混凝土重量。一边安装横梁和浇筑桥面混凝土,一边取掉相应重量的水袋。

但此法受地形、环境等多方因素的限制。

c. 铰接构造法。当梁倾斜较大时,可用铰接构造法克服附加内力增大的现象。此法是在倾斜较大处予以斜撑,完全做成桁架构造。在其上安铆钉,并用螺栓连接成局部构造。这是一种有挠度变化而无应力出现的处理办法。但铰接部分因受到限制太大,会使相邻部分的斜撑也产生约束变形应力;而主梁挠度也不会按计算值降低,可能会使铰接部分的铆钉孔有移位现象,给施工造成危险。为了确保安全,应充分予以重视。

d. 长孔法。此法是把主梁的挠度差值全部考虑分布在可能的长孔中,让差值被孔吸收。但长孔的孔径应控制在允许的铆钉孔径内,并对斜梁的斜角有一定的限制。使用的铰接铆钉为高强螺栓时,要进行两次连接,以防螺栓松脱而造成事故。

e. 预先扭转法。利用主梁各横断面上的预拱度差是一个定值这一特点,将此预拱度值倒过来,以倒过来的状态把此定值考虑在梁的相反方向上。桥面板浇筑后,使梁回到设计的竖直状态。

3. 人行天桥施工

(1) 人行天桥的构造与分类。

城市人行天桥,能使行人与车辆分别在两个平面上活动,互不干扰,避免了彼此直接冲撞,从而达到改善交通管理状况、保障行人安全的显著效果。由于荷载小,人行天桥的主梁可以建造得非常轻巧雅致,梁的宽度较窄,对街道的覆盖面不大,在美化市容方面,与车行立交桥相比,更易获得较好的景观效果。

①人行天桥的构造。

天桥的主结构可用钢筋混凝土或钢结构建造,从已建成的人行天桥来看,主结构多采用钢结构,其制作、架设均方便,降低了桥面的建筑高度,使立面造型轻盈明快,在经济和美观方面都有较大的优越性。钢结构人行天桥断面一般为钢箱梁结构形式,常采用二次函数抛物线形,厂内分段或整跨预制,现场拼装后焊接或高强螺栓连接,材质多为 Q235。现场安装时,可以在不影响正常交通的情况下,利用夜间架梁。一旦将来道路拓宽,钢梁拆除也无大的困难。

钢筋混凝土人行天桥具有混凝土坚固耐用的特性,由于它结构形式比较简单,施工起来也较方便,所需要的建筑材料来源广泛,价格相应较低,工程的成本低也使工程造价随之降低。

人行天桥一般位于人口稠密地区、交通繁忙的主干路上,除了具有疏导交通、保证行人安全的功能,还应该具有一定的观赏价值,最好能为城市的建设增添一道亮丽的风景线。因而,人行天桥的造型选择显得尤为重要。用得较多的人行天桥的桥型结构有变截面连续板桥、斜腿刚构桥、中承式系杆拱桥、单塔板拉桥、刚性吊桥等。

还有的人行天桥采用空间球网架结构,螺栓球节点空间钢网架结构由螺栓球和连接杆连接而成,螺栓球上带有螺栓孔,杆件两端设高强螺栓。

②人行天桥的分类。

天桥跨越城市道路一般可以分为两大类:跨越路口及跨越道路。跨越路口一般有十字交叉口、三岔路口、复合(畸形)交叉口等。人行天桥平面布置主要有U形、Y形、X形、圆形、八边形和工字形等形式。跨越道路则多采用一字形布置。人行天桥平面布置应遵循"简单、对称"的原则,争取与周围建筑物协调统一、曲线过渡自然圆顺。

人行天桥按照大梁的断面形式来分,可分为箱形梁、T形梁和门形梁;按照结构形式来分,可分为简支梁式、连续梁式、拱式、斜拉式。

(2)人行天桥的施工。

这里主要介绍钢结构人行天桥的施工。

①工厂预制。

目前,人行天桥由于受到工期、施工场地、地理环境、交通量、净空等限制,一般采用钢梁作为人行天桥的上部结构的主梁。而主梁由于制作场地的限制,常由造船厂或钢厂就地进行制作。

②细部构造的施工。

人行天桥细部构造的施工,必须注意下列事项。

a. 采用桥面薄板焊接时容易变形,应采用断续焊接,一般采用手工焊接;半自动焊接由于在角隅处保护气体的飞散且与大气中不纯物混合使焊性恶化,容易产生缺陷,有些构件施焊前需要进行预热,以防焊接变形。

b. 雨水、垃圾的堆积会产生酸性物质,是引起钢桥生锈的主要原因,施工时应注意桥面的纵、横坡坡度,以免桥面积水,并使用一定厚度的钢板以防锈蚀。

c. 排水设备应适用于垃圾不易堆积的构造,尤其是主梁下部有横梁、连接系、支座等,为便于在狭小的空间安装金属管,必须充分研究细部。

d. 如果扶梯表面砌瓷砖,在瓷砖与砂浆、踏步板之间有浸水和积水,则会引起瓷砖与砂浆剥落,因此要用环氧树脂砂浆防水或制成泄水坡。

③下部构造的施工。

人行天桥的下部构造与一般桥梁相比,更为轻便、简单,因为上部荷载小,受土压力影响不大,施工应满足下列工序要求。

a.测量工作。放线前首先对设计院交给的桩位及水准点进行复验。复验无误后方可测放。根据平面图纸的要求,精确测放出每个墩的中心位置,并按设计要求测放出每个墩的基础桩位置,经复核无误后,方可开始基础桩的施工。

b.开挖样洞。在正式进行基础施工前,须对墩中心位置开挖一个样洞,既可挖除地下较大的障碍物,又可探明地下公用管线的确切位置。

c.基础施工。天桥基础开槽施工中容易遇到地下管线,此时应根据管线重要性考虑改迁或加固管线,常见加固的措施有架设临时支架、采用钢筋混凝土包封加固、做盖板沟保护等,在条件许可时,可采用局部改线的办法;采用钻孔灌注桩时,需要注意泥浆的排放场地;采用打入桩时,可选择静压力桩或振动锤桩,以免造成噪声污染。

d.承台制作。承台除钢筋、混凝土浇筑应符合设计规定外,其与立柱对接的地脚螺栓一定要正确,以防止预埋地脚螺栓浮起和移动,在浇筑承台混凝土前,再一次核对设计图纸,校正立柱的对接预留螺栓,最好使用角钢等固定框架将地脚螺栓固定,即加长地脚螺栓的切削螺纹,用螺母在固定框架和模板上下紧紧锚固。

e.立柱安装。待承台混凝土强度达到设计强度的70%后,便可进行立柱安装。立柱是由钢管(筒)或型钢制成,安装时应将立柱的法兰盘螺孔对准承台的长脚螺栓,并由经纬仪校核立柱的垂直度,用水准仪测出立柱的高程,用小楔块将立柱垫实整平并拧紧螺栓。立柱安装完毕后,即可在柱顶精确测放出墩柱中心位置,并用钢尺精确丈量柱间跨径,安排并焊接柱靴,以便安装上部钢梁。

④钢梁的运输与架设。

当下部构造施工完毕后,根据施工进度要求进行上部构造架设,用运输车将各节钢箱梁运至桥位后进行现场安装,采用吊车安装。首先装支腿,测量定位后焊接;然后安装与支腿连接的各节钢梁,调整好各项数据后焊接钢梁与支腿的对接焊缝;最后安装、焊接中间合龙段。对接处每道顶板、底板及腹板的对接焊缝均错开规定距离,防止环形焊缝。因为定位支腿和与支腿连接的钢梁涉及中间合龙段的安装,因此该部位安装定位最重要,施工时尤应注意。运输与安装宜选在晚上施工,既便于大件运输又有利于断路安装。

⑤桥上构筑物施工。

桥上构筑物施工包括桥面铺装、扶梯铺装、油漆施工及照明等附属设备的施工。

适用于人行天桥的桥面材料有混凝土、彩色混凝土、沥青预制砌块等。如果采用预制块,钢板上应先铺砂浆,然后再砌筑预制块。

扶梯的接触面要用不易打滑、耐磨耗、吸声性能好的混凝土、沥青混凝土、聚氨酯、防滑瓷砖等材料按照一定的顺序进行铺设。

钢梁和其杆件在表面涂漆作业前,应进行除锈、打毛并喷涂防锈层,表面清净度达到要求后方可进行涂漆作业。涂漆的施工方法、顺序及材料的使用规格与公路桥大致相同,运输与架设过程中发生的油漆损伤亦可在施工现场补漆。另外,主梁与扶梯的连接等在现场不能涂饰的部分可在加工厂内预先涂漆。扶梯在踏步表面、侧板下部等易脏、易锈蚀的地方,宜采用环氧树脂防锈涂料。钢桥涂装层数和涂膜总厚度,应按设计要求实行。

附属设备有照明、居民住宅的窗外防护栏栅、挡板、用于防治积雪的防雪栅、高压线下的静电保护栅、桥面加热融雪器等。为确保行人安全,应设置夜间放心行走的照明设备。为保护沿桥居民利益,在扶梯和通道靠近居民住宅一侧,应根据具体情况设置防护栏栅或挡板。一些大、中城市用不锈钢材料修建人行天桥后,装上自动扶梯或残疾人专用垂直电梯,大大方便了行人上桥。

7.4 市政桥梁上部结构施工案例

7.4.1 工程概况

成都市简州新城方家林大道项目赤水河大桥全长 189.4 m,上部构造采用 (50+80+50)m 现浇预应力钢筋混凝土渐变高度连续梁,单幅箱梁宽 24.75 m。采用渐变高度单箱四室垂直腹板,单箱顶宽 24.75 m,底宽 19.75 m,翼缘板长 2.5 m。支点处梁高 5.0 m,高跨比 1/16,跨中以及端部梁高 2.2 m,梁高从跨中至距主墩中心 1.75 m 按二次函数抛物线变化,顶板厚度 25 cm,悬臂板端部厚 20 cm,根部厚 60 cm。底板上下口线为二次函数抛物线渐变,厚 25~55 cm。设支点横隔梁,主墩顶处横隔梁厚度 350 cm,梁端横隔梁厚度为 250 cm,其余部位均不设横隔板。

现浇箱梁 0 号桥台-跨中位置采用 60 型满堂盘扣支架,满堂支架最大高度约为 8 m;其余部分采用 321 型贝雷梁+60 型盘扣支架。

腹板上方顺桥向每 5 m 设一个通风孔,直径为 10 cm,距顶板上缘 110 cm,采用 PVC(polyvinyl chloride,聚氯乙烯)管成孔。

悬臂下缘设半径为 1.5 cm 的滴水槽,距悬臂端部 10 cm。考虑横坡和纵坡后,需要在箱室的最低点设置直径为 10 cm 的泄水孔,成孔要求同排气孔。

箱梁采用单向预应力体系,主梁纵向按全预应力混凝土构件设计。纵向预应力钢束采用平、竖弯相结合的方式布置,预应力管道采用内径为 90 mm 的塑料波纹管成孔,预应力钢筋采用 $\phi^s 15.2$ mm,抗拉强度标准值 f_{pk}=1860 MPa 的高强度低松弛钢绞线,张拉控制应力为 1395 MPa。锚固体系为夹片式群锚体系,张拉体系采用 YCWB 型穿心式千斤顶,真空辅助压浆技术。

梁体混凝土强度等级为 C55,封锚采用强度等级 C55 的微膨胀混凝土。支座采用 KZ 型桥梁盆式支座,钢筋采用 HRB400E 和 HPB300 级。

7.4.2　总体施工方案与工艺流程

1. 施工方案

现场桥梁施工范围内需要筑岛、改河,占用空间大,而且原地质土质松散,承载力不足,地基处理工程量大,造价高,不宜直接选用满堂脚手架支撑。所以综合考虑,本桥采用钢筋混凝土桩、钢管桩贝雷片排架支撑体系,贝雷片上搭设支架支模施工。

支撑体系从下往上依次为:$\phi 1.0$ m 钢筋混凝土桩、$\phi 630$ mm×13 mm 钢管、双拼 63b 工字钢、321 型贝雷梁、贝雷梁上分配梁(工字钢 20a)、盘扣支架及模板系统等。线路高度自小里程往大里程逐渐降低,支架高度为 5~9 m。

模板构造由底模、侧模、内模和端模四大部分组成,通过分析桥梁箱梁结构形式,采用 $\phi 48$ mm×3.0 mm 钢管、10♯槽钢水平向主梁背肋,10 cm×10 cm 樟子松木方竖向次梁,钢模板、高强优质光面竹胶板、胶合板组合使用,具体如下。

(1)底模。

采用 18 mm 高强优质光面竹胶板制作,固定在支架顶部纵向 10 cm×10 cm 樟子松木方上。

(2)侧模。

侧模组合分为以下三类。

①一类侧模组合:中横梁采用带活动支撑的 10♯槽钢为水平向主梁背肋,

60 cm中心距布设,10 cm×10 cm樟子松方木为竖向次梁,20 cm中心距布设,18 mm高强优质光面竹胶板为模板面。

②二类侧模组合:二类组合段采用带活动支撑的10♯槽钢为水平向主梁背肋,60 cm中心距布设,10 cm×10 cm樟子松方木为竖向次梁,20 cm中心距布设,18 mm高强优质光面竹胶板为模板面。

③三类侧模组合:三类组合均采用双φ48 mm×3.0 mm钢管为水平向主梁背肋,60 cm中心距布设。10 cm×10 cm樟子松方木为竖向次梁,20 cm中心距竖向布设,第一、三段也采用同规格样式侧模方式。除理论分段施工缝、端横梁端模采用定制钢模板,其余侧模均采用18 mm高强优质光面竹胶板。

(3)内模。

①内模侧模:中横梁端头内模采用带活动支撑的10♯槽钢为水平向主梁背肋,0.6 m中心距布设,10 cm×10 cm樟子松方木为竖向次梁,20 cm中心距布设,18 mm高强优质光面竹胶板为模板面,其余内侧内模均采用与侧模段对应的组合方式进行支设,但靠内侧模板采用18 mm厚胶合板。两侧模板均采用对拉杆连接,翼缘侧对拉杆则采用止水对拉杆来保证混凝土外观质量。

②内模顶模:完成腹板第一层浇筑且达到拆模龄期后拆除模板及侧模支架,搭设顶模支架及支设腹板第二层模板和顶模模板,顶模模板采用空腔搭设φ48 mm×3.0 mm满堂钢管架配合方木做竖、横向支撑,内顶模采用18 mm厚胶合板。

(4)端模。

张拉锚台位置的端模与内外模骨架连接,形成封闭端,且为了保障锚具垫片等浇筑质量,端模采用钢模板。

两侧模板均采用φ20 mm M18对拉杆连接,竖向60 cm、纵向50 cm设置一组,翼缘侧对拉杆则采用止水对拉杆来保证混凝土外观质量。

2.工艺流程

现浇箱梁的施工工艺流程如图7.23所示。

7.4.3 主要施工方法

1.支架系统

支架系统的基础分为两种形式,0号桥台至K0+878采用满堂基础,K0+

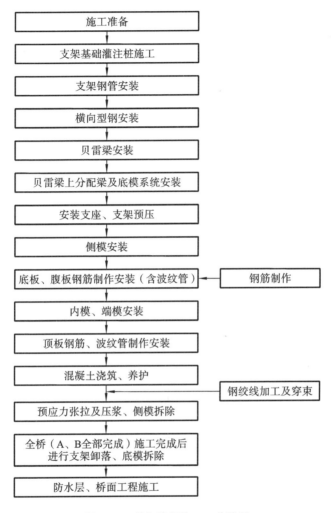

图 7.23 现浇箱梁施工工艺流程

878 至 3 号桥台采用支架桩基础。支架系统由 φ630 mm×13 mm 钢管柱、63b 工字钢、10a 工字钢、20a 工字钢、支撑架、321 型贝雷片、盘扣架等组成。

2. 支架预压

赤水河大桥全长 189.4 m,桥跨组合:50 m+80 m+50 m=180 m。桥梁左、右幅有效宽度分别为 25 m、25 m,结构采用现浇预应力混凝土变截面连续箱梁。

本桥上部结构为(50+80+50)m 变截面预应力混凝土连续箱梁。桥墩处梁高 5 m,桥台及中跨跨中位置梁高为 2.2 m,梁高采用二次函数抛物线过渡,过渡段的方程式为：$y=0.0019138x^2+1.2$，x 取值范围为 $0\sim38.25$ m，底板厚度变化范围 $0.25\sim0.55$ m。

3. 支座安装

本桥支座平面布置示意图见图 7.24。

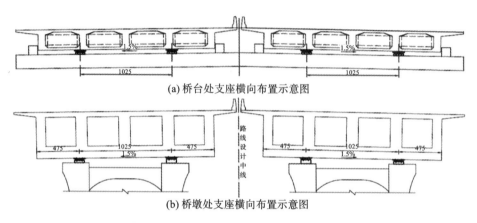

图 7.24 支座平面布置示意图(单位:cm)

(1)技术要求。

①KZ-抗震型盆式支座产品应满足《公路桥梁盆式支座》(JT/T 391—2019)标准要求,其安装应按厂家要求进行。

②在墩台顶面支承垫石为 2~3 倍套筒的直径,深度稍大于套筒的长度。

③全桥梁底纵坡为 -0.516%,支座通过上钢板调平,调平钢板在支座中心处露出梁底 15 mm,该部位须预留套筒孔,孔的直径钢板厚度大于 30 mm;垫石顶底面水平。

④0 号桥台、3 号桥台处梁底横坡为 1.5%,桥台帽石顶面横坡为 1.5%,对应背墙线处箱梁内侧外侧支座组合高度均为 50 cm。

⑤1 号桥墩、2 号桥墩处梁底横坡为 1.5%,桥墩顶面水平,外侧支座组合高度为 50 cm,内侧支座组合高度为 65.4 cm。

(2)安装方法。

安装方法为支座螺栓预留孔及垫石顶面清理完成后,在支座的四个角位置安放垫铁,用塔吊将组装好的下支座整个安放在垫铁上,通过垫铁调整支座顶面的标高及水平度,四周安装灌浆胶合板,然后进行螺栓孔及支座底面灌浆,最后拆模板检查验收。工艺流程如下：预留孔及垫石顶清理凿毛→测量放线→安装垫铁→组装支座→安放支座→支座测量验收→安装灌浆模板→支座灌浆→拆除模板→检查验收。

①在支座垫石施工完毕后，进行支座测量放样，检查垫石顶面标高与平整度。将垫石中预留支座锚栓孔内的 PVC 管清除干净，并进行孔内壁凿毛，垫石顶面凿毛，并用空压机吹干净。

②测量放样与验收。放样内容有支座安装的纵横轴线、四边轮廓线、支座面标高。平面位置用 GPS(global positioning system，全球定位系统)测放、全站仪校核的办法，标高用电子水准仪测放与验收。在垫石顶面测放标画出支座的纵、横轴线及四边轮廓线，测量出安放垫铁处标高，以计算垫铁厚度。安放支座后复测支座四个角点及中心标高，如标高与水平度未满足要求，通过调整钢楔形的垫铁来调整支座顶面的标高及水平度。

③安装垫铁。垫铁由不同厚度的平钢板及钢楔块组成，主要用作安装支座时的临时支垫及调整支座。

④安装支座。先把下支座全部组装好，并检查支座有无破损，防尘罩有无破坏等现象，用塔吊及汽车吊进行吊装，通过垫铁调整支座的标高及水平度。安装完毕后，用塑料薄膜罩实，以防止雨水浸蚀。

⑤支座灌浆。支座安放好并检查位置及标高后，即可安装模板进行支座灌浆。支座灌浆采用支座灌浆料，灌浆前将原材料吊至墩顶进行人工拌制。灌浆时只能从一个点起灌，并要保持连续，不能多点起灌，不能停顿，以确保整个支座底部及螺栓孔全部充满灌浆料，且不产生气泡。

⑥在灌浆料砂浆固化后，拆除模板，进行外观及支座标高检查，再一次旋紧地脚螺栓。

⑦支座预偏量设置。支座底灌浆终凝后，打开支座上下座板的连接螺栓，将支座上盖板向预偏方向移动设计值，然后固定，进行下一步施工。

4. 模板安装

箱梁底模、腹板外侧模、翼缘板底模均采用 18 mm 高强优质光面竹胶板为模板面，内侧模采用 18 mm 厚胶合板，理论分段施工缝、端横梁端模采用 5 mm 钢模板。横桥向主梁安装完成后铺设纵向次梁。横向主梁采用 10a 工字钢，间距同满堂盘扣支架布设间距，为 60 cm 及 90 cm；纵向次梁为 10 cm×10 cm 樟子松方木，横桥向间距 20 cm 布置，桥梁腹板区域按 15 cm 中心距离加密布置，次梁安装完成后,进行面板拼接铺装,模板安装按要求设置预拱度。

模板安装顺序为先铺设底模、拼装外侧模、制作安装端模,底板及腹板钢筋绑扎完成后再安装内模。

与底模板接触面层采用 10 cm×10 cm 的木枋,厚度 $\delta=18$ mm 高强优质光面竹胶板,内模支架主要采用 $\phi 48$ mm×3.0 mm 扣件式钢管。

(1)底模安装。

连续梁现浇支架底部模板采用 $\delta=18$ mm 高强优质光面竹胶板;板底横向分配方木采用 100 mm×100 mm,方木中心距为 0.2 m,方木净间距为 0.1 m,桥梁腹板区域按 15 cm 中心距离加密布设方木,桥墩中轴线两侧各 4.25 m 处采用木方满铺。模板接缝处加密木梁保证接缝两端错台不超过 2 mm。面板与木梁之间直接钉实,木梁与型钢之间采用 8♯铁线临时固定,缝隙由小木楔楔实,防止在面层受载后出现不均匀非弹性形变。

底模板采用高强优质光面竹胶板,在安装之前应全面涂刷脱模剂。底模板横坡参照设计图纸规定,横向宽度要大于梁底宽度,梁底两侧模板要各超出梁底边线不小于 5 cm,以利于在底模上支立侧模。模板之间连接部位采用海绵胶条以防漏浆,模板之间的错台不超过 1 mm。模板拼接缝要纵横成线,避免出现错缝现象。

底模板铺设完毕后,进行平面放样,全面测量底板纵横向标高,纵横向间隔 5 m 检测一点,根据测量结果将底模板调整到设计标高。底板标高调整完毕后,再次检测标高,若标高不符合要求则进行二次调整。

(2)侧模安装。

外侧模按一类组合、二类组合、三类组合分别支设,除水平主梁背肋采用槽钢和双钢管外,其他拉杆形式、拉杆间距、木方间距及规格大小均相同,故支设流程基本一致。

一类、二类、三类模板组合均须先支设外侧模,模板高度略高于分层浇筑线,来确保第一层浇筑量。外侧侧模拟计划临时固定在翼缘板支撑支架上,待后续内模支设后采用对拉杆及箱室钢管支撑组合成整体受力。侧模与支架临时固结示意图见图 7.25。

采用带活动支撑的 10♯槽钢($\phi 48$ mm×3.0 mm 双钢管)为水平主梁背肋,槽钢间距按 60 cm 布置,10 cm×10 cm 樟子松方木为水平梁,间距 20 cm。先安装 10♯槽钢和活动支撑,采用 $\phi 80$ mm 可调活动支撑,10♯槽钢和底部型钢间采用转动销轴连接;在 10♯槽钢上按腹板间距 20 cm 铺设 10 cm×10 cm 方木梁,

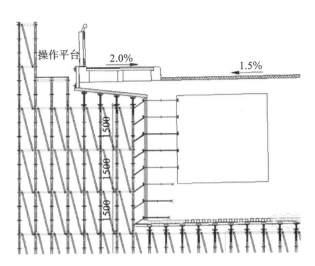

图 7.25　侧模与支架临时固结示意图(单位:mm)

并采用 8♯铁丝临时固定;最后在木梁上铺装 18 mm 厚的高强优质光面竹胶板。

安装完成后,测量人员对模板位置偏差和顶面水平进行检查,通过活动支撑调整面板标高和角度。

外侧模与内模通过 ϕ20 mm 拉杆对拉连接,外侧腹板采用止水式拉杆,箱室腹板采用普通拉杆,并须穿 PVC 套管,竖向间距 60 cm、纵向间距 50 cm 设置一组拉杆,为保证腹板间距准确,腹板结构之间设置内撑装置。

侧模与底模连接采用侧模包底模的方式,相接处设置半径为 20 cm 的钢制圆弧或 PVC 管片,再设双面胶条或泡沫等做止漏处理。翼缘处腹板外侧支模板组合一次性支设到位,内侧模板分两层支设。

(3)内模安装。

腹板内模采用 18 mm 厚胶合板和樟子松木方竖肋次梁,方木间距 20 cm,槽钢(双钢管)水平横肋主梁间距按 60 cm 布置,木方与槽钢之间采用 8♯铁丝进行现场加固安装。侧模木方间距的布置结合对拉螺杆的布置,在适当的位置设置拉杆穿设空间,同时考虑通风孔等预留件与面层接触面的固定,内模与外模通过 ϕ20 mm M18 拉杆对拉连接,为保证腹板间距准确,安装内模时注意腹板内撑的设置。

内、顶模支架采用 ϕ48 mm×3.0 mm 扣件式钢管搭建,内模及内模支撑架也分为两次搭设,第一次仅进行腹板第一层浇筑模板和模板的支撑架搭设,完成浇筑并养护达到龄期后再进行顶板和剩余腹板模板及顶板支架搭设,内模组合同外侧分段一类组合、二类组合、三类组合相搭配支设。

腹板侧模内模支设完成后调整对拉杆,并按纵向每 3 m 设置一道剪刀撑加一道横撑,钢管上端采用 U 形顶托调节装置,保证内腔尺寸线形准确。剪刀撑钢管一端立在底层水平主梁背肋,另外一端顶在最上端水平主梁背肋。

完成第一层浇筑并养护达到龄期后拆除第一层内侧模板,搭设第二层腹板及顶板支模架,翼缘腹板外侧模板已一次支设到位,支设腹板内侧升高段和顶板的模板即可,由于箱梁箱室纵横向均存在变截面,方案所提供内模支架及模板参数可结合现场适当调整。

单箱室内考虑三排横杆,五排立杆,一组剪刀撑来实现顶板钢筋混凝土施工支撑,支设结构从下往上分别为 $\phi 48$ mm 钢管底托、$\phi 48$ mm 钢管顶托、双 $\phi 48$ mm×3.0 mm 钢管纵向主梁、横向 10 cm×10 cm 樟子松木方、厚 18 mm 竹胶板。第一排立杆横距两侧腹板边缘 40 cm,第二排距腹板边缘 1 m 设置,第三排箱室居中设置。纵向立杆按 1.0 m 间距沿箱室纵向布设,纵向、横向水平杆共设置三排(包括第一排扫地杆),从下往上第一排布设于离地面 40 cm,第三排布设于距顶板下缘 45 cm,第二排根据箱室纵向截面变化居中调整布置,剪刀撑按 6 m 设置一组。木方按纵向 20 cm 间距布设。

(4)端模安装。

分段浇筑会在分段缝处设置一次端模,端横梁处设置一处端模,且均存在预应力张拉端头锚,为保障端头锚预留孔及锚具安装质量,采用 5 mm 钢板作为端模,切割开孔。分段端模主要考虑腹板断面和底板断面支设,端横梁处则全桥横断面均须支设钢模板。

横向水平主梁背肋采用双 $\phi 48$ mm×3.0 mm 钢管,10 cm×10 cm 木方为竖向次梁,结合蝴蝶扣拉杆固定端模,也可将对拉杆与绑扎完善的钢筋焊接。木方竖肋间距 20 cm,横肋采用双 $\phi 48$ mm×3.0 mm 钢管,间距 60 cm,可结合现场截面实际情况做适当调整。

端模安装前应逐根检查管道是否处于设计位置。端模在侧模安装完成后、绑扎钢筋前安装完毕,保证管道固定的位置准确,在安装端模过程中注意预应力预埋件的准确安设。

确定模板标高时,根据设计标高加上支架预压得出的支架变形量,在箱梁底板及顶板设置预拱度,预拱度为二次函数抛物线预拱。抛物线预拱的计算式中设水平纵向为 x 轴,垂直方向为 y 轴,跨中底板原标高为原点。

施工预拱度考虑以下主要因素。

①支架及地基承受施工荷载后引起的弹性、非弹性变形。
②现浇连续箱梁混凝土收缩徐变引起的挠度。
③支架杆件接头挤压和卸落设备压缩而发生的非弹性变形。
④底板模板刚度变形。
⑤钢绞线张拉产生的拱度等。

(5)模板测量。

梁体模板安装前需进行测量放线,定出模板位置。模板安装定位完成后,使用精密测量仪器进行复测,确保模板安装位置准确。模板安装允许偏差见表7.13。

表 7.13 模板安装允许偏差

项 目	允许偏差
模板总长	±10 mm
底模板宽	+5 mm,0
底模板中心线与设计位置偏差	≤2 mm
桥面板中心线与设计位置偏差	≤10 mm
腹板中心线与设计位置偏差	≤10 mm
模板倾斜度偏差	≤3‰
底模不平整度	≤2 mm/m
桥面板宽	±10 mm
腹板厚度	+10 mm,0
底板厚度	+10 mm,0
顶板厚度	+10 mm,0

(6)注意事项。

浇筑混凝土前应检查模板内是否存在杂物、钢筋上是否存在油污、模板是否有水湿润、模板之间是否存在缝隙和孔洞等,应及时清除模板内杂物和钢筋上的油污。当模板有缝隙和孔洞时,应予堵塞,不得漏浆。

5.钢筋制作及安装

(1)钢筋进场校验。

钢筋进场后,应附有出厂质量合格证和质量检验报告单;检查进场所有钢筋的牌号、等级、规格、生产厂家是否与合同相符,钢筋外观是否受损,检验合格后才收料。

进场材料经过验收后,方可进场堆放,并挂标牌,注明钢筋品牌、进场时间、数量、检验人员、检验情况等。钢筋集中堆放于钢筋加工场,底部设型钢架垫高隔离地面,防止锈蚀及污染。钢筋离地高度不小于 20 cm,堆放高度不大于 2 m。

钢筋入库后,及时按试验规程要求对钢筋进行取样试验,并将试验检验结果填写在材料标识牌上。

(2)钢筋加工。

钢筋加工在加工厂内进行,采用绑扎连接。钢筋的表面应洁净、无损伤,使用前应将表面的油渍、漆皮、鳞锈等清除干净,带有颗粒状或片状老锈的钢筋不得使用;当除锈后钢筋表面有严重的麻坑、斑点及已伤蚀截面时,应降级使用或剔除不用。

钢筋应平直、无局部弯折,成盘的钢筋和弯曲的钢筋均应调直。采用冷拉方法调直钢筋时,HPB300 级钢筋的冷拉率不宜大于 2%,HRB400E 级钢筋的冷拉率不宜大于 1%。采用冷拉法调直 HPB300 钢筋时,可同时去掉钢筋表面锈皮,提高除锈工作效率,其冷拉率以不过多超过钢筋的屈服点时的伸长率为宜。

当需要代换时,应得到设计人员的书面认可。在施工中,若缺乏设计图中所要求的钢筋种类、级别或规格,可进行钢筋的代换,但应遵守代换的原则,以满足原结构设计的要求,同时应得到设计方的同意。

钢筋的形状、尺寸应按照设计的规定进行加工。加工后的钢筋,其表面不应有削弱钢筋截面的伤痕。箍筋的末端应做弯钩,弯钩的形状应符合设计规定。弯钩的弯曲直径应大于被箍受力主钢筋的直径,且 HPB300 级钢筋应不小于箍筋直径的 2.5 倍,HRB400E 级钢筋应不小于箍筋直径的 4 倍。弯钩平直部分的长度,一般结构应不小于箍筋直径的 5 倍;有抗震要求的结构,应不小于箍筋直径的 10 倍。钢筋的弯制和端部的弯钩应符合设计要求。

(3)钢筋运输。

钢筋加工完成后,由平板车运到施工现场,由安装在 1 号及 2 号墩柱中间的塔吊吊运至桥面施工处。

(4)钢筋安装。

钢筋现场绑扎成型,绑扎铁丝的尾端不得伸入保护层。钢筋绑扎前由测量人员复测模板的平面位置及高程(含预拱度),无误后方可进行钢筋绑扎。钢筋安装过程中应同步协调预应力管道的安装施工。安装顺序为：先安装底板、腹板钢筋及预应力管道，检查合格后安装内模，完成第一层浇筑后进行上倒角、顶板钢筋安装及预应力管道(含横向预应力筋)安装。

根据施工工艺要求分两次绑扎到位，第一次绑扎底板、腹板钢筋，第二次绑扎顶板及翼缘板钢筋。所有梁体预留孔处均增设相应的环状钢筋；桥梁泄水孔处钢筋可适当移动，并增设斜置的井字形钢筋进行加强；施工中为确保腹板、顶板、底板钢筋位置的准确，应根据实际情况加强架立钢筋的设置，可采用增加架立钢筋数量或增设W形或矩形的架立钢筋等措施。

在腹板及横隔板钢筋绑扎时可利用脚手管支架作为定位架，以保证竖向钢筋的垂直度和平面位置及施工安全。钢筋绑扎时注意垫块的安装。考虑钢筋间距较小，混凝土浇筑时不利于混凝土的下放，钢筋绑扎时在适当位置预留混凝土下放及振捣操作孔，保证混凝土不产生离析及振捣密实。

钢筋绑扎的工艺流程：安设底板垫块→底板钢筋→腹板、横隔板箍筋→腹板、横隔板立筋→腹板、横隔板水平筋→顶板钢筋→垫块施工及钢筋检查。

当钢筋和预应力管道或其他主要构件在空间上发生干扰时，可适当移动普通钢筋的位置，移动的原则是构造筋给主钢筋让位、细钢筋给粗钢筋让位，以保证预应力管道或其他主要构件位置的准确。钢束锚固处的普通钢筋如影响预应力施工，可适当弯折，预应力施工完毕后及时恢复原位；施工中如发生钢筋空间位置冲突，可适当调整其布置，但必须确保钢筋的净保护层厚度。

箱梁顶板、底板的上、下层钢筋及腹板的内、外层钢筋之间采用两端90°弯钩的勾筋固定绑扎成整体。

凡因工作需要而断开的钢筋再次连接时，必须进行焊接，单面焊接长度为$5d$，双面焊接长度为$10d$，同时对焊接影响部位的模板和预应力管道采取保护措施，防止焊渣灼伤预应力管道或引燃钢质模板。因设置张拉锚槽被截断的钢筋，应在预应力束施工完成后等强恢复。

在同一根钢筋上少设接头，同一连接区段内，同一根钢筋上不得超过一个接头。同一连接区段长度：绑扎接头为1.3倍搭接长度且不小于500 mm。各受力钢筋之间的绑扎接头位置应相互错开，从任一绑扎中心至搭接长度L的1.3倍区段范围，有绑扎接头的受力钢筋截面积占受力钢筋总截面积百分率，受拉区不得超过25%，受压区不得超过50%。凡接头中点位于该连接区段长度内的接头均属于同一连接区段。为保证混凝土保护层厚度，应在钢筋与模板之间采用垫块支垫。垫块应符合下列规定。

①垫块互相错开,分散呈梅花状布置,不得横贯保护层的全部截面;垫块数量不得少于 4 个/m^2,绑扎垫块和钢筋的铁丝头不得伸入保护层。

②保护层垫块的尺寸应保证钢筋混凝土保护层厚度的准确性。

钢筋绑扎的允许误差详见表 7.14。

表 7.14 钢筋绑扎的允许误差

检查项目		允许偏差/mm	检验频率		检验方法
			范围	点数	
受力钢筋间距	两排以上排距	±5	每个构筑物或每个构件	3	用钢尺量,两端和中间各一个断面,每个断面连续量取钢筋间(排)距取其平均值计 1 点
	同排 梁板、拱肋	±10			
	同排 基础、墩台、柱	±20			
	灌注桩	±20			
箍筋、横向水平筋、螺旋筋间距		±10		5	连续量取 5 个间距,其平均值计 1 点
钢筋骨架尺寸	长	±10		3	用钢尺量,两端和中间各 1 处
	宽、高或直轻	±5		3	
弯起钢筋位置		±20		30%	用钢尺量
钢筋保护层厚度	墩台、基础	±10		10	沿模板周边检查,用钢尺量
	梁、柱、桩	±5			
	板、墙	±3			

(5)预留孔布设。

梁体上预留孔洞主要为通风孔、泄水孔及人孔,顺桥向每 5 m 设一个通风孔,直径为 10 cm,距离顶板上缘 110 cm,施工时采用 ϕ100 mm PVC 管预埋成孔,并与腹板钢筋绑扎连接加固。混凝土浇筑时,插入木塞防止混凝土进入孔洞,施工完成后,拔出木塞。当孔位与普通钢筋及预应力钢束有冲突时,适当调整孔位。泄水孔则根据梁体横坡和纵坡布置于箱梁每个箱室的最低点,直径为 10 cm,施工方式同通风孔预埋施工。人孔布置于 1 号及 2 号中横梁处,每处中横梁处布置 4 个人孔,结构尺寸为 80 cm×100 cm×350 cm,钢筋在人孔位置断开后,需要对人孔处进行加强。

(6)防撞栏预埋钢筋。

梁体上必须在浇筑前预埋防撞栏钢筋,根据设计图纸,埋入梁体钢筋为 3 号、4 号钢筋,在梁体第二层混凝土浇筑前,进行预埋,预埋钢筋应与主梁钢筋绑扎牢固,预埋的位置及高度应准确,保证后续防撞栏的准确性。

6. 冷却管布置

在钢筋安装的过程中,为减小混凝土水化热的影响,在箱梁中横隔梁钢筋骨架上设置 2 层直线对穿型冷却管,单层水平间距 280 cm,两层竖向间距 150 cm。冷却管采用 ϕ30 mm 薄铁管按中轴线 200 cm 间距布设,单根长 450 mm,中横梁外侧采用直通接头和三通接头连接橡胶软管形成整体。

冷却管安装时与中横隔梁钢筋就近绑扎,其每层高度可根据承台内的钢筋布置做适当调整,冷却管在埋设过程中应防止堵塞、漏水和破坏。

混凝土浇筑前要经过水压试验,保证其不漏水。

冷却管覆盖一层混凝土后,即通水降低混凝土温度,混凝土浇筑过程中,管内冷却水采用一次性过水,从进口进入排至箱梁泄水孔,水流量为 15~20 L/min,冷却时间一般在浇筑初期开始至浇筑完成后的 10~15 d。

混凝土养护期满后,排尽管内水,灌注同箱梁混凝土强度微膨胀水泥灌浆封孔(冷凝孔和测温孔),管道表面连接件要拆除到混凝土内 10~15 cm 深,以利于防腐。

同时应对进、出口水,混凝土测温,孔内温度每隔 1~2 h 测量记录一次。混凝土温度升高到达峰值后,继续用流水降低混凝土温度 3~5 d,确保进水水温与混凝土内部温差不大于 20 ℃,冷却管内进出口水温差不大于 10 ℃。

7. 预应力管道安装

本连续梁设计纵、横向两种预应力管道,管道采用内径 90 mm 的塑料波纹管成孔。波纹管管道定位钢筋网片的间距在直线段不大于 0.8 m,曲线段不大于 0.4 m,且须与箱梁普通钢筋牢固焊接,确保预应力管道位置准确、稳固。所有定位钢筋均采用焊接成形,以保证定位可靠。如预应力筋管道与普通钢筋的空间位置发生冲突,适当调整普通钢筋的位置和形式,以保证预应力管道位置准确。施工前由技术人员根据图纸复核验算有无预应力筋管道与普通钢筋空间位置冲突的情况发生,如有则修改普通钢筋的位置或加工时改变钢筋的形状以避开。

管道安装必须高度重视,首先必须保证堵头模板位置安装准确无误,堵头模板顶面必须成一条线,不错台,才能保证管道位置安装准确、平顺、畅通;管道安装完毕,必须由技术人员和质检人员对照图纸,认真清点管道数量,复核管道位置并记录,经检查无误后再进行下一道工序。预应力管道锚垫板安装位置必须准确无误、牢固可靠,且必须垂直于波纹管道,预应力槽口设置必须保证千斤顶位置的空间足够,且位置准确,锚垫板处的螺旋筋和加强钢筋埋设牢固可靠,不得遗漏,螺旋筋位置应保证与波纹管道同心,并固定在锚垫板上。每层波纹管安装完毕后应仔细检查一遍,检查是否有孔洞及压瘪的情况,如有应及时处理,对有毛刺、卷口的管道应修整后再使用,防止穿束时挂住钢绞线。

塑料波纹管的连接采用大一号同类波纹管作接头管,套接长度每边不小于15 cm,两端使用密封胶带封闭严密,防止漏气、漏浆,被连接的两根波纹管的接头要顶紧,以防穿束时在接头处的波纹管被束头带出而堵塞管道。

8. 混凝土施工

(1)箱梁中跨左(右)幅第一次混凝土浇筑。

现浇箱梁各节段均分两次浇筑混凝土,第一次均浇筑至翼缘板根部往上1 cm,第二次浇筑顶板至设计标高。

混凝土由简阳市佳昊商品混凝土有限公司进行集中拌制,通过搅拌车运至现浇支架下方,采用4台汽车泵泵送入模。

①纵向分段浇筑。

拟将中跨全长113.5 m 划分为4个浇筑区域,第一浇筑区域为理论分段施工缝位置至1号中横梁边缘,第二浇筑区域为1号中横梁边缘至跨中位置,第三浇筑区域为跨中位置至2号中横梁边缘,第四浇筑区域为2号中横梁边缘至理论分段施工缝位置。

纵向分层浇筑自1号及2号中横梁最低处开始向两侧浇筑,单层浇筑厚度50 cm,中横梁处前三层1.5 m 厚由两台泵车共同浇筑,前三层浇筑完成后,泵车根据各自区域划分进行分区段浇筑。当分层浇筑至分段施工缝底板及跨中底板时,单次浇筑腹板面积达到最大,根据计算,单层最大浇筑方量为 69.13 m^3(分段施工缝处)。按不利浇筑情况计算,取每小时泵送 30 m^3 计算,加上运输及等待时间,单浇筑区域每循环浇筑1层时间约为4 h,小于混凝土初凝时间8 h,满足施工需求。

②纵向施工步骤。

进行第一次混凝土浇筑时,纵向具体施工步骤如下。

步骤1:4台泵车从箱梁1号、2号中横梁下料,浇筑50 cm 厚混凝土并每层振捣密实,纵向自中横梁往两侧分散,浇筑至同一高度(总浇筑高度50 cm)。

步骤 2：继续 4 台泵车从箱梁 1 号、2 号中横梁下料，浇筑 50 cm 厚混凝土并每层振捣密实，纵向自中横梁往两侧分散，浇筑至同一高度（总浇筑高度 100 cm）。

步骤 3：继续 4 台泵车从箱梁 1 号、2 号中横梁下料，浇筑 50 cm 厚混凝土并每层振捣密实，纵向自中横梁往两侧分散，浇筑至同一高度（总浇筑高度 150 cm）。

步骤 4：2 台泵车分别从箱梁 1 号、2 号中横梁下料，浇筑 50 cm 厚混凝土并每层振捣密实，纵向自中横梁往小里程侧分散，浇筑至同一高度；另 2 台泵车自 1 号、2 号中横梁边中腹板下料，往跨中位置浇筑至同一高度（总浇筑高度 200 cm）。

步骤 5：2 台泵车从箱梁 1 号、2 号中横梁下料，浇筑 50 cm 厚混凝土并每层振捣密实，纵向自中横梁往小里程侧分散，浇筑至同一高度；另 2 台泵车自 1 号、2 号中横梁边中腹板下料，往跨中位置浇筑至同一高度（总浇筑高度 250 cm）。

步骤 6：2 台泵车从箱梁 1 号、2 号中横梁下料，浇筑 50 cm 厚混凝土并每层振捣密实，纵向自中横梁往小里程侧分散，浇筑至同一高度；另 2 台泵车自 1 号、2 号中横梁边中腹板下料，往跨中位置浇筑至同一高度（总浇筑高度 300 cm）。

步骤 7：2 台泵车从箱梁 1 号、2 号中横梁下料，浇筑 50 cm 厚混凝土并每层振捣密实，纵向自中横梁往小里程侧分散，浇筑至同一高度；另 2 台泵车自 1 号、2 号中横梁边中腹板下料，往跨中位置浇筑至同一高度（总浇筑高度 350 cm）。

步骤 8：2 台泵车从箱梁 1 号、2 号中横梁下料，浇筑 50 cm 厚混凝土并每层振捣密实，纵向自中横梁往小里程侧分散，浇筑至同一高度；另 2 台泵车自 1 号、2 号中横梁边中腹板下料，往跨中位置浇筑至同一高度（总浇筑高度 400 cm）。

步骤 9：2 台泵车从箱梁 1 号、2 号中横梁下料，浇筑 40 cm 厚混凝土并每层振捣密实，纵向自中横梁往小里程侧分散，浇筑至同一高度；另 2 台泵车自 1 号、2 号中横梁边中腹板下料，往跨中位置浇筑至同一高度（总浇筑高度 440 cm）。

③横向施工步骤。

横向具体施工步骤如下。

步骤 1：从箱梁中腹板位置下料，浇筑 50 cm 厚混凝土并每层振捣密实。

步骤 2：从箱梁中腹板位置下料，浇筑 50 cm 厚混凝土并每层振捣密实。

步骤 3：从箱梁边腹板位置下料，浇筑 50 cm 厚混凝土并每层振捣密实。

步骤 4：从箱梁边中底板位置下料，补足底板混凝土并振捣密实。

步骤 5：从箱梁边底板位置下料，补足底板混凝土并振捣密实。

以上为箱梁混凝土浇筑工艺及步骤,最终在中跨跨中部位浇筑合龙,即可完成整个左(右)幅箱梁中跨第一次混凝土浇筑。

浇筑过程中,根据混凝土的实际初凝时间及流动性,可适当调整纵向浇筑长度及横桥向浇筑层厚,以保证混凝土初凝前连续浇筑为准。

(2)箱梁中跨左(右)幅第二次混凝土浇筑。

箱梁中跨左(右)幅第二次浇筑为箱梁翼缘板及顶板,分两层浇筑。放料时应尽量做到均匀对称,并分层振捣密实。浇筑时横断面由中部开始放料,再逐步向左、右翼缘板分别推进;纵向分别按约每 1/4 跨径长度完成各层横向浇筑工艺,总体再由 2 台汽车泵分别从 1 号墩柱向 0 号桥台、1 号墩柱向中跨跨中,2 台汽车泵自 2 号墩柱往 3 号桥台、2 号墩柱向中跨跨中同步推进,最终合龙于中跨跨中。

步骤 1:第一层浇筑,厚度为 30 cm,以桥梁中腹板为准开始下料,分别对称往两侧翼缘板方向延伸浇筑,并振捣密实。

步骤 2:第二层浇筑,将整个箱梁顶板及翼缘板浇筑完成,即以桥梁中腹板为准开始下料,分别对称往两侧翼缘板方向延伸浇筑,并振捣密实。

(3)箱梁边跨第一次浇筑。

边跨第一次浇筑横向布料方式与中跨第一次浇筑一致,纵向推进方式为自中跨理论施工缝最低处开始浇筑,逐层往上推进。边跨第一次浇筑共分 6 层,前 4 层厚度 50 cm,后两层厚度 35 cm,两个边跨各设 1 台泵车进行浇筑,预计浇筑完成时间 8 h。

(4)箱梁边跨第二次浇筑。

边跨第二次浇筑横向施工方法同中跨第二次浇筑,纵向浇筑自理论施工缝位置往 0 号及 3 号桥台处推进,两个边跨各布设 1 台泵车,预计完成时间 6 h。

箱梁为 C55 混凝土,采用泵送施工,混凝土应满足强度、和易性、泵送等要求,由实验室试验确定配合比,配合比要求如下。

①混凝土强度等级为 C55。

②采用品质稳定的普通硅酸盐水泥,碱含量不大于 0.60%,熟料中 C_3A(3CaO·Al_2O_3,铝酸三钙)含量不大于 8.0%。其余技术要求尚应符合《通用硅酸盐水泥》(GB 175—2007)的规定,不使用其他品种水泥。同一座桥的现浇梁体应采用同一品种水泥。

③混凝土外加剂要具有缓凝、减水作用。

④坍落度要求为 18~22 cm。

⑤根据规范要求要在混凝土初凝前完成浇筑,严格控制混凝土的初凝时间,初步试验获得初凝时间为7~8 h。

(5)施工准备。

①混凝土产能及材料准备。

a.生产能力。

经过商混站摸底调查,选定商混站高标号日产量约3000 m³,低标号日常量约5000 m³,运输车辆40辆,其中21 m³ 2辆、16 m³ 8辆、8 m³ 30辆、67 m泵车2辆、66 m泵车2辆、56 m泵车2辆,一条180搅拌站生产线,两条120搅拌站生产线,料仓布局合理且料源充足。

b.材料准备。

根据设计配合比[(水泥+粉煤灰):砂:碎石:水:外加剂=(470+60):680:1094:116:9.8]可知,赤水河大桥混凝土原材料需求量见表7.15。

表7.15 混凝土原材料需求量

项目	水泥	外加剂	砂	碎石	水	粉煤灰
每立方米用量/kg	470	9.8	680	1094	116	60
中跨第一次用量/t	1213.47	25.30	1755.66	2824.55	299.50	154.91
中跨第二次用量/t	517.47	10.7898	748.68	1204.494	127.716	66.06
边跨第一次用量/t	192.30	4.01	278.22	447.60	47.46	24.55
边跨第二次用量/t	151.48	3.16	219.16	352.58	37.39	19.34

混凝土配合比根据泵送混凝土浇筑工艺进行设计,在满足强度条件下应具有良好和易性,设计坍落度为180~200 mm,水灰比为0.3,入模温度不低于5 ℃,尽量不高于35 ℃(温度太高时采取相应原材料降温措施),混凝土初凝时间不小于8 h。

混凝土主要委托简阳市佳昊商品混凝土有限公司集中搅拌生成,汽车泵及混凝土运输罐车均由简阳市佳昊商品混凝土有限公司提供。考虑到搅拌站突发故障导致无法连续浇筑的情况,由项目部周边的卓鼎银丰搅拌站作为后备搅拌站,同时做好相应备料措施。

②混凝土运输。

赤水河大桥设计混凝土方量共10200 m³,分8次浇筑成型。由于施工方量较大,加之施工处于夏季温度较高时段,为便于现场施工组织安排及减少施工炎热天气影响,宜选择在清晨开盘浇筑。现场设置4台汽车输送泵(联系2台备用汽车泵,防止因汽车泵故障影响桥梁浇筑),根据泵送能力及现场实际情况,每台泵按25~35 m³/h泵送混凝土,4台泵输送能力为100~140 m³/h,共需要配备8 m³/h搅拌车16~20辆,预计每次浇筑时间需要20~24 h(未考虑正常施工外的干扰因素)。

搅拌站位置位于简阳城市中心南部,到达施工现场时,需要穿越中心主城区,根据百度地图导航及现场实测,商品混凝土自出站至施工现场所需时间约为1 h,如遇上下班高峰及交通管制时段,所需时间还会增加。根据百度导航,自搅拌站至工地可选路线有两条,线路一途经厦蓉高速至施工现场,线路二经雄州大道南段及成简快速路至施工现场。混凝土浇筑时,应尽量选择非工作日进行浇筑,如需在工作日浇筑,上下班高峰期可选择线路一进行混凝土运输。

梁体浇筑前3 d,安排物资、技术、质检、试验人员对搅拌站内原材料进行取样检查,并确定备料是否充足,能否满足现场施工需求。浇筑时,商品混凝土站内安排2名试验人员轮班对原材料及出场混凝土进行取样检测,从源头上控制出场混凝土质量,保证到达施工现场的混凝土质量合格。

③泵送设备。

赤水河大桥浇筑混凝土时选用4台67 m汽车泵。浇筑时,2台汽车泵布置在1#墩柱两侧便道上,2台汽车泵布置在2#墩柱两侧便道上。浇筑混凝土时,安排专人负责指挥车辆进出场及站位。

④振捣设备。

混凝土振捣采用直径50 mm(12台)及30 mm(2台)的插入式振捣棒,每个汽车泵的浇筑点分别布置3台振捣棒,其中1台辅助下料,2台负责将混凝土振捣密实。本次施工共需要振动棒24台,其中6台50 mm振捣棒及2台30 mm振捣棒均作为备用。直径50 mm振捣棒负责腹板及底板混凝土振捣,30 mm振捣棒负责波纹管空隙及箱室倒角、锚头、齿块等局部位置振捣。

⑤施工人员安排。

根据初步浇筑时间计算,现场实行两班人员浇筑,每班人员配置如下。

a.混凝土振捣人员:1台振动棒安排1名振动手,共需要12名振动手,另外安排4名替补振动手,总共16人。

b.放下料人员:地面搅拌车放料人员4名(每泵车1名),泵送口出料操作人员4名(每泵车1名),泵管操作人员由泵车出租方担任。

c.现场配备交通管制人员2名(疏导社会车辆改道通行),收面20人(底板两端各10人),电工1人,模板及支架观察人员4名。

d. 后勤保障人员1名,专职司机1名,专门负责后勤保障及防暑工作。

e. 项目部管理人员全程跟班作业,负责检查,同时做好各方面协调工作。其中,项目领导1人(负责现场总体协调),技术人员4人(负责现场全部施工协调,负责施工技术指导),质检员2人(负责现场施工质量监督检查),实验室3人(负责监控混凝土出厂质量,检查混凝土各项技术指标,负责混凝土现场施工取样及后续试验),交通管制负责人2人(负责现场施工道路协调疏通),安全员2人(负责现场施工安全管理协调),测量人员2人(负责现场箱梁混凝土浇筑过程中沉降位移监测)。

⑥浇筑前检查。

浇筑混凝土前,应对模板尺寸、波纹管、预埋件、预留孔等加以检查,发现问题及时整改,待监理工程师验收合格同意后,方可进行箱梁混凝土浇筑施工。

⑦备用电源。

箱梁混凝土浇筑之前,在0号桥台右侧布置1台350 kW发电机,以供箱梁混凝土浇筑时临时停电应急使用。布置好发电机后,应检查发电机完整性,提前试用发电并配备充足的柴油备用,以保证发电机在应急情况下能够正常使用,在箱梁混凝土浇筑施工前,提前接好线路并试发电,以保证发电机能够正常运行。

⑧道路保障措施。

混凝土浇筑前3 d,先预备6~10车碎石或片石,以备箱梁混凝土浇筑过程中下雨导致施工便道路滑影响罐车通行,即下雨时及时铺筑碎石或片石,保障道路能够正常通行。

浇筑前2 d,组织简阳市佳昊商品混凝土有限公司管理人员及负责罐车运输人员进行现场道路通行交底。

⑨防雨措施。

因箱梁混凝土浇筑时间较长,为了防止箱梁混凝土浇筑过程中发生临时下雨的情况,应提前关注天气预报,如不能避免应提前准备好足够多的彩条布进行覆盖,防止雨水对箱梁混凝土浇筑质量产生影响。

⑩养护材料准备。

为了箱梁浇筑完成后能够正常养护,需要购买3200 m^{2}土工布,电子温度测量仪器2部,插入式温度探头60个,抽水机4台。

⑪夜间照明设备准备。

因现场施工预计时间为24 h,需要连续作业。混凝土浇筑前,应提前布置好夜间施工的照明设备,并进行检查及试运行,保证施工现场照明充足。浇筑过程中,出现意外情况时,应及时进行检查恢复,保证混凝土浇筑的顺利进行。

⑫其他工具。

平尖头铁锹、木抹子、钢抹子、3 m 杠尺、照明灯具、混凝土试模等。

(6)混凝土振捣。

混凝土采用插入式振捣器振捣施工。振捣器以 $\phi 50$ mm 插入式振捣棒振捣为主,另配备 $\phi 30$ mm 的插入式振捣棒用于钢筋密集部位混凝土振捣。振捣器快插慢拔。当混凝土振捣完毕需要变换振捣器在混凝土拌合物中的水平位置时,应边振动边竖向缓慢提出振捣器,不得将振捣器放在拌合物内平拖。混凝土振捣时,振捣器应避免触碰模板、钢筋、管道及预埋件。移动间距不得大于振捣器作用半径的 1.5 倍,且插入下层混凝土内深度为 50~100 mm,与侧模保持 50~100 mm 的距离。不得用振捣器驱赶混凝土。每一振点的振捣延续时间以混凝土不再沉落,表面呈现浮浆为度。应避免重复振捣,防止过振、漏振。

梁体混凝土浇筑时,对于钢筋密集的支座顶部、预应力锚垫板周围和横隔梁等区域,须加强其混凝土的捣固。浇筑腹板与底板倒角区混凝土时,同样应加强混凝土的捣固。

浇筑过程中设专人看护和加固模板,以防漏浆和跑模。对振捣人员划分施工区域,明确责任,以防重复振捣或者漏振。在浇筑顶板混凝土时,设置标高控制标志,在振捣过程中,随时测量,以保证横向线形。

底板和顶板混凝土浇筑完成后进行混凝土的抹面,混凝土收浆抹面操作直接影响到面层混凝土的质量和平整度。由于支架现浇梁面积大,需要安排足够的工人进行混凝土的抹面施工。面层混凝土振捣完成后,应及时进行第一次收浆抹面,待混凝土定浆后和初凝前进行第二次抹面及压光。箱梁顶面的高程偏差为 $-5 \sim 15$ mm,桥面及底板顶面平整度控制在 5 mm/m 范围内。

(7)重点部位措施。

①梁体高程及厚度。

底腹板混凝土厚度要严格控制,底板沿梁长每 2 m 设置一个高度控制点,腹板采用刚性定位筋及对拉杆控制模板尺寸。

浇筑箱梁顶板及翼缘板时,应严格控制箱梁顶标高,应沿着桥梁纵向方向每 2 m 设置一条横向标高控制线,标高控制线采用 $\phi 10$ 钢筋进行控制,由测量准确放线,测出相应桥梁横坡面标高点,用 $\phi 10$ 钢筋进行焊接定位,以便于在混凝土浇筑过程中对箱梁顶面标高进行控制。

②箱梁底板混凝土施工。

因部分腹板浇筑高度过大,为防止腹板浇筑过程中先浇筑的倒角位置产生位移,腹板倒角位置设置不小于 30 cm 宽的压板并采用铁丝与底板钢筋绑扎稳固,混凝土振捣完成后,对压板及倒角位置,派有经验的人在箱内用小锤敲击内模,检查其填充密实情况,对混凝土填充不密实的地方,随时采取措施,确保混凝土填充密实。

梁体底板为二次函数抛物线形状,泵送混凝土坍落度大及流动性好,为防止混凝土沿底板面流动过大,每间隔 10 m 设置横向压板一道,压板宽度 30 cm,并采用铁丝与底板钢筋绑扎稳固。

箱梁底板混凝土浇筑时先从腹板下料,底板混凝土不足部分利用输送泵直接浇筑。具体浇筑步骤如下:首先自箱梁腹板下料,并通过腹板和底板对混凝土进行振捣,混凝土通过腹板流入底板,待腹板混凝土高度超过底板厚度且不小于 30 cm 并确认振捣密实后,停止腹板振捣,再利用输送泵直接对箱梁底板泵送混凝土,至底板混凝土浇筑完成。每台泵车的出料口配置 3 台振捣棒,腹板混凝土浇筑时,因为泵送混凝土的坍落度比较大,预计在底板处可斜向流淌 1 m 远左右,此时底板安排 1 台振捣棒,主要负责倒角流淌处的混凝土振捣,另外 2 台振捣器主要负责腹板混凝土振捣。

③箱梁腹板混凝土施工。

混凝土下料时按每层 50 cm 左右分层,混凝土浇筑应连续进行,间歇时间不得超过 3 h。当底板混凝土浇筑完成继续浇筑腹板混凝土时,振动棒不宜插入太深,避免扰动底板混凝土造成腹板混凝土自底板翻入,如出现此类情况,应对腹板混凝土进行复振;对冒出的混凝土,应待混凝土灌注完毕后再处理,避免因过早铲除造成腹板混凝土继续流失,出现沟、洞等缺陷。在浇筑腹板混凝土时,派有经验的人在箱内用小锤敲击内模,检查其填充密实情况,对混凝土填充不密实的地方,随时采取措施,确保混凝土填充密实。

④横梁混凝土施工。

中横梁一次浇筑高度达到 4.4 m,为防止混凝土浇筑过程中,下料高度过大使混凝土产生离析,中横梁位置浇筑前,在不影响钢绞线位置情况下拨开部分钢筋,设置下料孔,浇筑 3 m 高度后将人孔钢筋恢复。根据中横梁位置具体尺寸,开下料孔 10 个。提前制作 10 m 长串筒,串筒上口直径 30 cm,下口直径 25 cm。浇筑时,串筒随浇筑位置移动,浇筑至 3 m 高度后,可不用串筒,直接下料。

横梁部位的钢筋、预应力管道等比较密集,可用小型插入式振动器施工,尤其是支座上方及锚具所在部位,应反复加强振捣,确保混凝土振捣密实。

中横梁人孔位置处钢筋较多,人孔模板支模时,在人孔模板四周,每个面设置3个溢浆孔(孔径不宜过大,直径1 cm),混凝土浇筑时,应观察水泥浆是否从孔内排出,以确定混凝土是否浇筑到位。

⑤锚口及齿块、人孔施工。

锚口及齿块、人孔位置钢筋较多,钢筋间隙较小,采用30型振动棒对以上部位进行振捣,并在上述位置适当减少布料厚度,增加振捣次数,以保证混凝土振捣密实。布料时,宜从上述位置开始布料,防止水泥浆集中,造成混凝土强度过低。

⑥混凝土表面处理。

混凝土在振捣平整后,先用人工粗略整平,然后用刮尺精确找坡,随后进行初步抹面;由于泵送混凝土坍落度比较大,会在表面钢筋下部产生水分,或在表层钢筋上部的混凝土产生细小裂缝。为了防止出现这种裂缝,在混凝土初凝前和混凝土预沉后采取二次抹面压实措施,抹面时严禁洒水。混凝土强度达到1.2 MPa前,不得使其承受施工人员、运输工具、钢筋、支架及脚手架等荷载。

⑦施工缝处理。

a.横向施工缝。

混凝土浇筑完成并达到一定强度,下一节梁段施工之前,应对梁端施工缝处已硬化混凝土表面进行凿毛处理,凿毛后露出的新鲜混凝土面积不低于总面积的75%。人工凿毛时,混凝土强度不低于2.5 MPa,机械凿毛时,混凝土强度应不低于10 MPa。施工缝处顶底板错缝差不得小于0.25 m。浇筑下一节段混凝土之前,应对施工缝进行浇水,使施工缝充分湿润,但不能积水。为防止施工缝处产生收缩裂缝,相邻梁段混凝土龄期差不宜超过28 d。

b.竖向施工缝。

由于单跨梁体施工分两次浇筑,现浇箱梁混凝土两次浇筑间断时间远远超过了所采用的混凝土的初凝时间,两次混凝土浇筑之间形成了一道水平施工缝。为保证两次浇筑混凝土之间的黏结力和咬合力,二次浇筑前,应对第一次已浇筑好的混凝土进行人工凿毛,清除浮浆及松动石子,并用高压水枪冲洗干净,待二次混凝土浇筑时,界面上先铺洒一层同配合比的水泥砂浆,再进行混凝土浇筑,保证新旧混凝土结合良好。

⑧支座解锁。

中跨1号、2号墩柱支座解锁时间为中跨第二次顶板混凝土浇筑完成后,边跨0号、3号台座解锁时间为边跨第二次顶板混凝土浇筑完成后。

(8)混凝土养护。

①本项目箱梁预计浇筑时间为5月底,这一时节气候温度相对较高,甚至超过35 ℃,箱梁混凝土浇筑抹面拉毛完毕后,应立即对混凝土外露面进行养护。养护时在混凝土表面覆盖一层渗水土工布,24 h专人负责洒水养护,养护期间洒水频率以能保持混凝土表面充分潮湿为度,保证养护不间断,不得形成干湿循环;土工布覆盖时应注意覆盖严实,相邻土工布之间应有一定的搭接长度,一般在10 cm左右。

②养护过程中,安排专人24 h对结构物温度进行测量,并按每隔3~4 h做好相应记录。拆模时混凝土芯部及表面与环境的温差不得大于25 ℃,养护时间不小于14 d,混凝土内部最高温度不大于75 ℃。

③箱梁混凝土横梁体内温度监测采用内埋测温探头,预埋温度计时应分层分排埋设,以测量混凝土内部温度。埋置探头时,应在箱梁混凝土浇筑前,将探头提前插入混凝土内并绑扎牢固。混凝土表面温度以及环境温度采用电子温度测量仪进行监测。中横梁及端横梁纵向均设置2排,横向设置5排,每排设置3层,中横梁为底板往上1 m、2.3 m及3.6 m高位置,端横梁为0.3 m、0.8 m、1.3 m位置。

④由于赤水河大桥一次浇筑混凝土方量较大,浇筑时间较长,混凝土初凝时间小于整个箱梁混凝土浇筑完成所需时间,故在养护时,需要根据已浇筑混凝土凝固具体情况,逐段进行覆盖洒水养护,以确保已浇筑混凝土能够满足养护要求。

(9)箱梁防止表面裂纹措施。

由于本箱梁一次浇筑方量较大,且浇筑处于夏季高温天气,箱梁混凝土浇筑时,宜采取下列措施。

①严格按本方案要求及时进行土工布覆盖洒水养护,并对温度进行监控,发现不满足规范要求时,立即报告并采取相应处理措施。

②箱梁C55混凝土浇筑前,对钢筋、模板、混凝土运送罐车、吊斗等机具设备用高压冲洗水枪进行冷水冲洗降温。

③在进行箱梁混凝土浇筑时,初凝前应进行二次振捣及二次收面处理,防止龟裂及表面裂纹的产生。

④对人孔等应力集中部位加强钢筋布置,防止因应力集中产生裂纹。

⑤加强对箱梁混凝土振捣,振捣时间宜为20~30 s,确保箱梁混凝土振捣

密实。

⑥严格按设计要求控制箱梁混凝土保护层厚度,防止因保护层偏厚导致出现表面裂纹。

⑦箱梁顶板及翼缘板浇筑完成后,在满足要求的情况下,及时拆除腹板及箱室内底模,及时打通箱梁腹板通风孔,并进行覆盖洒水养护,养护时间不得小于 14 d。

(10)混凝土连续浇筑保证措施。

①联系好商混站,确保砂石料、水泥、外加剂等材料储备充足,及时检查,保证混凝土的供应。

②做好钢筋、模板的检查验收,合格后方可浇筑,避免浇筑过程中出现问题再整改。

③浇筑前熟悉路况,并选好备用线路。

④计算车程,配备足够的罐车,并准备好备用罐车。

⑤浇筑现场清理干净,场地道路保持畅通。

⑥检查备用发电机组工作状态是否正常,如施工现场突发停电状况,及时使用发电机供电。

⑦机械设备日常加强维护保养,保证混凝土连续、正常浇筑。

⑧现场准备充足的彩条布、碎石等防雨材料,浇筑过程中若出现降雨,及时采用彩条布对混凝土面进行覆盖,道路采用碎石铺设防滑,保证混凝土连续浇筑。

9. 预应力筋穿束及张拉

本桥采用纵向预应力体系,仅在横隔墙处设置横向预应力。纵向预应力管道采用内径 90 mm 塑料波纹管成孔。波纹管采用 ϕ10 mm 定位钢筋网进行固定,且定位钢筋须与箱梁腹板(或顶底板)钢筋牢固焊接,确保预应力管道位置准确、稳固。所有定位钢筋均采用焊接成型,以保证定位可靠。管道定位钢筋网片的间距按直线段不超过 80 cm,曲线段不超过 40 cm 控制。管道位置的容许偏差平面不得大于 10 mm,竖向不得大于 5 mm。

如预应力筋管道与普通钢筋的空间位置发生冲突,适当调整普通钢筋的位置和形式,以保证预应力管道位置准确。

(1)波纹管铺设。

①所有波纹管在安装前,应逐根进行外观检查,合格后方可进行波纹管安

装,确保波纹管安装质量。

②管道铺设中要确保管道内无杂物,管口处可用塑料泡沫或塑料胶布封堵。

③波纹管连接时,接头波纹管的规格可比孔道波纹管的规格大一级,其长度不小于 300 mm,旋入后接头要严,两接头处用塑料胶布缠裹严密,防止漏浆。

④波纹管在安装前应将其整形并去掉毛刺。

⑤焊接管道定位钢筋时采取防护措施,避免管道被电焊渣烧伤,浇筑混凝土前派专人对管道进行仔细检查,尤其注意检查管道是否被电焊烧伤并出现小孔。

⑥在施工缝处预应力管道连接时,不允许将接管外露,只允许被接管外露。

⑦在管道曲线的最高点处设置排气管。

⑧波纹管与普通钢筋有矛盾时,可适当挪移普通钢筋,不可任意切断,实须切断时,在浇筑该部分混凝土时钢筋必须恢复。

⑨施工中波纹管要重点保护,施工人员不得对其踩踏或用工具敲击波纹管,若发现波纹管局部变形,要进行更换并将接口用塑料胶布缠严密,防止漏浆。

(2)预应力筋穿束。

横向预应力筋在横向预应力管道安装时一并安装,纵向预应力束在混凝土浇筑完成后穿入。穿束前检查预应力管道是否通畅并观察有无窜孔现象。纵向预应力筋采用卷扬机穿束。穿束时首先用比孔道长的单根钢绞线穿过管道,然后通过该根钢绞线将卷扬机钢丝绳拉出孔道后,用 O 形卡将钢丝绳与束头上面的钢筋环相连。经检查连接可靠后,开动卷扬机,进行穿束作业。穿束时,卷扬机操作者与穿入端人员保持联系,避免少拉、多拉,保持两端长度基本一致。

在卷扬机牵引钢绞线束的同时,施工人员在后端不断地向前推送钢绞线束,并使两者速度基本同步,以减少牵引阻力并避免钢绞线弯折。为保证钢绞线束顺利穿过管道,在第一次穿过孔道的单根钢绞线前端固定一个直径比束头大的铁球,借以提前发现孔道内堵塞和不畅问题,并在穿束前予以妥善解决,以免穿束中出现堵塞后进退两难。通过孔道的任何物件如钢丝绳、钢绞线、铁球、卡子、接头等都必须圆顺,以免引起管道的损伤和堵塞。

对跨两个施工节段的预应力束采用连接器连接。本桥采用 L15-17 型连接器,其示意图见图 7.26。

(3)预应力筋张拉。

预应力钢束采用高强度低松弛钢绞线,其抗拉强度标准值为 1860 MPa,弹性模量 $E_p=1.95\times10^5$ MPa,公称直径 $d=15.2$ mm,其力学性能指标符合《预应力混凝土用钢绞线》(GB/T 5224—2014)的规定。钢绞线进场后,按照规范进行

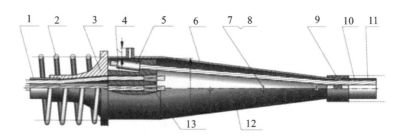

图 7.26 钢束连接器示意图

注:1—波纹管;2—螺旋筋;3—锚垫板;4—连接体;5—挤压头;6—保护罩Ⅰ;7—六角螺栓;
8—六角螺母;9—约束圈;10—钢绞线;11—波纹管;12—保护罩Ⅱ;13—夹片。

验收,并对其强度、伸长值、弹性模量、外形尺寸进行检查、测试。锚头进行裂缝探查,夹片进行硬度试验。

张拉设备采用 4 台 500 t 的 YCWB 穿心式千斤顶,张拉控制应力为 1395 MPa。张拉前,应对张拉设备进行标定,合格后方可进行张拉作业。

现浇主梁预应力钢束必须待混凝土强度达到设计强度的 90%,弹性模量应不低于混凝土 28 d 弹性模量的 90%,且混凝土龄期不小于 7 d,方可张拉。先张拉横梁预应力束,待横梁预应力束槽口封锚混凝土强度达到 100% 后,方可张拉纵向预应力束。张拉预应力钢束时,采用张拉吨位和伸长值进行双控,当预应力钢束达到张拉控制吨位时,实际伸长值与理论伸长值的误差应控制不超过 6%,实际伸长值应扣除钢束的非弹性变形影响。施工时应确保锚垫板与该垫板下的预应力束垂直。张拉前及施工过程中根据规范要求的频率对张拉用机具进行配套校定,合格后方可使用。

①张拉顺序。

采用现浇支架法分段浇筑,分段张拉,纵向预应力钢束张拉时钢束应对称张拉,第一施工工段完成后(中跨),先对 1 号、2 号中横梁进行横向双端对称张拉,张拉顺序 N1→N2→N3。待中横梁封锚混凝土强度达到 100% 后进行纵向预应力束张拉,纵向预应力束为双端同时对称张拉,张拉顺序 N5→N4→N3→N2→N1→N8→N7,张拉完成 24 h 内,对所有管道进行压浆,并对 N5、N7 进行封锚。第二施工段完成后(双边跨),先对 0 号、3 号端横梁进行横向双端对称张拉,张拉顺序 N1→N2。待端横梁封锚口混凝土强度达到 100% 后进行纵向预应力束张拉,纵向预应力束为单端单向张拉,张拉顺序 N3a→N1a→N2a→N4a→N6,张拉完成后 24 h 内进行压浆,并及时封锚。

②张拉程序。

张拉预应力筋前先清除锚垫板上的混凝土,检查疏通压浆孔;检查锚垫板是否与预应力管道垂直,不垂直时加楔形垫板改正;检查锚垫板处混凝土质量,如有蜂窝、空洞等缺陷则及时补强。

纵向预应力钢束应两端同步(除一端张拉的钢索外)且左右对称张拉,最大不平衡束不得超过1束。张拉顺序按先腹板再顶板后底板,从外向内左右对称进行。预施应力采用"双控"措施,预施应力值以油压表读数为主,以预应力筋伸长值进行校核。预施应力过程中须保持两端的伸长值基本与计算一致。

夹片式锚具的预应力筋的张拉程序如下:安装工作锚→安装限位板→安装千斤顶→安装工具锚→初张拉(20%σ_k)→量测初伸长值→100%σ_k→持荷5 min→σ_k→量测终伸长值→锚固→张拉缸回油、工具锚松脱→关闭油泵、张拉缸、顶压缸复位→依次卸下工具锚、千斤顶。

锚具安装前,必须将钢绞线上的杂物、锈迹等清除干净,伸入锚垫板喇叭管内的波纹管应剪掉,然后再进行锚(夹)具安装,夹片安装时应注意各个孔的夹片用力一致;限位板、千斤顶、工具锚安装时应将工具锚的各个孔、工具夹片清洗干净,并在孔的四周及夹片的外壁涂上退锚灵(石蜡),以便张拉后退锚。

千斤顶安装使用手拉葫芦,安装后至张拉完一直用倒链悬挂千斤顶,以便用倒链调整千斤顶,使千斤顶轴线与管道和锚垫板轴线一致,保证钢绞线顺直,减少张拉摩阻力。安装千斤顶和工具锚、夹片符合下列要求:工作锚、限位板、千斤顶、工具锚、夹片按要求安装好,工作锚位于锚垫板凹槽内,相互之间密贴;"四同心"符合要求,即预应力管道、锚垫板、锚具、千斤顶四部分基本同心;各油管接头满扣上紧,千斤顶、油表安放位置配套正确。

纵向钢束材料及理论伸长值见表7.16。

表7.16 纵向钢束材料及理论伸长值

编号	钢绞线规格	钢束理论长度/m	下料长度/m	锚具型号	左端伸长量/mm	右端伸长量/mm	连接器
N1a	φ15.2-17	32.986	33.986	M15-17	226.5	—	无
N2a	φ15.2-17	32.983	33.983	M15-17	227.6	—	无
N3a	φ15.2-17	32.966	33.966	M15-17	228.0	—	无
N4a	φ15.2-17	32.953	33.953	M15-17	228.7	—	无
N1	φ15.2-17	113.582	115.582	M15-17	385.1	385.1	L15-17
N2	φ15.2-17	113.590	115.590	M15-17	384.1	384.1	L15-17

续表

编号	钢绞线规格	钢束理论长度/m	下料长度/m	锚具型号	左端伸长量/mm	右端伸长量/mm	连接器
N3	φ15.2-17	113.600	115.600	M15-17	384	384	L15-17
N4	φ15.2-17	113.610	115.610	M15-17	384.1	384.1	L15-17
N5	φ15.2-17	113.760	115.760	M15-17	382.3	382.3	—
N6	φ15.2-17	41.48	43.48	M15-17	136.2	136.2	—
N7	φ15.2-17	28.58	30.58	M15-17	94.5	94.5	—
N8	φ15.2-13	46.560	48.560	M15-13	163.2	163.2	—

(4)钢绞线切割。

张拉完成后,在锚圈外钢绞线上距锚具 35 mm 处用彩笔画线,24 h 后检查钢绞线滑断丝情况,确认无异常后使用砂轮切割机进行钢绞线切割。严禁采用电焊或气焊切割,切割不得对锚具造成损害。

钢绞线切割处距锚板外边 35 mm,且必须保证预应力筋端头保护层厚度不得小于 35 mm。

10. 管道压浆

(1)施工要求。

孔道压浆在预应力筋张拉后 24 h 内完成,特殊情况下不得超过 48 h,采用真空辅助压浆工艺。孔道压浆前用微膨胀混凝土封锚,将锚板、夹片及外露钢绞线全部包裹密实;压浆前,先对孔道进行清洁处理。对已被污染管道,用对预应力筋和管道无腐蚀作用的中性洗涤剂或皂液用水稀释后冲洗,冲洗后,用不含油的压缩空气将孔道内的所有积水吹出;清理锚垫板上的压浆孔,保证压浆通道通畅与引出管接通。压浆口设置在低端,压浆顺序为自下而上进行,同一孔道压浆,应连续进行,一次完成。

孔道压浆采用 C55 微膨胀水泥浆。拌制浆液时,先放入水和外加剂,后加入水泥使用搅拌机进行搅拌,搅拌不少于 5 min。浆液随拌随用,从拌制到压入孔道的间隔时间不超过 40 min。浆液拌制均匀后,经孔格不大于 3 mm×3 mm 的筛网过滤后压入孔道。

压浆时浆体温度不超过 30 ℃。浆体压入管道温度不低于 10 ℃;压浆时及压浆后 3 d 内,梁体及环境温度均不低于 5 ℃。

(2)浆体拌制。

①浆体严格按给定的配合比进行拌制,压浆剂掺量为胶凝材料的10%,水胶比为0.32,浆体配合比为水泥1350 kg、压浆剂150 kg、水480 kg。拌制出的浆体具有良好的流动性及稳定性、凝结时间可调、高充盈度、硬化浆体无收缩或膨胀、高强度等特点。

②搅拌前,清洗并湿润施工设备,随后排出设备中多余的积水,并检查搅拌机的过滤网完整性,过滤网空格不大于3 mm×3 mm。

③浆体搅拌操作顺序为:首先在搅拌机中先加入实际拌和水的90%,开动搅拌机,均匀加入全部压浆剂,边加入边搅拌,然后均匀加入全部水泥。全部粉料加入后搅拌2 min,然后加入剩下的10%的拌和水,继续搅拌2 min,搅拌时间不超过4 min。搅拌时,水泥、压浆剂、水的称量应准确到±1%,且搅拌时搅拌机转速不低于1000 r/min,浆液的最高线速度限制在15 m/s以内。

④搅拌均匀后,检验搅拌罐内浆体流动度,其流动度在规定范围内即可通过过滤网进入储料罐。浆体在储料罐中继续搅拌,以保证浆体的流动性。

⑤浆体从搅拌至压入孔道内的间隔时间不超过40 min,在此期间不断搅拌。在施工过程中,不得因流动度不够额外加水。

(3)操作步骤。

清理锚垫板上的压浆孔,保证压浆通道畅通,与引出管接通。确定抽真空和压浆端,安装引出管、球阀和接头等,并检查可靠性。搅拌水泥浆,使其达到技术指标要求:出机流动度为18 s±4 s,浆体温度为5~30 ℃,24 h自由泌水率为0。启动真空泵,真空度为−0.10~−0.06 MPa,待真空度压力稳定后开启另一端进浆口阀门,以0.6 MPa的压力进行压浆,当孔道较长时最大压力宜为1 MPa。当抽真空端的透明胶管内有水泥浆流出时,关闭抽真空阀及真空泵,打开排浆阀继续压浆,待出浆口流出的浆体稠度与压入端一致时,关闭出浆口阀门,继续以0.6 MPa的压力保压不少于3 min,然后关闭压浆口阀门,使管道内维持正压力至水泥浆凝固。图7.27为管道真空辅助压浆示意图。

(4)试件留置及记录。

压浆过程中,每次压浆在压浆地点随机取样制作4组试件。其中每孔梁留置3组标准养护试件(40 mm×40 mm×160 mm)进行抗压和抗折强度试验,同时留置1组同条件养护试件随梁体进行同条件养护。对压浆过程进行记录,记录项目包括:压浆材料、配合比、压浆日期、搅拌时间、出机流动度、浆体温度、环境温度、保压压力及时间、现场压浆负责人、监理工程师等。

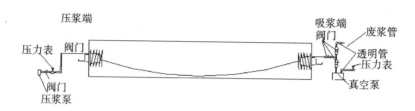

图 7.27　管道真空辅助压浆示意图

11. 模板、支架的拆除

(1)拆除的总体要求。

除底模外,其余模板拆除按以下原则进行。

①非承重模板应在混凝土强度达到 2.5 MPa,且其表面及棱角不因拆模而受损时,方可拆除。

②承重模板应在混凝土强度达到混凝土强度的 100% 后方可拆除。支架系统和底模系统在全桥施工完成后进行拆除。模板及支架的拆除执行先支后拆、后支先拆,先拆非承重模板、后拆承重模板,自上而下,分层分段拆除的顺序和原则。拆除过程中,对有倾倒危险的模板、支架进行临时支撑加固。拆除过程中不得采用猛烈敲打、强扭等方法,拆除的构配件严禁抛掷,采用捆吊等方法运输至地面。拆除施工现场周围、进出口应设置围挡、警示标志,非作业人员不得进入拆除施工现场。拆除作业人员佩戴安全帽,挂安全绳,高空作业符合高空作业相关安全作业规程。

(2)模板的拆除。

①端模、内腹板模拆除。

端模、内腹板模拆除在混凝土强度达到 2.5 MPa 后进行。

端模板为木模,先拆除模板加固螺栓,人工撬松模板后分块拆下,拆除时应从两侧向中间或单侧往另一侧拆除,注意不要破坏梁端混凝土。拆除时将固定在端模上的张拉槽模板一同拆除。

内腹板模板为木模,先拆除模板加固螺栓,拆除内模、外模对拉杆,人工撬松模板后分块拆下,拆除时应从两端向中间或一端往另一端拆除,注意不要破坏梁端混凝土。

②侧模、内顶模拆除。

侧模、内顶模在混凝土强度达到设计强度的 75% 后方可拆除。

拆除内模时,松动脚手架顶托,先拆除内顶模,后拆除顶模支撑系统,拆除的模板、脚手架从预留孔或梁端吊出。在梁体箱内作业时注意保持空气流通,可使用风机进行通风。

③底模的拆除。

底模系统在梁段预应力施工完成、压浆料达到设计强度后可进行拆除。

底模拆除时通过调整可调顶托,使底模与梁体底部离开一定距离再逐块进行拆除。

(3)支架系统的拆除。

支架系统在全桥施工完成(预应力施工完成)后进行拆除。落架应遵循全孔多点、对称、缓慢、均匀和分级的原则,从跨中向支点拆卸。拆除过程中遵循先支后拆,后支先拆,自上而下的原则。

支架按照从梁体挠度处节点开始,即从梁体跨中向梁端开始进行卸架,逐步卸落相邻的节点。卸架过程中应遵循"纵桥向基本均衡、横桥向基本同步"的原则分阶段进行支架的落架。

支架拆除工艺流程:卸除支架顶托→拆除底模木板、木枋→拆除梁体底部脚手架→抽取拆除横向分配梁→拆除贝雷梁→切割拆除钢管。

贝雷梁以上部分杆件利用卷扬机、钢丝绳、汽车吊等机械设备捆绑下放至地面,不得采用抛掷推落的拆除方式,拆除过程中注意结构的稳定性。

贝雷梁拆除:纵向主梁贝雷梁分布于梁体底部,原位拆除时操作空间有限。故纵向主梁贝雷梁在支架落架,贝雷梁上部支架体系完成拆除以后,利用滑道将所有贝雷梁移出箱梁外侧翼板部位,利用地面吊机进行整联吊装至地面,贝雷梁在地面进行解体。

可在横向主梁上安装简易滑道或滑槽作为贝雷梁横移的辅助设施。顶升贝雷梁使之落在滑道装置上,布置拖拉设施拖拉贝雷梁至外侧翼板处并利用吊车吊装至地面,分解后运出施工场地。

拖拉前对横向主梁与钢管的连接进行检查,确保其连接可靠,如有必要对其采取焊接或其他补强措施,可采用钢板将梁与钢管焊接。若为小型整体拖拉,则拖拉前对贝雷梁间的连接件进行检查,防止拖拉断开现象的发生。拖拉过程中做到基本匀速同步,为防止拖拉过程中贝雷梁斜向移出横向主梁,可在贝雷梁两端设置卡点限位装置,施工操作人员实时监控贝雷梁位移情况,实时控制各拖拉点的操作。拖拉过程中安排专人实时监控贝雷梁、横向主梁及钢管支架的情况,如有异常停止拖拉,确保施工安全。拖拉贝雷梁时,严禁施工操作人员在贝雷梁拖拉范围内走动至施工。拖拉过程中防止贝雷梁的倾倒,确保贝雷梁的稳定性,吊装过程中吊点设置可靠,设置于贝雷梁节点之上,选用吊具合理。

钢管拆除:钢管在上部结构拆除完成后进行逐根拆除。在钢管靠顶部适当位置设置吊耳等可靠吊点,利用吊机钢丝绳稍微拉紧钢管,用气割割除钢管底部,吊机缓慢下放钢管至地面,然后利用平板车运离施工现场。

(4)支架拆除注意事项。

①拆除顺序按安装顺序的反方向进行。

②拆除作业必须由上而下逐层拆除,严禁上下同时作业。

③拆除过程中,凡已松开连接的杆、配件应及时拆除运走,避免误扶、误靠。

④拆下的杆件应以安全方式吊走或运出,严禁向下抛掷。

⑤内模支架和侧模板拆除后再拆除底部支架系统,以防体系转换拉裂梁体。

第8章 市政道路与桥梁施工质量与安全管理

8.1 市政道路施工质量控制

8.1.1 施工时期质量控制概述

工程设计图向工程实体的转化是通过工程施工实现的,工程项目的使用价值与工程项目质量受工程施工的影响。施工阶段是工程项目质量控制中的重要阶段。在施工过程中使用新工艺、新材料等时,需要利用试验进行验证,同时要获得具有权威性的技术部门出具的鉴定书。在完成市政道路施工的任何一道工序后,施工单位要首先进行自检,在检查合格后填写质量报验表,在进行下一道工序的施工前要确认质量报验表,否则不能进行后续施工,从而有效控制质量。

施工时期质量控制贯穿施工的全过程。施工时期质量控制包括事前控制、事中控制、事后控制等不同阶段。事前控制指针对影响工程施工的各个要素,在进行施工准备时期进行控制。事中控制指控制施工过程中的作业质量以及投入的各种要素的质量。事后控制指控制完成的工程的质量,对存在的问题进行整改。

市政道路工程施工时期质量控制包括控制投入物的质量、控制施工质量、控制产出过程质量等。因为施工过程是一个生产物质的过程,所以控制施工质量要求控制影响工程质量的各种因素。市政道路工程施工质量影响因素包括人员(man)、材料(material)、机械(machine)、方法(method)、环境(environment),也就是4M1E因素。

8.1.2 施工时期质量控制的主要内容

1. 技术准备阶段的质量控制

(1)图纸会审。

图纸会审的内容包括:图纸是否具备合法性、图纸及说明书是否具备完整性、是否标明各种管线及构筑物、是否符合水文地质条件、是否符合规范、材料的来源是否有保证、施工工序方案是否合理。

(2)设计交底。

设计交底应考虑自然条件、主管部门或其他部门对本工程的要求,如设计规范和市场供应材料的情况。

(3)施工组织设计审查。

施工组织制定及审查后由项目监理单位报送给建设单位,承包商按照指定的施工组织设计文件组织施工。对于规模大、技术复杂的特殊工程,还需要报送给相关技术人员。对于工期跨度长或分期出图的工程,可分阶段编制施工组织设计,从而提高编制质量。

施工现场准备就是控制施工现场各种质量影响因素,包括审查道路施工建设单位的资质、审查监理单位、审查检测单位、检查专业监理工程师资格、检查总监理工程师资格、检查监理工程师的专业与工程的吻合性、控制现场施工材料配件质量、控制机械质量、控制施工平面位置、控制标高基准等。

2. 施工现场准备的质量控制

(1)测量。

承包商需要对建设单位给定的原始基准点、基准线和标高等测量控制点进行核实,并检查施工现场总体布置是否合理。

(2)人员。

审查相关人员资质与拟建工程的类型、规模、地点、行业特性及要求的勘察、设计任务是否相符,资质证书是否已过期,其资质年检结论是否合格。对参与该工程的项目经理及主要技术人员的执业资格进行检查,重点检查其注册证书是否有效,级别是否与该工程相符。严格检查电焊工等特种作业人员及持证上岗情况。

(3)材料。

掌握材料的质量标准,通过一系列检测手段(书面检查、外观检查、理化检查和无损检查等)将所取得的材料数据与材料的质量标准相比较,借以判断材料的可靠性。

(4)机械。

机械设备应结合工程的特点,按照技术上先进、经济上合理、生产上适用、性能上可靠、使用上安全、操作及维修方便的原则进行选择,选择的机械设备的主要性能参数应满足质量要求。

3. 施工过程中质量控制

(1)路基。

路基施工质量控制要点如下。

填方:分层填筑,压实前测定含水量;对不同的土质要分别标定干密度;分段施工,注意纵向搭接两段交界处;路堤底部填以水稳性优良、不易风化的材料以防地下水影响。

路堤几何尺寸和坡度:路堤填土宽度每侧应比设计宽度大 30 cm,压实宽度不得小于设计宽度,压实合格后,最后削坡不得缺坡,以保证路堤稳定性。

压实度:在碾压前,先整平,由路中线向路堤两边整成 2%～4% 的横坡。压实应先边后中,以便形成路拱;先轻后重,以适应逐渐增大的土基强度;先慢后快,以免松土被机械推动。在弯道部分碾压时,应由低的一侧边缘向高的一侧边缘碾压,以便形成单向超高横坡。前后两次轨迹需重叠 12～20 cm,应特别注意压实均匀,以免引起不均匀沉陷。

(2)路面。

路面垫层质量控制、面层质量控制、基层质量控制是路面质量控制的主要内容。

在路面垫层施工时,通过自卸车将粗碎石向下承面卸置,为了确保宽度满足要求,通过推土机摊铺粗碎石,之后利用人工与机械配合的方法整平粗碎石。为了确保粗碎石的稳定性,通常利用 6～8 t 两轮压路机进行碾压,碾压速度为 25～30 m/min,碾压 3～4 遍。之后在粗碎石上通过人工方式均匀填撒填隙料,通过超过 12 t 的振动压路机进行碾压,填隙料将粗碎石孔隙充分填充。并且为了确保表面平整,要均匀洒水。垫层完成后要保护成品,禁止车辆通行。

在路面基层施工时,要重视集中拌和材料。材料运输通过自卸车进行,并且运输时应遮盖材料。摊铺要求人工和摊铺机配合,若路面作业宽度狭窄,则摊铺机要和推土机、挖掘机配合使用。基于水平基准线与松铺厚度对摊铺机进行调整,自卸车将物料送到摊铺机上,在匀速前进的摊铺机后面,人工及时清除摊铺机聚集的粗集料,补充均匀混合料。经压路机全面碾压整形后的路面应当进行保护与养护。

水泥混凝土面层与沥青面层是常见路面面层,市政道路中常用沥青面层。

在沥青面层施工时,要对沥青材料、填料、粗集料、细集料等进行选择,对沥青用量、配合比等给予重视。沥青面层施工过程中的主要施工方法包括路拌沥青碎石面层施工、热拌沥青混合料路面施工、洒铺法沥青路面施工等。

8.2 市政桥梁施工质量控制

8.2.1 市政桥梁施工质量控制要点

(1)桩基础施工质量控制。

①市政桥梁工程施工中在桩基础施工方面要充分做好质量控制的工作,施工中采用钻孔桩技术,这对桩基础施工质量控制有着积极作用。

②施工中按照相应的步骤执行,如护筒埋设施工质量控制,保障桩基准确就位,开钻过程中桩孔中放置有护壁效应的黏土和适量水,通过钻头来搅拌泥浆,进行搅拌后抽到循环池,施工时施工人员应充分重视土层以及岩层发生的变化,地层承载力如果比设计桩尖持力层承载要求大,通知监理及设计人员研究是否能提高终孔标高,在深度达到设计要求但地层承载力没有达到设计要求时,要进一步钻进。

③施工进入尾声时,将预先绑扎的钢筋笼就位并浇筑混凝土,使桩基础施工质量得以有效控制,为后续的施工打下坚实基础。

(2)桥台墩柱施工质量控制。

市政桥梁工程在实际施工中,对桥台以及墩柱的施工方面要充分重视。

①结合不同地势以及环境,选择相适应的施工方案。

②结合桥台轴线位置进行设计,标高达到设计要求,测量放出桥台中心线,承台底中心要标出在桩顶面上,积极优化抄平放线工作,依照验收程序完善桩基础施工验收工作。

③基坑在验收后绑扎桥台钢筋,合格后才能安装桥台模板,具体的施工中要将模内清理干净,做好支架、模板和钢筋的检查工作。

④混凝土浇筑施工采用分层浇筑的方式,浇筑过程中进行振捣,保障浇筑施工质量。

(3)桥面施工质量控制。

市政桥梁工程在实际施工中通过对桥面系统的施工方面进行优化,保障桥面施工质量,为市政工程的质量控制打下坚实基础。桥面系统的铺装层、人行道板和伸缩缝等都是比较重要的施工内容,铺装层的防水层施工依照实际设计要求,按照横向从低到高进行闭合铺设,地层要达到平顺的施工要求,整洁干燥。为避免出现裂缝,应采用分段浇筑,桥宽整幅浇筑。

(4)混凝土工程的质量控制。

在市政桥梁施工中,混凝土工程占据非常重要的地位,也是保证桥梁使用性能的重要环节。因此,在施工开始之前,相关人员需要制定可行的施工方案,严格按照施工要求进行混凝土工程的施工,并加强混凝土质量的检测,在质检报告符合相关规定的基础上,才能正式开始市政桥梁施工。在市政桥梁工程的各个施工环节,也需要加强混凝土施工质量的抽检,严禁偷工减料现象出现,并安排专门的监管人员负责施工监督,真正提高市政桥梁工程的施工质量。在进行混凝土的浇筑施工时,需要严格控制温度、湿度等,并加强各个工序的管理,避免水化效应给混凝土强度、性能等带来较大影响。在进行混凝土模板的拆除与安装时,需要加强拆除方法、安装工艺的管理,并严格按照相关步骤操作,避免混凝土出现冷缩、干裂问题。在混凝土浇筑完成后,需要安排施工人员加强养护和管理,确保市政桥梁工程施工各个环节的质量真正得到有效控制。

8.2.2 提高市政桥梁施工质量控制水平的基本策略

(1)扎实做好施工材料管理工作。

在现代市政桥梁建设中,施工材料的造价在整体工程造价中的占比接近70%,施工材料对市政桥梁建设有着根本性的影响,为此必须要做好对施工材料的管控。发挥招投标的作用,选择信誉良好的材料供应商,强化对施工材料源头采购的管控,避免购买不合格的施工材料,从而在确保质量的情况下合理把握材料购买开支。对于施工材料,要结合性质类型的不同,做好分类保管,严控材料领取等基础性管理,禁止各种形式的施工材料浪费损坏。

(2)扎实做好机械设备管理工作。

在市政桥梁施工建设中,会应用到非常多的特殊机械设备,机械设备对施工进度、施工质量等都有着重要影响。施工开始前,需要结合施工所需机械设备的类型,组织专门技术人员进行操作技术交底,做好针对性指导,确保能够合理把握不同类型的机械设备,能够结合机械设备类型属性的不同进行动态化的管控。严格按照机械设备出厂要求,定期组织专门技术人员对机械设备进行检修维护,建立专门的检修维护数据信息台账,从而确保机械设备检修维护的质量成效,确保任何一项工作都落到实处。

(3) 扎实做好施工过程巡查工作。

市政桥梁施工包含的环节比较多,涉及的施工技术应用较为复杂,需要安排专门管理人员对施工建设情况做到实时检测与动态巡查,一旦发现施工建设中的质量安全问题,要及时告知责任单位,确保在规定时间内解决,这样才能避免质量安全问题遗留而导致后续返工,从而确保每一个施工环节都经得住考验,也能更好地保障市政道路与桥梁整体施工质量水平。

(4) 加快培育高素质专业人才队伍。

在推进新时期市政桥梁施工建设中,必须建立高素质的专门人才队伍,从而满足各种新施工技术应用及质量管理的需求。一方面,市政桥梁工程企业要结合自身情况,充分考虑施工建设项目的特点,制定科学的人才引进计划,建立更加完善的薪酬绩效等机制,鼓励年轻人才优先选择基层一线质量管理等岗位,不仅有助于稳定人才队伍,而且能够更好地优化现有人才队伍的年龄、学历结构,从而适应市政道路与桥梁施工建设的需求;另一方面,要深刻认识市政道路与桥梁施工技术工艺的不断发展特点,定期组织施工技术人员进行各种形式的教育培训,帮助他们更好地了解不同技术工艺的应用特点,精准把握技术工艺的标准内涵,引导质量管理人员更好地把握责任所在,从而更加主动积极地参与实际管理工作。

(5) 加强竣工后工程的检测力度。

首先相关的检测人员应该对检测标准进行全面的了解,并熟练使用各种检测仪器。由此,在实际的施工检测中,施工人员才能够保证相关检测数据的准确性。对于检测过程中发现的问题要及时向上级领导单位反映,在短时间内进行处理,直到施工质量合格为止。除此之外,在对道路与桥梁工程进行验收时,还要做好相关数据资料的整理归档工作,为后期工程的维修提供数据基础。

8.3　市政道路与桥梁施工安全控制方法

8.3.1　市政道路与桥梁施工现场的不安全因素

1. 人的不安全因素

人的不安全因素是指影响安全的人的因素,即能够使系统发生故障或发生性能不良的事件的人员个人的不安全因素和违背设计和安全要求的错误行为。人的不安全因素可分为个人的不安全因素和人的不安全行为两个大类。

个人的不安全因素是指人员的生理、心理、能力中具有不能适应工作、作业岗位要求的影响安全的因素。个人的不安全因素见表8.1。

表8.1 个人的不安全因素

类型	内容
生理上的不安全因素	包括视觉、听觉等感觉器官、体能、年龄、疾病等不适合工作或作业岗位要求的影响因素
心理上的不安全因素	指人在心理上具有影响安全的性格、气质和情绪,如懒散、粗心等
能力上的不安全因素	包括知识技能、应变能力、资格等不能适应工作和作业岗位要求的影响因素

人的不安全行为是指造成事故的人为错误,是人为地使系统发生故障或发生性能不良事件,是违背设计和操作规程的错误行为。人的不安全行为在施工现场可分为13个大类。

(1)操作失误、忽视安全、忽视警告。

(2)造成安全装置失效。

(3)使用不安全设备。

(4)手代替工具操作。

(5)物体存放不当。

(6)冒险进入危险场所。

(7)攀坐不安全位置。

(8)在起吊物下作业、停留。

(9)在机器运转时进行检查、维修、保养等工作。

(10)有分散注意力行为。

(11)没有正确使用个人防护用品、用具。

(12)不安全装束。

(13)对易燃易爆等危险物品处理错误。

人的不安全行为产生的主要原因包括:系统、组织的原因;思想责任性的原因;工作的原因。其中,工作的原因产生不安全行为的影响因素包括:工作知识的不足或工作方法不适当;技能不熟练或经验不充分;作业的速度不适当;工作不当,但又不听或不注意管理提示。

分析事故原因,绝大多数事故不是技术解决不了造成的,而是违章所致。由于没有安全技术措施,不做安全技术交底,安全生产责任制不落实,违章指挥,违章作业造成事故,所以必须重视和防止产生人的不安全因素。

2. 物的不安全状态

物的不安全状态是指能导致事故发生的物质条件,包括机械设备等物质或环境所存在的不安全因素。

(1)物的不安全状态的内容。

①物(包括机器、设备、工具、物质等)本身存在的缺陷。

②防护保险方面的缺陷。

③物的放置方法的缺陷。

④作业环境场所的缺陷。

⑤外部的和自然界的不安全状态;作业方法导致的物的不安全状态;保护器具信号、标志和个体防护用品的缺陷。

(2)物的不安全状态的类型。

物的不安全状态的类型包括:防护等装置缺乏或有缺陷;设备、设施、工具、附件有缺陷;个人防护用品用具缺少或有缺陷;施工生产场地环境不良。

3. 管理上的不安全因素

管理上的不安全因素,通常是管理上的缺陷,也是事故潜在的不安全因素,作为间接的原因共有以下几方面。

(1)技术上的缺陷。

(2)教育上的缺陷。

(3)生理上的缺陷。

(4)心理上的缺陷。

(5)管理工作上的缺陷:教育和社会、历史上的原因造成的缺陷。

4. 环境因素

施工地点的环境因素是影响施工的重要因素之一。气候变化、自然灾害、地质条件等都会对施工带来很大的影响。气候变化可能导致施工期间的天气不稳定,雨雪天气可能导致排水系统的故障和安全问题;自然灾害如地震、洪水、台风等也会给施工带来很大的安全隐患;地质条件不良,地下水、地基软弱等问题可能会增加施工难度和风险。

8.3.2 市政道路与桥梁施工安全技术措施计划

1. 市政道路与桥梁施工安全技术措施计划基本内容

(1)建设工程施工安全技术措施计划的主要内容包括:工程概况、控制目标、控制程序、组织机构、职责权限、规章制度、资源配置、安全措施、检查评价、奖惩制度等。

(2)编制施工安全技术措施计划时,对于某些特殊情况应考虑如下两点。

①对结构复杂、施工难度大、专业性较强的工程项目,除制定项目总体安全保证计划外,还必须制定单位工程或各专项工程的安全技术措施计划。

②对高处作业、井下作业等专业性强的作业,电器、压力容器等特殊工种作业,应制定单项安全技术规程,并应对管理人员和操作人员的安全作业资格和身体状况进行检查。

(3)制定和完善施工安全操作规程,编制各施工工种特别是危险性较大工种的安全施工操作要求,作为规范和检查考核员工安全生产行为的依据。

(4)施工安全技术措施包括安全防护设施的设置和安全预防措施,主要有17方面的内容,即防火、防毒、防爆、防洪、防尘、防雷击、防触电、防坍塌、防物体打击、防机械伤害、防起重设备滑落、防高空坠落、防交通事故、防寒、防暑、防疫、防环境污染方面措施。

2. 市政道路与桥梁施工安全技术措施计划的实施

(1)建立安全生产责任制。

建立安全生产责任制是施工安全技术措施计划实施的重要保证。安全生产责任制是指企业对项目经理部各级领导、各个部门、各类人员所规定的在他们各自职责范围内对安全生产应负责任的制度。

(2)安全教育培训。

①安全教育培训的内容。

安全教育培训的主要内容包括:安全生产思想、安全知识、安全技能、安全规程标准、安全法规、劳动保护、环境保护和典型事例分析。

②安全教育培训的要求。

a.广泛开展安全生产的宣传教育,使全体员工真正认识到安全生产的重要性和必要性,懂得安全生产和文明施工的科学知识,牢固树立"安全第一"的思想,自觉遵守各项安全生产法律法规和规章制度。

b.把安全知识、安全技能、设备性能、操作规程、安全法规等作为安全教育培训的主要内容。

c.建立经常性的安全教育培训考核制度,考核成绩要记入员工档案。

d.电工、电焊工、架子工、司炉工、爆破工、机操工、起重工、机械司机、机动车辆司机等特殊工种工人,除一般安全教育外,还要经过专业安全技能培训,经考试合格持证后,方可独立操作。

e.采用新技术、新工艺、新设备施工和调换工作岗位时,也要进行安全教育,未经安全教育培训的人员不得上岗操作。

③施工现场安全教育的主要形式。

a.新工人"三级安全教育":三级安全教育是企业必须坚持的安全生产基本教育制度。对新工人,包括新招收的合同工、临时工、农民工、实习和代培人员等,必须进行公司、项目、作业班组三级安全教育(表 8.2),时间不得少于 40 h。经教育考试合格者才准许进入生产岗位;不合格者必须补课、补考。对新工人的三级安全教育情况,要建立档案。新工人工作一个阶段后还应进行重复性的安全再教育;加深安全感性、理性知识的认识。

表 8.2 安全教育的主要形式

形式	具体内容
公司进行安全生产基本知识、法规、法治教育	国家的安全生产、劳动保护、环保方针政策法规;建设工程安全生产法规、技术规定、标准;本单位施工生产安全生产规章制度、安全纪律;本单位安全生产形势、历史上发生的重大事故及应吸取的教训;发生事故后如何抢救伤员、排险、保护现场和及时报告
项目进行现场规章制度和遵章守纪教育	本单位、本项目施工生产特点及施工生产安全基本知识;劳动保护和环保管理制度;本单位、本项目安全生产制度、规定及安全注意事项;本工种的安全技术操作规程;机械设备、电气安全及高处作业等安全基本知识;防火、防雷、防尘、防爆知识及紧急情况安全处置和安全疏散知识;防护用品发放标准及防护用具、用品使用的基本知识
班组安全生产教育	必要的安全和环保知识;本班组作业特点及安全操作规程;班组安全活动制度及纪律;爱护和正确使用安全防护装置(设施)及个人劳动防护用品;本岗位易发生事故的不安全因素及其防范对策;本岗位的作业环境及使用的机械设备、工具的安全要求

b.变换工种安全教育:凡改变工种或调换工作岗位的工人必须进行变换工种安全教育,变换工种安全教育时间不得少于4 h,教育考核合格后方可上岗。教育内容包括:新工作岗位或生产班组安全生产概况、工作性质和职责;新工作岗位必要的安全知识、各种机具设备及安全防护设施的性能和作用;新工作岗位、新工种的安全技术操作规程;新工作岗位容易发生的事故及有毒有害的地方;新工作岗位个人防护用品的使用和保管。

c.转场安全教育:新转入施工现场的工人必须进行转场安全教育,教育时间不得少于8 h。教育内容包括:本工程项目安全生产状况及施工条件;施工现场中危险部位的防护措施及典型事故案例;本工程项目的安全管理体系、制度。

d.特种作业安全教育:从事特种作业的人员必须经过专门的安全技术培训,经考试合格取得上岗操作证后方可独立作业。对于特种作业人员的培训、取证及复审等工作严格执行国家、地方政府的有关规定。对从事特种作业的人员进行经常性的安全教育,时间为每月一次,每次教育4 h。教育内容包括:特种作业人员所在岗位的工作特点,可能存在的危险、隐患和安全注意事项;特种作业岗位的安全技术要领及个人防护用品的正确使用方法;本岗位曾发生的事故案例及经验教训。

(3)安全技术交底。

安全技术交底是指导工人安全施工的技术措施,是工程项目安全技术方案的具体落实。安全技术交底一般由项目经理部技术管理人员根据分部分项工程的具体要求、特点和危险因素编写,是操作者的指令性文件,因此安全技术交底要具体、明确、针对性强。

①安全技术交底实施应符合的规定。

a.安全技术交底实行分级交底制度。开工前,项目技术负责人要将工程概况、施工方法、安全技术措施等情况向工地负责人、工长交底,必要时向全体职工进行交底;工长安排班组长工作前,必须进行书面的安全技术交底,两个以上施工队和工种配合时,工长应按工程进度定期或不定期向有关班组长进行交叉作业的安全交底;班组长应每天对工人进行施工要求、作业环境等全方面交底。

b.结构复杂的分部分项工程施工前,项目经理、技术负责人应有针对性地进行全面、详细的安全技术交底。

②安全技术交底的基本要求。

a.项目经理部必须实行逐级安全技术交底制度,纵向延伸到班组全体作业人员。

b.技术交底必须具体、明确、针对性强。

c.技术交底的内容应针对分部分项工程施工中给作业人员带来的潜在隐含危险因素和存在问题。

d.应优先采用新的安全技术措施。

e.应将工程概况、施工方法、施工程序、安全技术措施等向工长、班组长、作业人员进行详细交底。

f.定期向由两个以上作业队伍和多工种进行交叉施工的作业队伍进行书面交底。保留书面安全技术交底等签字记录。

③安全技术交底的主要内容。

安全技术交底的主要内容包括：本工程项目的施工作业特点和危险点；针对危险点的具体预防措施；应注意事项；相应的安全操作规程和标准；发生事故后应及时采取的避难和急救措施。

3. 常见市政道路与桥梁施工安全措施

(1)防止基坑开挖时坍塌、掩埋的安全措施。

①技术要求。

a.根据土的分类、物理力学性质确定边坡坡度（放坡开挖时），或根据土质、深度确定围护方案（采用围护开挖时）。

b.在基坑顶边弃土时，任何情况下，弃土堆坡脚至挖方上边缘的距离不得小于 1.2 m，堆土高度不得超过 1.5 m。

c.做好降水措施，确保基坑开挖期间的稳定。

d.机械开挖和人工开挖不支撑基坑时，每次挖方修坡深度不得超过 1 m。机械开挖和人工开挖有支撑围护基坑时，要及时做好支撑，按相关要求做好基坑围护。

②应急措施。

a.及早发现坍塌和掩埋事故的预兆，及时抢险，避免事故的发生。

b.及早发现坍塌和掩埋事故的前兆，以人身安全为第一要务，及早撤离现场。

c.要熟悉各种抢险支护和抢险堵漏方法。

(2)人工挖孔灌注桩的适用范围、挖孔工艺安全措施。

人工挖孔灌注桩适用于无地下水或少量地下水，且较密实的土层或风化岩层。挖孔时孔内产生空气污染物不得超过现行规定的三级标准浓度限值,否则必须采取通风措施。

挖孔施工应根据地质和水文地质情况,因地制宜,选择的孔壁支护方案需报批,并应经过计算,确保施工安全。

挖孔内须进行爆破时,应专门设计,宜采用浅眼松动爆破法,严格控制炸药用量,并在炮眼加强支护。孔深大于 5 m 时,必须采用电雷管引爆。爆破后应先通风排烟 15 min,并检查确认无有害气体后方可继续作业。

孔深大于 15 m 时,通风比较困难,一般不宜人工挖孔,必须人工挖孔时,应加强机械通风和安全措施。孔内有较大渗水量时,可能导致孔壁坍塌,故必须加强支护。

挖孔前必须严密制定工艺方案,确定提升方法和安全措施,确定挖掘程序、爆破方案及其他安全措施和降排水措施。

8.3.3 市政道路与桥梁施工安全检查

1. 安全检查的目的

(1)预防伤亡事故或降低事故发生率,把伤亡事故频率和经济损失降到低于社会允许的范围及国际同行业的先进水平。

(2)不断改善生产条件和作业环境,达到最佳安全状态。由于安全隐患是与生产同时存在的,因此危及劳动者的不安全因素同时存在,事故的原因也是复杂和多方面的。为此,必须通过安全检查对施工(生产)中存在的不安全因素进行预测、预报和预防。

2. 安全生产检查的意义

(1)通过检查,可以发现施工(生产)中的不安全(人的不安全行为和物的不安全状态)问题,从而采取对策,消除不安全因素,保障安全生产。

(2)利用安全生产检查,进一步宣传、贯彻、落实党和国家安全生产方针、政策和各项安全生产规章制度。

(3)安全检查实质也是一次群众性的安全教育。通过检查,增强领导和群众安全意识,纠正违章指挥、违章作业,提高安全生产的自觉性和责任感。

(4)通过检查可以互相学习,总结经验,取长补短,有利于进一步促进安全生产工作。通过安全生产检查,了解安全生产状况,为分析安全生产形势、加强安全管理提供信息和依据。

3. 安全检查的形式

(1)主管部门(包括中央、省、市级建设行政主管部门)对下属单位进行的安全检查。这类检查能对本行业的特点、共性和主要问题进行检查,既有针对性、调查性,也有批评性。同时通过检查总结,扩大(积累)安全生产经验,对基层推动作用较大。

(2)定期安全检查。企业内部必须建立定期分级安全检查制度,由于企业规模、内部建制等不同,要求也不能千篇一律。一般中型以上的企业(公司),每季度组织一次安全检查;工程处(项目部、附属厂)每月或每周组织一次安全检查。每次安全检查应由单位领导或总工程师(技术领导)带队,由工会、安全、动力设备、保卫等部门派人参加。这种制度性的定期检查内容属于全面性和考核性的检查。

(3)专业性安全检查。专业安全检查应由企业有关业务部门组织有关人员对某项专业(如垂直提升机、脚手架、电气、塔吊、压力容器、防尘防毒等)的安全问题或在施工(生产)中存在的普遍性安全问题进行单项检查。这类检查专业性强,也可结合单方面评比进行,参加专业安全检查的人员,主要有专业技术人员、懂行的安全技术人员和有实际操作、维修能力的工作人员。

(4)经常性的安全检查。在施工(生产)过程中进行经常性的预防检查,能及时发现隐患,消除隐患,保证施工(生产)的正常进行,通常包括以下内容。

①班组进行班前、班后岗位安全检查。

②各级安全员及安全值班人员日常巡回安全检查。

③各级管理人员在检查生产的同时检查安全。

(5)季节性及节假日安全检查。季节性安全检查是针对气候特点(如冬季、夏季、雨季、风季等)可能给施工(生产)带来危害而组织的安全检查。节假日安全检查是节假日(特别是重大节日,如元旦、劳动节、国庆节等)前、后为防止职工纪律松懈、思想麻痹等进行的检查。检查应由单位领导组织有关部门人员进行。节日加班,更要重视对加班人员的安全教育,同时认真检查安全防范措施的落实。

(6)施工现场还要经常进行自检、互检和交接检查(表8.3)。

表8.3 施工现场的检查

形式	内容
自检	班组作业前、后对自身所处的环境和工作程序进行安全检查,可随时消除安全隐患
互检	班组之间开展的安全检查。可以做到互相监督、共同遵章守纪
交接检查	上一道工序完毕,交给下一道工序使用前,应由工地负责人组织工长、安全员、班组及其他有关人员参加,进行安全检查或验收,确认无误或合格,方能交给下一道工序使用。如脚手架、井字架与龙门架、塔吊等,在使用前,都要经过交接检查

4. 安全检查的主要内容

安全检查的主要内容见表8.4。

表8.4 安全检查的主要内容

检查项目	内容
查思想	主要检查企业的领导和职工对安全生产工作的认识
查管理	主要检查工程的安全生产管理是否有效,包括:安全生产责任制、安全技术措施计划、安全组织机构、安全保证措施、安全技术交底、安全教育、持证上岗、安全设施、安全标识、操作规程、违规行为、安全记录等
查隐患	主要检查作业现场是否符合安全文明生产的要求
查事故处理	对安全事故的处理应达到查明事故原因、明确责任并对责任者做出处理、明确和落实整改措施等要求。同时还应检查对伤亡事故是否及时报告、认真调查、严肃处理

安全检查的重点是违章指挥和违章作业。安全检查后应编制安全检查报告,说明已达标项目、未达标项目、存在问题、原因分析、纠正和预防措施。

5. 安全检查的注意事项

(1)安全检查要深入基层,坚持领导与群众相结合的原则,组织好检查工作。
(2)建立检查的领导组织机构,配备适当的检查力量,挑选具有较高技术业务水平人员参加。

(3)做好检查的各项准备工作,包括思想、业务知识、法规政策和检查设备、奖金的准备。

(4)明确检查的目的和要求。既要严格要求,又要防止一刀切,要从实际出发,分清主、次矛盾,力求实效。

(5)建立检查档案。结合安全检查表的实施,逐步建立健全检查档案,收集基本的数据,掌握基本安全状况,为及时消除隐患提供数据,同时为以后的职业健康安全检查奠定基础。

(6)在制定安全检查表时,应根据用途和目的具体确定安全检查表的种类。安全检查表主要有公司安全检查表、项目部安全检查表、班组及岗位安全检查表、专业安全检查表等。制定安全检查表要在安全技术部门的指导下,充分依靠职工来进行。初步制定的检查表,要经过群众的讨论,反复试行,再加以修订,最后由安全技术部门审定后方可使用。把自查与互查有机结合起来,基层以自检为主,企业内相应部门间互查,取长补短,相互学习和借鉴。

(7)坚持查改结合。检查不是目的,只是一种手段,整改才是最终目的。发现问题,要及时采取切实有效的防范措施。

8.3.4 市政道路与桥梁施工主要工序安全技术要求

限于字数,下面仅介绍市政道路与桥梁施工四种工序的施工安全技术基本要求。

1. 路基土方工程安全技术要求

(1)人工挖土方须遵守规定。

①开挖土方的操作人员之间,必须保持足够的安全距离,横向间距不小于2 m,纵向间距不小于3 m。

②土方开挖必须自上而下顺序放坡进行,严禁采用挖空底脚的操作方法。

(2)挖掘机作业须遵守规定。

①发动机起动后,铲斗内、壁杆、履带和机棚上严禁站人。

②工作位置必须平坦稳固。工作前履带应制动,轮胎式挖掘机应顶好支腿,车身方向应与挖掘工作面延伸方向一致,操作时进铲不应过深,提斗不得过快。

③严禁铲斗从运土车的驾驶室顶上越过。向运土车辆卸土时应降低铲斗高度,防止偏载或砸坏车厢。铲斗运转范围内严禁站人。

2. 沥青路面工程安全技术要求

沥青操作人员均应进行体检。凡患有结膜炎、皮肤病及对沥青有过敏反应者,不宜从事沥青作业。

从事沥青作业人员,皮肤外露部分均须涂抹防护药膏,工地上应配医务人员。

沥青操作工的工作服及防护用品,应集中存放,严禁穿戴回家和进入集体宿舍。

(1)沥青混合拌和设备作业须遵守规定。

沥青加热及混合料拌制,宜设在人员较少、场地空旷地段,沥青混合拌和设备作业应遵守下列规定。

①作业前,热料提升斗、搅拌器及各种秤斗内不得有存料。

②配有湿式除尘系统的拌和设备其除尘系统的水泵应完好,并保证喷水量稳定且不中断。

③卸料斗处于地下坑底时,应防止坑内积水淹没电器元件。

④拌和机启动、停机,必须按规定程序进行,点火失效时,应及时关闭喷燃器油门,待充分通风后再行点火,需要调整点火时,必须先切断高压电源。

⑤液化气点火时,必须有减压阀及压力表,燃烧器点燃后,必须关闭总阀门。

⑥连续式拌和设备的燃烧器熄火时应立即停止喷射沥青。当烘干拌和筒着火时,应立即关闭燃烧器鼓风机及排风机,停止供给沥青,再用含水量高的细骨料投入干拌和筒,并在外部卸料口用干粉或泡沫灭火器进行灭火。

⑦关机后应清除皮带上、各供料斗及除尘装置内外的残余积物,并清洗沥青管道。

(2)沥青混合料摊铺机摊铺作业须遵守规定。

①驾驶台及作业现场要视野开阔,清除一切有碍工作的障碍物,作业时无关人员不得在驾驶台上逗留。驾驶员不得擅离岗位。

②运料车向摊铺机卸料时,应协调动作,同步行进,防止互撞。

③换挡必须在摊铺机完全停止时进行,严禁强行挂挡和在坡道上换挡或空挡滑行。

④熨平板预热时,应控制热量,防止因局部过热而变形,加热过程中,必须有专人看管。

⑤驾驶力求平稳,不得急剧转向。弯道作业时,熨平装置的端头与路缘石的

间距不得小于 10 cm,以免发生碰撞。

⑥用柴油清洗摊铺机时,不得接近明火。

3. 钢筋工程安全技术要求

(1)钢筋调直的安全操作。

对局部弯曲或成盘的钢筋,在使用之前应加以调直。钢筋的调直普遍采用卷扬机拉直或用调直机调直。用卷扬机拉直钢筋时要选好场地,并设置标志禁止非操作人员进入。冷拉线两端要设安全挡板或挡护墙。操作之前必须认真检查机具、地锚、夹具、平衡设备等是否安全可靠,必须在确保安全可靠的前提下开始操作,操作人员要离开钢筋 2 m 以上。在拉直钢筋时必须控制冷拉率:Ⅰ级钢筋不得超过 2%,Ⅱ、Ⅲ级钢筋不得超过 1%。

用钢筋调直机调直钢筋,工前要认真检查机器的各重要部件是否紧固,转动部分的润滑是否良好,牢固地安装安全防护装置。操作人员要仔细观察机器的运转情况,如发现传动部分不正常的情况和异常声响,或轴承温度超过 60 ℃,要立即停车检查。在工作时,无关人员不得靠近机器,收放料盘上钢筋时,要防止钢筋头飞出伤人。

(2)钢筋切断的安全操作。

使用钢筋切断机切断钢筋时,要先将机械平稳固定,并仔细检查刀片有无裂纹、刀片是否固紧、安全防护罩是否齐全牢固。开动切断机试运转,待试运转正常后再进料。进料要掌握时机,要在活动刀片后退时进料,不要在刀片前进时进料。进料时手与刀口的距离不应小于 150 mm。切断短钢筋时要使用套管或夹具。清除刀口附近的钢筋头和杂物,必须机器停止运转后方可进行。发现机器运转不正常或有异响、刀片歪斜等情况要立即停车检修。

4. 混凝土施工机具的安全使用

(1)混凝土搅拌机的安全使用。

在开机之前要对机械的状态进行全面检查。检查内容包括:离合器、制动器是否灵活可靠;防护罩及轨道滑轮是否完好;水泵出水情况是否正常;料斗起落钢丝绳是否够长(当料斗在最低位置时,钢丝绳在卷筒上至少保留 3 圈);钢丝绳断丝和磨损是否超过规定数值;卡头是否牢固等。

要经过试运转后再开始工作。在工作中,当料斗升起时,严禁人员在料斗下方工作和通过。如果必须要在料斗下方工作,应提前与操作人员联系,并将料斗用链条扣牢。料斗降落时要分两步进行:先将料斗降至接近地面处稍停,然后再落地,防止料斗因降落过快而损坏。注意不要让砂石料落入机械运转部分;不准将铁锹等工具伸入搅拌筒内扒浆或出料;不准将头伸入料斗上方。如需进入搅拌筒内清洗或维修,除切断电源和卸下保险丝外,应锁好开关柜。

(2)振捣器的安全使用。

使用振捣器之前,必须进行认真检查:振捣器的外壳、胶皮电源线有无破损;是否有接地装置;电源线与振捣器的连接是否可靠;手持式振捣器是否装有触电保安器;振捣器的搬移地点是否可行;在间隙工作时,电源开关关闭情况是否正确等。操作振捣器人员应戴绝缘胶皮手套。

8.4 市政道路与桥梁施工安全事故处理

8.4.1 伤亡事故的定义与分类

1. 伤亡事故的定义

事故是指人们在进行有目的的活动过程中,发生了违背人们意愿的不幸事件,使有目的的行动暂时或永久地停止。伤亡事故是指职工在劳动生产过程中发生的人身伤害、急性中毒事故。

2. 伤亡事故分类

(1)按事故产生的原因分类。

按照我国相关标准规定,职业伤害事故分为20类。

①物体打击:落物、滚石、锤击、碎裂、崩块、砸伤等造成的人身伤害,不包括因爆炸而引起的物体打击。

②车辆伤害:被车辆挤、压、撞和车辆倾覆等造成的人身伤害。

③机械伤害:被机械设备或工具绞、碾、碰、割、戳等造成的人身伤害,不包括车辆、起重设备引起的伤害。

④起重伤害:从事各种起重作业时发生的机械伤害事故,不包括上下驾驶室时发生的坠落伤害,起重设备引起的触电及检修时制动失灵造成的伤害。

⑤触电:由于电流经过人体导致的生理伤害,包括雷击伤害。

⑥淹溺：水或液体大量从口、鼻进入肺内，导致呼吸道阻塞，发生急性缺氧而窒息死亡。

⑦灼烫：火焰引起的烧伤、高温物体引起的烫伤、强酸或强碱引起的灼伤、放射线引起的皮肤损伤，不包括电烧伤及火灾事故引起的烧伤。

⑧火灾：在火灾时造成的人体烧伤、窒息、中毒等。

⑨高处坠落：危险势能差引起的伤害，包括从架子、屋架上坠落以及平地坠入坑内等。

⑩坍塌：建筑物、堆置物倒塌以及土石塌方等引起的事故伤害。

⑪冒顶片帮：矿井作业面、巷道侧壁由于支护不当、压力过大造成的坍塌（片帮）以及顶板垮落（冒顶）事故。

⑫透水：从矿山、地下开采或其他坑道作业时，有压地下水意外大量涌入而造成的伤亡事故。

⑬放炮：放炮作业引起的伤亡事故。

⑭火药爆炸：在火药的生产、运输、储藏过程中发生的爆炸事故。

⑮瓦斯爆炸：可燃气体、瓦斯、煤粉与空气混合，接触火源时引起的化学爆炸事故。

⑯锅炉爆炸：锅炉由于内部压力超出炉壁的承受能力而引起的物理性爆炸事故。

⑰容器爆炸：压力容器内部压力超出容器壁所能承受的压力引起的物理爆炸，容器内部可燃气体泄漏与周围空气混合遇火源而发生的化学爆炸。

⑱其他爆炸：化学爆炸、炉膛爆炸、钢水包爆炸等。

⑲中毒和窒息：煤气、油气、沥青、化学、一氧化碳中毒等。

⑳其他伤害：包括扭伤、跌伤、冻伤、野兽咬伤等。

(2)按事故后果严重程度分类。

伤亡事故按事故后果严重程度分类见表8.5。

表8.5　伤亡事故按事故后果严重程度分类

事故类型	内容
轻伤事故	造成职工肢体或某些器官功能性器质性轻度损伤，表现为劳动能力轻度或暂时丧失的伤害，一般每个受伤人员休息1个工作日以上，105个工作日以下

续表

事故类型	内容
重伤事故	一般指受伤人员肢体残缺或视觉、听觉等器官受到严重损伤,能引起人体长期存在功能障碍或劳动能力有重大损失的伤害,或者造成每个受伤人员损失 105 个工作日以上的失能伤害
死亡事故	一次事故中死亡职工 1~2 人的事故
重大伤亡事故	一次事故中死亡 3 人以上(含 3 人)的事故
特大伤亡事故	一次死亡 10 人以上(含 10 人)的事故
急性中毒事故	指生产性毒物一次或短期内通过人的呼吸道、皮肤或消化道大量进入人体内使人体在短时间内发生病变,导致职工立即中断工作,必须进行急救的事故。急性中毒的特点是发病快,一般不超过 1 个工作日,有的毒物因毒性有一定的潜伏期,可能在下班后数小时发病

8.4.2 市政道路与桥梁施工安全事故的处理程序

发生伤亡事故后,受伤人员或最先发现事故的人应立即报告领导。企业对受伤人员损失 1 个工作日以上的事故,应填写伤亡事故登记表并及时上报。

企业发生伤亡和重大伤亡事故,必须立即将事故概况(包括伤亡人数、发生事故的时间、地点、原因)等,分别报告企业主管部门、行业安全管理部门和当地公安部门、人民检察院。发生重大伤亡事故,各有关部门接到报告后应立即转报各自的上级主管部门。

对于事故的调查处理,必须坚持"事故原因不清不放过,事故责任者和群众没受到教育不放过,没有防范措施不放过,事故责任人和责任领导不处理不放过"的"四不放过"原则,按照下列步骤进行。

1. 迅速抢救伤员并保护好事故现场

事故发生后,现场人员不要惊慌失措,要有组织、听指挥,抢救伤员和排除险情,制止事故蔓延扩大,同时,为了事故调查分析需要,保护好事故现场,确因抢救伤员和排险,必须移动现场物品时,应做出标识。事故现场是提供有关物证的主要场所,也是调查事故原因不可缺少的客观条件。要求现场各种物件的位置、颜色、形状及其物理、化学性质等尽可能保持事故结束的原来状态。必须采取一切可能的措施,防止人为或自然因素的破坏。

2. 组织调查

接到事故报告后的单位领导,应立即赶赴现场组织抢救,并迅速组织调查组开展调查。轻伤、重伤事故,由企业负责人或其指定人员组织生产、技术、安全等部门及工会组成事故调查组,进行调查;伤亡事故,由企业主管部门会同企业所在地区的行政安全部门、公安部门、工会组成事故调查组,进行调查。重大死亡事故,按照企业的隶属关系,由省、自治区、直辖市企业主管部门或者国务院有关主管部门会同同级行政安全管理部门组成事故调查组,进行调查。应邀请人民检察院参加,还可邀请有关专业技术人员参加。与发生事故有直接利害关系的人员不得参加调查组。

3. 现场勘察

在事故发生后,调查组应速到现场进行勘察。现场勘察是技术性很强的工作,涉及广泛的科技知识和实践经验,对事故的现场勘察必须及时、全面、准确、客观。现场勘察的主要内容如下。

(1)现场笔录。

现场笔录内容包括:发生事故的时间、地点、气象等;现场勘察人员姓名、单位、职务;现场勘察起止时间、勘察过程;能量失散所造成的破坏情况、状态、程度等;设备损坏或异常情况及事故前后的位置;事故发生前劳动组合、现场人员的位置和行动情况;重要物证的特征、位置及检验情况等。

(2)现场拍照。

①方位拍照:反映事故现场在周围环境中的位置。

②全面拍照:反映事故现场各部分之间的联系。

③中心拍照:反映事故现场中心情况。

④细目拍照:提示事故直接原因的痕迹物、致害物等。

⑤人体拍照:反映伤亡者主要受伤和造成死亡伤害部位。

(3)现场绘图。

①建筑物平面图、剖面图。

②事故时人员位置及活动图。

③破坏物立体图或展开图。

④涉及范围图。

⑤设备或工、器具构造简图等。

4. 分析事故原因

（1）通过全面的调查，查明事故经过，弄清造成事故的原因，包括人、物、生产管理和技术管理等方面的问题，经过认真、客观、全面、细致、准确地分析，确定事故的性质和责任。

（2）事故分析步骤，整理和仔细阅读调查材料，对受伤部位、受伤性质、起因物、致害物、伤害方法、不安全状态和不安全行为等内容进行分析，确定直接原因、间接原因和事故责任者。

（3）分析事故原因，应根据调查所确认事实，从直接原因入手，逐步深入间接原因。通过对直接原因和间接原因的分析，确定事故中的直接责任者和领导责任，再根据其在事故发生过程中的作用，确定主要责任者。

（4）事故性质的类别详见表8.6。

表8.6 事故性质的类别

事故类别	内容
责任事故	即人的过失造成的事故
非责任事故	即人们不能预见或不可抗力的自然条件变化造成的事故，或是在技术改造、发明创造、科学试验活动中，科学技术条件的限制导致的无法预料的事故。但是，对于能够预见并可以采取措施加以避免的伤亡事故，或没有经过认真研究解决技术问题而造成的事故，不能包括在内
破坏性事故	即为达到既定目的而故意制造的事故。对已确定为破坏性事故的，应由公安机关认真追查破案，依法处理

5. 制定预防措施

根据事故原因分析，制定防止类似事故再次发生性的预防措施。同时，根据事故后果对事故责任者应负的责任提出处理意见。对于重大未遂事故不可掉以轻心，也应严肃认真按上述要求查找原因，分清责任，严肃处理。

6. 写出调查报告

调查组应着重把事故发生的经过、原因、责任分析、处理意见以及本次事故的教训和改进工作的建议等写成报告,经调查组全体人员签字后报批。如调查组内部意见有分歧,应在弄清事实的基础上,对照法律法规进行研究,统一认识。

对于个别同志仍持有不同意见的允许保留,并在签字时写明自己的意见。

7. 事故的审理和结案

(1)事故调查处理结论,应经有关机关审批后,方可结案。伤亡事故处理工作应当在90日内结案,特殊情况不得超过180日。

(2)事故案件的审批权限,同企业的隶属关系及人事管理权限一致。

(3)对事故责任的处理,应根据其情节轻重和损失大小,确定主要责任、次要责任、重要责任、一般责任等,按规定给予处分。长期完整地保存事故调查处理的文件、图纸、照片、资料等记录。

8. 员工伤亡事故登记记录

员工伤亡事故登记记录包括:员工重伤、死亡事故调查报告书,现场勘察资料(记录、图纸、照片);技术鉴定和试验报告;物证、人证调查材料;医疗部门对伤亡者的诊断结论及影印件;事故调查组人员的姓名、职务,并应逐个签字;企业或其主管部门对该事故所作的结案报告;受处理人员的检查材料;有关部门对事故的结案批复等。

8.5 市政道路与桥梁施工中的交通组织与交通安全

8.5.1 交通流与交通组织概述

1. 市政道路与桥梁工程中交通流的主要组成

在市政道路与桥梁施工阶段,因为受到交通阻断或相应交通管控措施的影响,部分交通流明显减少。同时,结合施工要求,随着工程规模的扩大,施工、运输及工程各参建方的车辆不断增加。为了保证其安全性,交通组织方面不仅要认真考虑车辆通行问题,另外还应该加强对特殊车辆管理及运输组织管理的重视。

多数情况下,市政道路与桥梁工程和土建工程、排水管道工程等位于同一标段,因此施工阶段通行的车辆也包括其他工程的车辆,应全面分析。土建工程车辆主要为运输车辆、挖掘机、装载机等;排水管道工程涉及车辆主要为吊车、各类材料、工具的运输车辆等,如砂、混凝土、钢筋模板。市政道路与桥梁工程的车辆以运输车辆为主,主要包括各类材料、半成品的运输,如井盖井座、人行道砖、路线石等。另外,应认真考虑其他车辆的通行量,主要包括工程组织、设计、参建方及政府相关部门的通行车辆。因此,市政道路与桥梁工程中交通流的构成较为复杂,涉及诸多交通量,应加以重视。

2. 市政道路与桥梁施工阶段交通组织的特点与难点

交通组织的特点及难点主要体现在以下几个方面。

(1)对市政道路与桥梁工程而言,公益性是其主要特点,因为该类工程主要由政府投资,与广大居民的出行、城市规划发展建设及形象息息相关,出于宏观层面的考虑,通常情况下工期紧张,且极易受到征地拆迁等因素的影响,如果解决征地拆迁需要高强度、连续性施工作业,短期内投入大量人力、物力资源,高峰期产生的交通流非常大。

(2)市政道路与桥梁工程具有路线长、覆盖范围大、施工周期长等特点,因为道路与桥梁尚未修通,极易受到外界环境因素的影响,施工现场道路以临时道路为主,较为狭窄,转弯半径较小,未设置铺装层,易受到极端气候的影响,例如雨后道路淤泥严重,路滑难以通行,交通事故发生风险较高。

(3)无论是新建还是改扩建市政道路与桥梁工程,其线路较长,覆盖范围较大,封闭交通进行施工的难度较大,导致大量社会车辆或无关行人穿过施工现场,局部区域的交通流量巨大,这一交通流具有混合性的特点,因此交通组织和管理的难度非常大。

(4)在工程施工阶段,多数情况下埋设在地下的管渠繁多,呈交叉分布,管渠施工与道路与桥梁施工也存在交叉情况,伴随一定的安全风险。

(5)市政道路与桥梁工程主要由项目部安排劳务队伍及机械设备、施工材料进行施工,如果施工队伍专业能力参差不齐,安全意识缺失,且机械设备的性能、质量不佳,就会对施工阶段的交通管理造成诸多不利影响。

8.5.2 交通组织设计原则与要点

1. 市政道路与桥梁施工中的交通组织设计原则

(1) 系统最优化。

在市政道路与桥梁施工中,开展交通组织设计,要求相关人员综合考虑工程影响范围内路网整体效益,实现路网系统效益最大化。在交通组织设计中,根据工程规模,合理安排资源投入,将市政道路与桥梁施工对周边路网的影响降到最低,不得出现利用路网交通效益换取单点利益的情况。

(2) 经济合理性。

市政道路与桥梁施工与城市规划建设息息相关,牵扯到诸多事宜,需要在设计交通组织方案时,严格遵循经济合理性的原则。综合考虑诸多使用要素,根据工程规模、现场条件、施工方法等,合理安排施工进度及资源配备。不得随意扩大施工场地,同样不得为节省成本,提高施工的便利性,出现设计不当、管控不严等行为。综合考虑工程项目的经济性与合理性,以不影响城市交通系统正常运行为目的,合理安排道路与桥梁建设,做好施工质量控制。

(3) 整体优先性。

交通组织设计应以交通系统为基石,在整修个别道路与桥梁时,始终坚持整体优先原则。根据城市规划标准,有序安排市政道路与桥梁施工作业,不得因个别点交通对整体交通机制造成影响,要以整体效益为先,并且施工措施不得对整体交通系统效益产生阻碍。市政道路与桥梁施工场地通常处于狭小空间内,出于施工进度、城市交通的考虑,要求交通组织设计根据城市交通规划、道路与桥梁总体宽度等,做好社会车辆与行人出行组织,实现施工场地最优化利用。

2. 市政道路与桥梁施工中的交通组织设计要点

(1) 设计思路明确。

根据市政道路与桥梁工程的规模、基础设施、建设周期等,确定设计思路。根据施工区段的不同,制定针对性的施工方案。针对施工路段的交通组织设计,采取机非、人非分流等方法进行交通疏导,利用管制方法控制总量。在保证基本交通运行通畅的前提下,合理规划车道及交通路线,在居民区、交叉路口等区域,提前预留足够空间。施工车辆在作业期间,应避免对正常交通运行产生妨碍。需要在施工前期设计环节,明确规定施工车辆的入场时间,根据当地的交通量,合理安排施工作业,实现市政道路与桥梁施工与交通系统的协调发展。例如,在进行浇筑施工时,可以在夜间或车流小的时间内进行,将市政道路与桥梁施工对交通系统造成的影响降到最低。在设计公交车道时,要以降低交通压力为目标,避免人非、机非混行的状况发生,影响交通安全,进而对城市交通系统的正常运行带来不利影响。

(2)基础设施分析。

在市政道路与桥梁施工中,开展交通组织设计,应在明确设计思路的基础上,切实做好基础设施分析,具体从施工路段、公交路线、交通分流三个层面入手。

①施工路段分析。

为避免市政道路与桥梁施工对主干路的正常交通造成影响,出现交通堵塞、安全事故等情况,需要根据工程量、该地车流量,深入分析施工路段的实际情况,提前制定施工方案与紧急应对措施,准确估测施工路段的交通压力,开展阶段性疏通工作。

②公交路线分析。

公交车作为人们出行的必备工具之一,在公共交通社会服务中至关重要。需要在市政道路与桥梁施工前期,合理规划公交路线,科学选定最优替补方案。一旦在市政道路与桥梁施工中,出现突发情况影响公交车运行,及时启动替补方案,保证公交车正常通行,确保市政道路与桥梁施工有序进行,为人们的正常出行提供有力保障。

③交通分流分析。

交通分流是市政道路与桥梁施工的关键环节,尤其在非正常路段中更为关键,需要从时间、空间等层面,综合考虑道路与桥梁交通的信息流。路网建设是交通分流的基本要求,根据当地交通情况,确定最优交通分流线路。值得注意的是,交通组织设计人员应充分了解当地交通情况,在智慧城市各项技术软件的辅助下,合理分析交通流量,准确掌握城市经济、人口、交通等情况,为市政道路与桥梁施工的交通组织设计提供参考,保证市政道路与桥梁施工有条不紊地进行。

(3)交通组织设计。

市政道路与桥梁施工涉及多个技术领域。若在施工期间,结构形式出现变化,将会改变作业空间的实际需求,或多或少对施工进度带来一定影响。需要在市政道路与桥梁施工时,着重考虑时间与空间因素,保证交通组织合理开展。在市政道路与桥梁施工的交通组织设计中,切记不得出现频繁翻交现象,正确区分作业区、运营区。根据不同区域,合理安排施工工序与作业时间,使市政道路与桥梁施工与交通运行的安全性得到保障。具体来讲,根据市政道路与桥梁施工的进度情况,将作业道路与桥梁的交通组织设计划分为六个阶段,结合结构施工需求,对每个阶段制定不同的施工方案。

①第一阶段:主要针对分项工程施工建设,如桥梁桥墩承台、立柱、桩基等。为避免对社会车辆正常出行带来影响,应在施工区域两侧布置围挡,为双向车辆通行预留合适的通行宽度。

②第二阶段:以管线迁改、匝道桥墩、路基拓宽、临时便道等分项工程为基础,有序开展施工作业。考虑到现有管网实际位置的不同,应根据改迁施工的要求变化,确定适宜的路基宽度,做好拓宽处理,并根据不同路段、不同断面形式,分别设置围挡。在后期运营期间,建议采用双向四车道,保证车辆正常通行。

③第三阶段:大型构筑物现浇施工阶段,如现浇箱梁施工,整体施工流程比较复杂。因为要进行满堂支架搭设,所以道路与桥梁空间占用比例较大,需要在支架两侧预留合适位置,以保证吊车、泵车等运输车辆顺利通行。考虑到第三阶段交通组织的复杂性,应严格把控运输车辆的入场顺序与时间,尽可能减少占用车道,尤其在梁段施工中,要保证两侧各维持一个车道,支持双向运营。在分合流段施工中,由于两侧并不对称,需要采取单向通行方式,布设交通转换通道,避免影响车辆双向运行,更好地满足当地车辆通行需求。

④第四阶段:地面行车道施工。在完成大型构筑物浇筑作业后,社会车辆应在路基两侧、非机动车道等辅道中通行,确保行人、机动车、非机动车正常通行。

⑤第五阶段:组织非机动车道、人行道现场作业。社会车辆应在中间行车道内通行,协调好市政道路与桥梁施工与城市交通的关系,保证有序进行。

⑥第六阶段:各附属工程的市政道路与桥梁施工,如围墙、台阶、坡道、绿化、安全标志安置、机电、排水(污水处理)等。

在完成以上施工建设后,有序安排施工流程,合理划分车道,保证正常交通出行。

(4)施工区段限速设计。

为保证施工建设及交通安全,应做好施工区段车速限制。根据当地行车量、通行能力等,对不同车辆的行驶速度作出明确规定。避免车速过低出现交通堵塞、争道抢道行为;避免车速过高出现碰撞等安全事故,进而对施工区段的运行安全性造成影响。对此,在确定施工区段限速值时,要优先考虑行车量、道路与桥梁分布、驾驶人信息处理能力等关键因素,严格按照我国相关法规体系,对城市主干路、次干路、快速路、支路等进行限速,顺序依次为 40 km/h、30 km/h、60 km/h、30 km/h。车道限速应具备一定的连续性,施工区段前后限速差不得过高。例如,当施工区段上游阶段限速为 80 km/h 时,该区段的限速应以"80—60—80"的形式为主。不同城市的道路与桥梁规划不同,车流量也存在一定差异,需要在限速设计时,综合考虑诸多要素,为市政道路与桥梁施工及交通出行提供安全保障,实现市政工程、交通系统的协调发展。

(5)施工区段安全设施设计。

①渠化设施。

渠化设施具有警示作用,负责提醒驾驶人前方或附近正在施工,提高驾驶人的警惕性,保证行车安全及施工人员的自身安全,对行人、驾驶人进行引导,顺利通过施工区段。一般情况下,渠化设施主要包括路障、临时交通岛、筒状设施等。在渠化设施布置阶段,应通过车辆引导,将行驶车辆从一个车道指引到另一个车道,或者指明绕行线路,但在宽度限制道路引导中,要注重其安全性与连续性。设置道路指示牌,用于行车道、人行道、机动车流的错开分隔,使行车更加安全通畅。

在设置渠化设施时,应着重考虑车辆意外受阻等情况。若发生车辆受阻,应及时移动渠化设施,及时清理渠化设施碎片,保证现场路面整洁,避免对驾驶人、行人等造成伤害,或者砸伤行人、施工人员等。在恶劣天气(暴雨、暴雪、台风、大雾等)、交通混乱、道路线形曲折等环境中,应将警告灯安放在渠化设施醒目位置上,利用单个或一组警告灯来标示该区域的行车情况,以警示驾驶人及行人。尤其在采用一组警告灯时,要确保它们始终是稳定且发光的。在市政道路与桥梁施工完毕后,渠化设施的后期维保工作不可或缺,要定期对其进行维护与检修,保证其表面清洁无杂物,位置合理,清晰可见,及时更换损坏、反光效果不好的配套设施,以此对驾驶人及过往行人进行指引。

②照明设施。

在临时管制区施工作业时,难免对夜间行车造成不便,对驾驶人视力造成影响,需要合理安装照明设施,如防护栏、反光标志、渠化设施等,及时提醒驾驶人。在市政道路与桥梁施工中,通常采用以下几类照明设施:泛光灯、警示灯、稳定发光型指示灯、便捷式闪光指示灯等。实践研究表明,施工区段照明良好,有助于避免碰撞事故。对于城市快速路,施工一般在行车量少的夜间进行,需要利用泛光灯,为施工区段、重要交通枢纽以及现有照明不能满足需求的区域提供照明,以便驾驶人及时发现施工区段,减速或绕路通行。相比于其他照明设施,警示灯的利用率相对较高,更多以补充的形式在危险警告设施中应用。黄色警示灯比较耀眼,更容易引起驾驶人的注意,具备闪光型、稳定发光型两种模式,起到良好的照明效果,满足市政道路与桥梁施工中交通组织的基本要求。

8.5.3 交通事故的发生原因与预防措施

1. 道路交通事故发生原因

道路交通事故已成为威胁人们生命健康安全的主要问题,多数情况下是在特定道路交通环境下,受到人、车辆、道路及环境等因素共同作用而导致的,如图8.1所示。因此,对事故发生原因的分析应该从多个因素入手,以充分了解导致事故的具体原因,采取有效的预防对策。

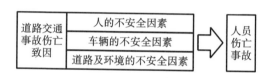

图 8.1 交通事故的发生因素

(1)人员因素。

在人、车辆、道路及环境共同构成的体系下,人负责驾驶车辆,也是道路的使用者,环境同样由人进行管理。因此,人员因素是影响交通安全最为直接的因素,应加以重视。对近年来我国交通事故情况进行分析,由机动车驾驶人导致的交通事故在全部交通事故中占比较高,除此之外,非机动车骑乘人员及行人也是引发交通事故的主要因素。从施工车辆驾驶员的层面展开分析,近年来我国机动车驾驶员的数量呈现逐年剧增的趋势,但是仍然有很多驾驶员安全意识缺失,安全驾驶水平低下,甚至部分驾驶员职业道德缺失,交通违法行为屡见不鲜,以上均为引发交通事故的主要因素。除此之外,睡眠、休息不足,疲劳驾驶,注意力分散、酒驾以及监控状况欠佳等生理、心理因素也十分常见。对非机动车骑乘施工人员进行分析,主要表现在对交通工作的掌握程度不足,抢占机动车道、不走非机动车道,未观察来往车辆,骑车技术不娴熟,等等。对步行施工人员而言,主要表现为不走人行横道,随意翻越护栏、横穿路口,任意穿行机动车道,不遵守交通信号及相关标志等,极易引发交通事故。

(2)车辆因素。

车辆是道路交通的主要组成部分,其质量、性能对道路交通安全影响巨大。

其中单车事故在道路交通事故中占据一定的比例,对其原因进行分析,主要为肇事车辆的性能、状况不佳。如车辆制动系统故障、机件老化、灯光失效或超载、货物绑扎不牢固等。同时,如果施工企业未积极开展车辆的维护保养工作,检修制度缺失,也可能导致一些车辆带故障行驶,进而引发事故。对于一些偏远地区或施工现场来说,交通管理不到位、故障车辆行驶容易造成安全隐患。

(3)道路因素。

因为现场施工便道多为临时设置,其本身技术等级较低,路面铺装、视距情况对交通安全有直接影响。如果现场施工便道狭窄、损坏,临时便道的转弯半径较小,便道两旁未设置安全警示标志、标志模糊不清等,均会导致交通事故发生风险增加。

(4)环境因素。

交通环境对驾驶员行车有直接影响。环境因素主要指气候、安全设施及交通参与者相互影响。如果施工现场空气污染严重、路面存在大量积水,必然会影响行车质量,伴随安全隐患。对交通环境而言,因为施工区域交通流复杂,具有混合性的特点,人车混行现象严重,极易引发交通事故,且混杂程度越高,发生事故的风险越高。

2. 市政道路与桥梁施工中交通事故预防措施

(1)加强人员安全管理,减少交通违法行为。

①施工单位应加强对现场车辆驾驶人员、机械设备操作人员的管理和教育,确保其有证驾驶,强化其责任意识,定期组织交通法规学习活动,为其播放交通事故案例的视频,强化其安全意识,预防交通事故发生。同时,避免驾龄较低或者驾驶技术不娴熟的驾驶员驾驶车辆,如果难以避免,应加强技术培训和考核,确保其通过考核后上岗。因为工程工期较紧,为了避免疲劳驾驶,应建立轮换作业机制,确保驾驶员休息充足。

②针对材料、半成品运输车辆的驾驶员,因为不属于工程直接管理,存在一定的不确定性,因此需要由供应厂商做好安全教育与管理工作,项目部与供应厂商明确安全责任,强化其安全意识,减少交通事故的发生。针对在施工区域通行的社会车辆,应通过完善道路与桥梁安全设施、改善通行条件等避免交通事故。

③应加强对施工管理人员、班组施工人员的安全教育,在显眼部位设置安全教育宣传牌,定期组织内部会议,加强对相关知识的学习,强化安全意识和法制观念。

(2)定期维护车辆,保证车辆的安全性能。

良好的车辆质量、性能是确保安全驾驶的重要基础。施工单位应建立专门的安全检测和车辆维修制度,驾驶人员应注重日常维护保养工作,出车前应全面检查车辆制动系统、灯光系统、转向系统是否正常运行,做好日常维护管理工作。及时进行年检,淘汰安全性能不达标的车辆,消除安全隐患,确保车况良好,避免带故障上路行驶。针对材料运输车辆,应在供销合同中明确对车辆安全性能的要求。

(3)完善施工便道安全设施,改善通行条件。

市政道路与桥梁施工过程中,施工便道的作用在于确保施工机械、材料及社会车辆的正常运转,包括场内便道与场外便道。无论何种类型,均需要完善安全设施,优化通行条件。

场外便道的作用在于确保施工车辆及管理人员乘坐车辆出入,外来车辆进出施工便道的情况较少,如图 8.2 所示。该类便道的交通量较小,构成简单,所以应针对施工车辆完善安全设施。例如确保其宽度能够实现两车交会;通常情况下,车辆在土路行驶,雨季施工时车辆需要通过,可以铺设碎石层,发挥防滑作用;结合坡度、地形条件,尽量增加便道转弯的半径;便道纵坡尽量要小;坡顶设置专门的安全警示标志,结合旧路宽度、坡度等情况明确警示区范围,一般为 20~30 m。警示标志应具备反光功能,主要内容为车辆限速、慢行、路桥施工等;如果便道的坡度、高差较大,应增设警示标志;尽量清除可能对视距造成影响的障碍物。

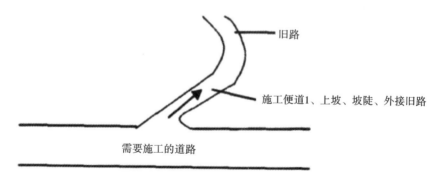

图 8.2 外来社会车辆极少进出的施工便道示意图

针对以社会车辆进出为主的便道,由于与旧路连接,管渠施工进行沟槽开挖等作业导致交通受阻,因此应对便道进行合理设置。具体措施:交叉口管道施工先将一半挖开,旧路进行改线处理,见图 8.3 中的施工便道 2,完成管道回填后,进行交叉口其余管道的施工,旧路再次进行改线处理,见图 8.3 中的施工便道 3。施工便道与旧路连接,社会车辆的通行量较大,交通量的构成较为复杂,且和管道交叉,因此不但应按照要求完善交通设施,而且需要具备针对性。比如,接近管道施工的一侧,应采用相关装置进行隔离,如隔离墩等刚性装置;采用高强合成材料制作空心装置,如聚乙烯等,具有一定的反光性能,使用时内部灌水,其位置与沟槽顶保持安全距离,布设长度在沟槽顶宽的基础上两侧相应延长;施工便道两侧均应设置警示牌;结合交通量设置施工便道的宽度,通常应超过 2 个车道,必要情况增加车道数量。

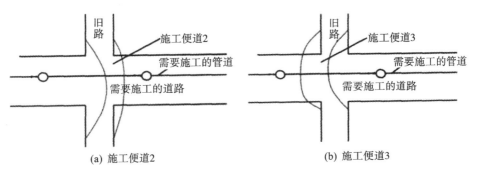

图 8.3　以社会车辆进出为主的施工便道示意图

8.6　市政道路与桥梁施工质量与安全管理案例

8.6.1　市政道路施工质量与安全管理案例

1. 工程概况

车陂路—新滘东路隧道工程(黄埔大道至新港东路)横跨广东省广州市天河区和海珠区,北起黄埔大道与车陂路交叉口,黄埔大道、花城大道、临江大道相交后,采用沉管隧道下穿珠江后,向南与新港东路交叉,长约 2.07 km,为城市主干路,道路规划宽 60 m,隧道段双向六车道。其中沉管隧道段采用 4 节沉管,横截面设计宽度 30.40 m,高度 8.70 m,截面积达 264.48 m^2。

该工程包括天河车陂隧道段、海珠隧道段、水中段,全长共有 2.07 km,工程含跨江隧道一座、中桥一座、沉管预制干坞一座、石磷桥涌改道、油脂厂涌改道、珠江堤岸恢复等主要工程结构,主要分为三大工区——海珠工区、天河工区及水中工区。

2. 施工质量管理

该项目整体的管理思路:以问题为导向,以技术为支撑,以科研为保障,分层级分类开展项目技术(质量)管理(图8.4)。

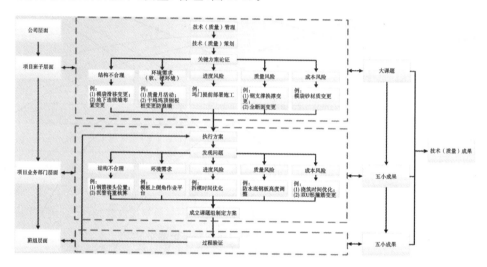

图8.4 项目技术(质量)管理框架

1)沉管预制质量品质面临异常严峻挑战

沉管预制工序面临以下问题:沉管位置位于市中心交通动脉,施工难度大;订单远超负荷,材料全部单日用完,无法保供,面临无料可用的情况;成品沉管距离边坡仅 10 m,易发生安全事故;材料质量每日变化,场地管理杂乱无章,料场材料混堆。

2)沉管预制的"三全"管理

"三全"质量管理法,即全面质量管理(total quality control,TQC),其以产品质量为核心,对全员、全过程、全方位进行质量管理。

(1)全员质量管理。

全员质量管理强调施工现场的全体员工用自己的工作质量来保证每一道工序的质量。

①建立健全全员质量责任制。

建章立制,建立了"项目部质量责任制"等系列制度,严格执行样板引路,共同举牌验收。具体包括以下措施:建立项目部质量管理文件;建立首件制,以样板引路;做出关键工序质量控制口袋书,分发给全员;对全员进行案例分析培训;三方责任主体共同举牌验收;建立驻停验收制度。

②关键工序建立标准化程序。

关键工序验收流程化、表格化、套路化,一共要经过10个部门检查,41道程序确认,才能验收工序。

③局部等尺寸模型预制全员预演。

通过选取沉管管节中的底板、侧墙和倒角3个局部的尺寸模型预制,严格按照模型试验施工方案,对人员的组织、协调等各个环节进行同条件预演验证。

(2)全过程质量管理。

全过程质量管理是指从事前准备、事中控制、事后总结的全过程对每一道工序都严把质量关。

①主动作为,突出事前准备。

a.装备改革。

(a)全自动液压步履式模板工艺(图8.5)。

图8.5　全自动液压步履式模板工艺的改革创新

(b)机械化与自动化工艺(图8.6)。

(c)智能化养护工艺(图8.7)。

b.材料准备。

关于材料准备,具体包括:与搅拌站进行保供洽谈;原材料未靠岸就提前进行抽检;对搅拌站进行管理现场的部署;原材料要进行封存并安排人员24 h值班;对搅拌站的备料进行检查。

c.方法准备。

图 8.6 从露天式加工棚转变为智能加工厂

图 8.7 从人工洒水转变为超声雾化仪洒水

(a)通过4轮专家会审、21版方案升级,潜心科研攻关,聚焦全断面浇筑模板工艺全新设计,如图 8.8 所示。

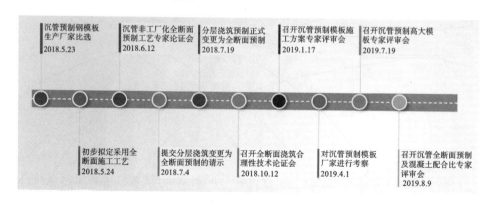

图 8.8 全断面浇筑模板工艺全新设计

(b)历时一年对混凝土进行了上百组试配,进行了氯离子含量检测、减水剂检测、坍落度检测、扩展度检测、配合比复验、外加剂复验、混凝土容重测试、混凝土容重标定等工作。

(c)设置倒角振捣孔,设置下人孔和墙体便道。

②强化事中控制。

a.实时动态管理,信息互联互通。

以混凝土浇筑施工为例,从混凝土搅拌站到施工现场,再到浇筑部位,相关施工人员通过微信、电话、对讲机等多种渠道进行沟通,再通过罐车实时定位程序,在搅拌站对施工进行调度与动态控制。

b.应力按秒监测。

做出应力监测布置图,以科学的数据支撑现场浇筑工作。

c.混凝土逐车控制。

根据材料和浇筑部位,逐车调配混凝土;混凝土成品需要经搅拌站、养护室、现场三重实验关卡。

d.分阶段分部位养护。

内腔使用超声波雾化仪养护;顶板使用高分子膜、土工布、帆布、养护棚养护;外墙通过全包裹保温进行养护。

③注重事后总结。

a.防水底钢板优化。

图 8.9 为优化前后的防水底钢板。

(a)优化前的防水底钢板

(b)优化后的防水底钢板

图 8.9　优化前后的防水底钢板

b.拆模时机优化。

原设计:(a)混凝土强度大于或等于 35 MPa;(b)待混凝土强度大于或等于 35 MPa 的时间大于或等于 8 d;(c)节段内混凝土温度处于下降阶段。

变更后:(a)混凝土强度大于或等于 30 MPa;(b)待混凝土强度大于或等于

30 MPa 的时间大于或等于 5 d；(c)节段内混凝土温度处于下降阶段。

(3)全方位质量管理。

全方位的质量管理侧重于每一个管理层次都有相应的质量管理活动。主要措施如下。

①创优目标引领。

项目质量目标为创国家优质工程奖，正在申请中国施工企业管理协会(中施企协)"全过程质量控制管理咨询"项目。现已完成广东省建筑工程结构优、广州市建筑工程结构优、广州市市政工程结构优 3 项创优备案工作。紧紧围绕创优目标，开展全过程质量管理工作。

②开展质量策划。

按分级管理的要求，项目部初步辨识质量风险，形成质量策划书初稿，公司组织召开质量策划会，经修改报上级审批后落实。公司和项目以质量策划为抓手，动态管控质量风险，从源头杜绝质量隐患。

③建立质量管理体系，落实质量管理制度。

工程开工前，建立了"项目部质量责任制""项目部质量奖惩制度""工程质量事故紧急预案""工程竣工资料收集责任制""质量监督检查制度""工程影像资料收集制度"等制度，完善质量管理组织机构，严格落实各项制度。

④技术先行，严抓方案审批。

根据相关法律法规要求，按照项目技术管理策划，对方案进行分级审批、管理，对危险性较大分部分项工程，组织召开专家评审会，保证合法合规，从源头保证质量。

⑤做好质量专项技术交底。

开工前，项目部组织开展分项工程质量交底，明确质量控制点和对策措施，施工过程中对照落实并定期检查、纠偏，不断提升施工过程质量。

⑥加强质量排查、总结。

项目经理带队，每月定期组织质量检查、总结。对于现场发现的质量隐患，明确责任人，限期整改、闭合，召开质量专题会，提出下一步改进措施，加强施工过程质量控制。

3. 施工安全管理

(1)建章立制，依法合规组织施工生产。

①建立健全安全生产责任制，实现有制可依：对照各部门、岗位的职责要求，

结合法规中安全职责,"横向到边、纵向到底",形成项目安全生产责任制及安全生产责任清单,并层层签订"安全生产责任书",逐级传递安全责任,形成"人人讲安全,层层抓安全"的理念。

②建立安全管理长效机制,依法合规开展施工生产活动,按照规定申请并取得陆域施工"广州市城建重点工程临时施工复函"、水域施工"水上水下施工许可"、污染物排放许可证等。

(2)做好各级风险识别,动态管控。

①分析、辨识各分项与地铁四号线、重要管线关系。有针对性地制定项目安全管理制度文件,从源头、制度保障,有序开展涉及地下保护及危大工程的安全管理工作。

②做好涉铁施工的各种安全保障措施,具体如下:出示施工告知牌;进行桩基施工实时监测;联合地铁交通设施保护办公室对打桩深度进行复核;出示岸上段地铁警示标语;做好地铁结构边线警示;给出水中段警示灯;做好灌注桩施工前交底工作;在地铁隧道内对施工区域进行三维扫测;地铁交通设施保护办公室要对项目管理人员进行交底;画出地铁上方结构剖面图;完成物探工程报告。

(3)积极开展隐患排查工作,保证整改率和完成率为100%。

项目部严格落实隐患排查治理制度,积极开展现场巡检、周检、月检、各类专项检查,对检查存在的问题及时跟踪整改,确保整改率和及时率为100%。项目部还要同监理单位开展周检,进行船机设备专项检查、消防安全专项检查、月度安全综合检查、上级公司检查、环保专项检查等。

(4)夯实船机设备安全管理基础。

为避免施工过程中机械设备可能对人造成的伤害,提高现场操作人员安全意识,对施工现场的人、机进行"四严"管理,即严格把好设备进场关,严格做好设备检查工作,严格做好设备操作人员交底、培训工作,严格监控设备使用。

以汽车式起重机进场为例,要遵循以下步骤进行交底工作,见图8.10。

(5)持续开展班前会活动,提升班组管理。

项目部坚持每天持续组织开展班组班前会活动,并对工人工作服进行统一管理,把班组活动纳入正常的施工作业活动。

(6)重视安全教育,加强实际体验。

将施工安全教育与体验相结合,对施工人员进行安全教育时,通过亲身体验各种安全防护用品的使用以及出现危险的瞬间,增强施工人员在施工现场遇到危险时的切身感受,让安全理念深入人心。具体可让施工人员到体验馆体验各

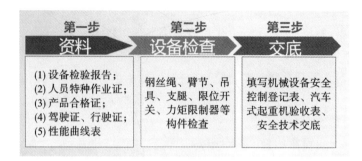

图 8.10　汽车式起重机进场交底工作

种项目：安全帽撞击体验、高空坠落体验、安全带体验、触电体验。

（7）落实"6 个 100%"管理要求，践行绿色发展观。

施工现场扬尘治理严格按照"6 个 100%"原则执行：施工工地周边 100% 围挡、物料堆放 100% 覆盖、出入车辆 100% 冲净车轮车身、施工现场地面 100% 硬化、施工作业 100% 洒水、长期裸土 100% 覆盖或绿化。

（8）落实"蓝天保卫战"防治计划，做好各项环境保护工作。

严格落实各级单位关于做好环境保护工作文件指示要求，切实加强大气污染防治和扬尘控制工作，认真、积极落实各项防尘措施，具体如下：做好场内洒水清洁工作；对裸土进行覆盖；配备自动洗车槽；通过移动雾炮降尘；使用扬尘在线监测系统与自动喷淋系统。

（9）应急管理。

项目部积极开展应急管理工作，不断提升应急管理能力。如开展基坑坍塌应急演练；联合外部医院共同开展应急知识培训及触电事故应急演练、基坑坍塌演练。

8.6.2　市政桥梁施工质量与安全管理案例

某市政桥梁工程的施工质量管理和施工安全管理如下。

1. 施工质量管理

1）工程质量保证体系

建立以项目经理为工程质量第一责任人的质量检查组织机构（图 8.11），严格进行施工过程中的质量控制。

推行《工程建设施工企业质量管理规范》（GB/T 50430—2017）和 ISO 9001

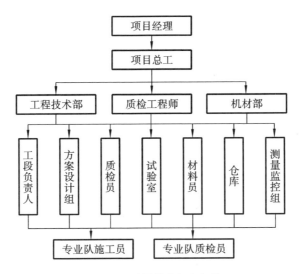

图 8.11 质量检查组织机构

版质量保证模式,建立质量体系程序化文件,编制质量管理手册,实行质量管理。质量体系框图见图 8.12。

2)工程质量保证措施

(1)质量管理制度。

①设计、施工图纸会审制度。

项目总工组织工程技术部、质量管理部对各阶段图纸进行审查,并参加由业主、监理单位主持的图纸会审。

②三级技术交底制度。

开工前,编写详细的施工工艺,明确工程质量目标,编制技术交底书,落实三级技术交底工作。三级技术交底有详细的技术交底书和会议记录。

③实行严格的"三检"制度。

在施工过程中严格执行自检、互检、交接检制度。

a.工序间内部检查制度:班组质检员自检→工班间交接互检→施工员复检。

b.单项(子分项)工程质量检查制度:工段施工技术员自检→工段质检员复检→监理工程师验收。

④质量责任挂牌制度。

质量责任落实到人,明确分工。

⑤质量定期检查制度。

每月 20 日为质量检查日,对工程施工质量和资料等进行检查、跟踪、纠正,

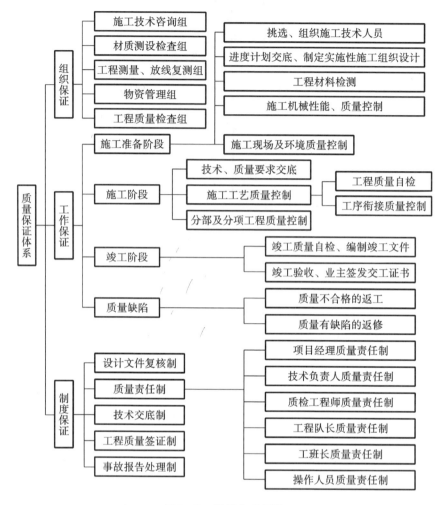

图 8.12 质量体系框图

并做好记录。

⑥工程测量双检复测制度。

每一个工程部位的平面位置和高程均必须进行复测。

⑦隐蔽工程检查签字制度。

隐蔽工程必须经监理工程师签字认可后方能进行施工。

⑧重点工序旁站制度。

关键工序质检员必须旁站,严格按施工文件、施工工艺、作业指导书施工。

⑨工程质量验收签证制度。

及时完善施工记录等质保资料,并报监理工程师验收认可。

⑩仪器设备保养校验制度。

试验测量仪器设备按质量体系程序文件要求和计量部门管理规定,按期进行校验并保留记录和证书。

⑪做好质量记录、建立质量"台账"制度。

外业技术员在施工全过程中将施工记录、结果和图表记录清楚,并经过复核和验算后签署齐全,做好施工日记。

内业资料管理员建立各种施工资料、技术资料及文件台账。

(2)过程控制及材料和半成品构件的检验措施。

各分项工程、各工序施工前应做好一切准备工作(包括施工人员、机械设备、材料的准备,施工计划和实施方案的制定),施工中应按技术规范、施工图和有关规定严格把关,措施如下。

①测量放样。

按照施工图设计对施工现场进行准确的测量放样,设置控制桩,对施工现场的地形、地质、道路位置、方向、长度进行核对,并使之符合要求。

②材料的使用及控制。

a. 对于水泥、钢材、砂石料、粉煤灰、减水剂等材料,按照质量体系文件《物资和设备采购控制程序》控制。

b. 需要的服务有:试验、检验、测量设备等的标定工作,产品检验工作。

c. 未经检验的原材料、成品、半成品严禁紧急放行。

d. 按监理工程师批复的"原材料质量控制方案"实施。

③试验检测质量控制。

未经检验或检验不合格的原材料、成品、半成品,严禁进场用于工程。试验仪器设备按质量体系程序文件要求和计量部门管理规定,按期进行校验并保留记录和证书,确保试验仪器的精度和试验数据的可靠。

④机械设备。

所需机械设备必须完好、配套,并配备足够的备用零配件和应急措施,一旦机械设备出现故障,能立即抢修或调换替补,保证施工的连续性。

⑤模板支架。

所需的钢管支架、定型钢模、其他组合模板、型钢等必须有足够的强度、刚度和稳定性,以保证模板不发生变形,接缝严密不漏浆。

⑥钢筋制作、安装。

结构物主筋采用镦粗直螺纹连接,连接接头必须经验证合格并报监理工程师认可后方能使用。

⑦混凝土施工。

混凝土浇筑前应对支架的搭设、模板的安装、钢筋的绑扎和焊接及预埋件的位置、尺寸进行检查。

混凝土浇筑完成后,应及时进行覆盖养护,并保证养护的时间和频率。

⑧施工质量记录控制。

质量记录是工程施工过程的原始反映,具有可追溯性,规范试验、检测记录与施工原始记录及施工日志等质量记录的填写、整理工作。

3)各分项工程质量保证措施

(1)测量精度保证措施。

①对所有施工用的测量仪器,计量试验检测仪要按计量要求定期到指定的单位进行校定,施工过程中,如发现仪器误差过大,应及时送去修理,并重新校定,满足精度要求后,方可使用。

②制定切实可行且能够满足精度要求的测量放样方案,安排具有专业知识和测量经验丰富的技术人员按制定的方案进行测量工作。

a.施工放样:不仅要使结构的中心线符合设计要求,而且要考虑到整体结构的中轴线及外轮廓线连续、顺直、美观。因此要经常连续地测量,校核各部分的中轴线及外轮廓线,将偏差控制在允许范围以内。

b.平面控制:根据监理工程师核查过的平面控制桩,用平面三角网法加放中心桩,经二次校核无误后,方可以此为放样的"后视点"。

c.高程控制:根据监理工程师核查过的水准控制点,按二等水准测量进行加密,引到桥位附近后,再按四等水准引到各部位。对施工放样的后视点、水准点应加以保护和经常校核。

(2)钢筋加工与安装。

①钢筋混凝土中的钢筋的力学性能必须符合规范要求,检查其出厂证明、质保书并按规定送检。

钢筋使用前应进行调直和除锈,应符合如下要求。

a.钢筋的表面应洁净,使用前应将表面清理干净。

b.钢筋应平直,无局部弯折,所有钢筋均应调直。

c.钢筋的弯制和末端的弯钩应符合设计焊接中的要求和规范要求。

d.搭接和绑扎接头应在内力较小处,其截面应符合规范要求。为提高质量,加快施工进度,直径大于25 mm的钢筋采用挤压接头或等强直螺纹接头对接。

e.接头方式按照设计要求,采用专业化人员施工。

②钢筋焊接:操作人员必须持证上岗,焊接时要经过试焊合格后才允许正式作业,在一批焊件中,进行随机抽样检查,加强对焊接作业质量的监督考核。

③钢筋绑扎完毕,要经过监理工程师验收合格后,方可浇筑混凝土,在混凝土浇筑过程中,必须派钢筋工值班,以便处理在施工过程中发生的钢筋及预埋移位等问题。

(3)模板质量保证措施。

①模板设计时要考虑到模板有足够的强度、刚度和稳定性,能承受施工过程中可能产生的各项荷载,保证结构物各部形状尺寸准确,制作简单。施工时操作方便,能保证安全。模板的接缝按一致的形式位于水平和垂直面上,且接缝严密不漏浆。特别要注意的是模板拆除后,混凝土结构物要表面光滑,线条顺直,无变形、翘曲现象。曲线部分要线条流畅,符合设计图要求。

②模板加工时按照技术规范、设计图纸的要求,由有经验的焊工上岗操作,焊完之后的模板表面平整、光滑,制作符合规范要求,制作之后进行试拼,其平面尺寸、垂直度、平整度等均符合规范要求。实行三级验收程序。

③模板每次安装之前均进行表面除污除锈工作,并涂上脱模剂,按照试拼程序进行安装,调模之后,经监理工程师同意后再进行混凝土浇筑。

模板拆卸要待混凝土达到一定强度后才能进行,以免损伤混凝土。模板拆下后,要及时清理,涂上脱模剂,按规定存放。

(4)混凝土质量保证措施。

在生产过程中派遣试验人员进行混凝土的质量控制,以保证所提供的混凝土符合要求。

①混凝土的运输。

在运输过程中,应控制混凝土运至浇筑地点后,不离析、不分层、组成成分不发生变化,并能保证施工所需的坍落度。

②混凝土的浇筑。

混凝土运抵现场后,必须经过坍落度检查,符合要求后才能浇筑。混凝土采用泵送施工时,输送管接头要密封,保证不漏气,管道安装要顺直,并垫平,泵送混凝土前要先拌制一定数量的水泥砂浆润滑管道。在浇筑工序中,应控制混凝土的均匀性和密实性。混凝土振捣成型时,根据施工对象及混凝土性质选择适当的振动器,并确定振捣时间。在浇筑及静置过程中,应采取措施防止产生裂缝。

③混凝土结构物的养护。

在养护过程中,应控制混凝土在有利于硬化及强度增长的温度环境中。应根据施工对象、环境、水泥品种、外加剂以及对混凝土性能要求采取不同的养护方法。

(5)承台、墩身、盖梁等的质量保证措施。

①承台施工时,桩头要严格按设计要求和规范要求处理,且严禁桩头积水或有松散混凝土块。

②模板安装前,应进行试拼并编号,以保证模板间接缝的严密,安装时按编号顺序进行。

③模板要严格除锈,以免锈斑黏在混凝土表面,影响混凝土外观质量。

④加强混凝土外观质量的控制。

2. 施工安全管理

1)安全生产管理体系

图 8.13 为安全生产管理体系。

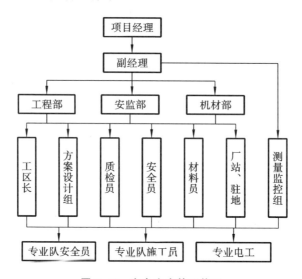

图 8.13 安全生产管理体系

(1)安全管理目标。

①目标。

杜绝发生一般及以上的生产安全责任事故,包括员工伤亡、火灾、爆炸、设备受损、交通安全、急(恶)性中毒事件。

②指标。

a. 不发生较大及以上等级生产安全责任事故。

b. 不发生造成人员死亡的一般等级生产安全责任事故。

c. 争取不发生造成人员重伤的一般等级生产安全责任事故。

d. 无新增职业病。

(2)安全生产管理组织机构。

建立以项目领导班子为首的安全生产管理组织机构,坚持管生产必须管安全的原则,突出专职安全员的责权,健全岗位责任制,从组织上、制度上、防范措施上保证安全生产。

2)对本项目安全控制点的理解

(1)机械安全、车辆交通安全:本项目涉及较多地面施工设备、车辆作业,具有交通安全风险及机械伤害风险。

(2)用电安全:本项目施工过程中的用电设备数量和类型繁多,容易引发触电、火灾等事故。

(3)防风安全:本项目位于台风多发地区,临时设施众多,容易发生倒塌、坠落物伤害等事故。

(4)结构物施工安全:由于某公园施工点多、面广、机械设备和工程车辆多,施工安全容易忽视,进而出现安全事故。

(5)起重吊装施工安全:施工过程中的起重设备数量和类型繁多,容易引发吊装、坠物等事故。

3)风险源分析及控制

本工程涉及的工序有履带吊作业,混凝土运输车、机械设备使用,焊割作业,起重吊装,电气作业,电焊作业,模板施工,高空作业,钢筋作业。由于各工序作业内容、使用设备、作业部位不同,存在的危害因素和有针对性的控制也有差异。

主要事故类型确定后,可对危险源进行分析并提出相应控制措施(表8.7)。

表 8.7 施工风险源分析及控制措施

作业（业务）活动/状态	发生部位	危险源/危害因素	危险类型（可能导致的事故）	控制措施	危险性量化评价 L	E	C	D=L×E×C	风险级别	直接判断法
履带吊作业	履带吊	吊机作业旋转前没有鸣笛警示	机械伤害	安全操作规程	1	2	15	30	D	否
		起重臂在工作角度外作业			1	1	15	15	E	否
		大风没有把起重臂下放			1	2	15	30	D	否
空压机等机型设备使用	机械设备	机械设备带故障使用	机械伤害	（1）安全管理规定；（2）教育、培训；（3）机械设备安全操作规程；（4）机械设备维修保养制度	1	2	15	30	D	否
		操作者未使用安全防护用品			1	2	15	30	D	否
		操作者违规操作			1	2	15	30	D	否
		设备危险部位未安装防护罩			1	2	15	30	D	否
焊割作业	电焊场所	焊机未接地，电缆线破损，电源线裸露	触电	安全教育	2	1	15	30	D	否
				安全检查	2	1	15	30	D	否
		在潮湿处、雨天露天作业时，未做好绝缘防护	触电	安全管理措施	1	1	15	15	E	否
				安全检查	1	1	15	15	E	否
		未拉电闸就推动电焊机		安全操作规程	1	1	15	15	E	否
		焊接作业前，未清理现场的易燃易爆物品	火灾	安全检查	1	1	15	15	E	否
	焊割场所	移动乙炔氧气瓶时，未关闭阀门	爆炸	安全操作规程	1	1	15	15	E	否

续表

作业（业务）活动/状态	发生部位	危险源/危害因素	危险类型（可能导致的事故）	控制措施	危险性量化评价				风险级别	直接判断法
					L	E	C	$D=L\times E\times C$		
起重吊装	作业点	未及时检查或更换不正常的安全阀、减压阀	火灾或爆炸	安全管理措施	2	1	15	30	D	否
		氧气、乙炔胶管老化、变质、脆裂、漏气等未及时更换		安全操作规程	2	1	15	30	D	否
		氧气、乙炔胶管混用		安全培训	2	1	15	30	D	否
		气瓶表面沾满油脂	爆炸	安全检查	2	1	15	30	D	否
		氧气瓶与乙炔瓶距离小于5 m，与动火点的距离小于10 m	火灾或爆炸	安全管理措施	1	1	15	15	E	否
		氧气瓶、乙炔瓶混合堆放、露天暴晒时间过长		安全操作规程	1	1	15	15	E	否
		乙炔瓶没有安装防回火装置		安全培训	1	1	15	15	E	否

续表

作业（业务）活动/状态	发生部位	危险源/危害因素	危险类型（可能导致的事故）	控制措施	危险性量化评价				风险级别	直接判断法
					L	E	C	$D=L\times E\times C$		
起重吊装	作业点	吊物绑扎不牢固，构件摆放位置不当	起重伤害	(1)安全教育与培训；(2)安全生产管理规定；(3)起重吊装安全技术措施；(4)机械使用说明书；(5)施工技术方案	2	1	15	30	D	否
		使用钢丝绳不符合安全规定			2	1	15	30	D	否
		吊装过程中未遵守起重规程，斜拉斜吊			2	1	15	30	D	否
		吊装指挥失误、信号不明			2	1	15	30	D	否
		吊装载荷超出规定的范围			2	1	15	30	D	否
电气作业	作业点	电工操作时未使用绝缘保护用品	触电	(1)施工组织方案；(2)安全生产管理规定；(3)电气作业安全技术措施	1	1	15	15	E	否
		电气安装不符合规范要求			1	1	15	15	E	否
		漏电保护装置不符合规定			1	1	15	15	E	否

续表

作业（业务）活动/状态	发生部位	危险源/危害因素	危险类型（可能导致的事故）	控制措施	危险性量化评价				风险级别	直接判断法
					L	E	C	$D=L \times E \times C$		
电焊作业	电焊机	电焊机电线绝缘损坏	触电	(1)安全生产管理规定；(2)消防安全管理规定；(3)电焊作业安全技术措施	2	1	15	30	D	否
		电焊机未实行一机一闸一漏			2	1	15	30	D	否
		电焊机未设置防护罩			1	1	15	15	E	否
		电焊工未使用绝缘保护用品			2	1	15	30	D	否
	作业点	维修、移动电焊机时未关电源			2	1	15	30	D	否
模板、施工	施工平台	模板安装不牢固	坍塌	(1)安全生产管理规定；(2)模板施工安全技术措施；(3)模板施工组织设计方案；(4)高处作业安全操作规程	2	1	15	30	D	否
		模板放置不稳固	高处坠落		2	1	15	30	D	否
		搬运模板配合不当	其他伤害		1	1	15	15	E	否
		模板拆除违反施工程序	坍塌		2	1	15	30	D	否
		模板作业人员违反规程	其他伤害		2	2	15	60	D	否
高空作业	桥墩/墩柱作业	高空作业人员身体有不适宜症状	高处坠落	(1)安全生产管理规定；(2)高处作业安全操作规程；(3)高处作业安全防护措施	1	2	15	30	D	否
		高空作业人员未穿戴安全绳			2	2	15	60	D	否

续表

作业(业务)活动/状态	发生部位	危险源/危害因素	危险类型(可能导致的事故)	控制措施	危险性量化评价				风险级别	直接判断法
					L	E	C	$D=L\times E\times C$		
钢筋作业	钢筋场	使用钢筋机械操作不当	其他伤害	(1)安全生产管理规定；(2)运输作业安全技术措施；(3)钢筋施工组织方案；(4)钢筋施工安全操作规程	2	2	15	60	D	否
		装卸钢筋作业操作不当	其他伤害		2	2	15	60	D	否
		钢筋加工场地电线乱拉	触电		2	2	15	60	D	否
	施工平台	安装钢筋时攀爬作业	高处坠落	(1)安全生产管理规定；(2)高处作业安全防护措施；(3)钢筋施工安全操作规程	2	2	15	60	D	否
		吊运钢筋绳索、吊具不符合安全要求	物体打击		2	2	15	60	D	否

注：L 为发生事故或危险事件的可能性；E 为暴露于这种危险环境的频率；C 为事故一旦发生可能产生的后果；D 为作业条件的危险性，囊括 L、E、C 三个影响危险性的主要因素。

4）针对安全控制点的应对措施

(1)交通安全控制措施。

车辆及机械操作手配置对讲机，分频分区域管理，设置机械设备调度员、现场交通指挥员，规范设备管理。

(2)用电安全控制措施。

项目自临建施工开始严格控制规范用电措施，调配经验丰富的项目电工，制定巡查制度，对专业队施工区域及生活区域的用电安全进行规范管理。电工操作时，必须严格按操作规程操作，不准违章作业，操作前必须有安全技术交底记录，并履行签字手续。除临时施工用电或临时采取的措施外，不允许架设临时电线,不允许乱挂灯、仪表工具和电焊机等,应用安全的开关和插座,防止因超负荷引起火灾或其他事故。

(3)防台风安全控制措施。

①加强台风的监测和预报,在台风多发季节及时紧密地跟踪气象台发布的气象信息、台风预报、台风警报或紧急警报,以便在第一时间采取有效的措施,减轻或避免台风带来的损失。

②易兜风的临时设施要按相关技术要求进行防大风处理,多加侧面支撑,防止倒塌和脱落;用电设施和线路要逐一检查,防止漏电和短路,对松散线路进行绑扎加固。

③台风到来前严格按规定停止作业。

④清理现场临时用电箱,对难以搬离的用电箱采用钢丝绳斜拉筋固定,台风来临时一定要切断现场施工总电源。

⑤现场吊车、履带吊等吊装设备尽量开出施工现场到避风场所内。

⑥加强工地排水,确保管网畅通。

⑦施工现场班房、办公室及时进行加固。台风来临前确保所有人员撤离施工现场。

(4)桥梁工程施工安全控制措施。

①在施工过程中,施工作业人员必须持证上岗;配置足够的安全监督员进行安全监督;交通量大路段、软基路段等危险路段,必须设置危险标识牌、安全警示灯或安全警示带等安全设施;所有施工机械按要求施工,规范施工,确保施工安全。各种机械的操作人员、机动车辆驾驶人员,必须经劳动部门专业培训和考试并取得合格证后,方准上岗操作。

②盖梁施工时,派专人对抱箍进行动态跟踪观察,如发现抱箍滑动和螺母脱丝现象立即停止施工,分析原因,采用增加抱箍或紧固螺母等有效措施,防止支架垮塌。

(5)起重吊装安全控制措施。

①起重机司机应经过培训,了解起重机的构造原理、设备性能,掌握故障处理和操作方法,经过考试合格后才能独立操作。未取得特种设备操作证,不准操作。

②起重机司机在工作中要集中精力,不准瞌睡,不准酒后开车,不准听音乐。

③在吊运多人挂吊的重物时,司机只能听从吊运前确定的指挥。一旦其他任何人发出紧急危险信号,司机均应立即停车。

④起重机在吊运物件过程中,当起升机构制动器失灵时,司机应立即发出信号,通知下面人员离开,并采取反复起落措施,把被吊物落在安全地段。不应任其自由降落,也不准在此过程中抢修。

⑤吊运物件,要稳升稳降。不能突然升降,大、小车运行要平稳,不能开飞车。

⑥钢丝绳磨损或者断丝超过5%时,必须立即更换,出现绳股松散、打结等问题时,也必须立即更换。

(6)高空作业人员"生命线"。

①从事高空作业的人员,必须进行身体检查。凡患有高血压、心脏病、癫痫病、恐高症及其他不适应高空作业的人,一律不准从事高空作业。

②高空作业前,应仔细检查安全用具,如安全帽、安全带、跳板等,如有不符合要求的应立即改进或拒绝登高作业。

③电焊工在高空进行焊接作业时,必须找适当位置挂好安全带,确保安全操作。

④进行高空焊割时必须先将下方的易燃、易爆物品移至安全地带,还要采取相应措施确保割下的金属或火花不致伤人或引起火灾事故。

⑤高空作业人员不准从高空往地面抛掷物件,也不准从地面往高空抛掷物件,应使用绳索、吊篮等传递物件。特殊情况下,如果必须从高空往地面抛掷物件,地面应有人看管,以确保不伤害他人和损坏设备。

5)安全生产保证措施

(1)实行岗位安全职责。

①项目经理安全职责。

a.项目经理是项目安全生产第一负责人,对承包项目工程生产经营过程中的安全生产负全面领导责任。

b.认真贯彻落实安全生产方针、政策、法规和各项规章制度。结合项目工程特点,提出有针对性的安全管理措施,严格履行安全考核指标和安全生产奖惩办法。

c.认真落实施工组织设计中安全技术管理的各项措施,严格执行安全技术措施审批制度、施工项目安全交底制度和设施设备交接验收使用制度。

d.领导组织安全生产检查,定期研究分析承包项目施工中存在的不安全生产因素,组织制定措施,及时解决。

②项目安全员安全职责。

a.负责监督检查本项目对有关安全生产的政策、法令、规程、制度的执行情况。做好安全生产的宣传教育和管理工作。

b.每天进行现场检查,掌握安全生产情况,发现安全隐患及时提出整改意见和措施。

c.遇见严重险情,有权指令暂停生产,并立即报告领导研究处理。

d.同有关部门定期组织安全生产检查。组织好每周一次的职工安全教育活动。做好检查记录,认真收集资料,及时上报各种报表。

e.发生事故或未遂事故,应立即上报,并参加事故调查分析,提出事故处理意见,按规定填写工伤事故统计分析调查报告,督促防范措施的落实。

③材料负责人安全职责。

a.供施工生产用的材料、机具和附件等,在购入时必须要有出厂合格证明,发放时必须符合安全要求,回收后必须检修。

b.采购劳保用品,必须符合规格标准。特别是安全帽、安全带、安全网必须符合国家标准。

c.负责采购、保管、发放、回收劳保用品,并向项目分管领导汇报使用情况。

d.对批准的安全设施所用材料应纳入计划,及时供应。

④班组长安全职责。

a.认真执行安全生产规章制度及安全操作规程,合理安排班组人员工作。

b.经常组织班组人员学习安全操作规程,督促班组人员正确使用个人劳保用品,不断提高自我保护能力。

c.认真落实安全技术交底,不违章指挥、冒险蛮干。

d.经常检查班组现场安全生产状况,发现问题及时解决并上报有关领导。

(2)制定各项安全生产管理制度。

①安全教育培训制度。

②安全施工检查制度。

③车辆运行安全作业制度。

④用电安全须知及电器架设养护作业制度。

⑤机械操作及注意事项。

⑥施工现场保安制度及油料保管领用管理制度。

⑦各种安全标志的协调规则及维护措施。

⑧起重设备安全作业制度。

⑨雨季安全防护措施。

⑩安全防火及消防措施。

(3)制定安全生产保证措施。

①开工前必须编制含有安全技术措施的施工组织设计。

②必须逐级进行安全技术交底,技术交底应有书面资料或作业指导书。

③特种作业人员必须进行专业培训,持证上岗。

④施工现场实施机械安全管理及安装验收制度。

⑤施工现场临时用电要有施工组织设计或方案,应按《施工现场临时用电安全技术规范》(JGJ 46—2005)的要求进行设计、验收和检查。

⑥各类脚手架、支架、吊架等施工设施的搭设、拆除和使用,要有设计计算和施工图,搭设完成后应验收,合格才能使用。

⑦对深基坑开挖、基础施工等技术复杂又涉及不安全因素较多的工程,开工前必须编制专项安全技术措施。

⑧施工现场各种安全防护装置都必须齐全、有效,不得擅自拆除或移动;本标段基坑施工安全防护措施(如上下爬梯、临边防护栏等)均采用装配化施工。

⑨施工现场除设置安全宣传标牌外,还在危险地点悬挂标示牌。

⑩加强财务工作管理,确保安全投入费用专款专用。

(4)施工现场的安全教育。

①进行安全教育,提高施工人员的安全意识,树立安全生产的正确认识,培养安全生产必须具备的基本知识和技能;定期开展现场应急演练,提升全员应急能力,提高员工的安全意识。

②施工现场安全教育的重点是岗位安全生产知识和岗位安全操作规程,以及安全思想、施工纪律和安全生产制度。

③施工现场特殊工种的安全教育、考核、复检应按《特种作业人员安全技术培训考核管理规定》(中华人民共和国国家安全监管总局令第80号)执行,确保持证上岗。

第 9 章　市政道路与桥梁工程文明施工管理

9.1　市政道路与桥梁工程文明施工管理概述

9.1.1　文明施工的定义与意义

1. 文明施工的定义

文明施工是指保持施工场地整洁、卫生，施工组织科学，施工程序合理的一种施工活动。文明施工包括规范施工现场的场容场貌，保持作业环境的整洁卫生；科学、有序地组织施工；减少噪声、排放物和废弃物等对周围的影响；保证员工的安全和健康。

2. 文明施工的意义

(1)文明施工是企业各级管理水平的综合反映。

市政工程体积庞大、结构复杂、工种工序繁多，立体交叉作业，平行流水施工，生产周期长，需用原材料多，工程能否顺利进行受环境影响很大。文明施工就是要通过对施工现场中的质量、安全防护、安全用电、机械设备、技术、消防保卫、场容、卫生、环保、材料等各个方面的管理，创造良好的施工环境并维持一定的施工秩序，促进安全生产、加快施工进度、保证工程质量、降低工程成本、提高企业经济和社会效益。文明施工涉及人、财、物各个方面，贯穿施工全过程，是企业各项管理在施工现场的综合反映。

(2)文明施工是现代化施工本身的客观要求。

现代化施工采用先进的技术、工艺、材料和设备，需要严密的组织、严格的要求、标准化的管理、科学的施工方案和较高的职工素质等。如果现场管理混乱，不坚持文明施工，先进的设备、新的工艺与新的技术就不能充分发挥其作用，科技成果也不能很快转化为生产力。遵照文明施工的要求,才能实现现代化大生产的优质、高效、低耗的目的,企业才能有良好的经济效益和社会效益。

(3)文明施工是企业管理的对外窗口。

目前,建筑市场竞争已变得非常激烈。市场与现场的关系更加密切,施工现场的地位和作用更加突出。企业进入市场就需要拿出像样的产品,而市政工程产品是在现场生产的,施工现场成了企业的对外窗口。许多建设单位,在每项工程招投标过程中,总要到施工现场考察,如果施工现场脏、乱、差,到处"跑、冒、滴、漏",甚至"野蛮施工",建设单位不会选择这样的队伍施工。实践证明,良好的施工环境与施工秩序有助于提高劳动生产率、降低工程成本,可以得到建设单位的支持和信赖,提高企业的市场形象,增强市场竞争力,以便获得更多的工程合同。

(4)文明施工有利于培养一支懂科学、善管理、讲文明的施工队伍。

目前,施工企业中农民工占有很大比例,应加强农民工的管理和教育,提高其施工技术素质,增强文明施工意识,明确标准,规范管理,严格要求,改变过去"习惯就是标准"的做法。

文明施工是一项科学的管理工作,也是现场管理中一项综合性基础管理工作。坚持文明施工,必然能促进、带动、完善企业整体管理,增强企业"内功",提高整体素质。文明施工的实践,不仅改善了生产环境和生产秩序,而且提高了职工队伍的文化、技术、思想素质,培养了尊重科学、遵守纪律、团结协作的生产意识,从而促进了精神文明建设。

9.1.2 文明施工的措施与要求

1. 文明施工现场管理措施

(1)开展"5S"活动。

"5S"活动是指对施工现场各生产要素(主要是物的要素)所处状态不断地进行整理、整顿、清扫、清洁和素养。由于这五个词在日语中罗马拼音的第一个字母都是"S",所以简称为"5S"。

①整理。

所谓整理,就是对施工现场存在的人、事、物进行调查分析,按照有关要求区分需要与不需要及合理与不合理,并及时处理施工现场不需要和不合理的人、事、物。

②整顿。

所谓整顿,就是合理定置。通过上一步整理后,把施工现场所需要的人、机、物、料等按照施工现场平面布置图规定的位置,根据有关法规、标准以及企业规定,科学合理地安排布置和堆码,使人才合理使用,物品合理定置,实现人、物、场所在空间上的最佳结合,从而达到科学施工、文明安全生产、培养人才、提高效率和质量的目的。

③清扫。

清扫就是要对施工现场的设备、场地、物品勤加维护打扫,保持现场环境卫生,干净整齐,无垃圾,无污物,并使设备运转正常。清扫的目的就是通过清扫活动,创造一种明快、舒畅的工作、生活环境,以保证安全质量和高效工作。

④清洁。

清洁就是维持整理、整顿、清扫,是前三项活动的继续和深入,从而预防疾病和食物中毒,消除发生安全事故的根源,使施工现场保持良好的施工与生活环境和施工秩序,并始终处于最佳状态。

⑤素养。

素养就是努力提高施工现场全体职工的素质,使其养成遵章守纪和文明施工习惯。它是开展"5S"活动的核心和精髓。

开展"5S"活动,要特别注意调动全体职工的积极性,自觉管理、自我实施、自我控制,贯穿施工全过程。现场职工自己动手创造一种整齐、清洁、方便、安全和标准化的施工环境,使其养成遵守规章制度和操作规程的良好风尚。

开展"5S"活动,必须领导重视,加强组织,严格管理,要将"5S"活动纳入岗位责任制,并按照文明施工标准检查、评比与考核,不断提高施工现场的"5S"水平。

(2)合理定置。

合理定置是把全工地施工期间所需要的物在空间上合理布置,实现人与物、人与场所、物与场所、物与物之间的最佳结合,使施工现场秩序化、标准化、规范化,体现文明施工水平。它是现场管理的一项重要内容,也是实现文明施工的一项重要措施,还是谋求改善施工现场环境的一种科学的管理办法。合理定置率的计算见式(9.1)。

$$合理定置率 = \frac{实际合理(合格)定置的物品个数(种类)}{定置图规定的定置物品个数(种类)} \times 100\% \quad (9.1)$$

①合理定置的内容。

a.一切拟建的永久性建(构)筑物,建筑坐标网,测量放线标桩,弃土、取土场地。

b.垂直运输设备的位置。

c. 生产、生活用临时设施的位置。

d. 各种材料、加工半成品、构配件和各类机具的存放位置。

e. 安全防火设施的位置。

②合理定置的日常管理程序。

a. 认真调查研究,查找问题。

b. 通过施工运行实践分析,提出改善现场定置方案。

c. 合理定置的设计或修改设计。施工组织设计中的施工现场平面布置图一般是在开工前设计的。施工现场千变万化,有很多不可预见的因素,工程量大、工期长的工程,原施工现场平面布置图必须根据实际情况及时修改、补充、调整,确保科学合理。同时,施工现场电气平面布置、环境卫生责任区平面布置等也应根据现场调整后提出的改善方案进行适当修改调整,使之更加合理。定置设计,实质是现场空间布置的细化、具体化。

d. 合理定置方案的实施和考核。合理定置方案的实施,即按照设计和上级各项规定、标准的要求,对现场的各种材料、机具设备、预制构配件、各种临时设施、操作者、操作方法等进行科学的整理、整顿,将所有的物品定置。做到有物必有区,有区必有牌,按区按图定置,按标准、规定存放,图物相符。定置管理要依靠群众,自觉管理,要对操作者进行教育培训。定置管理要贯穿施工全过程,并在整个现场实施。

(3) 目视管理。

目视管理就是用眼睛看的管理,亦可称为"看得见的管理",即利用形象直观、色彩适宜的各种视觉感知信息来组织现场施工生产活动,达到提高劳动生产率、保证工程质量、降低工程成本的目的,是一种符合现代化施工要求和生理及心理需要的科学管理方式,也是现场管理的一项内容,还是确保文明施工、安全生产的一项重要措施。

①目视管理的特征。

目视管理有如下两个特征。

a. 以视觉显示为基本手段,大家一看就知道是正常还是不正常,并且对不正常情况采取临时性的或永久性的措施。

b. 以公开化为基本原则,尽可能地向全体职工全面提供所需的信息,让大家都能看得见,并形成一种大家都自觉参与完成单位目标的管理系统。

②目视管理的内容和形式。

目视管理以施工现场的人、物及其环境为对象,贯穿施工的全过程,存在于施工现场管理的各项专业管理之中,并且要覆盖作业者、作业环境和作业手段,这样目视管理的内容才是完整的。

a. 施工任务和完成情况要制成图表,公布于众,使每个工人都知道自己的任务完成情况。

b. 施工现场各项管理制度、操作规程、工作标准等应该用看板、挂板或写后张贴于墙上公布,展示清楚。

c. 在定置过程中,以清晰的、标准化的视觉显示信息落实定置设计,实现合理定置。

d. 施工现场管理岗位责任人以标牌显示,简单易行。

e. 施工现场作业控制手段要形象直观,适用方便。

f. 现场合理利用各种色彩、安全色、安全标志等,以便提高生产效率,且有利于职工安全与身心健康。

g. 施工现场管理各项检查结果张榜公布。

h. 信息显示手段科学化。

2. 文明施工组织管理措施

文明施工组织管理措施是落实文明施工标准、实现科学管理的重要途径。

(1) 健全管理组织。

施工现场应成立以项目经理为组长,以主管生产副经理、总工程师及生产、技术、质量、安全、消防、保卫、材料、环保、行政卫生等管理人员为成员的施工现场文明施工管理组织。

施工现场分包单位应服从总包单位的统一管理,接受总包单位的监督检查,并负责本单位的文明施工工作。

(2) 健全管理制度。

如文明施工个人岗位责任制、经济责任制、检查制度、奖惩制度、持证上岗制度、会议制度、各项专业管理制度等,做到责任明确、奖惩兑现。

(3) 健全管理资料。

①上级关于文明施工的标准、规定、法律法规等资料齐全。

②施工组织设计(方案)中应有质量、安全、保卫、消防、环境保护技术措施和对文明施工、环境卫生、材料节约等管理要求,并有施工各阶段施工现场的平面布置图和季节性施工方案。施工组织设计方案应有编制人、审批人签字及审批意见。补充、变更施工组织设计应按规定办好有关手续。

③施工现场应有施工日志。施工日志中应有文明施工内容。

④文明施工自检资料应完整,内容符合要求,签字手续齐全。

⑤文明施工教育、培训、考核、记录均应有计划、资料。

⑥文明施工活动记录,如会议记录、检查记录等。

⑦施工管理各方面专业资料。

(4)加强教育培训工作。

专业管理人员要熟悉掌握文明施工标准,并采取派出去、请进来、短期培训、上技术课、看录像、看电视等方法加强教育培训。

3. 文明施工现场管理要求

实现文明施工,不仅要着重做好现场的场容管理工作,而且要相应做好现场材料、机械、安全、技术、保卫、消防和生活卫生等方面的管理工作。一个工地的文明施工水平是该工地乃至所在企业各项管理工作水平的综合体现,见表9.1。

表9.1 文明施工现场管理要求

项目类别	基本要求
对现场场容管理方面的要求	(1)工地主要入口要设置简朴规整的大门,门旁必须设立明显的标牌,标明工程名称、施工单位和工程负责人姓名等内容。 (2)建立文明施工责任制,划分区域,明确管理负责人,实行挂牌制,做到现场清洁整齐。 (3)施工现场场地平整,道路坚实畅通,有排水措施,基础、地下管道施工完成后要及时回填平整,清除积土。 (4)现场施工临时水电要有专人管理,不得有长流水、长明灯。 (5)施工现场的临时设施,包括生产、办公、生活用房、仓库、料场、临时上下水管道以及照明、动力线路,要严格按施工组织设计确定的施工平面图布置、搭设或埋设整齐。 (6)工人操作地点和周围必须清洁、整齐,做到"活完脚下清,工完场地清",落地灰要回收过筛后使用。 (7)砂浆、混凝土在搅拌、运输、使用过程中,要做到不洒、不漏、不剩,混凝土必须有容器或垫板,如有洒、漏要及时清理。 (8)要有严格的成品保护措施,严禁损坏污染成品,堵塞管道。 (9)施工现场不准乱堆垃圾及余物。应在适当地点设置临时堆放点,并定期外运。清运渣土垃圾及流体物品,要采取遮盖防漏措施,运送途中不得遗撒。 (10)根据工程性质和所在地区的不同情况,采取必要的围护和遮挡措施,并保持外观整洁。 (11)针对施工现场情况设置宣传标语和黑板报,并适时更换内容,切实起到表扬先进、促进后进的作用。 (12)施工现场严禁居住家属,严禁居民、家属在施工现场穿行

续表

项目类别		基本要求
对现场机械管理方面的要求		(1)现场使用的机械设备,要按平面布置规划固定点存放,遵守机械安全规程,经常保持机身及周围环境的清洁,机械的标记、编号明显,安全装置可靠。 (2)清洗机械排出的污水要有排放措施,不得随地流淌。 (3)在用的搅拌机、砂浆机旁必须设有沉淀池,不得将浆水直接排入下水道及河流等处。 (4)塔吊轨道按规定铺设整齐稳固,塔边要封闭,道砟不外溢,路基内外排水畅通。 总之,要从安全防护、机械安全、用电安全、保卫消防、现场管理、料具管理、环境保护、环境卫生8个方面进行定期检查。每个方面的检查都有现场状况、管理资料和职工应知3个方面的内容
施工现场安全色标管理	安全色	安全色是表达信息含义的颜色,用来表示禁止、警告、指令、指示等,其作用在于使人们能迅速发现或分辨安全标志,提醒人们注意预防事故发生。 (1)红色:表示禁止、停止、消防和危险的意思。 (2)蓝色:表示指令,必须遵守的规定。 (3)黄色:表示通行、安全和提供信息的意思
	安全标志	安全标志是指在操作人员容易产生错误、容易造成事故危险的场所,为了确保安全所采取的一种标示。此标示由安全色、几何图形复合构成,是用以表达特定安全信息的特殊标志。设置安全标志的目的是引起人们对不安全因素的注意,预防事故发生。 (1)禁止标志:不准或制止人们的某种行为(图形为黑色,禁止符号与文字底色为红色)。 (2)警告标志:使人们注意可能发生的危险(图形警告符号及字体为黑色,图形底色为黄色)。 (3)指令标志:告诉人们必须遵守的意思(图形为白色,指令标志底色均为蓝色)。 (4)提示标志:向人们提示目标的方向,用于消防提示(消防提示标志的底色为红色,文字、图形为白色)

4. 文明施工组织管理要求

文明施工组织管理要求见表 9.2。

表 9.2　文明施工组织管理要求

技术措施	基本要求
组织和制度管理	(1)施工现场应成立以项目经理为第一责任人的文明施工管理组织。分包单位应服从总包单位的文明施工管理组织的统一管理,并接受监督检查。 (2)各项施工现场管理制度应有文明施工的规定,包括个人岗位责任制、经济责任制、安全检查制度、持证上岗制度、奖惩制度、竞赛制度和各项专业管理制度等。 (3)加强和落实现场文明检查、考核及奖惩管理,以促进文明施工管理水平的提高。检查范围和内容应全面周到,包括生产区、生活区、场容场貌、环境文明及制度落实等内容。对检查发现的问题应采取整改措施
建立文明施工的资料的收集与保存措施	(1)上级关于文明施工的标准、规定、法律法规等资料。 (2)施工组织设计(方案)中对文明施工的管理规定,各阶段施工现场文明施工的措施。 (3)文明施工自检资料。 (4)文明施工教育、培训、考核计划的资料。 (5)文明施工活动各项记录资料
加强文明施工的宣传和教育	(1)在坚持岗位练兵基础上,要采取派出去、请进来、短期培训、上技术课、登黑板报、听广播、看录像、看电视等方法狠抓教育工作。 (2)要特别注意对临时工的岗前教育。 (3)专业管理人员应熟悉掌握文明施工的规定

9.1.3　市政道路与桥梁施工不文明现象与文明施工措施

1. 市政道路与桥梁施工不文明现象

(1)工作人员思想意识淡薄。

我国对于市政道路与桥梁工程有着明确的规定,但是部分企业为了节省施工过程中的成本投入,尽可能在最短时间内完成施工任务,可能在施工过程中没有对文明施工管理引起重视,导致施工现场处于一片混乱之中。

(2)责任制度不明确,政令无法落到实处。

施工企业在施工之前没有制定详细的管理方案,对管理人员的责任分配没有进行明确说明,导致在管理出现问题的时候出现推卸责任的情况,不仅没有做到文明施工,而且会影响施工的正常进行,使企业花费更高的经济成本。有些企业只是在特殊时期进行文明管理,但是在平时就会将文明施工抛之脑后,施工文明管理只是表面工作,不能达到预期的效果。

(3)施工作业对自然环境破坏严重。

很多市政道路与桥梁工程没有进行严格的管理,导致对地下水以及周围的环境造成严重的破坏,或者遇到工期较短且施工空间较小的情况,对自然环境的破坏更加严重。在施工过程中产生的大量灰尘会对周围的环境以及人们的身体健康造成影响,施工用水的随意排放将会导致周围的道路变得泥泞,人们的出行也会变得不方便。

(4)设备工作造成噪声污染。

市政道路与桥梁工程中涉及的内容较为复杂且施工需要很长的时间,从准备施工到施工完毕的整体过程都会有大量的施工设备作业,这也将会产生不同程度上的噪声污染。市政道路与桥梁施工会涉及挖掘机、运输车等,这些设备都会产生一定的噪声污染。

(5)建筑废料对城市造成污染。

市政道路与桥梁工程会产生大量的垃圾,如对路面进行拆除、土方开挖的废土、施工人员日常生活中的垃圾、施工剩下的废弃材料等,如果不能对垃圾进行及时的处理,将会对周围的环境造成严重的破坏。垃圾的种类繁多且不容易被土降解,会占用市政公共服务设施的运作,如果没有对垃圾进行分类就直接堆放在一起,将会对城市内部的环境造成破坏,影响城市的整体环境质量。

2. 市政道路与桥梁工程文明施工措施

(1)做好现场施工围挡。

道路施工现场必须按照要求设置工地施工围挡,达到整洁、美观、统一、亮化等效果,应统一组织实施方案,并报监理、业主审批。道路交通工程容易产生扬尘,要在围挡上方设置喷淋系统,有效降低扬尘污染。

(2)落实施工车辆进出清洗管理。

为了实现文明施工,确保在车辆出入施工现场过程中不会污染市政面貌,施工企业应该在工地的出入口设置车辆进出口清洗管理车间。由于施工现场环境恶劣，车辆的出入伴随着厚重的泥土以及灰尘，所以在进出口必须设置高压冲水枪、消毒喷洒机等清理设备。由于车辆污染城市道路的关键点在于车胎会遗留施工现场的残渣，所以重点清洗车胎以及车身必不可少，安排清洗水坑率先从表面稀释、过滤土渣，再通过高压水枪喷射轮胎清洗掉附着于车胎上的顽固污渍，来保证车辆的出入时不破坏城市的面貌。

（3）加强施工现场扬尘治理。

工程主要坐落于城市，为了实现文明施工，保护居民的生命财产安全，维护城市建设的市容市貌，施工企业应该加强施工现场扬尘治理。施工现场部分扬尘来自地面的泥土，应对施工现场进出口、材料堆放加工区等地面进行硬化护理。对于施工过程中会伴随大量扬尘涌出的项目采取全项目覆盖洒水车的措施，施工结束时定时进行洒水防止灰尘蔓延。由于施工需要的材料材质不一，有的在搬运以及加工过程中会伴随着大量扬尘，对于这部分材料采取建筑简化房屋的方式加强对扬尘的管理，特殊材料以及器械不便于搬运的可以使用油布等防尘材料进行全方位覆盖。在施工现场也可以采取生物治理的办法，种植绿化来减少扬尘。

（4）做好施工现场卫生环境整治。

与现场的卫生关系密切的是施工现场的员工，施工现场的卫生条件与他们的身体健康有着千丝万缕的关系，也关乎着施工企业的文化传播。卫生方面主要整治施工现场的食堂、餐厅、宿舍、公共卫生间、淋浴房等，聘请相关卫生安保人员对这些区域进行定期清洗以及管理。制定相对合理的卫生管理条例，从员工自身意识上进行约束。对垃圾安排定点投掷地点，并定期安排人员进行合格的垃圾清理工作。对蚊虫、老鼠等进行定期清理以及检查，布防捕鼠捉蝇措施。时刻关注食品安全，绝不吃过期、长时间放置的食品，对餐具、厨具、餐厅进行消毒，对所有卫生人员以及施工人员进行卫生宣传以及检查。

（5）加强施工现场文明督查工作。

为了保障市政道路与桥梁工程的现场进行文明施工，施工企业应该加强施工现场文明督查工作。加强施工现场文明监督工作可以从一定程度上制约员工，使员工从个人安全卫生意识上提高对自我的要求。施工现场的文明监督工作主要在于扬尘、噪声、废弃物品、垃圾等方面，可聘请专业的人员对这些项目制定合理的管理监督条例，并对这部分卫生项目进行定期检查以及日志记录。将施工现场文明监督工作纳入施工合同以及项目考核，采取有效合理的方法进行管理。

9.2 市政道路与桥梁工程文明施工管理案例

9.2.1 市政道路工程文明施工管理案例

某市政道路工程的文明施工管理如下。

1. 路基土方工程文明施工措施

(1)生产场地应平整并进行硬化处理;道路畅通,设置连续、通畅的排水设施,避免场地内大面积的积水,污水、废水必须经沉淀池沉淀及其他必要的处理,不得直接排入河中。

(2)施工现场机械设备、各种材料构件、成品、半成品堆放须按品种、规格有序堆放整齐,按有关规定设置明显标识牌。

(3)施工作业点机械设备、材料摆放整齐,不得乱堆乱放;临时用电管线应收拾整齐,不得乱拉乱接电线。

(4)易燃易爆物品不混放,班组使用的零散的各种易燃易爆物品,严格按规定妥善保管。

(5)清洗机械排出的污水要有排放措施,不得随地流淌。

(6)木材加工棚、仓库、宿舍、厨房、动火现场、作业区域、易爆易燃材料堆放场等场所,严格按规定配足够的有效防火器材,并经常检查。

(7)现场存放油料的库房,必须采取防渗措施,防止滴、漏而造成污染。所有机械废油应回收利用或妥善处理,严禁随意泼洒。

(8)施工现场的危险区域设立危险警示标志。

(9)生活区应当落实除"四害"(苍蝇、蚊子、老鼠、蟑螂)措施,定期进行喷药,控制"四害"。

2. 沥青混凝土路面工程文明施工措施

严格遵守国家环境保护的有关规定,把施工对环境的影响降低到允许范围内。

(1)坚持文明施工,促进现场管理和施工作业标准化、规范化的落实,使职工养成良好的作风和职业道德,杜绝野蛮施工现象。做到施工平面布置合理,施工组织有条不紊,施工操作标准、规范,施工环境、施工作业安全可靠,现场材料管理标准有序。

(2)认真贯彻落实国家环保工作"三同时"(同时设计、同时施工、同时使用)的制度,执行环保工作法规规定,并从思想上高度重视,抓好建设中环保工作,确保当地人民的身心健康。

(3)要求职工具备良好的职业道德、职业纪律,树立文明施工的良好企业形象。

(4)做好工地管理,开展健康的文化活动和劳动竞赛,最后做到奖惩分明。

(5)确保施工范围内场地整洁,对废弃的施工材料及垃圾集中堆放,并及时运往有关部门指定的地点位置。

(6)施工现场封闭交通标志牌、路锥、水马等摆放整齐,前后场生产、生活垃圾的丢弃应集中统一回收处理。

(7)施工时注意沿线的植被破坏、水土流失及环境污染,施工现场生产、生活垃圾的丢弃应集中统一回收处理。

(8)在施工过程中,加强与当地的协调工作,以减少或避免冲突的发生。

(9)施工车辆按道行驶,不与过往车辆争先抢道。

(10)在深夜尽可能避免和减少影响附近居民的工作、生活和休息。施工现场、场地要保持整洁,创造文明的工作环境,以提高工作效率。

(11)施工现场用电线路、用电设备拉设规范化。

(12)施工道路畅通无阻,严禁乱堆乱占。

(13)堆料场材料堆放整齐,设立标识牌,场内场外道路用洒水车洒水除尘;拌和场、堆料场、项目部驻地均对地面进行适当的硬化处理。

(14)施工人员具有良好精神风貌,正确处理对内对外的各种人际关系。

(15)建立严格的文明施工管理制度,由各级管理人员监督执行。

9.2.2　市政桥梁工程文明施工管理案例

某市政桥梁工程的文明施工管理如下。

1. 文明施工保证体系

本标段拟定以项目领导班子为主导,各个部门及专业队相互配合、监督,建立本标段文明施工保证体系(图9.1),实行文明施工责任制。

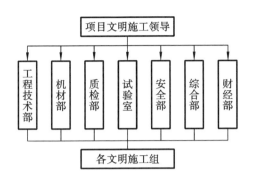

图 9.1 文明施工保证体系

2. 文明施工保证措施

(1)加强现场管理。

①施工现场材料保管,做到分规格码放整齐,稳固。

②钢筋加工厂要求场地平整无积水,并做好排水排污措施。

③作业区域应平整,必须采取安全防护措施,并设立警示标志。

④保证现场道路畅通,排水系统处于良好使用状态。

⑤施工废水、生活污水应具有专门排放渠道,不得直接排入农田、鱼塘、耕地、沟渠,严禁直接排入饮用水源。

⑥进入施工现场的人员,应佩戴安全帽和上岗证,现场人员劳动保护用品应穿戴齐全。

(2)做好现场规划、文明宣传工作。

①按照"统一规划、布局合理、安全整洁、功能配套"的建设原则,建设标准化施工驻地,树立项目工地形象。

②项目经理部办公区、生活区及车辆、机具停放区等功能设置科学合理,环境整洁,必须分区设置。场地必须硬化。

③在办公区醒目位置按标准设置办公区平面示意图、指路牌、宣传牌以及项目简介牌,办公室设置门牌、部门职责、岗位职责等。

(3)对现场进行检查及监督。

项目文明施工管理组定期或不定期对沿线施工进行全面检查,同时鼓励先进,鞭策后进,对每次检查中做得好的进行奖励,做得差的应当进行处罚,并敦促其改进。

(4)运输车专项管理。

①证件要求。

承担工程淤泥渣土运输任务的专业运输单位及其营运的淤泥渣土运输车辆应当具备相关职能部门核发的下列证件。

a. 专业运输单位应具备道路运输经营许可证。

b. 淤泥渣土运输车辆应具备道路运输许可证、机动车行驶证。

c. 因工程客观情况需要,淤泥渣土运输车辆承担建筑垃圾运输任务,应办理城市建筑垃圾准运证,同时淤泥渣土运输车辆行驶在市区内禁行路段时,还应办理淤泥渣土运输车辆临时通行证。

在具备道路运输经营许可证、道路运输许可证、机动车行驶证等证件后,可自行组织完成本标段约定的淤泥渣土运输任务。若不具备道路运输经营许可证,需将本标段约定的淤泥渣土运输任务分包给符合道路运输经营许可证、道路运输许可证、机动车行驶证等证件要求的专业运输单位。运输单位的选择应事先取得监理人的批准,并应将淤泥渣土运输分包合同及其他相关资料报备给项目管理处。

②车辆与人员。

从事淤泥渣土运输的车辆及人员须满足市区相关规定。"两牌"即在市区行驶的所有运输车除须悬挂中华人民共和国核发的车辆号牌外,应在车辆醒目位置悬挂由市交通运输委审核备案的"档案号牌",标有所属企业在市区登记注册(或备案托管)的企业和车辆档案编号等信息。车辆还应具有车辆保险单。"两证"即在市区驾驶运输车的所有司机除持有中华人民共和国车辆驾驶证外,需持经市交通运输委对其从业资格证审核备案,并经自卸车行业协会对其培训合格后发予的备案合格证。

③专职检查。

项目部按照运输合同约定的内容安排专职检查人员对淤泥渣土运输车辆和专职司机进行检查,若检查结果不满足运输合同约定,则责令相关方限期整改。未整改合格的淤泥渣土运输车不得承担本工程运输任务。

④安全文明运输。

淤泥渣土运输车辆在离开施工现场前,现场施工员应检查是否存在超载、车盖密封不严等违反城市道路管理、环境保护等规定及造成安全隐患的问题。如发现上述问题,应指派专职检查人员责令相关方采取纠正措施直至符合有关政策和合同约定。对存在问题拒不纠正或纠正后仍不符合有关政策和合同约定的,不得放行使其离开施工现场,应立即通知项目经理和淤泥渣土运输分包人。

3. 安全管理综合措施

(1)安全生产教育与培训。

开工前对所有参建员工进行上岗前的安全教育。从事电气、起重、高空作业、焊接、特种设备操作、支架搭设等特殊工种的人员,经过专业培训获得特种作业操作合格证后,方准持证上岗。

(2)安全生产检查。

开工前进行安全防护设施、安全责任制、应急预案等各项安全检查,确保制度和措施到位。

季节性、节假日进行安全生产专项检查,每月组织安全生产大检查,积极配合上级进行专项和重点检查;班组每日进行自检、互检、交接班检查。

安全工程师、安全员日常巡回安全检查。检查重点:易燃易爆物品管理、施工用电、机械设备、特种设备、模板和支架、高处作业等。

针对施工现场的重大危险源,对施工现场的特种作业安全、现场的施工技术安全、现场大中型设备(如旋挖机、吊车等)等进行专项检查。

(3)做好特殊工程安全技术方案。

开工前制订好安全生产保证计划,编制安全技术措施,确保施工方案安全可靠。

对于高空作业、涉路施工、施工用电、预制梁、钢梁施工等安全重点防范工程,结合现场和实际情况,单独编制安全技术方案。对临时供用电设施编制施工组织设计,临时用电设施满足电力有关标准规范,加强对施工用电安全管理,采取有效措施保证施工用电的安全。

(4)做好安全技术交底(教育)制度。

安全技术交底是确保安全技术措施有效实施的重要环节之一,为有效落实安全技术交底工作,制定安全技术交底(教育)制度。具体内容如下。

①各项工程施工前必须进行安全技术交底。

②各分部分项工程、关键工序施工前,项目技术负责人应将安全技术措施向项目施工员及有关管理人员进行交底。项目施工员及有关管理人员向作业班组进行交底。作业班组应向作业人员进行班前交底。

③项目安全部及人事部等有关管理人员应对新进场的工人进行岗前安全教育。

④安全技术交底应有针对性且讲求实效,不能流于形式,根据施工情况的变

化,再次进行交底。

⑤安全技术交底必须形成书面的交底记录,记录内容应完整准确,安全技术交底记录使用范本时,应在补充交底栏内填写有针对性的内容,按工程特点进行交底。

⑥安全技术交底应履行交底双方签名手续,交底双方各留一份书面交底,并应在技术部备案。

⑦施工现场管理人员应认真履行检查,监督职责,切实保证安全技术交底工作不流于形式,提高全体作业人员安全生产的自我保护意识。

⑧实施交底的计划时间必须根据每个分部分项开工实际时间提前一个星期内进行,未完成交底不能进行现场施工。

⑨因故改变安全操作规程,实施重大和季节性安全技术措施,更换仪器、设备和工具,推广新工艺、新技术,发生工伤事故、机械损坏施工及重大未遂事故等特殊情况应该重新进行安全技术交底。

参 考 文 献

[1] 《城市桥梁施工员一本通》编委会.城市桥梁施工员一本通[M].北京:中国建材工业出版社,2010.

[2] 安关峰.市政道路桥梁工程质量通病防治指南[M].北京:中国建筑工业出版社,2019.

[3] 安志刚.市政道路桥梁施工要点及现场管理方法探究[J].工程建设与设计,2023(19):224-227.

[4] 北京市市政工程设计研究总院.城市道路工程设计规范(2016年版):CJJ 37—2012[S].北京:中国建筑工业出版社,2012.

[5] 陈有雄.市政道路工程施工中的交通组织与交通安全[J].福建建筑,2008(12):89-91+81.

[6] 陈昱栋.市政工程中桥梁的施工、养护和管理方法[J].居业,2021(3):136-137.

[7] 崔向凯.市政道路中桥梁施工技术及质量控制[C]//《施工技术(中英文)》杂志社,亚太建设科技信息研究院有限公司.2022年全国工程建设行业施工技术交流会论文集(下册).[出版者不详],2022:4.

[8] 翟庆忠.浅谈市政道路改造工程现场文明施工管理[C]//中国智慧工程研究会智能学习与创新研究工作委员会."2022智慧规划与管理"学术论坛论文集.[出版者不详],2022:6.

[9] 付东方.市政桥梁施工的安全管理问题研究[J].黑龙江交通科技,2019,42(12):232-233.

[10] 郝银,王清平,朱玉修.市政工程施工技术与项目安全管理[M].武汉:华中科技大学出版社,2022.

[11] 河南省住房和城乡建设厅.城市桥梁检测技术[M].郑州:黄河水利出版社,2014.

[12] 贾小东.市政道路[M].武汉:华中科技大学出版社,2010.

[13] 金全勇.市政道路工程项目质量管理研究[D].武汉:湖北工业大学,2018.

[14] 李兵,王海妮,胡安春,等.市政道路工程施工技术与实务[M].北京:光明日报出版社,2019.

[15] 李杰,安彦龙,梁锋.市政路桥施工技术与管理研究[M].北京:文化发展出版社,2020.

[16] 李麟.市政工程施工技术问答 城市道路工程[M].北京:中国电力出版社,2004.

[17] 李瑞鸽,杨国立.市政工程施工[M].北京:化学工业出版社,2023.

[18] 李世鑫.市政工程与道路桥梁建设[M].沈阳:辽宁科学技术出版社,2022.

[19] 李鑫.市政道路工程施工质量控制对策[J].工程建设与设计,2018(7):173-174.

[20] 李智宽.市政道路工程施工中的交通组织与交通安全分析[J].中华建设,2023(5):33-35.

[21] 梁纪生,陆继斌,王建勇.市政道路技术和城市建设[M].长春:吉林大学出版社,2018.

[22] 潘中望,牛利珍.市政道路工程施工与养护[M].上海:上海交通大学出版社,2020.

[23] 全国钢标准化技术委员会.预应力混凝土用钢绞线:GB/T 5224—2014[S].北京:中国标准出版社,2015.

[24] 全国交通工程设施(公路)标准化技术委员会.公路桥梁盆式支座:JT/T 391—2019[S].北京:人民交通出版社,2019.

[25] 全国水泥标准化技术委员会.通用硅酸盐水泥:GB 175—2007[S].北京:中国标准出版社,2008.

[26] 沈鑫,樊翠珍,蔺超.市政工程与桥梁工程建设[M].北京:文化发展出版社,2022.

[27] 沈阳建筑大学.施工现场临时用电安全技术规范:JGJ 46—2005[S].北京:中国建筑工业出版社,2005.

[28] 石文华,蓝勇,郑周俊.市政桥梁工程施工安全管理分析[J].建材发展导向,2022,20(8):187-189.

[29] 王连威.城镇道路与市政工程[M].北京:人民交通出版社,2009.

[30] 王替,李娇娜.市政道路工程[M].成都:西南交通大学出版社,2017.

[31] 王勇,孔锋,曾剑.市政道路与桥梁施工技术[M].北京:中国石化出版

社,2022.

[32] 香雪梅.市政道路施工的交通组织设计要点分析[J].运输经理世界,2023(4):46-48.

[33] 徐雪锋.市政工程建设与质量管理研究[M].延吉:延边大学出版社,2022.

[34] 杨晓明.市政道路施工技术质量管理控制探讨[J].工程建设与设计,2021(3):210-212.

[35] 杨玉衡,邵传忠.市政桥梁工程[M].北京:中国建筑工业出版社,2007.

[36] 杨玉衡.城市道路工程施工与管理[M].北京:中国建筑工业出版社,2003.

[37] 姚昱晨.市政道路工程[M].3版.北京:中国建筑工业出版社,2018.

[38] 中华人民共和国住房和城乡建设部.工程建设施工企业质量管理规范:GB/T 50430—2017[S].北京:中国建筑工业出版社,2017.

[39] 中交公路规划设计院有限公司.公路水泥混凝土路面设计规范:JTG D40—2011[S].北京:人民交通出版社,2011.

[40] 钟伟.市政道路桥梁施工中现场施工技术的应用[J].工程建设与设计,2023(4):100-102.

后　　记

当前，随着我国城市道路与桥梁的逐步完善，摆在工程建设者面前的一个显著问题是如何突破自我、实现创新。

我国城镇化建设进程的推进、城镇化比例的提高、城市内外部交通量的急剧增加，导致国内大部分城市均出现了交通问题，现有道路基础设施的服务能力与日益增长的交通需求间的矛盾凸显，新增道路基础设施和提升现有道路基础设施的服务能力是缓解交通问题的有效途径，因此要格外重视城市道路的建设。在市政道路施工中，可以应用无人机航拍与建筑信息模型（building information model，BIM）相结合的技术，对市政道路进行施工全过程预演，高效率、高质量地完成市政道路施工。

随着我国城市化的高速发展以及城镇人口密度的不断增加，市政道路与桥梁的新建或改造的施工现场条件日益复杂，施工难度大。市政道路与桥梁的建设既要考虑减少对周边交通的影响，也要缩短工期，方便居民尽快使用。同时，我国目前劳动力日益短缺，环境污染压力越来越大，节能、环保等成为我国经济发展的主题。针对劳动力密集且能耗高的传统建造方式，对其进行升级改造和技术革新已势在必行。与传统建造技术相比，装配式施工通过工厂生产预制构件，将预制构件转运至现场后，通过起重机械及相关配套设备即可快速完成预制构件的现场安装，提高了机械化操作水平，在提升品质的同时也加快了施工进度，减少了对既有交通的干扰，现场作业减少，有利于环境保护。未来，可以大力发展涵盖墩柱的装配式施工。

此外，随着我国经济建设和城市建设各项事业的发展，市政道路与桥梁工程的建设速度越来越快，近年来，市政道路与桥梁工程施工中先进的机械设备、新材料的广泛应用和实际工作中环境保护要求的不断提高，都对从事市政道路与桥梁工程的施工人员提出了更高的要求。因此，相关施工人员要熟练掌握施工规范、先进的科学技术和各项管理制度，做好市政道路与桥梁施工的质量与安全管理工作，助力我国市政道路与桥梁建设更好更快发展。